JN302474

# 三くだり半の世界とその周縁

青木美智男・森 謙二【編】

日本経済評論社

# 論集『三くだり半の世界とその周縁』の刊行に当たって

青木 美智男

三くだり半という言葉を聞けば、すぐある名前を思い出し、その柔和な笑顔が目に浮かぶほど、江戸時代に離婚のさい夫から妻に発給される証文の分析と蒐集に、研究生活のすべてを懸けた著名な研究者がいる。その名を高木侃という。

では、なぜ高木さんがそれほど著名かと言えば、三くだり半を蒐集しているだけのマニアックな研究者だからではない。そのわずか三くだり半の文言に書かれている内容の分析に徹底的にこだわり、そこから日本近世社会といえば強固な身分制や男尊女卑という通説的概念を打ち破り新学説を提起し、しかもその裏づけに、証拠としての三くだり半の散逸と消滅を防ぎ、それを数多く分析することが研究上もっとも重要だという視点から、研究生活のほとんどを蒐集と分析に費やし、得られた成果が高く評価されたからである。身銭を切ってまで三くだり半を購入し、全国各地へ三くだり半探索の旅をいまも続けられている。

離縁状とか去り状と呼ばれる証文を三くだり半と言う俗称は、その証文の文言が三くだり半で書かれているからだが、わずか三くだり半の文章で夫が妻を離婚できるほど、江戸時代とは男性優位の社会であり、つねに女性が泣かされてきた、その男尊女卑のシンボル的な証文として多くの国民は三くだり半に関心を持ってきた。こうした通説を日本法制史研究では「夫専権離婚制」と言い、戦後の民主的な法学研究で、さまざまな旧学説の転換がなされてきても、「三くだり半」については疑念が持たれることもなく、「夫専権離婚制」を裏付ける証拠として依然強い証拠能力を持ってきた。

しかし戦後の日本の歴史学研究は大きく変わった。とくに江戸時代の村落や町に残されてきた地方文書と言われる村方・町方の古文書が大量に研究に供されるようになり、それに合わせて歴史と伝統を持つ著名な寺院や神社もまた、所蔵してきた文書を公開するようになった。そのためこうした地方《じかた》文書に時折残存する三くだり半や、縁切寺で有名な相州鎌倉の東慶寺に三くだり半が大量に存在することなどが確認され、質量ともに三くだり半の本格的研究の条件が整備されてきた。

高木さんはそのような歴史状況の中で研究生活に入り、戦後の男女同権が敗戦と連合軍による大日本憲法下の男女差別からの解放という受動的なものでなく、日本の歴史の中でかち取ってきたもので、それが戦前の女性解放運動以前から存在するのではないかという疑念を持ち、江戸時代の三くだり半の存在に関心を持つことになった。しかもそれは日常的に父母や自らの婚姻生活を通して夫が妻に対して、一方的に専権を行使することなどあり得ないことを実感し、三くだり半の文言そのものに学究的な目を注ぐことになった。

そして得られた結論は、一言でいえば、「夫専権離婚制」の否定と近世の女性が生きるためにいかに強靭だったかという点を証明したことに尽きる。この実証性に富んだ「熟談離婚」の証拠という学説は、日本法制史研究での男女の法的関係論や、日本近世社会の身分制論や村や町社会での家族論、また女性史研究に大きな影響を与えるところとなった。とくにジェンダー論的な視点から歴史像を描くさい、新たな男女関係論を提起できる観点として注目されるであろう。

高木さんの凄さは、その関心を日本法制史学界の第一人者であり「夫専権離婚制」の提起者である石井良助東京大学名誉教授に師事し、師に近世法制の全体像に関する教示を受けながら分析を深めていった点にある。また合わせて東慶寺に保存されていた大量の三くだり半をすべて整理し公刊することによって、三くだり半そのものへの学問的関心を高めるだけでなく、資料独占による閉鎖的手法を排除し公平・平等の立場から独自の解釈を確立していった点である。そしてもう一つの縁切寺である故郷群馬県の満徳寺にも分析の手を広げ、自己の論理を一層深めていったのである。

高木さんは、扱う研究課題が夫と妻の関係だけでなく、それが家、そして家族から親族にかかわる問題であることを初めから十分理解していた。だから早くから日本法制史研究のジャンルに留まることなく、研究の問題関心を関連する学際的学問領域に広げ、家族史、社会史、女性史、民俗学など、法制史研究の周縁にかかわる幅広い研究者との交流を通して、それらの研究成果を吸収しつつ自己の論理を確実なものにしていった。それゆえ、高木さんが確立した学問的成果は、日本法制史研究をとりまく学際的な研究交流によって支えられ支持されるに至り、その結果、高木さんは日本の家族史学研究をリードする比較家族史学会の会長として、その重責を果たすほどの存在となった。

高木さんは、こうした研究を関東短期大学に始まり、専修大学法学部・同法科大学院などでの研究と教育を通して一貫して培い、その成果を世に問いながら確かなものにしてきた。そしてその間、有為な人材を数多く育成し社会に貢献してきた。しかし高木さんは、そうした研究実績を奢ることなく、それが恩師や研究仲間、さらに家族によって支えられたきたものだと、ことあるごとに感謝してきた。そんな謙虚さを持ち合わせている。

こんな高木さんの大学での研究生活も定年退職をもって一応区切りをつける。そこで高木さんの今後のますますの研究の発展を期待して、法制史研究と、その周縁の研究分野の恩師・研究仲間・子弟が、自らの研究成果を世に示し、高木法制史学の学問的深さと広さを示すとともに、今後の研究の発展に寄与することを期待して論集『三くだり半の世界とその周縁』の刊行を企画した。

そこで寄稿していただいた論稿をⅠ、Ⅱ部に分け、Ⅰ部に恩師である日本法制史研究の鎌田浩先生や法制史研究仲間の高塩博先生、高木さん本人の論稿、そして高木さんの後任坂詰智美先生と高木さんに指導を受けた小口恵巳子さんの論稿を収録した。いずれも日本法制史研究の根幹に関わる研究である。

また第Ⅱ部には、家族史研究や民俗学・歴史学の立場から高木さんと研究交流をもった仲間や子弟の論稿を収録した。森・八木・牧田先生は比較家族史学会で交流を深めた仲間であり、青木は専修大学史編集での仲間である。そして瀬戸口さんは専修大学史資料課の職員として、土門さんは同大学院修士課程で教えを受けた卒業生として論集に寄稿した。

最後に多忙な中にもかかわらず論稿を寄稿いただいた方々と、本論集の刊行をお引け受けいただいた日本経済評論社に感謝するとともに、多くの研究者に読まれ今後の研究に活用されることを期待する。

二〇一二年三月一日

# 目次

論集『三くだり半の世界とその周縁』の刊行に当たって……青木美智男 i

第Ⅰ部

第1章 対馬藩の刑罰について……鎌田 浩 3

はじめに 3
一 史料の残存状況 4
二 可処罰類型 6
三 処罰の種類 7
四 審理・責任能力・刑の減免 9
五 いくつかの重要犯罪についての刑罰 10
六 対馬領飛び地での処罰 16

おわりに　17

第2章　「敲」の刑具について――「敲箒」と「箒尻」――……高塩　博　19

はじめに　19

一　先行の言説　21

二　「敲箒」と「箒尻」　22

三　諸藩にみる「敲箒」　24

四　「敲箒」から「箒尻」へ　27

五　刑具変更の理由　30

六　「敲」の字義　32

おわりに　34

第3章　明治時代離婚法五題――髙木所蔵未刊史料の紹介――……髙木　侃　41

はじめに　41

一　明治時代の用文章にみる離婚届と離縁状　42

二　明治時代の離縁状慣行　47

三　離婚届と手続き――ときに復縁（夫婦関係調整）の努力――　56
四　先渡し離婚承諾書　64
五　離婚と子の帰属　67
おわりに　72

第4章　「法」に関わった西村兼文
――「勧解」書類と『京都府違式詿違條例図解　全』――……坂詰智美　77
はじめに　77
一　西村兼文の人生と業績　78
二　「勧解願」書類　83
三　編纂本『京都府違式詿違條例図解　全』の存在　88
おわりに　95

第5章　親の懲戒としての「勘当」と「離籍」
――明治民法編纂過程における梅謙次郎の所論を中心に――……小口恵巳子　103
はじめに　103

一　前史——徳川時代の法制に現れる親の懲戒権の特徴——　105
二　旧民法における懲戒権——「子の放逐規定」をめぐる議論を中心に——　110
三　明治民法における「離籍」をめぐる議論　114
おわりに　123

第Ⅱ部

第6章　野田山墓地と無縁墳墓……………………………………森　謙二　135
一　本稿の目的　135
二　野田山墓地の歴史　137
三　野田山墓地と墓制をめぐる習俗　150
四　野田山墓地の無縁墳墓とその整備　160
五　改葬の実態　169
おわりに　176
第7章　地類・地神・地親類——家結合と同族祭祀をめぐる一考察——……………八木　透　181
はじめに　181

一　三河北西部地域のカモンとウジガミ祭祀　182
二　南設楽郡のジルイとジノカミ祭祀　186
三　関東・中部地方のジシンルイ　193
四　京都府丹波地方のカブと同族祭祀　201
おわりに　204
第8章　泉南の庶民娯楽と近代――盆踊りと逸脱行動――……牧田　勲　209
はじめに　209
一　盆踊りと暴力　210
二　男女の出会い　214
三　寄付の強要　216
四　盆踊りと規制　218
おわりに　222
第9章　三・一一と「いのち」の視点から描く日本近世社会……青木美智男　227
はじめに　227

一　長期的余震記録の具体的事例　230
二　震災（被害地震）は近世・近・現代に著しく増大する　234
三「いのち」の視点から見る近世社会の歴史的環境　238
四　都市災害拡大のもう一つの要因　245
おわりに　249

第10章　徳川幕府による書籍の編纂・刊行事業
——官立学問所、特に和学講談所の活動を中心として——……………………瀬戸口龍一　261

はじめに　261
一　和学講談所の設立と職務　263
二　和学講談所による史料収集と活用　270
三　和学講談所における編纂・刊行事業　281
おわりに　299

第11章　明治初期の小学校における授業方法に関する若干の考察
——栃木県下飯田小学校「下等小学授業方法録」の紹介を中心に——………土門　洋介　305

はじめに　305
一　「小学教則」の概要　307
二　飯田小学校の概要　315
三　「下等小学授業方法録」の紹介　322
おわりに　331

あとがき……………………………………………………森　謙二　343
周縁の方々のことども――本書執筆者への謝辞――……………高木　侃　345
高木侃略歴・業績　358

# 第Ⅰ部

# 第1章　対馬藩の刑罰について

鎌田　浩

## はじめに

当藩は刑法典を制定しなかった。したがって処罰は先例に倣って行われたが、当藩には宝永四年から明治二年までの一六二年間にわたる、全三〇巻におよぶ処罰記録「罰責」が残されており、長崎県立対馬歴史民俗資料館が所蔵している。この厖大な史料に私や高木氏も所属する藩法研究会が注目したのは、今から約一〇年前の合同調査によってである。翌年夏季休暇中に、会員のうち林紀昭・橋本久・谷口昭・守屋浩の四人が厳原の資料館を訪問し、全巻を撮影した。全部で八七三三コマ（A五版三八〇〇ページ相当）におよぶ。それから解読作業に取り掛かったのであるが、ほとんどすべて私が解読を担当した。一部外部の人に依頼した部分もあるが、その場合でもすべて原本との照合作業を私が行った。撮影での不明字確認のため厳原を訪問したことも四度におよぶ。さすがに厖大すぎて途中幾度も気力が萎え、牛歩ならぬ蝸牛のあゆみで一〇年近くも費やしてしまったのは慙愧に耐えない。この史料をもとに当藩の刑罰の一端を紹介をしようと思う。

## 一　史料の残存状況

同資料館所蔵の宋家文書に含まれているのであるが、年代順に番号が付されているものの若干不揃いや欠本がある。全巻は次のようである。

| ラベル番号 | 表題 | 収録年代 | ラベル番号 | 表題 | 収録年代 |
|---|---|---|---|---|---|
| 一 | 罰責類聚八重物 | 宝永四～宝暦六 | 一六 | （表紙欠） | 天保二～同五 |
| 二 | 罰責　一番 | 宝永四～宝暦八 | 一七 | 罰責　拾七番 | 天保六～同九 |
| 三 | 罰責類聚二番 | 宝暦九～明和八 | 一八 | 罰責　拾八番 | 天保一〇～同一一 |
| 四 | 罰責　三番 | 明和九～安永六 | 一九 | 罰責　拾九番 | 天保一二～同一四 |
| 五 | 罰責類聚四番 | 安永七～天明四 | 二〇 | 罰責　弐拾番 | 天保一五～弘化二 |
| 六 | 罰責類聚五番 | 天明五～同七 | 二一 | 罰責　弐拾一番 | 弘化三～嘉永元 |
| 七 | 罰責類聚六番 | 天明八～寛政三 | 二二 | 罰責　弐拾弐番 | 嘉永二～同四 |
| 八 | 罰責類聚七番 | 寛政四～同七 | 二三 | 罰責　弐拾四番 | 嘉永七～安政二 |
| 九 | 罰責　八番 | 寛政八～享和元 | 二四 | 罰責　弐拾五番 | 安政三 |
| 一〇 | 罰責類聚九番 | 享和二～文化二 | 二五 | 罰責　弐拾六番 | 安政四 |
| 一一 | 罰責　拾番 | 文化三～同一〇 | 二六 | 罰責　弐拾七番 | 安政五 |
| 一二 | 罰責　十一番 | 文化一一～同一二 | 二七 | 罰責　弐拾九番 | 万延二～文久二 |

| | | | | | |
|---|---|---|---|---|---|
| 一三 | （表紙欠） | 文政三～同七 | 二八 | 罰責　三拾番 | 文久三～元治元 |
| 一四 | 罰責　拾四番 | 文政八～同一一 | 二九 | 罰責　弐拾八番 | 元治二～（慶応二） |
| 一五 | 罰責　拾五番 | 文政一二～同一三 | 三〇 | 罰責　（無番） | 明治二 |

ただし、通し番号はラベル番号二番から、これを一番として始まっており、第一二番（文政元・二年）と第二三番（嘉永五・六年）が欠本となっているほか、収録年代を通観すると安政六年から万延元年までと慶応三年から明治元年までが欠落しており、欠落部分が各一巻ずつと仮定すれば、全部で少なくとも四巻の欠本が推定される。したがって本来は全部で三四巻かそれ以上であったと推測される。ラベル番号一三の表紙欠は拾三番、ラベル番号一六の表紙欠は拾六番である。ラベル番号二七以下は表紙のつけ間違いが多く、安政六年から万延元年までの欠本が弐拾八番、現存のラベル番号二九は三拾一番となる。その次が欠本で三拾二番、最後の無番の明治二年が三拾三番ということになろうか。

冒頭のラベル番号一番は「罰責類聚　八重物」という表題で宝永四年から宝暦六年までを収録しており、ラベル番号二番は「罰責　一番」という表題で同じく宝永四年からであるが、こちらは宝暦八年までを収録している。当然のことながら収録記録にも重複が多い。宝暦八年頃にあらためて継続的に処罰記録の編集方針が立てられて廃藩置県直前まで引き継がれたものと考えられる。この当時は幕府の「公事方御定書」編纂にならって各藩で処罰記録の編纂が盛んで、当藩でもその影響を受けたものと思われる。

はじめの一〇巻までの表題は「罰責類聚」となっているほうが多いが、「罰」の字は表紙修復のさいの書き改めで、本来の名称は「罸責類聚」であったろう。ラベル番号二の表紙は「罰責」であるが、中表紙は「罸責類聚」となっているのはそれを推測させる。一一巻目（文化三年）以降は単に「罸責」で通している。

以下本文中に史料を紹介するが、そこに示す年月日はすべて右の表の当該巻に含まれている。但し肥前の飛び地に関しては鳥栖市史編纂室収集史料による。

## 二　可処罰類型

各巻は処罰対象類型別に項目を立てて、各項目内は時系列で事件を列記しているが、項目の立て方は全巻同一ではなく、はじめの九巻は少ないのは二七項目から多いのは四三項目とばらつきがあるが、一〇巻目の享和二年以降二七巻目の文久二年までは四二項目で統一されている。その項目を略記すると次表のようである。

| | |
|---|---|
| 一 | 不念・不調法・不埒・不届・大様 |
| 二 | 盗 |
| 三 | 狼藉者・石投 |
| 四 | 博奕 |
| 五 | 質屋・盗物取次 |
| 六 | 御立山生木伐取 |
| 七 | 国内欠落 |
| 八 | 他国で欠落・出奔・立帰 |
| 九 | 不行跡・非法者 |
| 一〇 | 失火・放火・船火事 |
| 一一 | 不勤・身持不宜 |
| 一二 | 犯法・衣類髪飾・田舎へ停止品持下 |
| 一三 | 旅人相対雇・船頭問屋叱り |
| 一四 | 分限不相応家作・門構・衣類 |
| 一五 | 夜往来札不持・紛失 |
| 二二 | 喧嘩 |
| 二三 | 女人を寺へ止宿 |
| 二四 | 船揚米抜き取り・潮濡米・薬種しと打 |
| 二五 | 切手期限切れ帰国・無切手帰国・紛失 |
| 二六 | 謀書謀判・弥重手形・申掠・虚偽 |
| 二七 | 密輸・抜船・忍売買 |
| 二八 | 府内登差止 |
| 二九 | 密通 |
| 三〇 | 旅先で不調法 |
| 三一 | 上方追登・追放・立帰 |
| 三二 | 土地・屋敷・銀子諸訴訟での叱り |
| 三三 | 差控伺・閉門・遠慮・閉店・禁足・親類預 |
| 三四 | 私欲 |
| 三五 | 乱心・酔狂 |
| 三六 | 死刑 |

一六　往来札不持にて田舎下り
一七　寺証文粗相・宗旨改に不提出
一八　出生の子宗門改めに不届
一九　上納銀不納
二〇　拝領奴を町住・手放
二一　御停止品抜売買・潜商
三七　借牢・牢脱出
三八　流罪・流人不埒・蟄居
三九　近親者縁坐
四〇　集会・党を集め出訴
四一　殺害・毒殺
四二　贋金銀

二四番のしと打とは文字通りでは小便掛けであるが、水などで濡らし斤目を増やすことである。二六番の弥重手形は八重手形つまり多重手形のことである。これらの項目を見ると、今日の刑事事件の他に行政事件や役人の職務上の懲戒事件など、およそ処罰全般（刑罰・行政罰・懲戒罰）にわたっている。しかも役人の勤務上の失態に伴う差控伺い（当該本人からだけでなく親類からも含めて）とその処理についての記録など家臣処罰（あるいは処罰免除）の記録がかなり多くを占めている。通常は武士と庶民では審理機関も適応刑罰も別系統に峻別されることが多く、記録も庶民とは別個にまとめられるのが普通であるが、当藩では庶民と同様に記録されている。

## 三　処罰の種類

さまざまな処罰が見られるが、重いほうから列記すると次のようになるかと思われる。

生命刑＝磔・火罪・獄門（梟首）・斬罪・死罪・下手人（解死人）・切腹
労役刑＝永代奴婢・年切奴婢（三〇年～一年）・科代夫・川夫（川浚夫）
自由刑＝追放（国外・上方追登・国内）・流罪・移住（村替）・牢舎・禁足・閉門・蟄居・差控・戸〆・逼塞・遠

慮・入国差留・朝鮮渡り差留

名誉刑＝身分剥奪（改易・免職・降格・奉公差除）

財産刑＝減知・扶持召放・科料（銀・銭・薪）・闕所・没収・閉店

身体刑＝叩放・片鬢剃

付加刑＝引廻し・晒し

死刑には各種あるが、整理すると獄門と梟首、下手人と解死人はそれぞれ同一の刑罰と推測され、死罪と下手人（解死人）も同じ刎首で、斬罪のほうは熊本藩の例から推測すれば袈裟斬りであったかも知れない。処刑場は犯罪発生地ということもあるが、多くは府中（厳原）近郊の地獄ケ谷である。

労役刑の奴刑は対馬藩の代表的刑罰である。これは犯罪者を藩の管理下ではなく、家臣や藩内各村の給人（郷士）や肝入に預けて使役させるものであるが、主人の供をしてならともかく単独での府中登りや他村越しも禁じられており、身分刑・労役刑・自由刑の三種が加味された刑である。主人の使役が過酷との理由で脱走例が多く、その都度年数が加長されており、長期化するものが多い。まれに主人替えが認められることもあり、藩の裁判所に当る打廻番所へのそのための駆け込みもしばしば見られる。「奴刑」についてはすでに古く金田平一郎氏による詳細な研究がある（『対馬藩の奴刑』法政研究一三巻二号）。科代夫や川夫は、何年間か月に幾度かずつ労役を科したり、何人分かをまとめて一人に科するものもあった。

自由刑も種類が多いが、武士に固有のものが半分くらいを占めている。最も重い国外追放は死刑に次ぐ重い刑であるが、他領人の犯罪については本国送還でもあるので、それほど重いわけではない。移住は律令時代の移郷を思わせるが、犯人の生活保護を考えた刑種でもある。入国差留は他領人に対する軽刑であるが、国外追放者も当然入国差留である。朝鮮渡り差留は対馬藩独特の刑種といえようが、対馬藩は釜山に領事館のような「倭館」を有して貿易を行っており、交流は活発であった。密貿易や現地での犯罪などに関連して科される軽刑である。

名誉刑の身分剥奪には現時点での剥奪にとどまらず、将来にわたる召抱え禁止もある。

財産刑のうち最も多いのは科銀や科銭であるが、闕所・没収は付加刑として科される場合が多い。

身体刑の片鬢剃は中世的な刑罰であり、近世では珍しいが、他領（多くは壱岐）の者が犯罪を犯した場合に晒しを付加して適用し、本国へ追放しているのが多い。後述するように肥前の対馬領地では片鬢だけでなく両鬢剃や全髪剃落しもあった。

付加刑の引廻し・晒しは重罪や破廉恥罪に付加されるもので、死刑や火罪にはほとんど付加されている。

## 四　審理・責任能力・刑の減免

犯罪の審理は、各地の郡奉行単位でも行われることがあるが、裁判所に相当するのは府中の打廻番所である。審理の仕方はかなり厳しく、時には拷問を科することもあった。拷問には、「水問」や「膝に石を揚げ責問」（幕府の石抱き）するやり方があった。「口問」という記事も多いが、これは拷問ではなく通常の尋問かと思われる。入牢中首かせをすることもあった。

責任能力については一〇歳未満や老人について減免が多い。特に縁坐（曳科）については著しい。特に重罪で縁坐免れ難き場合は一〇歳まで執行を停止した。身体障害者（片輪者）や精神異常者（乱心者）についても減免の対象となった。その他藩主宋家の慶事・法事などのさいも刑の減免が行われた。

## 五　いくつかの重要犯罪についての刑罰

### 1　殺人

普通の喧嘩などでの殺人は単なる死罪（解死人・下手人）であるが、強盗殺人や主殺し・親殺しになると加重されて斬とか獄門が多い。その場合妻子も永代奴などの縁坐（曳科）となることが多い。享保一六年一二月九日、町人斉藤与四郎が乱心して母を殺した事件の処分には「乱心ニ而も親其外他人を殺候者ハ死罪又ハ磔罪被仰付候」とあり最重刑の磔も珍しくはないような記述があるが、この件も「大橋ニ一日さらし死罪」で意外に軽い。磔が科されることはほとんどなく、享保二〇年一二月二一日、作平なる者が強盗殺人・放火で引廻し磔となったことがあるくらいで、実際にはほとんど見当たらない。

享保元年一一月四日、吉左衛門が清兵衛を殺し大橋でさらしの上斬となったのは諸道具盗みが加算された結果であり、同一三年一一月一九日、拝領下男数右衛門が主人の子を毒殺未遂し、牢で自害するという事件が起こったが、死骸を刎首の上獄門にしているのは主殺しに準じた扱いである。寛保二年一二月二二日、貞五郎が主人の銀を盗み出した藤兵衛の自殺を幇助し、その銀を盗み取った罪で獄門とされ、妻も縁坐で永代婢とされているが、これは厳密には殺人ではないのにかなり厳しい処置といわねばならない。

子殺しではどうか。明和六年七月三日、日頃身持ちの悪い家臣佐治平四郎が二歳の娘を煙管で殺してしまった。判決は奉公差除・平四郎の親叱りというもので、あまりにも軽いことに驚かされる。これはやはり子は親のものという観念が支配しているとみるほかないであろう。

過失殺などでは死刑を免れることもある。宝暦九年一二月一七日、丸太下ろしの作業中あやまって事故死を起こした事件では、ちょうど藩主宗家の法事ということもあり寺奴とし、一生上府差し止めという判決になっている。安政二年四月二九日、前科者の茂八が判四郎とその弟儀八を打擲したので儀八の友人一九人が仕返しで茂八を殺した事件では、頭人の半七だけが永牢で他は無罪となっている。

また、文久四年二月一八日には、異様な術で人心を惑わし金銭をむさぼる旅人を一三人で殺害するという事件が起きているが、この場合も全員無罪となっている。

## 2　放火

放火犯は大体さらしの上引廻し火罪というのが通常であった。享保五年七月二一日に専八と九郎右衛門なる者が付け火で府内中引き回し火罪となっている。同九年二月二二日にも源七・嘉兵衛・市兵衛の三人が同様にさらし引き回し火罪とされている。ところが享保一六年一二月九日の記事に「火罪被仰付先例ニ候得共、先年以来公義科人御裁許一等も軽被仰付趣相聞候付江戸表問合候処、斬罪被行候と申来候付……一日さらし即夕斬罪」とあり、幕府の減刑傾向にあわせて、これ以後は軽減されて斬どころか永代奴や年切奴にまでなることもあった。しかしまれには文政一〇年五月一四日の門兵衛の場合のように放火でつかまったが脱牢して自殺したので死骸を火罪にしたという記事もあって火罪がなくなった訳でもない。嘉永七年五月一三日には一一歳の子供が奉公先の小屋に放火して一五年奴、安政五年一一月一四日には一五歳と一三歳に永代奴という記事もある。これは一〇歳以上とはいえ若年ゆえの軽減が加味されたものであろう。

失火の場合は大体禁足程度の軽い刑であるが、戸〆とか科銭も多い。

## 3　窃盗

盗みについては盗品の価値・盗みの態様などによって刑罰は死刑・奴刑・流罪・科代など多岐にわたる。そして意外に重罰である。しかし全体的な傾向としては初期のころに厳罰が多く、次第に寛刑化の傾向が見られる。

例えば宝永四年四月一二日、板蔵をくり抜き衣類品々を盗み、他にも一件盗みをしたとして斬罪になった例や、同七年三月二五日、一軒の家から衣類などを多数盗んだとして死罪になったりしている例などはかなり重い扱いといえるが、享保期以降になると死刑は少なくなり永代奴や年切奴が多くなっている。船盗みなどはかなりの重罪と思われるが、それでも享保一五年七月二〇日には、船盗みの上、他にも盗み質入さらに欠落した者が永代奴、寛保四年二月一〇日には船盗みで同じく永代奴、宝暦四年六月一四日には船盗み欠落で一〇年奴、同じく八月一一日には船盗み欠落未遂で永代奴などとなっている。

米泥棒ではどうか。対馬では米は貴重品である。享保一八年五月七日、米運搬船の水夫三人が共謀して多くの俵から少しずつ合計一俵分を盗んだ事件では一日さらしの上科代として薪二疋ずつという割と軽い刑であった。延享五年九月一八日にも病人に食べさせるため米二升余抜き取った者が三日さらし薪三疋とされている。ところが、同じ年の八月二五日にはいくつかの俵から計一斗余抜き取り、その分潮水を掛けておいた水夫は永代奴とされている。この違いは犯情によるものであろうが、それにしても前の享保一八年の例と比較しても重すぎる。

郷蔵よりの盗みはどうか。寛延二年四月一三日郷蔵より籾四石盗み五日さらし永代奴となった例と、宝暦六年四月九日郷蔵より麦六斗盗み三日さらし永代奴、妻子も永代奴婢となった事件があるが、寛延二年の方も米籾ではなく麦籾かと思われるが四石と六斗では相当に違うと思われるが晒しの日数が二日違うだけではバランスを失する。窃盗についは例が多いせいかあまり先例参照が徹底していない感じがする。

### 4　博奕（博打）

博奕もかなり重く処罰された犯罪である。盗みとの併合罪では死刑もしばしば見られる。例えば享保一四年一二月九日、役所へ盗みに入った者が博打もしていたというので一日さらし斬罪、元文二年一〇月二三日には二カ所で盗みをした者が博打もしたというので同じく一日さらし斬罪とされている。博打のみでは重きは永代奴から軽きは科銭まで見られる。

例えば寛保元年九月二九日、博打の常習犯で朝鮮でも博打をした者に一日さらし永代奴、同年一二月二五日にも盗みの上博打をした者に永代奴を科しているのは重い例であるが、掛金もそれ程多くない村人達の手慰め程度の博打では多くは川浚とか科銭程度で済んでいる。

### 5　密通

妻が密通すれば厳罰は言うまでもないが、未婚の者同士であっても処罰された。夫の密通はどうか。相手の女が妻身分の場合は彼女の処罰の反射的効果として処罰されたのはこの時代の通例であり、これは明治以後戦前までの旧刑法の規定も同様であるが、当藩ではさらに相手が後家や未婚の娘であっても処罰されている。他藩と比べて厳しい扱いといえよう。

未婚男女の場合　宝暦一〇年七月二九日、百姓の次男が他家の下女と密通をして男は一〇年奴、女は五年婢とされた例や、明和二年九月二四日、藩邸に女中奉公中の女に密通した男に流罪、女を一〇年婢とした例、さらに寛政七年一一月一六日、千代松とみつが相対死覚悟で放浪中みつかり連れ戻され、各一〇年の奴婢とされた例などはかなり重い処置であるが、文政三年六月七日、甚五郎とやすの場合は、双方密通懐胎後結婚の約束をしたものの親兄に反対され欠落し、打廻番所へ駆け込んだが、男女とも三年奴婢とされた例や、文政五年正月二七日にも佐七とくまの場合同じく三年奴婢、同年五月一八日の吉右衛門ときぐの場合やはり打廻番所へ欠落、男は三年奴、女は主人方欠落のとき主人方の物を盗んだというので五年婢とされた例など時代が下ると刑が若干軽くなったようである。

妻身分の場合　天明七年一〇月二一日、町人忠兵衛の妻が太七なるものと密通したので夫忠兵衛が小刀で両人を刺した。太七は深手で死亡、妻は夫の親類へ預け「生殺心ニ任如何様共存分之侭ニ取扱候様」ということであったが、夫に対しては「妻敵ニ無相違上ハ忠兵衛義構無之候、雖然忠兵衛義現在女房女之道を失令密通、彼是傍若無人之仕方候を男たる身として安閑と召置……一向男子之気象を失無十方次第」として「衆人為見懲」三年奴とされた。妻の処置を夫方の自由処分に任せるのは全国的に見られる処置であるが、妻敵討ちの権利を町人にも認めながら、夫としてだらしないから三年奴だというのはいささか苦しい論法である。

寛政四年四月二五日、百姓忠吉女房と清八の密通では各一〇年奴婢、寛政九年六月一日の貞助とかめの場合でも、七年間密通の上かめが他へ嫁しても続き、離縁された後も続いて、心中直前につかまり各一〇年の奴婢とされている。一〇年奴婢というのはこの当時の未婚同士の密通と同じ処罰であるが、少し時代が下がって文政七年九月二一日には、利吉女房が密通出奔して一日さらし永代婢、同年一二月二五日には甚左衛門女房ふしが二人の僧と密通したため、一人の僧が他の僧の寺へ放火するという事件を起こし、ふしは同じく一日さらし永代婢、文政一一年三月二四日には、佐吉女房が広島船頭兵助と密通、女房は一日さらし永代婢、兵助は片鬢剃一日さらし追放入国差止で、妻は重く処罰されるようになっている。

夫身分の場合　妻ある身でありながら他の女性と密通した場合はどうか。安永二年閏三月九日、夫の密通をにくみ妻が放火した事件で妻は永代婢とされたが、夫も密通相手（後家）も共に一〇年奴婢とされている。文化六年一〇月七日には妻子持ちの勘治が未婚のいねと心中未遂事件を起こし各一〇年奴婢とされており、夫身分の者も妻ほど厳しくはないが処罰を免れなかった。

## 6　密貿易

対馬といえば朝鮮との交流が思い浮かぶ。正式な貿易は藩自身が釜山の藩邸「倭館」（一〇万坪、五百人居住の日本人街）で毎月六度開催される市で行われ、その貿易品の販売は藩の監督のもとに特に許可された商人だけが行っていた。この独占貿易の巨大な利益のおかげで対馬藩は一〇万石格を認められていたともいえるのであるが、密貿易も盛んに行われていた。特に朝鮮人参の密貿易が盛んであった。おそらく江戸時代の初期から行われていたと思われるが、この「罰責」の第一巻からもその記事は多い。なにしろ釜山は福岡よりはるかに近いのだから。漁師・百姓のみならず「倭館」勤務の藩士までもが人参を隠して持ち帰り仲買商人に高値で売りさばいていた。享保六年一一月一〇日には仲買商人二〇人に科銀が科され、「ケ様之中買之者多候付朝鮮通イ仕候水夫等迄も快潜商相蔓候様」になると言っている。

また、この人参密貿易の処罰がきっかけとなって縁坐規定の統一も行われている。同年閏七月一二日、「近年御法度相背人参壱斤位取渡候者之内、田舎奴ニ被下之、妻子親兄弟ハ御家中奴ニ被下候例も有之、本人親兄弟共ニ御家中奴ニ被下候例も有之競々ニ候、勿論死刑ニ被行候程之重科ニて無之候へハ、犯人より目上ニ成ル親兄弟ニハ曳科不仰付と申伝え有之候へ共、右之通一定不仕候付、今度詰合之年寄中申談人参壱斤位、銀子壱貫目位之者ハ其身御家中奴ニ被下、親兄弟ニハ御構無之、重科ニて犯人死刑、田舎肝入ニ被下候程之者ハ親兄弟は曳科奴ニ可被下」と定められている。つまり人参壱斤・銀壱貫目位なら本人も田舎奴以上の刑にならないし、親兄弟には縁坐は及ばないとしたのである。

人参の密貿易はよほど儲かったようで、厳しい取締りにも拘らずあの手この手で密輸された。享保二〇年一一月一二日の判決には、水夫菊松・甚八・仁左衛門が「肛門ニ銀子人参仕込持渡」り、肛門仕込は死刑にすると前もってお触れを出していたので死刑とされた。船体にも隠し場所を細工して隠すなど巧妙な手立てが横行した。

人参以外にも密貿易は多かった。享保七年七月二三日町人村田吉兵衛・百姓助十郎・同善六の三人が獄門に処されたが、吉兵衛は過分の銀を持ち渡り数度人参を取り寄せた咎であるが、他の二人には人参の記事はなく、重き御法度物を持ち渡ったことだけが記録されている。密貿易品として処罰された物には日本からは銀のほか銅や鉄などの金属製品が多く、朝鮮からは角・爪などの薬品や布海苔などが多い。

## 六　対馬領飛び地での処罰

対馬藩は一〇万石格であるが、実高は対馬上下本島約二万三〇〇〇石のほかに、慶長四年以来肥前の基肄郡・養父郡で約一万石を有しており、文化一四年に二万石加増されてさらに肥前松浦郡で九〇〇〇石余、筑前怡土郡で六七六〇石、下野安蘇郡・都賀郡の一部で四二〇〇石と、かなり方々に飛び地を有することとなった。これら飛び地での処罰はどうであったか。

肥前での様子は重大犯罪は府中（厳原）で裁いており、「罰責」にも散見されるが、基肄・養父郡は隣接するまとまった領地で田代（現鳥栖市）に常駐する代官が裁判していた。田代町の者を松浦郡に永代奴に出したり、怡土郡の者を基肄郡に流罪にしたりしている史料もあるので、代官はかなりはなれた松浦郡や怡土郡の領地もあわせて支配していたようである。天保八年以降安政六年までの処罰記録が残っている（鳥栖市史編纂委員会収集史料「罰責之部」）。それによると死刑も例えば天保一一年六月二七日に「御国御伺之上死刑被仰付候事」とあり、後期には藩の指示を仰いで現地で執行するようになっていたようである。また天保一五年六月五日には、他領の偽札を作成したものを脅し金子をゆすり取った罪で、首謀者を一生涯全髪剃り落し他人応対禁止、他の四人を年切奴とするという珍しい刑罰に処している。また、弘化年代になると売薬に関する処罰が見られるようになるが、後世「久光製薬」発祥の地となる土地柄を示している。

肥前飛び地での処罰の種類も基本的には対馬本藩と同様であるが、本藩にない当地での特徴的刑罰は、特に博打の場合に多く適用されたようであるが、片鬢剃のほかに両鬢剃や右のように全髪剃り落しが多く行われ、その上でさらしの上追放という例が多い。

下野での様子は記録がないので不明であるが、おそらくは江戸藩邸からの支配であったろう。文政七年一〇月一〇日の記事に江戸からの通知として、下野領分の都賀郡小屋村で放火があったが、犯人の平蔵は常陸国の仙台藩の飛び地（龍ヶ崎周辺）の者なので、仙台藩に問い合わせたところ「右様之者無之段申来候付、検使差越火罪取計候」とあり、そのような者はいないというので江戸屋敷から検使を派遣して現地で火罪にしたとある。

## おわりに

この紹介記事は高木君の古希記念に合わせて、このところ論文を書くことから遠ざかっていた私の傘寿記念として書いたものでもある。高木君とは半世紀近くお付き合いして、特に江戸時代離婚法の研究では二人で従来の通説「夫専権離婚制」を批判し、私の専修大学の後任教授としてもご活躍いただいた。彼は今後も自分の研究を発展させ続けるでしょうし、私も自分の仕事を生涯続けたいと願っている。

# 第2章　「敲」の刑具について――「敲箒」と「箒尻」――

高塩　博

## はじめに

「公事方御定書」下巻に定める「敲」は、将軍徳川吉宗が自らその執行法を考案した刑罰である。ムチで五〇回殴打する「敲」と百回殴打する「重敲」とがあり、おもに軽微な盗犯に適用した。「入墨之上敲」「入墨之上重敲」あるいは「敲之上江戸払」「敲之上中追放」などというように、二重仕置として適用する場合も存した。江戸における「敲」は、小伝馬町牢屋敷の門前を刑場とする。すなわち公開処刑であり、牢屋同心を打ち役、数え役とし、受刑者の手足を押さえる押え役は牢屋下男が務め、受刑者の気絶に備えて医者も刑場に待機させた。囚獄石出帯刀ならびに検使与力は裃袴の正装で、そのほかに牢屋見廻与力、徒目付、小人目付が牢屋敷表門の庇の下に揃って執行を見守った。刑場には身元引受人として、名主・家主、自宅の者を呼び出して執行を見学させた。軽微な犯罪に適用する刑罰にしては、このように仰々しくかなり儀式張っている。これは、犯罪の一般予防を効果あらしめるための舞台装置である。

受刑者は、往来から見物する人々や身元引受人の面前で裸の肩背尻を殴打され、苦痛にゆがむ顔は見物人の方に向くことを強いられた。殴打による肉体的苦痛とともに、恥辱による精神的苦痛をも味わうのである。二重の懲戒を加えることによって、盗犯の再犯防止をねらった訳である。こうした執行法は「笞は恥也」という中国の刑罰思想に示唆を得て、吉宗が考え出したものである。

それのみならず、「敲」という刑罰にはより積極的な意味が存した。それは、受刑者の更生を視野に入れた刑罰であったということである。次の措置は、そのための配慮に基づく。第一は、執行に非人を関与させなかったことである。士分の牢屋同心を執行の担い手とすることによって、受刑者の名誉を重んじたと考えられるのである。第二は、自力で自宅に戻ることの出来る程度に殴打せよと指示したことである。これは、生業への早期復帰を配慮したためと考えられる。第三は、「敲」刑を申し渡す際、身元引受人を奉行所に出頭させて本人共々判決を申し渡し、釈放後の面倒をみることを判示したことである。これらは、受刑者のすみやかな社会復帰を念頭に置いたからこその措置である。すなわち、犯罪者を共同体の内部で処遇しようというのである。江戸幕府の従来の刑罰は、死刑と追放刑が主流を占める。これらの刑罰は、共同体からの排除を旨とし、かつ一般予防主義の刑罰観に立脚する。これに対し、「敲」は一般予防主義と特別予防主義との両方の考え方を併せ持たせており、しかも犯罪者の社会復帰を考慮しているのである。「敲」という刑罰の登場は、近世刑罰思想の上で大きな転機をもたらしたと言えよう。(1)

「敲」がこのような意義をもつ刑罰であったとするならば、殴打のための刑具がどのような規格を持つものであったかを明らかにすることは、おおいに意味のあることである。

小稿は、幕府法の「敲」に用いるムチの規格を明らかとし、ならびにムチで打つ刑罰に「敲」という文字を充てた理由を考えるものである。

## 一　先行の言説

管見の限りでは、「敲」の刑具について言及したのは大谷美隆氏と石井良助氏との両氏だけである。[2]　大谷氏は、『刑事博物館図録』上巻（明治大学刑事博物館編刊、昭和八年）に「徳川時代の刑具及び拷具」と題する論考を寄せており、「敲」の刑具について、

敲仕置の刑……に用ふる笞は箒尻と称せらるゝもので長さ一尺九寸、周三寸位の竹二つ割りを合わせたものを麻苧にて包み其上を紙捻にて巻くのである。柄の所三寸位は白革にて巻き持ちよい様にしたものである。之を箒尻と云ふのは最初は実際座敷箒の柄の所にて之を打つたからである。又此敲仕置に用ふる笞と拷問の笞打に用ふる笞とは構造上の差があるか何うか議論があるが同一であつたと解する方が正しい様である。

と述べておられる（同書五五九頁）。大谷氏はまた、「箒尻の図」の解説として、

箒尻は、江戸時代より明治初年まで、牢問・敲刑に使用せられし笞で、長さ一尺九寸、経（ママ径）五分程の竹を二つ割とし、これを合せ、麻苧で包み、観世縒で巻き、柄三寸程を白革にて巻いて使用した。

とも述べられる（同書一一二頁）。

一方の石井氏は、『江戸の刑罰』（中公新書三一、昭和三九年）において、

笞のことを箒尻《ほうきじり》と呼ぶ。長さ一尺九寸、周囲三寸ほど、竹片二本を麻苧《あさお》または革で包み、その上を紙捻《こより》で巻いたものである。一説に、すぐり藁を観世《かんぜ》よりで巻いたもので、周囲四寸五分ほどだったという。

と解説しておられる（同書六八頁）。

両氏の説明によると、「敲」の刑具はその名称を「箒尻」と言う。名称の由来は、座敷箒の柄のところで打ったこ

とにあると言うのが大谷説である。しかしながらこの大谷説は、後に述べるように、到底採ることは出来ない。「箒尻」の規格は、長さが一尺九寸（約五十七糎）、周が三寸（約九糎）ほどである。周は円周であるから、直径が約二・九糎ということになる。材質は竹である。竹片二本を麻苧で包み、その上を観世小縒で巻くのである。注意すべきは、石井氏が「一説」として、「すぐり藁を観世《かんぜ》よりで巻いたもので、周囲四寸五分ほど」と述べる点である。つまり、材質について藁と竹片との二通りの説が存するのである。藁のムチは、周囲四寸五分（円周約一三・六糎、直径約四・三四糎）ほどということであるから、竹片のムチよりは太い。

## 二　「敲箒」と「箒尻」

天明二年（一七八二）八月、仙石兵部少輔（久行、但馬国出石藩第四代藩主）の家臣大河内杢左衛門は、幕府勘定奉行の安藤弾正少弼（惟要）に次の照会をした。すなわち、「川かけ之種子籾盗取候もの」および「田畑穀物盗ミ取候もの」に対してはどのような刑罰を科すのが適当かという問合せである。返答は附札をもってなされ、その要旨は「何れも軽キ盗ニて、二口共敲程之咎ニ相当り申候」というものである。安藤惟要は、併せて「敲」の執行法とその刑具について左のように説明している。(3)

御仕置仕形

一敲箒之事

すぐりわらを観世ゆりニて巻、長サ壱尺九寸、太サ四寸五分廻りニいたし、肩背尻をたがへ違ニ敲キ、尤（背）骨を除ヶ絶入不致様、数五十ヶ《ママか》百敲、其村々名主組頭へ見せ置、敲相済、親類共へ引渡遣ス、無宿ニ候得は追放申候、ここに記す「敲」の執行法は、「公事方御定書」の規定（第百三条御仕置仕形之事）に同じである。右は、「敲」に用いるムチを「敲箒」と称し、その製法と規格を「すぐりわらを観世ゆりニて巻、長サ壱尺九寸、太サ四寸五分廻りニいたし」たものと説明する。この製法と規格は、石井良助氏が「一説」として述べたのに同じである。「すぐりわら」とは選りすぐった稲藁のことであり、「観世ゆり」とは観世紙縒のことで、紙を細長く切って縒ったこよりのことである。

また、文化元年（一八〇四）三月、幕府勘定奉行の松平兵庫頭（信行）、石川左近将監（忠房）は、配下の諸代官に向けて「入墨・敲御仕置仕形書付之事」という通達を発した。左には「敲」についての通達のみを掲げる。(4)

敲御仕置仕形

敲箒ハすくり藁を観世ゟ（ママ）ニて巻、長サ壱尺九寸・太サ四寸五分廻ニいたし、肩・脊・尻を互ひ違に、脊骨を除、絶入不致様、重敲ハ数百、敲ハ五十敲、尤百姓・町人ハ其所役人共ぇ為見置、敲相済、其役人共ぇ引渡、無宿ニ候ハ、追払候事、

ここに記されたムチの規格は、前掲した安藤弾正少弼の回答に同じである。ムチの名称を「敲箒」とする点も同様である。(5)

一方、ムチの材質を竹片とする史料も存する。幕末、江戸の南町奉行所において吟味方与力を務めた佐久間長敬の証言がそれである。佐久間は、執筆や講演などの活動を通して江戸の町奉行所の姿を後生に伝えるべく努力した人物である。(6)佐久間は、その著『刑罪詳説（本刑編）』（徳川政刑史料前編第三冊、南北出版協会、明治二六年、一四頁）の中で、

其器を箒尻といふ、箒尻は長一尺九寸、周三寸程、竹片二本を、麻苧《あさお》にて包み、其上を紙捻《こより》にて巻きたるものとす

と述べている。(7)ここでは、ムチを「箒尻」と称している。吟味方与力という役職は、刑事裁判とその執行についての

実務方の最高責任者である。その佐久間の証言であるから、右の記述は事実を伝えていると見なしてよいであろう。石井氏の著書『江戸の刑罰』は、「参考文献案内」欄に『刑罪詳説（本刑編）』を掲げているから、前掲の解説はこれに依拠したものと思われる。

しからば「敲」の刑具として、材質をすぐり藁とする「敲箒」と、竹片とする「箒尻」とではいずれが正しいのであろうか。

## 三　諸藩にみる「敲箒」

幕府は享保五年（一七二〇）に「敲」を初めて執行し(8)、これを先例として「公事方御定書」に「敲」の刑罰を成文法化した。すると、幕府にならって笞打ち刑を採用する藩が各地に見られるようになる。その際、笞打ちの執行法および刑具の名称と規格は、各藩がそれぞれに工夫することも多いが、幕府に見倣う藩もまた存する。徳川御三家筆頭の名古屋藩は、寛政六年（一七九四）一〇月制定の「盗賊御仕置御定」に、

一敲

囚人ヲ裸ニイタシ、莚ノ上ニウツムケニイタシ、四人ニテ手足ヲ捉ヘ囚人ノ尻ヲ敲候事、

一敲箒之儀、新藁ヲ跡先五分程残シ、タ《（ママク）》ハンセヨリニテ巻立候事、

但、箒長サ二尺、太サ四寸五分廻リ、

という規定を設けている（第十六条）(9)。「盗賊御仕置御定」に法定刑として登場する「敲」は、二〇、三〇、四〇、五〇、七〇、百の六等級であり、打数と殴打の部位は幕府と異なる。しかし、「敲箒」という名称は幕府に同じであり、藁を材質とし、観世縒りで巻くという製法も同じである。寸法は名古屋藩が一寸長く、太さは同じである。

次に、島原藩は寛政九年（一七九七）正月一九日、「敲」の刑具について次の規定を置いた。[10]「敲」という刑罰を採用したのも、おそらくこの時であろう。

寛政九巳正月十九日

（朱）「十四　〇」敲箒之事

一すくり藁ヲ観世よりにて巻、長サ壱尺九寸、太サ四寸五分廻ニいたし、肩脊尻ヲ互ひ違ニ脊骨ヲ除キ絶入不致様、数五十敲、相済候ハヽ、親類村役人ぇ引渡可申候、

右は三会村源右衛門敲之上村戻被仰付候付、右之敲箒十村方ゟ捬差出候様申付候事、尤源右衛門義は帰村之者ニ付、御中間ゟ為敲候事、

島原藩のムチは、名称をはじめとして製法、材質、寸法がすべて幕府に同じである。殴打の部位、身元引受の制などの執行法も幕府にほぼ共通する。打数が五〇の一種類である点は相違する。

右に見たように、名古屋藩、島原藩が「敲」に用いるムチは、その名称と規格（材質、製法、寸法）が——名古屋藩のムチの寸法が一寸長いことを除き——、幕府勘定奉行の記す「敲箒」にすべて一致する。名古屋藩における「敲」の採用は、寛政六年から約四〇年をさかのぼる延享二年（一七四五）のことである。採用に当たり、徳川吉宗の秘書役を務める加納遠江守（久通、御側御用取次）に問い合わせている。[11] すなわち、名古屋藩の「敲」は幕府法を参考としているのである。この事実から類推するに、名古屋藩の「敲箒」は、その名称と規格を幕府から引き継いだと考えられるのである。このことは、幕府にあっては「敲箒」という名称とその規格が延享二年の時点においてすでに定まっていたということを意味する。一方、島原藩における「敲」の採用は、前述したように寛政九年のことであろう。島原藩は深溝松平氏が肥前国において七万石を支配する家門であるから、その「敲箒」もまた、幕府の名称と規格とをそのままに継承したものと見なしてよかろう。

外様藩の用いるムチにも、幕府の「敲箒」と同じ規格のものが存する。新発田藩の「杖罪」に用いるムチがそれである。新発田藩は、溝口氏が越後国に五万石を領有する外様藩である。天明四年（一七八四）一二月、新発田藩は「新律」という刑法典を制定し、ここに笞打ち刑を定めた。その名を「杖罪」という。打数は三〇、五〇、七〇、百の四等級である。「新律」の施行規則である「新律取扱之覚」は、「杖罪」の刑具とその執行法について、

一杖罪之者御仕置致方之義、すくり藁を観世よりにて巻、長壱尺九寸、大《ママ太》サ四寸五分廻りにいたし、右巻藁を以臂を殴可申候、尤殴候節、臂ぇ何にてもかけ申間舗候、女ハ薄キ物をかけ置、殴可申候、乍然姦罪を犯候ものハ、何にても不懸、殴可申事、

附、殴之場所ハ、下木戸外足軽屋敷之前、広キ所にあら莚一枚敷、罪人をうつ臥せに致、手足を捕へ、動不申様に手当致置可申候、右は穢多に為致可申事、

一右之節、為検使御徒目付壱人、外に足軽目付壱人差遣可申候、場所警固之ため町同心小頭壱人同断、平之者差出可申候、在中之者ハ郡廻り一人附人も差出し可申事、

一御仕置付申渡之書付ハ、場所にて御徒目付に為読可申事、

一町在之もの共に、其所役人五人組之内一両人呼出し、殴之始末為見置可申候、尤殴切にて御追放に不成ものハ、殴済次第、其場所にて直に其所役人組合之ものぇ引渡可申事、

という規定を設けた（第十一条）[12]。この規定によるに、新発田藩のムチは幕府の「敲箒」の規格（材質、製法、寸法）にまったく同じである。執行法については、殴打の部位（臂）、打数、打役（穢多）、刑場（下木戸外足軽屋敷之前、広キ所）などに相違がみられるものの、公開処刑であること、身元引受人の出頭などは共通する。新発田藩は「新律」を編纂するにあたり、中国法の明律から多くを学ぶと共に、幕府法の「公事方御定書」に依拠して多くの法文を設けている[13]。したがって新発田藩の場合、笞打ち刑を採用するにあたっては中国法を参考とし（刑名、打数、女性への適用など）、同

時に幕府の「敲」をも参照したのであり、その刑具の規格については幕府に倣ったと見てよいであろう。(14)

## 四　「敲箒」から「箒尻」へ

吉宗が示唆を受けた中国の笞打ち刑は、唐律、明律ともに笞刑と杖刑であり、笞刑の打数は一〇、二〇、三〇、四〇、五〇の五等級、杖刑が六〇、七〇、八〇、九〇、百の五等級である。明代のムチは次のような規格である。長さは三尺五寸（約百五糎）で、笞と杖とで変わりはない。笞の太さは手元が「径二分七厘（八・一粍）で先端が「径一分七厘」である。杖はこれよりやや太く、手元が「径三分二厘（九・六粍）」、先端が「径二分二厘」である。きわめて細く、且つ手元と先端とで太さが均一でない。これは荊の枝を用いてムチとしたからである。節を削って使用するのである。殴打の部位は臀である。製法は、「笞杖、皆すべからく節目を削り去るべし、較板を用いて法の如く較勘し、筋膠諸物をして装釘せしむるなかれ、決すべきは並びに小頭を用い、それ笞及び杖を決するは臀受す（原漢文）」というものである。(15)幕府の「敲」は、五〇と百の二等級である。犯罪の態様と一〇等級の刑罰とを齟齬無く対応させるためには、高度な立法技術が要求される。そこで、これを簡略にして二等級としたのである。

明代の法制によるに、自白を強要するためにムチで拷訊することがあった。そのムチを「訊杖」という。訊杖の規格は、長さ三尺五寸（約百五糎）、手元が「径四分五厘（一三・六粍）」、先端が「径三分五厘（一〇・六粍）」である（「明令」刑令、獄具）。訊杖は、材質と長さが笞刑や杖刑のムチに同じである。しかし、訊杖の方がやや太いのである。

幕府においても被疑者に罪状を白状させるために、「牢問」と呼ぶ拷問を用いた。牢問には「笞打」「石抱」「海老責」が存し、前二者がおもに行われた。(16)ムチで殴打する拷問が「笞打」であり、そのムチはやや太いことを除けば、「箒尻」の規格に同じである。「笞打」の方法とムチの規格について、「聞訟秘鑑」所引の「厳敷吟味仕方書付」に、

囚人は（ママえ）再応利害申聞、相陳候へは痛メ可申旨威候上、うしろ手ニ縛り、其上ニても白状不致候ハヽ、箒尻ニて
両之肩を敲申候、
但、うしろ手ニ縛り、左右之手首を肩骨之上ぇ〆上候へは、両之肩ぇ肉集候間、其上を敲候得は、痛は強候へ共骨ぇ当り不申候間、骸之つかれに成不申、且箒尻と申ものハ、すくり藁を観世よりニて巻、長サ壱尺九寸、
太サ五寸廻りニいたし候事、

と見えている。[17] この記事は、支配代官の伺に対する幕府の指示であり、天明五年（一七八五）九月の日付を持つ。「笞打」のムチは、「箒尻」と記されているがそれは藁製であって、「太サ五寸廻り」とあり、やや太いことだけが「敲」のムチ「敲箒」と相違する。拷問のムチがやや太いということは、おそらく明制に由来するであろう。

「笞打」のムチに関する記事は、「刑罪大秘録」にも存する。同書の「牢問之図」によると、ムチを「箒尻」と表記し、寸法を「太サ三寸廻リ程、長サ一尺九寸程」とする。材質と製法については、「割竹弐本麻苧ニ包、上ヲ観世よりにて巻、持所ぇハ白革を巻」と記す。[18] ここに記すムチは、「聞訟秘鑑」に記すムチと長さこそ同じであるが、材質と太さを異にし、手に持つ箇所には白革を巻くという。すなわち材質は割竹二本であり、太さは三寸廻りである。「聞訟秘鑑」と「刑罪大秘録」とでは、いずれの記事が正しいのであろうか。おそらく、両者ともに正しいのであろう。前述したように、「刑罪大秘録」は牢屋見廻与力の蜂屋新五郎の編述した書であり、右の記述は信頼に足る。その成立は文化一一年（一八一四）のことである。この頃、江戸の町奉行所管轄下の小伝馬町牢屋敷で用いる拷問杖が竹製であったということである。一方、「聞訟秘鑑」所載記事はおそらく勘定奉行の指示であり、天明五年当時、勘定奉行管轄下では藁製の拷問杖を用いていたことを語っているのである。[19]

翻って、「敲」のムチについて考えてみよう。前述したように、藁製のムチである「敲箒」は、天明二年（一七八二）八月、および文化元年（一八〇四）三月の記事に見えるところである。これらは、勘定奉行が示した回答と通達とで

ある。一方、竹製の「箒尻」は、幕末の吟味方与力佐久間長敬の証言するところである。したがってこの場合も、両者はともに事実を伝えていると見るべきである。すなわち、「敲」のムチについても、藁製と竹製との二種類が史料に見えるのである。その訳は、藁製の「敲箒」から竹製の「箒尻」へと、いつの時期かに切り替わったからだと考えられる。

藁製から竹製への切り替えに関し、島原藩の事例が参考となる。すでに述べたように、島原藩において「敲」の刑具として採用したムチは、名称をはじめとして製法、材質、寸法とも、幕府の「敲箒」と同じであった。その採用は寛政九年（一七九七）正月のことである。ところがその後、島原藩は、「敲」のムチを竹製へと切り替え、名称も「敲竹」と変更した。「御裁許向取計」（島原図書館蔵）は、文化一一年（一八一四）一二月に執行した「敲」について、

同年（文化一一年）十二月

（朱）「五弐 〇」敲計之刑取計方

一三会村半兵衛、盗物取扱吟味之中度々偽等申之、不埒ニ付、敲被仰付候処、右半兵衛義は村方ぇ居申候ニ付、牢屋へ呼出、立会横目弓削土助立会、御書付申渡、多比良村穢多ぇ為敲申候、尤穢多は前日牢屋へ罷出候様申遣置、尤敲竹は例之通穢多致持参候、敲相済候上、村役人ぇ相渡、村方へ差返候、尤其段は奉行衆へ書付□達ス、

と記す。この記事に「多比良村穢多ぇ為敲申候」「敲竹は例之通穢多致持参候」と見えるように、打ち役が中間から穢多に、刑具が藁製の「敲箒」から竹製の「敲竹」へと変化している。島原藩は、文化一一年一二月もしくはそれ以前、藁製の「敲箒」から竹製の「敲竹」へと刑具を変更したのである。この変更は、幕府の切り替えに連動したものと推察される。

また、享和三年（一八〇三）、箱館奉行が江戸の町奉行所へ照会した記事にも注目する必要がある。全六項目の照会事項のうち、第六項は左の通りである。(20)

一箒尻捹方之儀は、先達て御問合致承知候、右敲之致方、其外取扱方如何致し候哉、

ここには「箒尻捹方之儀」と記されており、その製法は「先達て御問合」をしてすでに承知しているというのである。この記事によると、享和三年以前にはすでに「箒尻」が採用されていたことになる。しかし、これは前掲した勘定奉行通達と矛盾する。「敲箒」の製法を指示した勘定奉行の通達は、文化元年（一八〇四）三月のことである。この矛盾については、次節に筆者の考えを述べることとする。

「敲箒」から「箒尻」への変更時期を明確にすることはできないが、ともかくも「敲」の刑具は藁製の「敲箒」に始まり、いつしか竹製の「箒尻」に変更となったのは間違いのないことであろう。「敲」という刑罰は明律を参考としてこれを創設しながら、ムチの長さが明制のムチよりもはるかに短く、しかも一尺九寸という半端な長さである。半端な長さは、材料として稲藁を採用したからであろう。この寸法であれば、すぐり藁の調達が容易であったと考えられる。もしも竹片を用いるのなら、長さはいかようにでも調節出来る。竹製の場合、長さを一尺九寸とする理由を見出すことができない。藁製のムチを「敲箒」と呼んだのは、当時の江戸における箒が藁を材料とし、これを束ねて捹えるのが一般的であったからであろう。竹製の「箒尻」もまた一尺九寸という半端な寸法であるのは、「敲箒」の長さを踏襲したからにほかならない。太さもまた「敲箒」に同じであったなら、殴打の衝撃はあまりにも強烈である。衝撃をやわらげるため、これを細身としたのであろう。

## 五　刑具変更の理由

「敲箒」から「箒尻」へ変更となった理由は、「敲」刑の執行数の急激な増加にこれを求めることができるであろう。寛政六年（一七九四）、幕府は「公事方御定書」第五十五条三笠附博奕打取退無尽御仕置之事のうち、左の博奕犯罪に

適用する刑罰を――矢印で示したように――過料、手鎖から敲、重敲に改正した。

博奕御仕置御定之内、当分左之通

博奕打候もの　過料→重敲

軽キ掛之宝引、よみかるた打候もの　三十日手鎖→敲

但、五拾文以上之かけ銭ニ候ハヽ　過料→重敲

同宿いたし候もの　過料三貫文→敲

廻り筒ニて博奕打候もの　過料→重敲

右の改正は、同年三月一五日、老中戸田采女正（氏教）から三奉行に伝達された[21]。その三箇月後の六月には諸大名に触れられ、同時に幕府の遠国奉行、代官にも通達された[22]。この改正法は、「当分左之通」として伝達されたように臨時的措置であったが、「公事方御定書」の追加改正法を編集した「御書付留」に収載されて[23]幕府崩壊まで実施された。代官はこれによって、博奕犯罪に対する「敲」刑の自分仕置権が認められたのである[24]。前掲した文化元年三月の勘定奉行指令は、幕府直轄領における「敲」を統一的に執行するために発せられたものであろう。

「敲」適用の犯罪を拡大したことにより、「敲」の執行数が飛躍的に増えたと考えられる。大坂町奉行所に関しては、天明年間の五年分（一七八二～一七八六）と文化年間の三年分（一八〇五～一八〇七）の行刑統計が残されており[25]、以下に示す執行数はこの考えを裏付ける。博奕法改正前の天明二年（一七八二）から同六年までの各年の執行数は、三一、一〇二、七五、五一、三六であり、年平均は五九件となる。一方、改正後の文化二年（一八〇五）から同四年までの執行数は、四一五、六三五、五二二であり、年平均五二四件である。博奕法改正後の執行件数は九倍近くに増大しているのである。

同様の現象は、江戸の町奉行所でも生じたと考えられる。参考までに幕末の行刑統計によって執行数を見ると、文

久二年（一八六二）に九五〇、同三年に八一七、元治元年については八五二件を数え、慶応元年は八箇月分の統計であるが一〇八四件にのぼる。この数字は敲、重敲に入墨之上敲、入墨之上重敲を合算した件数である。(26)江戸の町奉行所における刑具変更は、このような執行数の多さに起因すると思われるのである。藁製のムチは受刑者一人につき一本ないし二本が必要であった。五〇回または百回殴打すると、ムチは柔軟になりすぎて、二度目の使用には耐えられない。つまり、藁製の「敲箒」は使い捨てなのである。(27)受刑者が増大すると、それだけの本数を用意しなければならない。また、藁には劣化が激しいという短所がある。刈り取った直後の藁と一年近く保存した藁とでは、強度に差が出たと思われる。そこで、何度でも使用可能な竹製の「箒尻」の登場となったのである。「箒尻」への切り替え時期は、博奕規定の改正後まもなくの頃と思われるが、史料的裏付けを欠くので後考に俟ちたい。

片や勘定奉行所は、博奕法の改正以後においても、依然として藁製の「敲箒」の使用を指令した。その理由は、代官領や諸大名領における執行数が江戸の町奉行所にくらべて格段に少ないからであろう。

## 六　「敲」の字義

「敲」は、日ごろ目にしない漢字である。そこで諸橋大漢和辞典を引くと、音はカウ・ケウとあり、意味は①うつ、たたく、②たたくおと、③むち、しもと、短い杖、④すてる、ふりすてる、などと出てくる。なるほど「敲」の刑具は一尺九寸で短いムチである。③の意味をもつ訳である。「刑罪大秘録」に掲載する「敲之図」を見ると、ムチが短いために打ち役同心は片膝をついている。(28)もっと長いほうが打ちやすいと思うが、すぐり藁を用いて作るために一尺九寸という中途半端な短さなのである。

大漢和辞典に採録された二字の熟語は、二六を数える。そのうち、何かをたたくという熟語は、「敲門（門を叩いて人を訪う）」「敲棊（碁石を打ち下す）」「敲棋（棋を打つ）」「敲石（火打ち石をうつ）」「敲背（背をたたく・按摩する）」「敲梆（拍子木をたたく・日本語読みなし）」などが存する。これらの熟語における「敲」は、目的にあわせた適度な強さでたたく意味合いを持つ。一方、たたいてどうにかするという熟語を探すと、「敲殺」「敲折」「敲碎（たたきくだく）」「敲拉（たたきくだく）」などと出てくる。これらの場合、殴打の力はかなり強烈であるとの印象をうける。これら両用の熟語は、日本ではほとんど使用されない。「敲」の熟語で思い当たるのは、「推敲」が唯一といってもよい。周知のように、この熟語は次のような唐の故事に由来する。それは、詩人賈島が都にのぼったとき、月夜の晩にある僧が友人を訪ねるときの情景を漢詩に読んで「僧推月下門（僧は推す月下の門）」という一句ができた。しかし、「推」字を「敲」にするかどうかでさんざん迷ったあげく、当代一流の詩人韓愈に質問し、「敲」に決したというものである。この句に出てくる「敲」字は、来意を気づかせる程度に門をたたくことを意味する。これらの用語例からみると、「敲」という漢字には、目的にあわせ、適度な強さで手加減してたたく、という意味が認められるようである。なお、『広辞苑』を引くと、魚や鳥獣の肉などをたたいて作った料理の「たたき」に、「敲」もしくは「叩」の漢字を宛てている。この場合も適度な強さで穏やかにたたくのである。

享保五年（一七二〇）四月、「敲」の刑罰を初めて執行する際、南北町奉行は執行法を指示し、殴打の程度について「足腰なと痛候て、漸々宿ぇ帰候程ニ可仕候」と述べている。[29] また「公事方御定書」に定める「敲」の規定は、殴打の程度に関して「絶入不仕様」と定める。要するに、自力で自宅に戻れる程度に手加減して受刑者の肩背尻を交互にたたくのである。笞打ちの刑罰に、日常においてほとんど用いることのない「敲」という文字をあえて採用したのは、第一には「短い杖」という意味、第二には適度に手加減して殴打するという意味、この両者を併せ持たせるためであったと考えるのである。

## おわりに

幕府の「敲」という名の笞打ち刑は、中国律の笞刑・杖刑に示唆を受けながら、じつに様々に考えを廻らせて創設された、当時としては斬新な刑罰であったといえる。自力で帰宅できる程度に手加減して殴打するため、刑具の材質としては稲藁を採用したわけである。その「敲箒」は、博奕法の改正以降に竹製の「箒尻」に切り替えられた。しかしながら、この切り替えは、江戸の町奉行所とその指示を受けた遠国奉行所——たとえば箱館奉行所——に限られ、勘定奉行所は依然として「敲箒」の使用を配下の代官に指令した。

また、大坂町奉行所ではそもそも「敲箒」を用いなかったようである。大坂東町奉行所の与力八田五郎左衛門は、刑具について、

敲候道具はケイヒンと唱、凡弐、三尺之丸竹を荒縄ニて巻詰候品ニて、牢番人共代り合、頭之方をかタゲ、中腰ニて打居ゑ申候、

と伝える。(30) この記事は延享から安永にかけての間（一七四四～一七八〇）に書かれたものだという。(31) 「ケイヒン」というのが、ムチの名称である。それは二～三尺の丸竹を荒縄で巻くというから、「敲箒」にくらべて相当に痛そうである。つまり、大坂町奉行所が用いるムチは、名称、材質、製法ともに、「敲箒」とは異なるのである。

京都町奉行所における刑具もやはり竹製であった。京都刑務所旧記の「軽重御仕置手続書」享保二〇年京都牢屋敷御仕置之件等という史料に「敲」という項目があり、ここに「敲」の執行手続きが記されている。ここには刑具についても記述が存し、

割竹を苧縄ニて巻詰メ候具を敲杖と唱、小屋頭両人向イ合ニて尻ヲ替々たゝき申候、

と見えている。(32) 京都では「敲杖」と呼ぶのである。この記事が享保年間の様子を記しているならば、京都町奉行所は「敲」を執行し始めた当初より割竹のムチを用いた可能性が高い。「敲杖」については、文化四年（一八〇七）三月の記事も存する。この記事は、丹後国田辺藩が笞打ち刑の執行方法や刑具の規格などを京都町奉行所に照会したのに対し、同町奉行所同心櫛橋平蔵が回答したものである。その回答中に、刑具について、

　敲杖之儀は、長三尺三寸程之竹、細かニ割、丸ミ三寸位ニ水縄ニて巻申儀ニ御座候、

と記す。(33) 三尺三寸という寸法は、「敲箒」よりもかなり長い。京都の「敲杖」は、江戸の「敲箒」「箒尻」と異なり、大坂の「ケイヒン」とも相違する。

「敲」の刑罰は、江戸の町奉行所、大坂町奉行所、京都町奉行所においてそれぞれに独自のムチを使用した。このように、「公事方御定書」に定める「敲」は、殴打の回数こそ同じであるが、刑具に差異が認められるのであり、刑罰として必ずしも均質ではないのである。これは江戸幕府の刑罰の特徴の一つである。おそらく、刑罰の執行手続きについても奉行所ごとに何らかの差異が存したと思われる。(34) それを解明することにより、吉宗の意図した「敲」の趣旨がどの程度に反映しているかを推し量ることができる。今後の課題である。

（1）幕府の「敲」については、高塩博「江戸幕府法における敲と入墨の刑罰」（小林宏編『律令論纂』汲古書院、平成一五年）、同「「敲」の刑罰における身元引受について」（『國學院大學日本文化研究所紀要』九八輯、平成一八年）参照。
また、同「追放人の幕府老中宛の歎願——信濃国岩村田藩の「たゝき放」をめぐって——」（『國學院法學』四六巻三号、平成二〇年）は、「軽罪ニて穢多非人之手ニ懸」って「たゝき放」となった不名誉により、近隣の人々に忌み嫌われて生業に就くことが出来ないという事例について紹介している。笞打ち刑については、その他に同「熊本藩刑法の一班——笞刑について——」『國學院大學日本文化研究所紀要』七二輯、平成五年）が存する。

（2）重松一義『図説刑罰具の歴史——世界の刑具・拷問具・拘束具——』（明石書店、平成一三年）は、「鞭刑の執行形態と諸

刑具」の章を設けるが（同書第三章一五〇～一六〇頁）、幕府「敲」の刑具については言及していない。

（3）「三奉行伺附札」六二穀物盗取候者仕置、并敲箒御仕置仕形之事（石井良助・服藤弘司編『問答集』2、藪利和氏担当、創文社、平成一〇年、四三六頁）。

「穀物盗取候者仕置、并敲箒御仕置仕形之事」と同じ内容の問答は、「三奉行伺附札」の他、「諸家秘聞集」（『問答集』3、三四九頁）、「三秘集」（『問答集』4、一一五頁）、「三奉行問答」（『問答集』1、五四〇頁）、「三聴秘録」（『問答集』5、八七頁）にも収載されている。

（4）『公裁録』近世農林政史料一（荒川秀俊校注、地人書館、昭和三八年、二三五～二三六頁）。同じ内容の書付は、荒井顕道編『牧民金鑑』第二〇（瀧川政次郎、刀江書店、昭和四四年、六七三～六七四頁）にも収載されている。

（5）「松本公御預所公事御届伺写」という史料に、

敲箒の事

すぐり藁を観世よりで巻き、長さ一尺九寸、太さ四寸五歩廻りにいたし、肩背尻を互い違ひ、背骨を除き、絶入いたさざる様に数百敲、その村役人共え見させ置き、敲が終わったならば村役人に引渡すべき事

という記事が存する。この記事は、信濃国松本藩預所の領民に適用する「敲」の刑罰に関し、その執行法と刑具についての幕府の指示である。発信者は勘定奉行松平兵庫頭、時は享和三年（一八〇三）一一月のことである（藤井嘉雄『松本藩の刑罰手続――藩領・預所の刑罰権と幕府法――』山麓社、平成五年、二四四頁）。右の記事は、引用にあたって原文を書き下しに改めていると思われるが、その内容は翌文化元年三月、幕府勘定奉行松平兵庫頭、石川左近将監が連名で出した「入墨・敲御仕置仕形書付之事」に同じである。

（6）佐久間長敬の伝記については、藤田弘道「府県裁判所設置の一齣――足柄裁判所の場合――」（『新律綱領・改定律例編纂史』慶應義塾大学出版会、平成一三年）参照。また、佐久間の著述については、「佐久間長敬著作目録」（『原胤昭旧蔵資料調査報告書（1）――江戸町奉行所与力・同心関係史料――』千代田区教育委員会編刊、平成二〇年、二六九～二七〇頁）参照。

（7）『刑罪詳説（本刑編）』は、『刑罪珍書集』Ⅰ（近代犯罪科学全集13、武侠社、昭和五年）に再録されている。

（8）「刑罪大秘録」によると、「敲御仕置始り」として、数寄屋町平兵衛店の勘右衛門という者が、「三笠附乍致、其場所ぇ罷越、

色々之儀申依科」って、「牢屋敷表門前おゐて箒尻にて五十敲追放」となったことを記す。この執行は、享保五年四月一二日、老中戸田山城守（忠真、下野国宇都宮藩主）の差図により、先手頭火付盗賊改加役の山川安左衛門掛りになされたものである（内閣記録局編『法規分類大全』第五七巻治罪門（二）所収四九七頁、明治二四年、昭和五五年原書房覆刊）。

なお、「刑罪大秘録」は、小伝馬町牢屋敷の執行する拷問と刑罰の執行手続きについて、絵図と文章にて記録した書である。著者は、江戸の北町奉行所与力の蜂屋新五郎である。蜂屋は、親子二代にわたって牢屋見廻与力を務めた経験からこれを記したもので、成立は文化一一年（一八一四）四月のことである。

(9) 京都大学日本法史研究会編『藩法史料集成』創文社、昭和五五年、一八七頁。

(10) 「御裁許向取計」島原図書館蔵。

(11) 平松義郎「名古屋藩の追放刑」『江戸の罪と罰』平凡社、昭和六三年、一五五頁。『名古屋叢書』第三巻法制編（二）名古屋市教育委員会編刊、昭和三六年、解題五頁。

(12) 京都大学日本法史研究会編『藩法史料集成』一七八頁。

(13) 林紀昭「新発田藩 解題」『藩法史料集成』四二〜四四頁。

(14) 幕府の「敲」を導入した藩の中にも、ムチの製法に独自の工夫を加えた藩があった。たとえば高崎藩の場合は、幕府に倣って軽敲（五十敲）と重敲（百敲）を導入したが、刑具の製法と規格は次のようであり、相違する処も存する（「郡方式」上、藩法研究会編『藩法集』5諸藩、平松義郎氏担当、創文社、昭和三九年、三三七頁）。

一敲箒拵方左之通、

一竹を細ク割、水ぇ漬置、夫を干集候て、其上ヲ平苧ニて巻、其上ぇすぐり藁をまき、其上を観世よりニて巻、薄革之袋懸候事、

但、麻之袋ニても、手軽く出来候方相用候事、

一敲箒、長壱尺九寸、太サ四寸五分廻り、随分しない候様ニ拵候事、

この記事を収録する「郡方式」上は、文政八年（一八二五）筆写であるから、刑具の製法と規格を定めたのはそれ以前のことである。ムチを「箒尻」と称すること、長さ一尺九寸、太さ四寸五分廻りであること、これらは幕府と同一である。しかし、細く割った竹を芯とすること、薄革の袋を懸けること、これらが幕府と異なっている。高崎藩は大河内松平氏が上野

国に八万二千石を領有する家門であって、幕府の「敲」を導入するについては、刑具について少し変更を加えたのである。

(15) 笞刑、杖刑のムチの規格と製法については、「明令」(刑令・獄具)に、

笞、大頭径二分七厘、小頭径一分七厘、長三尺五寸、
杖、大頭径三分二厘、小頭径二分二厘、長三尺五寸、
(中　略)
已上、笞杖皆須削去節目、用較板如法、較勘毋令筋膠諸物装釘、応決者並用小頭、其決笞及杖者臀受、拷訊者臀腿分受、

と見えている(大蔵永綏校、延享四年刊、国立公文書館内閣文庫蔵)。

明律の逐条注釈書である「大明律例訳義」は、笞刑の刑罰思想、刑具の規格、執行法を解説して、

笞は、耻也。人を耻かしめ、こらすために設たる者なり。笞は荊《イバラ》の節をけづりて作る。長さ三尺五寸、本の頭、径し二分七厘、末の太さ、さしわたし一分七厘にこしらへて、犯人《トガニン》ノ臀を撻て、耻辱をかゝせ、こるゝやうにす。女は単《ヒトヘ》のものをきせて、その上よりうつ。但姦婦はきせず。罪の軽重によりて、撻数かはれり。

と述べている(巻之一、後掲書五七頁)。「大明律例訳義」は徳川吉宗の命により、和歌山藩の儒医高瀬喜朴(号学山、一六八八～一七四九)の著した書である。成立は享保五年(一七二〇)のことであり、写本として今日に伝えられる(小林宏・高塩博編『高瀬喜朴著大明律例訳義』創文社、平成元年)。

なお、中国における笞打ち刑の意味については、佐伯復堂「支那の笞刑に就て」(『法学協会雑誌』七巻一号、昭和四年)参照。

(16)「牢問」についての詳細は、平松義郎『近世刑事訴訟法の研究』(創文社、昭和三五年、七七四～八三九頁)参照。

(17)「聞訟秘鑑」一六八厳敷吟味詰候仕方之事(牧英正・安竹貴彦「「聞訟秘鑑」その写本について」三、大阪市立大学『法学雑誌』三五巻一号、昭和六三年、二八七頁)。

(18) 蜂屋新五郎「刑罪大秘録」牢問之図(内閣記録局編『法規分類大全』第五七巻治罪門(二)　明治二四年、四九〇頁、昭和五五年原書房覆刊)。

幕末における訊杖も「刑罪大秘録」の記す規格に同じである。佐久間長敬は「拷問杖　長一尺九寸、周三寸、真竹片二本

麻苧ニ包ミ、上ヲ観世捻ニテ巻ツメ、持処白革」と書き残している（『拷問実記』徳川政刑史料前編第二冊、一二頁、明治二六年、南北出版協会）。同書は『刑罪珍書集』㈵（近代犯罪科学全集Ⅰ、武侠社、昭和五年）にも収載されている。

(19)「聞訟秘鑑」は「笞打」のムチを「箒尻」と記すが、本来は「敲箒」であったのではなかろうか。

(20)「町奉行所問合挨拶留」六一箱館奉行より一御仕置場所幷御仕置筋仕形問合（石井良助・服藤弘司・本間修平編『問答集』9、創文社、平成二二年、神崎直美氏担当、三四〇頁、）。

(21) 司法省蔵版・法制史学会編、石井良助校訂『徳川禁令考』後集第三、創文社、昭和三五年、一六〇頁。

(22) 高柳真三・石井良助編『天保御触書集成』百四博奕等之部、六四六六号、岩波書店、昭和一六年、同書下八二六頁、『徳川禁令考』後集第三、一六〇頁。

(23)『徳川禁令考』別巻二一九～二二〇頁。

(24) 博奕法改正をめぐる諸問題については、平松義郎『近世刑事訴訟法の研究』七七～七八、四六九～四七三頁（創文社、昭和三五年）、石井良助「幕末の代官」『近世民事訴訟法史』四七九頁（創文社、昭和五九年）、同「江戸幕府代官の権限」『日本刑事法史』三四八～三四九頁（創文社、昭和六一年）等参照。

(25)「松平石見守御初入ニ付差出御覚書」収載の「牢舎人数幷御仕置覚」（『大阪町奉行管内要覧』大阪市史史料第一五輯、昭和六〇年、五七～六六頁）、「大坂町奉行所旧記」収載の「牢舎人数幷御仕置覚」（『大坂町奉行所旧記』上、大阪市史史料第四一輯、平成六年、一一九～一二四頁）。

(26) 平松義郎『近世刑事訴訟法の研究』一〇六〇頁。

(27) たとえば、熊本藩では文政二年（一八一九）の頃、藁製のムチを用いていた。「肥後熊本聞書」によると、そのムチは「太サ高指ヒ一束、長二尺五寸」のものであり、「箠ハ一度切に捨て再用ひ不申候」と記すように、一回限りの使い捨てであった（小林宏・高塩博編『熊本藩法制史料集』創文社、平成八年、一二一七頁）。

(28)『法規分類大全』第五七巻治罪門（二）所収四九六頁。

(29)『徳川禁令考』後集第四、二六六頁。

(30)「御問合之内三ヶ条大下書　御問合之内残り三ヶ条大下書」（『大坂町奉行所与力・同心勤方記録』大阪市史史料第四三輯、平成七年、二九頁）。

(31) 右同書解題一三五頁。
(32) 辻敬助『日本近世行刑史稿』上、昭和一八年、五九三頁(昭和四八年矯正協会復刊)。
(33) 「刑罪筋問合」所引「警鞭御仕置御座候節之事」(京都府立総合資料館寄託谷口家資料、寄古〇二―一八)。
(34) たとえば、打ち役は江戸では牢屋同心、大坂では牢番人、京都では小屋頭である。また、「公事方御定書」の規定によると、肩背尻を殴打する定めであるが、京都では打ち役が左右から臀部を交互に殴打した。」

# 第3章　明治時代離婚法五題——髙木所蔵未刊史料の紹介——

髙木　侃

## はじめに

明治という新時代を迎えて、婚姻法にも変革がもたらされ、当然離婚も新しい波にあらわれることになる。江戸時代に特殊な制度として存在した縁切寺は、関東地方にのみ二ケ寺あったが、明治維新後も明治三年（一八七〇）までは縁切寺法を存続した。しかし、徳川家の庇護のみに頼ってきた上州の満徳寺は明治五年に廃寺し、なお縁切寺の制度維持を願い出た東慶寺も明治四年七月政府によって願い出が却下され、縁切寺は国家権力によって完全に否定・禁止されることとなった。縁切寺の終焉は江戸時代の遺制を払拭したという点に重要な意味がある。

その後明治六年五月一五日の太政官第一六二号布告によって、やむをえざる事故があって妻から離縁を請うも夫が肯んぜざるときは、妻は「人民自由の権理」を護るために裁判所に離婚の訴えができることになった。これをもって離婚法上の明治維新を迎えたといわれる。もっとも江戸時代にも妻からの離婚請求はかなり認められていたのであるから、むしろ事実上の容認から訴訟制度上の積極的な容認へと強化されたと考えるのが妥当であろう。

ところで、明治民法施行以前の婚姻法研究が、法令としての布告・達とその運用解釈について疑義を質す伺・指令とを対象として、主として公文書を中心として研究されてきた。[1] かつて拙稿「明治時代婚姻法五題」[2] では、地方に散見する史料を紹介し、若干の解説を加えたが、その際に二つの観点に留意した。一は、私的文書にあらわれた近代的思惟としての契約観念、二は、中央集権的国家体制の有した身分関係掌握の重要性とその法令の下部への浸透（伝達）という点であった。本稿では、離婚法に関連して、右に見た観点一と前代・江戸時代の法慣行が明治時代にどのように継続して維持されてきたのかについて、当時の史料、それも筆者収集文書のうち未刊史料を中心に紹介し、若干の解説を加えるものである。[3][4]

## 一　明治時代の用文章にみる離婚届と離縁状

明治四年（一八七一）には戸籍法が制定され、翌五年二月一日から施行されることとなり、いわゆる壬申戸籍が編成されたが、これにより、婚姻・離婚もともに戸籍への登記によってはじめて効力を生ずることになった。離縁状は法律的要件ではなく、事実上の離婚の証明にすぎなくなったにもかかわらず、離縁状（ときに返り一札も）が授受されていた。旧来の慣習つまり離婚は夫妻両当事者間の離縁状授受だけで足りるとする意識が残存したからである。役所への届出が励行されなかったからではなく、なお夫妻間で夫（妻）自身の手によって書かれた証文の受理によって、縁を切った（離縁）ことと後腐れないことが保証されると考えたからであろう。そのことは当時の用文章をみるとよく理解される。

戸籍法施行後間もない明治八年刊の『続開化小学用文　全』には、左の届出の書式のみで、離縁状の書式はない。届出なければ、離婚の法的効果はないのであるから、届出で足りるわけで、この種のものが多いのは当然である。

妻離縁届

何縣府士族歟平民歟

誰 娘

誰 妻 た れ

年 齢

右は今般熟議之上離縁

致候ニ付、此段御届申者也

とはいえ、当時の用文章にも[5]離縁状の書式を掲載しているものが一九例みられる。離縁状の授受が必要であるとの社会通念が残存していたからにほかならない。したがって、また実際に授受された離縁状もかなり散見される。そこで用文章の書式をいくつか紹介しよう。

明治一〇年刊、松野永太郎編『文章大成亀鑑』には、「離婚届」の書式は載せられておらず、つぎの「離縁状」書式のみが載せられている。

○ 妻離縁状

其許儀何々ニ付致㆓離婚㆒候、向後何方へ縁付候トモ其儀ニ付決テ苦情無㆑之、就テハ送籍候、仍テ離縁状如㆑件

年月日 何 誰

誰 殿

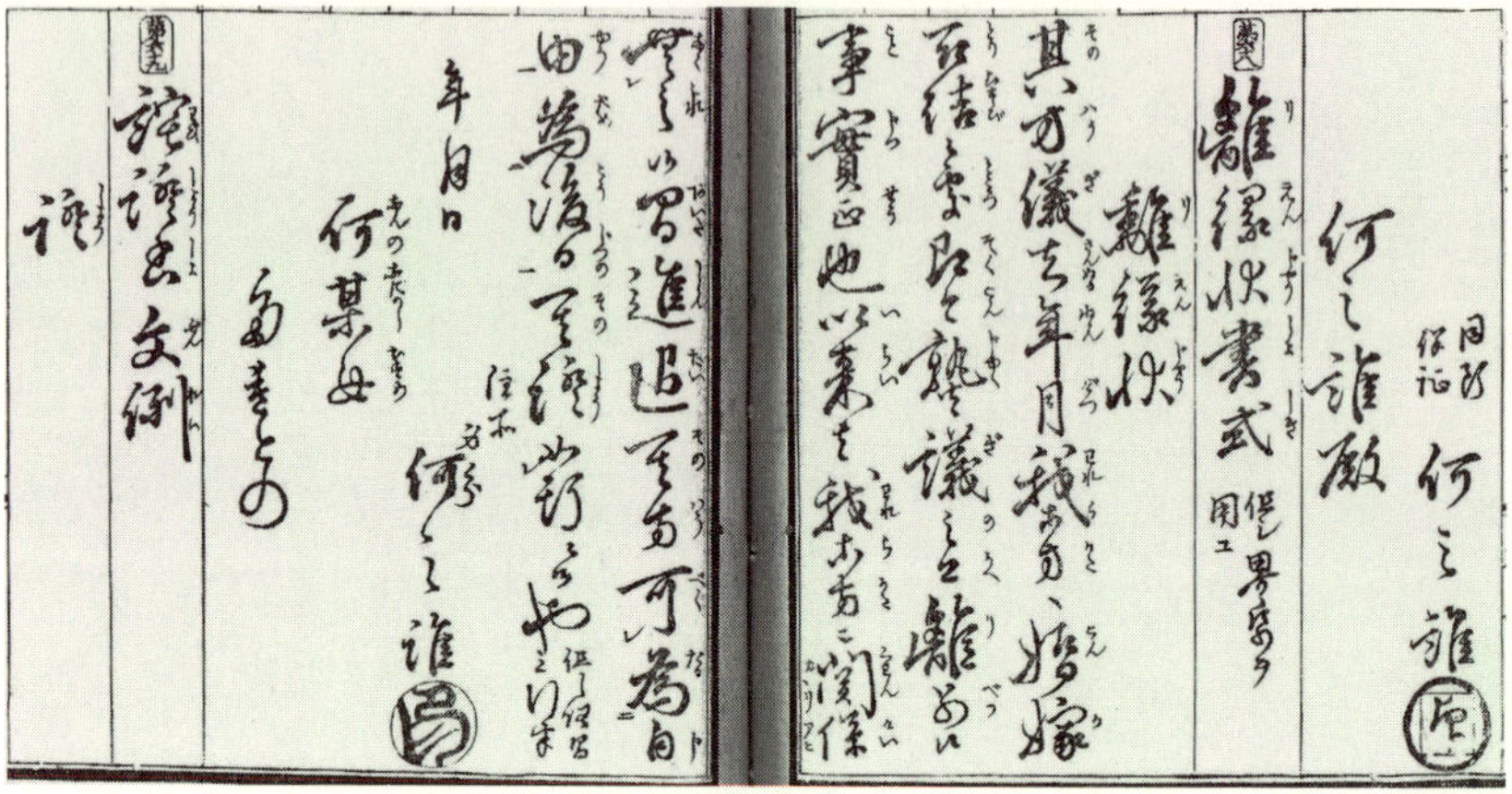

書式であるから離婚理由は抽象的に「何々ニ付」となっている。離縁状のなかにあえて「送籍候」と明記されたものは稀である。送籍手続きを経なければ、離婚の法的効力をもたなかったことを言外に暗示したものといえる。そのことを明示した書式もある。

明治一〇年刊『書牘確証帝国文証大全　下』（松林堂蔵板）には、離縁状と離縁届の双方の書式が載せられている。「離縁状書式」（上記写真）には「但シ界紙ヲ用ユ」とある。実際に界紙を用いた離縁状の初出は明治六年である。まず離縁状書式を引用する。

離　縁　状

其方儀去年月我等方へ婚嫁取結候処、即今熟議之上離別候事実正也、以来は我等方ニ関係無ㇾ之候間、進退其方可ㇾ為二自由一、為二後日一其証如ㇾ斯ニ候也但し任習三行半

住所
身分
何之誰㊞

年月日

何某女
たれとの

本文はほぼ全文に「ふりがな」が施されているが省略した。書式はほぼ五行で書かれているが、本文末尾に「但し任習三行半」と注記されている。明治時代の用文章の離縁状書式も、二例（一つは三行、他は七・五行）を除いて残りはいずれも三行半である。また明治八年二月以降太政官二二号布告で、国民はすべて苗字（氏）を唱えることとなったので、書式でも当然「何之誰」「何某」と名前だけでなく姓を冠することとなった。

内容後半の再婚許可文言には、離婚後妻の「進退」は「可為自由（自由たるべし）」とあり、「自由」の二字がみられる。先にふれた妻側の離婚請求権を容認した明治六年五月の太政官第一六二号布告の「人民自由の権理」の文言に触発されたものであろうが、「自由」の二字に新時代を感じさせる。「自由」を含む離縁状の書式を載せた用文章はほかに四例みられる。

これには離縁届の書式も載せられているが、先の『続開化小学用文　全』のものと全く同文である。ただし、差出人の部分に「年号月日・住所・何之誰㊞」が追加されている。

ところで、明治一二年刊の『官民必携書式文例大成』（小泉吉永氏所蔵）の頭書には、右『帝国文証大全　下』とほぼ同文の離縁状書式があるが、それに続く届の書式は内容に相違がみられるので、引用する。頭書なので横長であり、適宜、行は改めた（但し、行末に」を付した）。

○離（婚／縁）御届書式

何（府／縣）管下身分

何ノ幾女

私妻字誰（ママ）

何ノたれ

生家ノ姓

右は此度熟議之上離」縁仕候間、此段御届」仕候、依之生家何某」方へ送籍御取被下」度候
同内々の相談ハ離縁」と極り、生家へ帰りお」りても表面届済」なければ若姦事等」あれハ有夫姦とて、」
まをとこ《(間男)》になるなり

江戸時代において、姦通つまり有夫姦か否かは、離縁状受理の有無にかかっていたが、明治時代戸籍法施行後は離婚届提出の有無にかかったわけで、届の必要性を念のため述べている。ということは、逆にいまだ離縁状慣行が残存している事実をものがたるものといえようか。もう一例、明治二三年刊の『天下一品明治用文　全』には届出書式はなく、離縁状書式のみが載せられている。左に引用する。

妻離別証文之例
□　証　　印紙規則第一類ニ照シ印紙貼用スベシ
其許儀、何々之事故有之、今般
再縁之儀無二故障一候、依テ離別
証文如レ件
年号月日　　　　何之某㊞
何のたれどの

印紙を貼付することが注記され、また差出人の印章のなかには「実印」とある。また明治二二年一月に刊行された『万民活益贈訂明治公民用文』には、離縁状書式を掲げ、「但し離縁証を渡すとも、民法上の手続きを経て送籍せざれば其効なし」と、民法施行の半年後すでに民間でもその普及にむけての緒を踏み出した様子がわかる。

なお、ここには紹介しなかったが、離縁状書式にも若干の変化がみられる。内容の違いもさることながら、事書が「証」・「離縁証」・「妻離縁之証」とあり、実際の離縁状でも事書に右のほか「離縁書」・「離縁状證証」などと見え、

しだいに離婚契約証書としての意識へと変化してくるのである。(6)

## 二　明治時代の離縁状慣行

### 1　明治時代の三くだり半

そこで実際に用いられた明治時代の離縁状を見ることにしよう。(7)

離　別　状

一　御　貴　殿　之　娘　何
方　え　縁　付　候　共、
差　構　御　座　候、
仍　如　件
明治九年
第三月十三日
水代邨
三　代　蔵（爪印）
中里村
い　く

水代村も中里村もともに信濃国筑摩郡内の村で、現在の長野県松本市である。再婚許可文言のみの離縁状である。

内容的には江戸時代のものとほとんど変わりはない。

証

一 自分儀、是迄其方ト内縁ヲ結ヒ置候処確実也、然ルニ離別候ニ付テハ、何方え縁付致候得共、指ツカエ無之候間、依テ離別証相渡シ候也

十四年

十月廿六日　蓮井藤右衛門㊞

伊藤とせ殿

まず差出人・名宛人ともに苗字があり、明治らしさが感得できる。「証」の文字のほかは江戸のものと大差ない。ここに「内縁」とあるが、これが今日いうところの婚姻届を欠く事実上の夫婦を意味する内縁かどうかは分からないが、「内縁」は多義的に用いられ[8]、結婚と同義の場合もある。筆者は結婚後の離婚に当たって差し出されたものと思う。年次の順をおって引用する。

離縁状之事

其許義、川本兼五郎殿媒にて拙者女房ニ貰請候処、今般致離縁候上は

何方へ縁附候共、決て差構不申、離
縁状仍て如件
明治十五年　　清水半造（爪印）
十月日
とみゑどの

この離縁状も江戸のものとほとんど変わるところがない。つぎの離縁状は二四行桃色の罫紙が使用されている。当時契約書や役所へ届出書は、薄葉罫紙を使ったので、そのことを意識してのことであろう。

□（壱銭印紙貼付、割印）
離　縁　状
一　其許儀、事故有之、今般離縁
致シ候間、何方え成トモ勝手次第縁附
候トモ、此方に於テ差構無之、依テ
離縁之証如件
明治廿五年　　池田勇右衛門㊞
箕田たいえ

明らかに用文章の書式の模倣である。また印鑑の印文は差出人の苗字・名が刻んであり、朱肉を用いている。収入印紙を貼って、割印も押している。

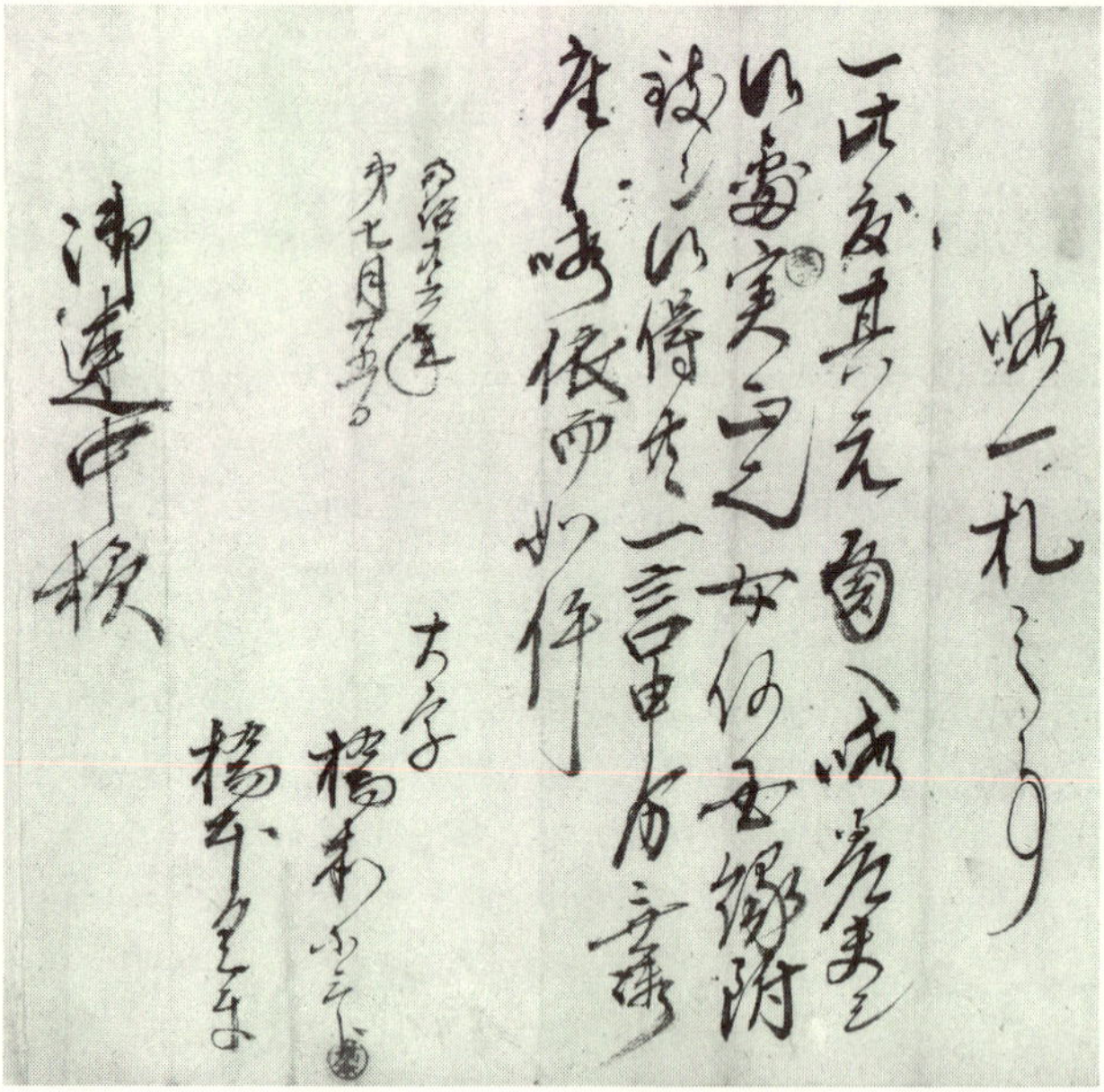

暇一札之事

一　此度其元殿へ暇差使(カ)シ
候処実正也、女何国縁附
致シ候得共、一言申分無御
座候、暇依て如件

明治廿六年　　　大字
第七月廿五日　　橋本小三郎㊞
　　　　　　　　橋本くま　（破）

御連中様

この離縁状（上記写真）も江戸のものと大差ないが、氏名と朱肉が明治らしい。もっとも特徴的なところは、夫妻の名前を同列に書き、その真ん中を破っていることである。離縁状そのものを切って縁を切ったということ、つまり離婚したことを具体的行為で表徴したものである。この離縁状の出処はわからないが、このように離縁状の真ん中にハサミ・剃刀で切る慣行のあった地方は、岐阜県・京都府だけのようである。(9) なお、仲人もしくは取持ちを「御連中」ということもヒントであるが、後考に俟ちたい。

明治民法施行後の離縁状を紹介しよう。久野の例は、印文「久野」を朱肉で押捺し、さらに爪印を加えている。この時期まで爪印を用いることの意識が残存していたのか興味深い。

離　縁　状

一　私義其許共内縁致居候処、今般
都合に依離縁致候、為後日離縁
状、仍て如件

明治三拾弐年　　　久　野　立　治　郎㊞（爪印）
十二月一六日夕

三　岐　おてつ殿

いとまじょ《(暇状)》一さつ《(札)》

一　此のたび《(度)》ないゑん《(内縁)》これあり候、いとま《(暇)》
つかわし候ところじしょなり《(実正也)》、此のうゐ
わいずかた《(何方)》ゑんつき《(縁付)》あるともすこしも
うんくわ《(喧嘩カ)》申まじく候、後日為如件

明治三拾九年一月八日
浅尾甚三郎（拇印）墨
仲人
岡本岩三郎（拇印）墨

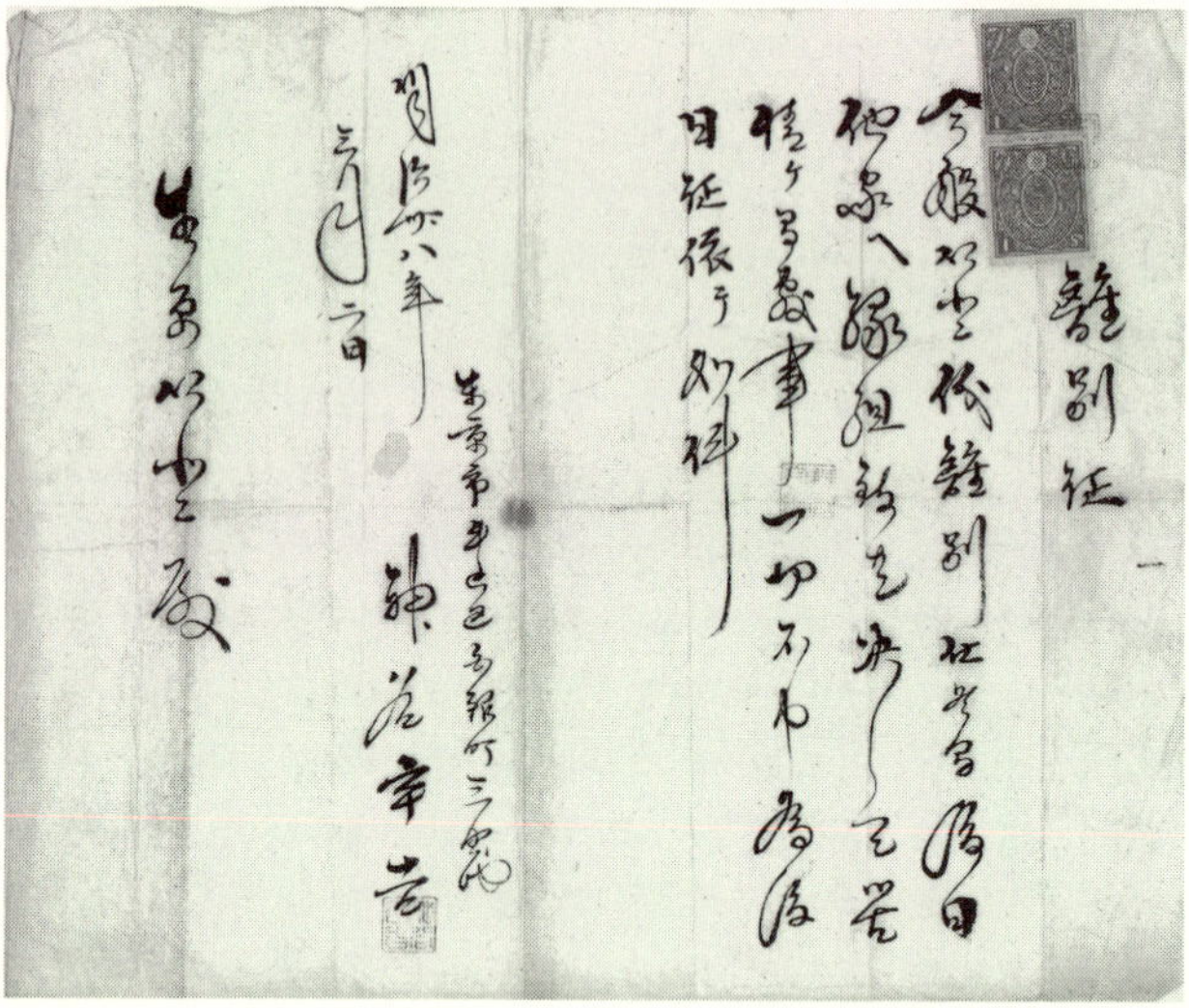

岡本ゆく殿

ここに引用した二通とも「内縁」とみえている。民法施行の前後で「内縁」の語義に変化がみられたか否か、その語義をめぐって、いつから今日のような意味での内縁になったのを検討しなければ、ここでの内縁を結婚と同義と判断できないが、後の課題である。後者の暇状は、ほぼ全文が「ひらがな」である。夫が「ひらがな」しか分からない妻のために配慮したと考えたい。

（壱銭印紙二枚貼付、割印）
□□　　離別証
今般いと儀、離別仕候間、後日
他家へ縁組致共、決して苦
情ケ間敷事一切不申、為後
日証依テ如　件
　　　東京市牛込区白銀町三番地
明治卅八年
　三月二日　　　　神谷宇吉印
　　生原いと殿

収入印紙が二銭貼られ、割印が押されている（上記写真）。かなり明治も下った時代の離縁状である。もっとも新しいものは大正六年の離縁状であり、すでに紹介した[10]。

先に『官民必携書式文例大成』頭書にみられた「離縁届」では、書式に続けて「届が済なければ、もし姦事等あれば有夫姦とて間男になるなり」と注記していることを紹介した。かりに離縁について内済が成立し生家へ帰っていても、届出がなければ有夫姦として処断されると付記して、届出の必要性を説いている。法律上は離縁届が出されて初めて離縁が成立したことになるからである。いいかえれば、旧来の慣習つまり夫婦両当事者間の離縁状授受だけで足りるとする意識があり、それだけ離縁状慣行が残存したことを示している。また一方で、明治一〇年代以降の用文章に離縁状の書式が載せられたことは、離縁状慣行の有用性を立証するとともに、反面その慣行をいまだに助長したことも否めない。

そして、明治も時代を下るにしたがって、離縁状慣行はしだいに「さき細り現象」を来し、その内容は「離婚契約証書」へと推移することとなる。さらに明治民法の施行によって、法律婚主義のもと、離婚も戸籍簿に公示されたのであるから、離縁状慣行は消滅する運命であったにもかかわらず、引用した明治三二・三八・三九年と大正六年の離縁状の存在はなにを語るのであろうか。

沼正也氏[11]は「届け出なき婚姻については、こんにちの内縁解消と比すべくもない程度に離縁状慣行を持続せしめる社会的背景がなお存してあった」といわれる。このときの離縁状は、夫婦が入籍前にその関係を解消してしまい、わかれた夫が「あとあとまで附き纏い威しを掛けることから身を護りさらには後夫に証しを立てる」に資すべき「断縁の一筆書き」であるという。なによりも「内縁ないし内縁にさえいたらない男女関係については、離婚届け出という公示手段に頼りえない」からという。

明治三二〜三九年と大正六年の離縁状が、戸籍届出のある夫婦間のものであるか否かは不明である。しかし、かりに届出ある夫婦間のものでも、明治民法後の離縁状の授受はありうることで、それは夫の「追い出し離婚」を証するものでなく、夫からの後難のないことを期すために妻側から請求されたことを意味しよう。とすれば今日でも、旧来の離縁状と同様な意味の「断縁の一筆書き」が夫婦間でとりかわされることは、当然考えられ、しかも決して妻の側からばかりでなく、後難をおそれる夫妻のいずれか一方から請求されることになる。なにより夫（もしくは妻）自身の手によって、縁を切ったと書かれることに意味があるからである。[12][13]

## 2　明治時代の執心切れ一札

執心切れ一札[14]とは、未婚男女関係の解消文書である。双方が未婚の場合も一方が未婚の場合も用いられた。これまで主として東毛地方（群馬県東部）からのみ見出されていたが、最近各地から、たとえば、岡山県内からのものも見出されている。不日論稿としてまとめる予定であるが、ここでは筆者所蔵のものだけ紹介する。拙著『増補　三くだり半』に引用の、離縁状類似の執心切れではないが、実質的に「執心切れ一札」であるものを二通引用する。それぞれ原文は八行半である。

差出申為取替一札之事

一私娘いく義小野安吉殿と馴合、相互ニ申合家出致、閑馬村小林慶次郎殿宅え参り候ニ付、右慶次郎殿両人組合え通知有之候ニ付、組合談判之上匆々村方へ引戻し、篤と説諭被成下候処、発明いたし候上ハ、当人ハ不及申親等ニ至迄得心之上、引分ケ済方ニ及候所相違無之、然ル上ハ執心は勿論、何等之取替有之候共、向後聊申分無御座候、依之組合連印差出申一札如件

明治九年一月十七日

関　沼　清　八㊞
当人　娘　い　く（爪印）
組合　岩　下　直次郎㊞
組合　佐　藤　定次郎㊞

小　野　安　吉殿
御　組　合　中

閑馬村は下野国安蘇郡内の村（現・栃木県佐野市）である。馴合い・駆落ちした両人が執心は勿論、どのような約束があっても少しも申し分なく「引分ケ（関係解消）」に納得して、女方から差し入れた執心切れである。双方の組合が関係していることから男の方からも差し出されたものと思われる。

離別約定之証

一其御村松原磯五郎殿妹ふん事、去ル明治三十年四月十六日、左之媒人其地立会之上結婚取極、門入仕候処、翌十七日右兄磯五郎ヨリ要用之旨ヲ以呼寄、其侭薪水・家事向等ニ遣置候ニ依テ、再三談判及候得共、何ノ挨拶モ無之等閑之余り、既ニ其御筋へモ可伺哉所、媒人外数名取縋り強テ歎願候ニ付、示談内済仕候所実正也、就ては離縁状直ニ可相渡之筈、相互之都合上ヨリ来ル七日ト相定メ、其際愁《（執）》心切正ニ御渡可申候、依之約定之証券如件

明治三十二年三月四日

佐波郡赤堀村
大字野村
父　須　賀　与十郎㊞
須　賀　利三郎㊞
茂　木　源　八㊞
須　賀　新　作㊞

同郡東村大字国定
松　原　左源次殿

外　一同御中

「ふん」は二年前、妻方の国定で、媒人立会の上で結婚を取極め、「門入」したとある。「門入」とは、いわゆる「足入れ」と思われるが、一晩泊った翌朝には兄から要用があるとのことで呼び寄せられ、そのまま帰ってこない。再三談判に及ぶものの、何の挨拶もないままで、夫方では支配役所に訴えに及ぶところ、「ふん」方で媒人等に縋って歎願し、示談・内済することになった。そこで離縁状を直に渡すべきだが、都合で来る七日に執心切れを渡す旨の約定書である。ここでは離縁状と執心切れが同義に使われている。

## 三　離婚届と手続き――ときに復縁（夫婦関係調整）の努力――

離婚の実態は、離縁状それ自体からは見えてこない。関連文書によって初めて理解できる性質なのである。関連文書のある二つの事例、一つは華族の、もう一つは庶民の、夫婦関係の破綻から離婚にいたる経緯を文書からながめよう。

### 1　華族（岩倉具視息女）の離婚事例(15)

明治維新の立役者の一人、華族・岩倉具視の息女（後掲届には次女とある）静子は華族・久世通章の妻であったが、夫婦仲悪く実家に戻っていた模様である。夫は同じく華族で親戚筋にあたる東久世通禧を通じて、復縁の条件を記した要望書を岩倉家に遣わした。つぎのような内容である。

静子処分之儀、別段所望モ無之候へ共、唯本人改心ヲ以テ緊要ト存候ニ付、今后改心相成其実効相顕候様相成候へハ、於当方ハ故障無之候ニ付、閣下本人改心出来候様御認定相成、御熟談相整候へハ、別紙雛形ニ準シ本

人及閣下等ヨリ一証御認可被下候

一東西京何レニ住居ノ儀ハ未決ニ候得共、決定ノ上ハ多少出費有之候ニ付、其節ハ化粧料十五ヶ年分以内ノ前供相願候事有之候ト存候、其節ハ御承引可被下候

一御熟談相整候ヘハ、昨十四年六月迄ノ化粧料ハ無論、今后毎年度分必ス御廻金相成度、尤当方ニテハ経費ト流用遣払候

一万一御熟談不相整、離縁之場合至リ候ヘハ、小子旧宅更ニ御譲渡相願度、尤モ代金即納可致ハ本意ニ候得共、御承知之通一家経済上不如意ニ付、何卒其辺御推察ニテ無利子十五ケ年賦返納致シ候様願度、乍去一家経済上金融出来候へ(ハ脱カ)、年限ニ係ワラス可成速ニ返上可致候

右六条梅渓殿等相談之上、御決定申入候也

明――――　　久世通章印

岩倉具視殿

これらが遣り取りされたのは文中「昨十四年六月」とあるので、明治一五年になってのことであった。復縁にあたっては、唯々静子本人の改心が肝要と述べ、具視閣下が本人静子の改心を認定されたら、別紙雛形に準じて一証、つまり誓約書の差し出しを求めている。他の内容は経済上のことで、住居・化粧料のことなどの申し入れであった。「別紙雛形」とは左のようなものであった。

一御都合ニヨリ御邸内ニテ別居相成候共、異議申間敷候事

一御家事向御委任無之候共、故障ヶ間敷儀申間敷候事

一今后決シテ嫉妬及、気随ヶ間敷儀所行致ス間敷候事

但妾御召抱相成候トモ、無論異議無之候事

一前三条ニ違背シ、故障又ハ嫉妬箇間敷儀有之候節ハ、御離縁相成候共故障等申立間敷候事

明治——　——　静子自署スヘシ

久・・・

一静子儀御縁組相整候后、兎角嫉妬又ハ無礼箇間敷所行有之候ニ付、拙者共ヨリ改心候様厚ト説諭致候処、本人ニ於テモ改心ノ実効相見エ候ニ、為後日左ノ御内約致シ候

一貴家御都合ニヨリ御邸内ニテ別居相成候共、異議無之候

一御家事向御委任無之共、故障箇間敷儀申間敷事

一静子ニ於テ嫉妬及気随箇間敷儀無、キット申付改心為致候事

但御都合ニヨリ妾御召抱相成候共無論異議無之候

一化粧料ハ其年度ニ必ス御廻金可致、無論経費御流用御遣払相成不苦候事

一右条々ニ違背シ本人又ハ拙者共ヨリ故障ケ間敷事ト申間敷候事

明・・・　岩倉具視印　自著捺印

岩倉具綱印　同

久——

夫方の要望は、一は「邸内の別居を認めること」、二は「家事向に静子の意向を容れなくても異議なきこと」、三は「嫉妬しないこと、気随がましき所行なきこと、とりわけ妾に異議なきこと」を求めたのである。岩倉父娘はこの提案に納得しなかったものとみえ、東久世通禧のメモ書きには、夫は「先達来甚々敷嫉妬ニ御困却し」た結果「御家内不治、終ニハ一家惑乱之基」になると心配し、格別な父からの説諭で改心すれば「双方安心」と、通禧からも「偏御説諭ヲ希望候」とのことであった。それでも改心しない場合は「誠残念至極ナカラ無拠離縁之外無之候」としている。

結局、東久世通禧が代理で、離婚届を提出することになった。左の離縁届（控）とともに送籍のことも同時に願っている。

離縁御届

麹町区宝田町三番地
華族岩倉具視二女
静
本月二十年一ケ月

右是迄麹町区宝田町三番地、華族久世通章妻ニ貰請置候処、今般双方熟談之上離縁致候旨寄留先ヨリ申越候ニ付、此段及御届候、且送籍之儀宜相願候也

京都府下寄留久世通章留守心得
京橋区築地二丁目廿一番地
華族　東　久　世　通　禧　印

明治十五年九月

麹町区長　平　松　時　厚　殿

華族にあっては家事向に口を出さず、屋敷内別居、妾召抱えは当たり前のことで、妻が嫉妬に及ぶべきでないと認識されたものであろうか。

## 2　埼玉県下庶民の離婚事例

つぎに紹介するのは、玉井村（現・埼玉県熊谷市）の夫・鯨井長五郎と石原村（現・熊谷市）の妻「もよ」との離婚である。夫には不実の所業があったものであろう、明治一二年（一八七九）二月、左に掲げる「不実無之誓約兼先

渡し離縁状」を差し出している（原文四行半）。

誓約書

拙者義今般無拠事故付、離緑《（縁）》致シ候得共、内実は右要《（様）》之義更ニ無之間、向来於テ拙者□《（虫、不カ）》実無之旨誓約書如期《（斯）》ニ候、且其方ニ於テ仕合代熹《（ママ）》処有之時期は、縁付候共差構無之候、前件之義如期候也

明治十二年

第二月八日

玉井邨

鯨井　長五郎（爪印）

同　　もよ

これによれば、夫婦は「無拠事故」で離縁することになったが、内実は離縁ではなく、夫が何らか離婚の原因になったことをやめ、「不実」なきことを誓約した。その上で、妻「もよ」が幸せ薄く、つまり不幸であると感じたとき、再婚は差し支えないと記述し、「先渡し離縁状」になっている。しかし、夫の行状は改まらなかったとみえ、二年半後、離婚する。一六行藍色罫紙に書かれた「離縁証」を左に掲げる。

離縁証

一　其方義拙者勝手ニ付、
此度離縁致シ候、然ル上ハ
向後何方え縁付候共、更ニ
構無之候、仍テ如件

幡羅郡玉井邨

第百拾弐番地

明治拾四歳　　夫　鯨　井　長五郎㊞

第十一月廿二日

もよ　どの

このとき夫婦の間に長男がおり、妻方から養育金を支払い、これを受理した旨の長男からの証文があり、宛名は松崎書三郎妻、実は「もよ」の母となっている（原文二行半）。用紙は離縁状と同一のものが使用されている。他の文書から「もよ」の生年は安政元年（一八五四）一〇月であったから、離婚時には二六歳ということになる。

記

一金拾円也

一今般私為養幾（育）（示脱カ）談金拾円正ニ貰請、実ニ難有仕合ニ奉存シ候也

明治十四歳　　鯨井もよ長男

第十一月廿二日　　仝　藤作㊞

上石原村

松崎書三郎妻様

この後、正式な離婚届けがなされたと思われるが、写し（控え）はない。離縁から三日後、「離縁復籍証」が玉井村から石原村戸長役場にあてて出されている。同時に、この送籍証を同日受理した旨、石原村の戸長から「証」書が出されているが、ここでは省略した。

離縁復籍証

埼玉県下播（幡）羅郡玉井村

第百拾弐番地

鯨井信吉悴

内(同)長五郎妻
印(印紙壱銭ノ意カ)
茂　与
安政元寅年十月十日生

右之者儀、先般姉養女トシテ貰請置候所、家内不和合ニ付、示談之上離縁ニ相成、里方松崎書三郎イ(え)差戻シ度旨申出候ニ付、今般致送籍候間、自今該村え御加籍可被成候、仍て及送籍候也

明治十四年十一月廿五日　右村
戸長不在ニ付代理
筆生　佐　藤　喜　兵㊞

大里郡石原村
戸　長　役　場
御　中

「姉養女」とあるのが、判然としない。表題の上部に朱書で、「右は明治十四年十一月廿五日出ニ玉井村ヨリ送り差出し候ニ付、村戸長イ此書附相納候事」と注記がなされている。これで離婚問題は決着をみる。

その後「もよ」は仲人があって、再婚することになったが、その再婚相手に長五郎が不都合を仕出かし、かつ仲人に迷惑をかけたものとみえ、以後は苦難をかけるようなことのないようにする旨を「もよ」父が請け負って、仲人にあてて証文を差し出している（原文六行半）。

差出申一札書

一我等娘もよ儀、貴殿御世話ニテ御駅内駅(ママ)内塩田藤兵衛妻ニ中立被下候、然ル処脇より塩田氏え不都合被致、貴殿え御迷惑相掛、後日之儀は締防致、何様之儀申参り候共、塩田氏は勿論、我等引受貴殿え少も御苦難相掛申

間敷候、後日証一札依如件

明治十六年二月十九日　大里郡石原村

もよ父

松　崎　書三郎㊞

親類

松　崎　文　八印

熊谷駅

中　嶋　彦兵衛殿

脇より再婚相手・塩田氏への「不都合」とは、実は夫・長五郎はやや先妻「もよ」に未練が残っていたのか、大酒の上、再婚相手宅へふと立ち入ったのである。「もよ」父は仲人にあてて仲人や再婚相手に「迷惑相掛」ないことを約している。また長五郎は右の不都合を詫び、左の詫状を差し出している（原文八行半、上包があるが、省略）。

一札之事

自分義、日頃大酒好ニシテ大酔ニ及、前後忘却途ヲ失シタルヨリ立寄べからさる場所え風と立寄り候ヨリ、自然貴殿え対シ御気障り相成候処、今般御聞捨ニ相成、依テハ、向後右様之酒狂相慎、先方え取寄候義仕間敷、急度大酒相守（慎）可申候、為後日如件

十六年

二月十五日

玉井村

鯨　井　長　五　郎㊞

石原村

松　崎　書　三　郎殿

一件文書は以上であるが、果たして「もよ」に幸せな再婚は訪れたのであろうか。

## 四　先渡し離婚承諾書

かつて拙稿「明治時代婚姻法五題[16]」で離婚契約書二通を取り上げた。一は明治一六年神奈川県下、離婚にあたっての仮契約書で、二〇行證券界紙が用いられている。妻の長病が離婚原因で、相当複雑な事情があった模様で、離婚した妻を養女として入籍の上、別家して病気療養に当たらせるというもので、療養手当として玄米を年一二俵ずつ支給することを規定したものであった。

二は明治二五年の「離別ニ付後日之契約証」で離婚夫婦[17]に仲人と証人が介入した契約証書で、まず両人が仲人・証人等の立入の上、同年一二月五日に離婚した旨を確認し（第一条）、妻アイは夫の髪結業を補助して共に稼働していたものと思われ、離婚後の妻の職業の自由、つまり髪結業の開業を認めている（第二条）。両者は互いにそれぞれの宅に立ちいらざること（第三条）、またアイ身体、所有財産等について一言も苦情を申さないこと（第四条）が約束された。二〇行の罫紙が用いられ、壱銭の収入印紙が貼られ、両当事者と仲人が割印しており、まさに「契約証書」であることを意識したものになっている。

つぎに紹介するのは、離婚になるべきところ、妻が詫びて復縁した際の証文である。女性（妻か妾かはっきり特定できないが）が「永世同穴之約ニ違背」したとあるので、おそらく姦通（浮気）に及んだものと思われる。他男と生涯「交合」しないことを約し、たとえそれが風説（うわさ）であったとしても、その際は離婚されても異論ないことが保証人連印で差し入れられた（原文八行半）。一時の浮気で直ちに離婚とならず、夫婦関係が調整され、復縁の努力がなされるのが通例であった。その上で、あらかじめ約束違反のときは離婚もやむを得ないことを保証人連印で確約している。夫の書いた先渡し離縁状[18]ならぬ、妻の「先渡し離婚承諾書」といえる。まさに離婚権が夫方に一方的に委ねられることになるのである。

約　定　書

一私事、山岸千丈殿ト永世同穴之契リヲ結ビ候処、今般家事之都合ニ依リ、私方ヨリ永世同穴之約ニ違背仕候故ニ、柳沢増太郎殿ヲ保証人トシ、生涯男ト交合致サス、若シ風説ニナリトモ右之次第違背有之候際ハ、一切両断離サレ候共、決シテ異論無之、保証人連印ニテ証證差入候也

右

明治廿五年三月十一日　　秋　山　ヨ　ネ㊞

保証人

柳　沢　増太郎㊞

山　岸　千　丈殿

本来の用例では「偕老同穴之契リ」と書くべきところ、「永世同穴之契リ」となっている。このように夫婦関係が破綻に瀕したとき、あるいはすでに離婚した後でもなお復縁の努力がなされるのである[19]。左の証文は（原文一二行[20]）、「夫の御意に反」した妻を九カ月間、保証人方で監守し、妻の「悔悟謹慎」の様子を確認した上で、さらに条件付きで復縁している。したがって、夫が妻に条件違反ありと認定したときは、保証人が（当然離婚の上）引取ることを約している。これも「先渡し離婚承諾書」といえる。

詫入契約之証

はる女

行年四十才

右は私一家之主婦トシテ夫ノ御意ニ反シ候処、重々恐縮存入候、去ル明治三十八年旧正月十五日ヨリ今日迄証人之我等引取監守候処、本人大ニ悔悟謹慎致候間、今般左ノ条件ヲ付、詫入申候上ハ今後堅ク相守ラセ可申候

一貴家ノ家風ニ随フヘキ事

一夫ニ対シ貞操ヲ守リ可申事

一行状ハ勿論言論動作共夫ニ対シ名誉ヲ傷、侮辱的ノ行為ハ毛頭致ス間敷候事

右条件本人ニ於テ相守可申候、若シ他日違反ノ行為アリト認定致シ御通知相成候節ハ、否ヤナク我々ニ於テ本人引取、且ツ貴家ノ不名誉ノ点ニ付責任ヲ負ヘ埒明可申候、為後日詫書兼契約証差入申如件

明治四十年旧拾月十三日

右本人　はる（爪印）

保証人　高野　吉五郎㊞

同　高野　丑　松㊞

広瀬　吉太郎殿

ここでは「家風」に随うこと、「貞操」を守り、夫の「名誉を傷つけ、侮辱的行為」をしないことが確約されている。こうみると以前の「はる」女は余程自由奔放かつ淫乱な女性のように見えるが、いかがであったろうか。あるいは民法施行後、女性にだけ「家風」や「貞操」が求められ、夫に従属を余儀なくされる時代の到来といえようか。

## 五　離婚と子の帰属

離婚問題は、財産分与・慰謝料等の財産問題と夫婦間の子をめぐる問題が解決されて決着にする。ここでは後者の事例を取り上げる。離婚時の妻が懐胎している場合の子の取り扱いと、子の嫡出性をめぐって、婚姻継続か離婚かの判断基準にした事例である。まず群馬県内で見出された離縁状がある（原文七行）。

離　縁　一　札

今般自（示）談之上離縁致シ、元籍へ相戻シ、此後何方へ縁付候共、少モ否や無御座候、仍て当人并ニ両親・世話人御連署ヲ以テ離縁ニ致シ、送り一札差加へ候、此後何様ノ非常等出来致シ候節ハ、貴殿御差図次第ニ仕候、其節ニ至り一言之違（マヽ）返無御座候、因テ差入置申離縁一札如件

明治廿二年

九月九日　　当人　政　吉㊞

父　惣　三　郎㊞

母　や　を（爪印）

世話人　喜　太　郎㊞

穴　原　宗　九　郎殿

本文後半に、「何様ノ非常等出来」とある。妊娠している妻を離婚することが暗示されている。これには同日付けで、

差出人・名宛人とも同一の左の文書がある。本文のみ掲げる（原文六行半）。

一　札

右ハ此度懐妊致シ居リ候処、離縁ニ相成候、附テハ胎内之子安産之上ハ早速私方ニテ急度引取候申《（ママ）》候、其節ニ至ル迄ハ小遣等無相違差送り申候、若シ流産か難産ニテ何様ノ非常等有之候節ハ、貴殿ノ差図ニ随ヒ、一言之違乱無之候、因テ当人・両親以連署入置申一札証如件

離婚した妻には出産まで小遣等を送り、安産で出生した子は、早速夫方で引き取るという。「流産・難産」のときは妻方指図の通りにする旨が約束されている。ここでは出生した子は夫方で引き取ったのである。

結婚中に懐胎していたか、その可能性のあるときに、子の帰属について規定した離婚契約書がある（村名から長野県北佐久郡のものと推測される、原文九行）。

離婚之証

当事者　桜　井　理　一

〃　　六本木　う　た

右ハ去ル年雀ケ谷村箱田政一氏ノ媒ヲ以テ縁組セし処、這回双方示談上、離婚セしに依り左ノ二項ノ条件を定ム

一当事者間に縁組中懐胎セし子ハ母ノ監護に属スル事

二此ガ費用ハ実母ノ負担タル事

右二項ノ条件反セズ、末年貴殿方へ此ノ件々に限り、異議申間敷、依テ左ノ署印ヲ以テ差入申証如件

明治四十三年

大字関村

四月九日

当事者　六本木　う　た（拇印）
実　父　六本木　元　吉㊞
証　人　糸　井　伊三郎㊞

桜　井　久　作殿

ここでは子は母の監護に委ねること、つまり親権は母にあり、また出産費用は母方負担で決着している。
つぎは埼玉県下の離婚事例で、いわゆる「十月十日」が基準になった事例である（原文七行半）。

契　約　証　書

大里郡明戸村大字沼尻
大　野　七　五　郎
次女　あ　い

右之者是迄私妻ニ有之候処、家内不和合ニ付、木村喜曽八君・倉上由五郎・倉上勘蔵・倉上まん之中(仲)裁ニヨリ示談之離別仕候、就テハ妻是ヨリ向弐百八拾五日間ニ出生シタル時ハ、私シ方小児引受、費用之儀ハ惣方持之約定、貴殿へ少モ迷惑等ハ相掛ケ申間敷候、依テ契約証書如件

大里郡明戸村大字明戸
明治四拾四年弐月十六日
倉上要太郎代
父　倉　上　丑　蔵

大里郡明戸村大字沼尻
大　野　七　五　郎殿
娘　あ　い

同一村内で結婚し、仲裁人が入り、示談による「熟談離婚」であった。二八五日の間に出生した子は夫方で引き受け、出産費用は折半と約束している。二八五日は、大の月五か月で一五五日、小の月四か月で一二〇日、それに一〇日を足して、いわゆる「十月（満九カ月）十日」である。

つぎのものは事実婚の開始の時期が明確なので、出生子の出産時期によって夫の子とし、入籍（結婚）するか、離縁するかの基準にした為取替証文である（現文一七行半）。

甲号

□（壱銭印紙割印）

為取替契約書

安蘇郡新合村大字下彦間岩下萬吉長男清四郎へ、同郡三好村大字戸室永嶋藤蔵三女スイ、明治三十一年七月七日婚姻ノ正式ヲ為サヾルモ、同日ヲ以テ仮リニ入嫁シ、爾後往復アリシ処、今般懐胎ノ兆候有之ニ付、双方立会之上、左ノ契約ヲ締結ス

一明治三十二年四月八日以後ニ出産セシ子ハ嫡出子ナル事ヲ承認シ、母子共岩下萬吉方ニ於テ入籍スル事

一明治三十二年四月八日前ニ分娩シタルトキハ、双方無異議離縁ノ上母子共（スイ及ビ懐胎中ノ子）永嶋藤蔵方ニ於テ引受ル事

一此契約締結後、スイニ於テ貞操ヲ破リ又ハ既往ノ行為ニヨリ爾後夫ノ名誉ヲ毀損スルガ如キ事ヲ引起シタル場合ハ無異議離縁ノ上母子共（スイ及ビ現今懐胎中ノ子）永嶋藤蔵方ニ於テ引受ル事

為後日右之通リ契約致シ候ニ付、甲乙弐表ヲ製シ、甲ハ岩下萬吉、乙ハ永嶋藤蔵ニ於テ各一通ヲ預リ置クモノ也

明治三十二年

一月一日

父　岩下萬吉㊞
夫　仝　清四郎
父　永嶋藤蔵㊞
婦　仝　スイ（爪印）
媒酌人　遠藤彦四郎㊞

正月元旦に作成された契約書で、二通のうち甲号とある。したがって本書は夫岩下萬吉方に所蔵されたものである。明治三一年七月七日正式な婚姻ではないが、仮に入嫁したとある。いわゆる「足入れ婚」だったのかもしれない。その後、行ったり来たりで、ここにきて妊娠の兆候がみられた。そこで懐胎の子の出生時期、翌年四月八日以後つまり「満九カ月」後出生の場合に限り、夫の子と認め、正式に結婚・入籍するとしている。ここでも「十月十日」が意識されているが、妊娠の兆候がわかるのはある程度の日時が必要で果たして厳格に「十月十日」[21]に限るのは、むしろ医学的には正確とはいえまい。今日では、民法七七二条で、妻が婚姻中に懐胎した子は夫の子と推定し，婚姻成立の日から二〇〇日経過後又は婚姻解消の日から三〇〇日以内に生まれた子は婚姻中に懐胎したものと推定すると規定されている。嫡出推定は婚姻後「二〇〇日後又は婚姻解消の日から三〇〇日以内」と医学的な見地をふまえ、期間に多少幅を持たせているからである。それでも民間習俗である「十月十日の月満ちて」が判断基準として根強く生きていた証左である。

江戸時代における契約文書は、当事者がそれぞれに作成して交換することで双方の証拠とした。たとえば、夫からの離縁状と妻からの離縁状返り一札、あるいは聟養子縁組証文における如くである。これに対して明治も半ばになると、きわめて私的な文書でも甲乙二通の同一文書を作成し、それぞれ一通ずつを保管するという近代的契約意識がみられるようになる。

# おわりに

本稿では、筆者所蔵になる明治時代の離婚法にかかわる史料を紹介したに過ぎない。従来、明治時代の離縁状慣行は、用文章にも見られたように当初はまさに江戸時代の旧慣の残存と考えられるが、次第に内縁解消の公示性を担保するものに変容を遂げたと考えられる[22]。また明治の離縁状については、本稿では筆者所蔵の未刊史料にこだわったので、罫紙を使用したものは紹介したが、明治らしい特徴が描き出せず偏頗な論述になった。たとえば、正真正銘「證券界紙」を用いたもの、あるいは住所に「大小区」を明記したものなどは紹介できなかった（拙著を参照されたい）。ところで、夫婦関係が破綻して離婚に及ぶときにも、多くは夫婦関係を調整して復縁への努力がなされることを関連文書のある事例を通してみてきた。華族の例では、これが華族の夫婦観かと思われる事項・条件を垣間見、庶民では離縁と決まったものの、「内実」復縁し、結局夫の不実が改まらず、離婚に至った事例をみたが、いずれにしても復縁に向けての努力を惜しまなかった様子がわかる。

また、あらかじめ約束違反のときは離婚もやむを得ないことを保証人連印で確約した証文、夫が詫びて書いた先渡し離縁状とは逆に、妻が詫びた「先渡し離婚承諾書」を紹介した。まさに離婚権が夫方に一方的に委ねられることになるが、夫との確約が、民法施行後に、たとえば妻が「貞操」を守り「家風」に随うこと、夫の「名誉を傷つけ、侮辱的行為」をやめることと、女性にだけ「家風」や「貞操」が求められ、夫に従属を余儀なくされる時代の到来を感じさせる。

離婚と子の帰属をめぐっては、親権は合意が優先され、嫡出推定は民法のように医学的にも妥当するよう「二〇〇日から三〇〇日」と幅をもたせるべきであるが、明治のそれはあくまで民間習俗「十月十日」を基準としていたことなどを明らかにできた。

本稿はこうした地方（村方）の私的文書を通して、従来あまり明らかにされてこなかった主として庶民離婚法にささやかな史料提供をしたにすぎない。とはいえ、庶民の「生ける法」としての家族法解明の一助のためには、これら地方文書が欠かせず、これからもコツコツと、泥臭く史料収集に努めたいと思う。

（1）　大平祐一「近世日本の『伺・指令型司法』」（『立命館法学』第二八六号、二〇〇二年）は、近世日本の民事訴訟における「伺・指令型司法」について、『御仕置例類集』を手がかりに論及されたものである。明治前期民法施行前の法の運用もまた「伺・指令」型といえ、その連続性などの問題については後の課題である。

（2）　『関東短期大学紀要』（第二九集、一九八五年）一七～二八頁において、「一婚約書、二婚姻契約書、三軍人結婚願、四離婚契約書、五離婚手続及び子の養育」の五項目について史料紹介と若干の解説を加えた。恩師石井良助先生に敬意を表し、前稿・本稿の題名は先生の論文「江戸時代の武家婚姻法五題」（『民事法の諸問題（専修大学法学研究所紀要２）』、一九七六年）の顰に倣ったものである。

（3）　ここで明治時代とはさしあたり廃藩置県の詔書が出された明治四年以降とする。

（4）　断りのない限り引用資料は筆者所蔵文書であり、史料の引用については拙著『縁切寺満徳寺の研究』（成文堂、一九九〇年）史料編凡例に依った。また、旧漢字は適宜当用漢字に改めた。

（5）　拙稿「用文章にあらわれた離縁状の書式」（『古文書研究』第二三号、一九八四年）のなかで、明治の離縁状書式にもふれた。

（6）　本稿一・二では、未刊史料を用いたので、他のものについては、拙著『増補　三くだり半――江戸の離婚と女性の地位』（平凡社ライブラリー、一九九九年）の「十七　明治時代の離縁状」「十八　執心切れ一札」を参照されたい。

（7）　すでに明治時代の離縁状として、前注（6）拙著『増補　三くだり半』に一〇通、拙稿「三くだり半――俳山亭文庫旧蔵・高木所蔵未刊史料」（『関東短期大学紀要』第三五集、一九九四年）に八通、拙稿「徳川時代後期家族法関係史料（八）――石井良助文庫所蔵離縁状・離縁関係文書ならびに高木所蔵離縁状」（『専修法学論集』第一〇二号、二〇〇八年）に八通を紹介した。

（8）離縁状における「内縁」の多義性については、拙著『泣いて笑って三くだり半——女と男の縁切り作法』（教育出版、二〇〇一年）二六・二七頁参照。
（9）切られた離縁状については、前注（6）拙著『増補　三くだり半』二九四頁以下、及び補注4参照。その写真は拙著『三くだり半と縁切寺——江戸の離婚を読みなおす』（講談社、一九九一年）五九頁。本史料は前注（8）拙著『泣いて笑って三くだり半』に掲載済みであるが、あえて引用した。
（10）前注（6）拙著『増補　三くだり半』四一六頁参照。
（11）沼正也「法学における仮説と験証——明治初年における離縁状慣行を素材としつつ——」（『法社会学』第一一号、一九六一年、九〇〜一二八頁）は、このテーマに関する特筆さるべき論稿である。この項はこれに負うところ大である。
（12）中川善之助もかつて「離縁状を欲しがる人の話」のなかで「兎に角離縁状と云ふ様な昔の制度が内縁法なる新らしい規範の中に、一寸再生した形になったことは面白い」とされている（『妻妾論』中央公論社、一九三六年）二二七頁。筆者も一九七〇年代、内縁解消ではない離婚婦から、この種の法律相談を受けたことがある。
（13）離縁状の実物ではないが、半紙三枚袋綴じに控えられた離縁状と離婚した妻子の「住所替届」があるので、引用しておきたい。

離別状之事

一今般我等勝手ニ付、早々女離縁
致シ候ニ依ては、外へ離《（縁）》附候共、
已来我等差構不申候、依之離
縁証書仍如件

明治八年第十一月廿八日
　　第一大区二ノ小区
　　高嶋町七丁目
　　　田　中　利　八

おひさ様

離縁状に続いて「ひさ」の長女の「寄留替御届」と離婚婦「ひさ」の「住所替御届ケ書」が控えられているが、離婚届そのものはない。上段に長女の「寄留替御届」、下段に「ひさ」の「住所替御届ケ書」を引用しておく。

寄留替御届

第一大区弐小区
横浜高嶋町七丁目
増田由右衛門店
横見栄吉同居
田中利八
長女　き　ん

右きん義、此度示談之上、同町五丁目
高松政吉方え寄留替仕度、此連印ヲ以
御届ケ奉申上候、以上

明治八年十一月廿八日　右　田　中　利　八
高　松　政　吉

第一大区弐小区
正副戸長御中

御届ケ書

第一大区二小区
横浜高嶋町七丁目
増田由右衛門店
横見栄吉同居
田中利八
妻　ひ　さ

右は者（ママ）、今般離縁致し候ニ付、同町五丁目親類
高松政（吉脱）方え同居替仕度候間、此段連印ヲ以御届
ケ奉申上候、以上

明治八年十一月廿八日　右　田　中　利　八
高　松　政　吉

第一大区二小区
正副戸長御中

(14)　前注（6）拙著『増補　三くだり半』「十七　執心切れ一札」四二三頁以下参照。

(15)　古書店から購入した文書であるが、二つの印鑑がある。一は「藤原楼蔵」、他は「上毛境俳山亭」とある。前者は未調査であるが、後者は境町（現・伊勢崎市）在住の在野の歴史研究者にして上毛古書の蒐集家であった故・篠木弘明氏の印鑑である。その収集離縁状は最終的に筆者が恵贈され、その学恩とともに、ここに深謝の意を表したい。

(16)　前注（2）「明治時代婚姻法五題」一二三頁以下。

(17)　ここでは、「旧夫・旧妻」と表現しているが（前注（2）二四頁）、「元夫・元妻」との表現もみられる（前注（6）『増補

三くだり半』四一〇頁)。

(18) 前注(6)『増補　三くだり半』「十三　先渡し離縁状」参照。

(19) 前注(6)『増補　三くだり半』「十二　帰縁証文」参照。

(20) 筆者旧蔵文書である。現在は太田市立縁切寺満徳寺資料館の所蔵になる。

(21) 三成美保氏の御教示によれば、ドイツの、一七九四年プロイセン一般ラント法第二編第一章一〇八九条は「同衾後二一〇～二八五日」以外の出産の場合に、その「未婚の母」は分娩費・賠償金・婚姻のいずれも請求権がないと規定している。洋の東西を問わず、二八五日が一つの基準になっていたのである。

(22) 前注(8)参照。なお、「内縁」の語義と、ここでみられたような変容の過程について、不日あらためて論及する予定である。

# 第4章 「法」に関わった西村兼文――「勧解」書類と『京都府違式詿違條例図解　全』――

坂詰 智美



## はじめに

史料調査をしていると、思わぬ人物の意外な側面に遭遇することがままある。研究テーマからかけ離れているとすぐに忘れてしまうが、少しでも共通項目を見出してしまうと、確認だけしておこうと思ってしまい、研究が横道に逸れてしまうことはよくあることである。本論で扱う西村兼文に関する事項は、横道に逸れた中から得られたものである。

近代の環境に関する法、特に塵芥処理と衛生に関する法を探る際、明治初期に出された「違式詿違条例」は当時の様相を示す法として興味深いものがあり、ここ数年、私が注意して確認を行う法のひとつである。明治五年（一八七二）一一月に出された「東京違式詿違条例」についての小論をまとめて以来[1]、翌六年に司法省が出した「地方違式詿違条例」がどのように運用され、当時の人々がその法にいかなる感を持ったかについての研究論文を見てきた[2]。違式詿違条例は各府県の地域の実情に合わせ、条文内容を斟酌できたものであり、東京と地方の差がわかり大変興味深い。違式詿違条例は当時の人々には難解なものであったので、法の理解を容易にするため図解することが流行したことは、穂積陳重氏が述べる処である。(3) そして、この図解書の編纂者として、西村兼文の名が出てくるのである。

西村兼文の名は、明治二〇年代後半に発表された『新撰組始末記』の著者として知られる。幕末維新史の中では有名であるが、一般的に知られているとは言いがたい。『新撰組始末記』は西村の晩年のライフワークの集大成と言うべきものであるが、それ以前の西村の動向はあまり知られずにきた。なぜ西村は違式詿違条例の本を出したのか。そして、法律に造詣が深い人物だったのか、正業は何だったのか等、西村についての調査をする中で法社会と関わる意外なモノを見ることになった。ひとつは「勧解願」なる書類、もうひとつが前述した「違式詿違条例」の本である。本論ではこの二点について確認し、西村兼文と法の関わりについて考えていくこととする。(4)

## 一　西村兼文の人生と業績

### 1　人生

西村兼文は法社会の人間と言うよりも、明治期の編集者・著作者として知られる人物である。その人生には、未だ解明されない部分を多く残している。

西村兼文は天保三年（一八三二）に生まれた。時は江戸時代末期であり、幕末期には西本願寺の侍臣であった。この西本願寺に、屯所を移した新選組を見、のちにその動向をまとめることになる。但し、新選組の名を世に知らしめた池田屋事件勃発（元治元年、一八六四）段階については記録は無く、また新選組が壬生から西本願寺へ屯所移転をした慶応元年（一八六五）三月の時点では、西村自身は中国地方から九州をまわっていたため、在京していない。西国へ出かけていた理由は、「江州人の池田健次郎なる人物を下関から入京させるのが目的」とされている。(5) 帰京したのは同年閏五月下旬であり、同年末に『甲子戦争記』を脱稿している。(6)

この後の最激戦期の論稿は見当たらないのだが、明治二年（一八六九）から翌年にかけて「城兼文」名義で、本を編集・刊行している。その後は、「西村兼文」の名で多くの著作を残すことになる。『国史大辞典』によれば、西村は次の二箇所にその名を見ることができる。一つは『続群書一覧』の編集者としてである。国学者・尾崎雅嘉が著したわが国最初の綜合的な国書解題とされる『群書一覧』の拾遺補訂を企てて編集したものであった。(7) これはのちに入田整三の校訂を以て『(増補)続群書一覧』として大正一五年（一九二六）に刊行された。もう一つは、明治時代の基本的文献の著作者としてである。大正時代の後期、明治文化研究会が吉田作造・尾佐竹猛・宮武外骨らを代表メンバーとして結成され、多くの明治期の文献が蒐集・選定された。これはのちに『明治文化全集』として編集された。西村の著作『彗星のさとし』・『開化の本』が第二四巻「文明開化編」に収録されている。(8)

また、彼の名を後世に広く知らしめたのが『新撰組始末記』であるが、この書は明治二二年（一八八九）に脱稿、同二七年（一八九四）の野史台『維新史料』一四六・一四七編に発表されている。(9) 同書は、西村が西本願寺の侍臣であった折に、一時期屯所を置いていた新選組の様子や彼らが関わった事件などを、実際に見聞きしたことをもとに、明治期になってからの各隊士の足取りなども入れてまとめた記録として知られる。西本願寺側からすると新選組は「招かざる客」であり、悪い印象しか持たない筈なのであるが、逆に言えば敵側から見た新選組像も読み取れる部分もあり、当時を知る資料として興味深い。新選組の古参隊士の一人で大正期まで生存した永倉新八の残した『新撰組顛末記』(10) と並んでの古典的資料とされるゆえんである。

『新撰組始末記』の序文（馬場文英の撰）には、西村は「世上ノ奇異」を筆することを好む人物、と評される。幕末の一時期、しかも後の明治政府になる側と敵対する団体メンバーのその後を調べまとめるのは、やはり少々変わっているといえるだろう。

『新撰組始末記』が発表された二年後の明治二九年（一八九六）一一月一日、西村は死去、享年六四年であった。

## 2　業績

『続群書一覧』編集や『新撰組始末記』など、比較的世に知られたもの以外に、西村はどのような著作をなしたのであろうか。彼の活動を一覧するために作成したものが、表1の略年表である。[11]

西村の著作物は、その内容と書式から四つのグループに分けられる。

まず第一グループとしては、『殉難草』（城兼文名義）をはじめとする幕末期に命を落とした者（主として討幕側）の時世の句やその活躍についてまとめたものがあげられる。[12] 城兼文名義のものは、『近世野史』を除けば全てこのグループに入る。大きな時代変化の潮流の中で、幕末期の痕跡を残す活動のようにも見える。

第二グループとしては、依頼によって編纂された本がある。略年表中に「編纂」とあるものの一部がこれにあたり、西村の著作物の半数を占める。

第三グループとしては、教科書として書かれた著作物である。明治七年（一八七四）に編纂・発行された『外国史略』は全四巻からなる外国史の教科書である。この本は明治五年（一八七二）に発行された南摩綱紀の『内国史略』の姉妹編として著作されている。明治八年（一八七五）に編纂・発行された『訓蒙 国史集覧』は、六国史・第日本史・国史略・皇朝史略・日本政記を初学幼童のために抄解したものである。『外国史略』については『訓蒙 国史集覧』と共に、海後宗臣編纂『日本教科書大系　第二十巻』内の「歴史教科書総目録」中に、初等教育での代表的教科書として列記されている。[13] また、明治九年（一八七六）に編纂・発行された『文明史略』も存在する。本書は前述した「歴

**表1　西村兼文略年表**

| 年　度 | 事　項 | 所蔵等 |
|---|---|---|
| 天保3（1832） | 7.22　出生 | |
| 慶応元（1865） | ?～閏5月ころ、中国・九州地方をまわる | |
| | 12月、「甲子戦争記」脱稿 | |
| 明治2（1869） | 『有節録　初篇』【城兼文名義】 | 国 |
| | 『殉難草』【城兼文名義】 | 天理 |
| | 『殉難遺草』【城兼文名義】 | 天理 |
| 明治3（1870） | 『近世殉国　一人一首（巻1・2）』【城兼文名義】 | 国会 |
| | 『近世報国志士小伝　名余材小伝集』【城兼文名義】 | 天理 |
| | 『近世野史』初編巻1～5、2編巻1～5【城兼文名義】 | 国会、天理 |
| 明治5（1872） | 東京に鈴木三樹三郎を訪ねる | |
| 明治7（1874） | 『彗星のさとし』 | 文化全集 |
| | 『開化の本』（京都） | 国，文化全集 |
| | 『外国史略』編纂（東京） | 国、東 |
| | 『実名鈔』 | |
| 明治8（1875） | 『訓蒙　国史集覧』編纂（伊勢） | 東 |
| | 『内国表』編纂（東京） | 国 |
| 明治9（1876） | 『文明史略』編纂（津） | 国、東 |
| | 『京都府違式詿違条例図解』編纂（京都） | 国 |
| | 『皇族華族一覧表』編纂（京都） | 国 |
| | 『日本地誌略註解』（京都） | 国 |
| 明治10（1877） | 西村家の家督を相続 | |
| | 『鹿児島征討日誌』編纂（京都） | 国、中、香（※1） |
| | 『南朝遺墨集覧』編纂（京都） | 国 |
| 明治11（1878） | 『桂御別業明細録』編纂（京都） | 国 |
| 明治12（1879） | 『区画改正郡区吏員必携』編纂（京都） | 国 |
| 明治14（1881） | 『真宗年表』（京都） | 国 |
| | このころ『京都故事談』を編纂か | 国（※2） |
| 明治18（1885） | 『現今在野名誉百人伝』 | |
| 明治19（1886） | 『府県長官銘々伝』編纂（京都） | 国 |
| 明治22（1889） | 『新撰組始末記』脱稿 | |
| 明治25（1892） | 『続群書一覧』編纂→大正時代に刊行される | |
| 明治26（1893） | 『京都名物名寄　墳墓之部』 | 京府、国 |
| 明治27（1894） | 『新撰組始末記』が発表される | |
| 明治28（1895） | 『法隆寺旧記抜萃』編纂 | |
| 明治29（1896） | 11.1　死去 | |
| 明治45（1912） | 『殉難前後草』 | 国 |
| 大正7（1918） | 『本朝画人伝補遺』刊行 | |
| 大正15（1926） | 『続群書一覧』刊行 | |
| 昭和2（1927） | 『続群書一覧』（増補・再版）刊行 | |

〈年代不明のもの〉
・国会図書館所蔵
　⇒『本邦古版目録』、『書籍解題1～6』（※3）、『都遺聞』（※4）、『随見録』2冊（※5）、『彫刻名品集』（※6）
・天理大学図書館所蔵
　⇒『浪華名家墓碑集』、『山城州墓碑全集』

凡例
1．各本のうしろのカッコは、本の発行された地名である。
2．各本の所蔵については、次のように略した。
　国→国会図書館、東→東書文庫(東京書籍の教科書史料館)
　中→東京都立中央図書館、香→香川大学図書館、京府→京都府立総合図書館
　天理→天理大学図書館
※1．全17巻だが、この中で揃っているのは国会図書館のみである。
※2．本文中の「京都戸数人数」の中に「明治14年6月改」の記があるので、これ以降の可能性が高い。
※3．年代は所々記載されているが、はっきりとわかるものは少ない。
※4．最終頁に「右都遺聞三巻、西村兼文氏自筆、根岸武香」の記述あり。
※5．根岸信輔氏寄贈、青山文庫
※6．今泉雄作寄贈本

史教科書総目録」中には列記されていないのであるが、東書文庫[14]では教科書として分類している。内容は「幕末維新期の社会変動を後世に伝える」ことを目的として書かれた、珍しいタイプの書物である[15]。

第四グループとしては、編纂等に至る前の、下調べ的書類の存在である。年代不明のため、年表内に入れられないものであるが、これらは西村が他の本の編纂に実際に使用していたのではないかと推察できる節がある。その最たるものが『書籍解題』であろう。

『書籍解題』は全六巻からなる。それぞれに表紙はつけられているものの、一巻から四巻までについては、使われている用紙は有り合わせのものであり、そのほとんどは反古紙と思われる。中には余程急いでいたのであろうか、封筒を切り広げたようなものまで存在している。五巻・六巻については「教王護国寺」や「奈良県」、「奈良公園」などの罫紙が使われている。西村は晩年（明治二〇年代）、奈良県庁の宝物取調に従事していたとのことなので[16]、五巻・六巻については明治二〇年代のものと推察できよう。

本書の内容は、古代から近代に至るまでの、過去に書かれた様々な書籍について、西村自身が覚書または備忘録のように書き留めたものと考えられる。時代・ジャンルに統一性は見えず、巻ごとの整合性も無い。書名の上部には〇（マル）印や×（バツ）印が付されているケースもあり、中には「西村」印なる記号もあるから、彼が本を編纂するにあたって利用したとも考えられる。

ところで、一巻から四巻までに使用された反古紙とおぼしきものの中には、なぜこんな書類がと意外に思われる書類も混ざっている。この書類こそが「勧解願」と記されたものであるので、次章で詳しく検証したい。

以上、西村の業績を見てみると、ジャンルや編纂スタイル等、様々なタイプのものをまとめていたことがわかる。幅広い知識人、というよりも、色々なことに興味を持つ人であったようだ。既出の馬場文英の撰にもあるように、「世上ノ奇事」を筆することはその一部分であり、明治期の著作家としての西村については更に調べを進めるべきであろう。

図1　「勧解願」書類　その1

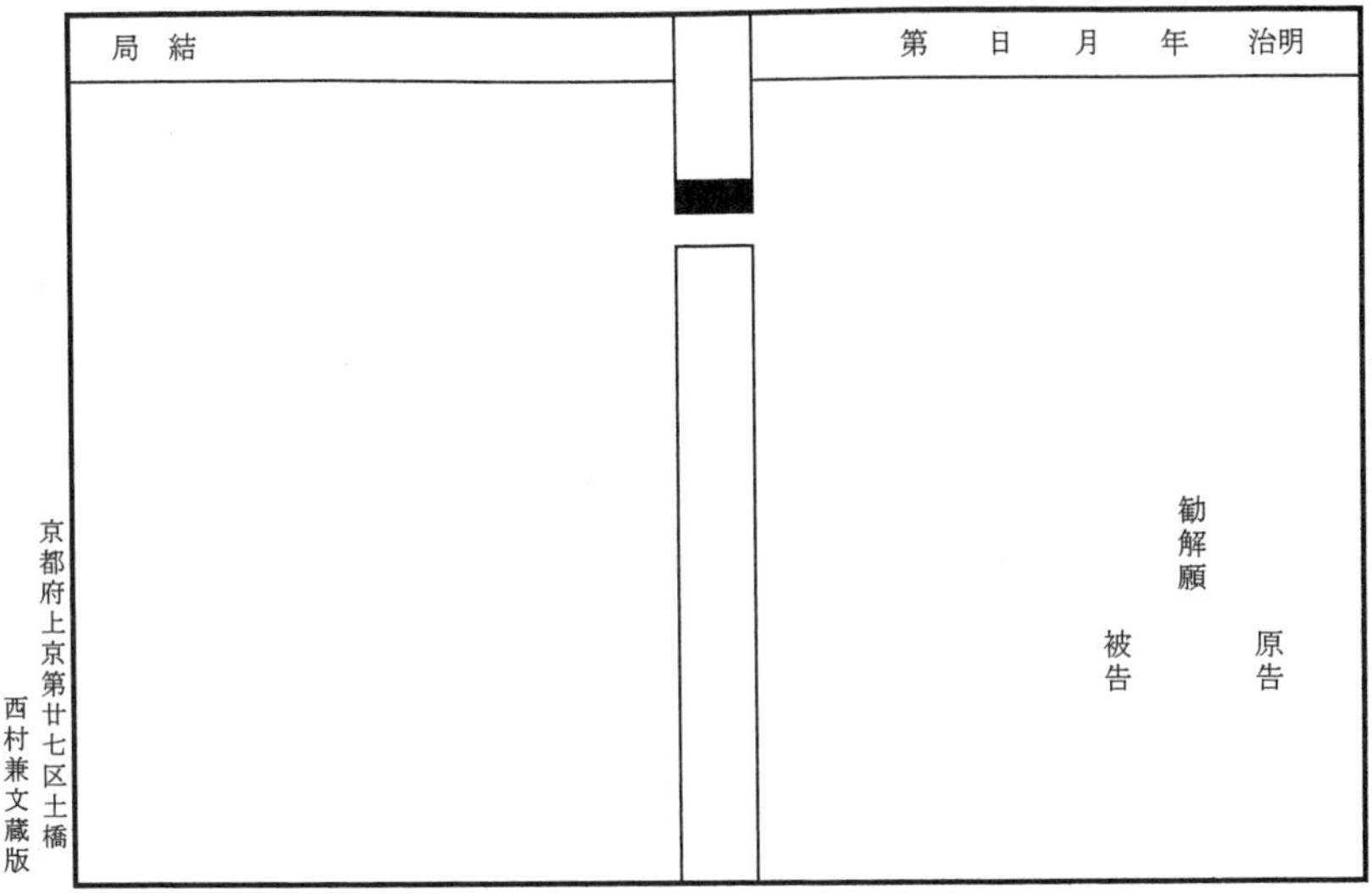


## 二　「勧解願」書類

### 1　「西村兼文蔵版」勧解書類の存在

前述した年代不明の『書籍解題』に使用されていた反古紙の中に「勧解願」書類は入っていた。『書籍解題』は内容も備忘録的な部分が多いことは前章にも書いたが、紙質もバラエティに富んでおり、内容を確認するためにめくるのに難渋する代物である。中でも、裏面の文字に表の文字が重なり、読みにくいものがいくつかあり、裏面に何が書かれているのか気になって敢えて覗いてみたところ、図1および図2に示した書類を見ることとなった[17]。

図1は『書籍解題』巻三の中にあり、全部で九枚、ほぼ同じ大きさのものが存在した。大きさは縦二八センチ、横三八・五センチか三九・五センチである。一方、図2は同じく『書籍解題』巻四の中程にあった。こちらは半分から下がタチキレているため縦一四センチ、横四〇センチあまりと横長の紙である。しかも一枚だけしかなかった。書かれている内

図2　「勧解願」書類　その2

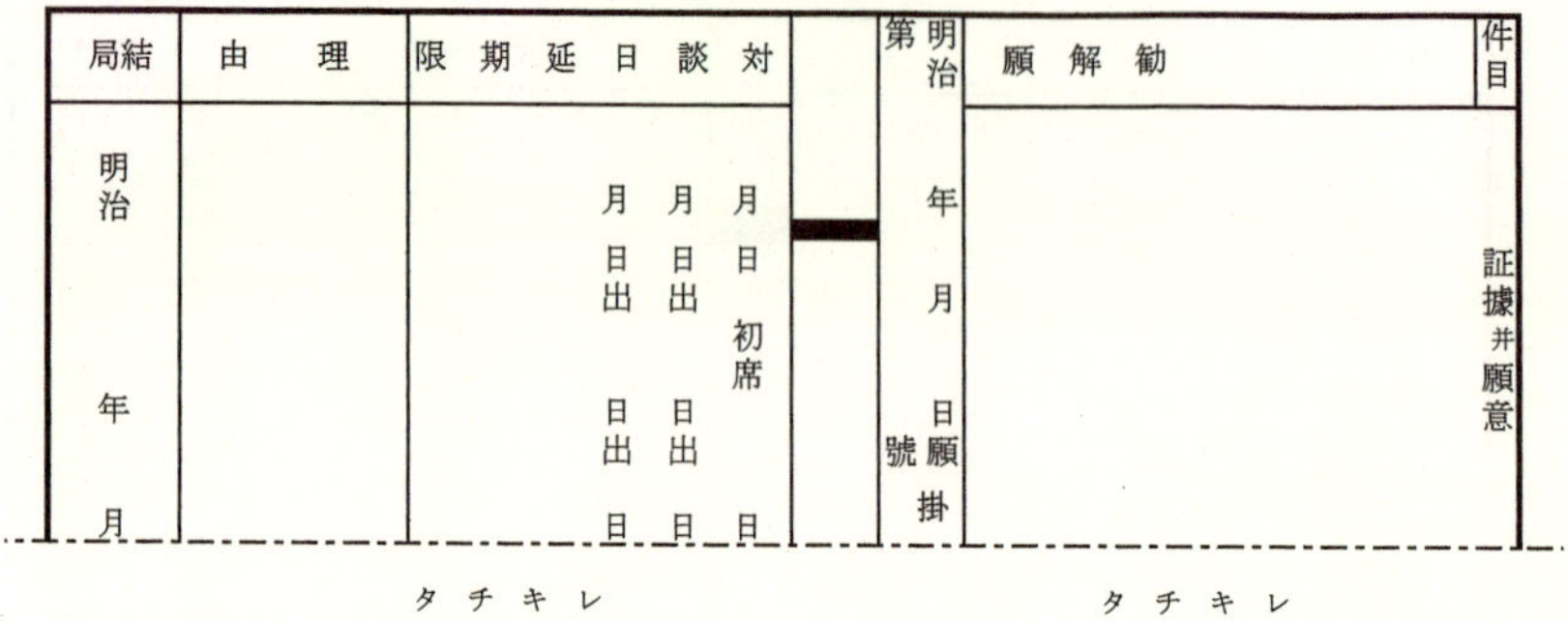


容も図1とは全く違うものである。

これらの書類は、これまでの西村兼文像を変えるものになりうるか、また、そもそもこれらの書類は使用されたのかを考えるために、「勧解」の世界に西村が存在できたのかを考察してみたい。

## 2　勧解について

明治初期、紛争当事者どちらか一方の申し立てによって、裁判所において裁判官が紛争解決にあたる制度として導入されたのが、「勧解」である[18]。現在の民事紛争解決手続の分類としては、事案の種類を問わない包括的なもので、調停制度に近いものと理解されている。

勧解は明治八年（一八七五）、まずは東京府下の区裁判所においてのみ導入され、同年一二月二八日より全国で行われるようになった。勧解導入理由については、同年六月二四日付の司法省伺によれば、東京府下の裁判所は多人数が押し寄せ混雑して事務が滞るので、区裁判所（三箇所）を設けて勧解を積極的に行わせたいとのことであった[19]。そして同年九月八日、司法省が東京府に対し「東京裁判所支庁管轄区分並取扱仮規則」が達せられたのち、同じく一二月二八日には全国に対し司法省達第一五号「裁判所支庁仮規則」が出されている[20]。

日本の勧解は、裁判官が裁判所で行う「和解の勧試制度」であった。明治初期は判事を登用する明確な規則はなかったが、それであっても官吏以外の者を裁判官として用いることはほとんどなかった。出仕を裁判所で雇い入れて判事・判事補として用いることは明治一四年（一八八一）に勧解で認められたが、名望家などを積極的に用いることはなく、原則として勧解は判事補によって担当されていたのである。(21)

勧解は本人が出頭するのが原則であったが、本人が「疾病事故等ニテ」やむをえず出頭できない場合は、「相当ノ代人」をたてることが認められていた。当初、代人は親族など本人と関係の深い人物にすることが考えられていたが、実際に勧解を行うと親族以外のものが代人をつとめていたようである。代言人資格を有していない代人でも同時に勧解の代理受任が可能であった。(22)つまり、「勧解の代言を業」とすることも可能だったのである。

しかしこの後、代人は制限を受ける。明治一三年（一八八〇）八月、司法省丁第一七号で、第八条の但書が改正され、代人は「一事件ヲ限リ」受任できることとなった。明治一七年（一八八四）には、代人による法廷での代理行為がより明確に制限され、やむをえず勧解の代人を出すものは「親属又ハ相当ノ者」を撰んで管轄裁判所の許可を受けねばならず、代人は「同時ニ二人以上ヨリ二件以上」の受任をすることはできなくなった。勧解は、判事補や勧解吏が直接に当事者と話し合い、和解への道筋に導く制度として定着していったのである。

### 3　勧解の書類

勧解を行う際には、その目的を記した書類を作成する。本人が出頭することが原則であるから、自ら書類を作ることになる。このため、種々の書式の事例をまとめた多くの手引書が出版されている。

明治一五年（一八八二）に出版された樋山広業の『勧解独案内（一名勧解願書式）』(23)には、「勧解ノ主意」について述べたのち、勧解出願法方及其書式・勧解出願請書式・着到届・被告人原告人呼出シ願書式・諸延期願書式・済口延期書式・済口届書式・諸願下ケ書式・不調証請書々式・却下証請書々式・出頭達請書々式・不参手続書式・遅参手続

図3

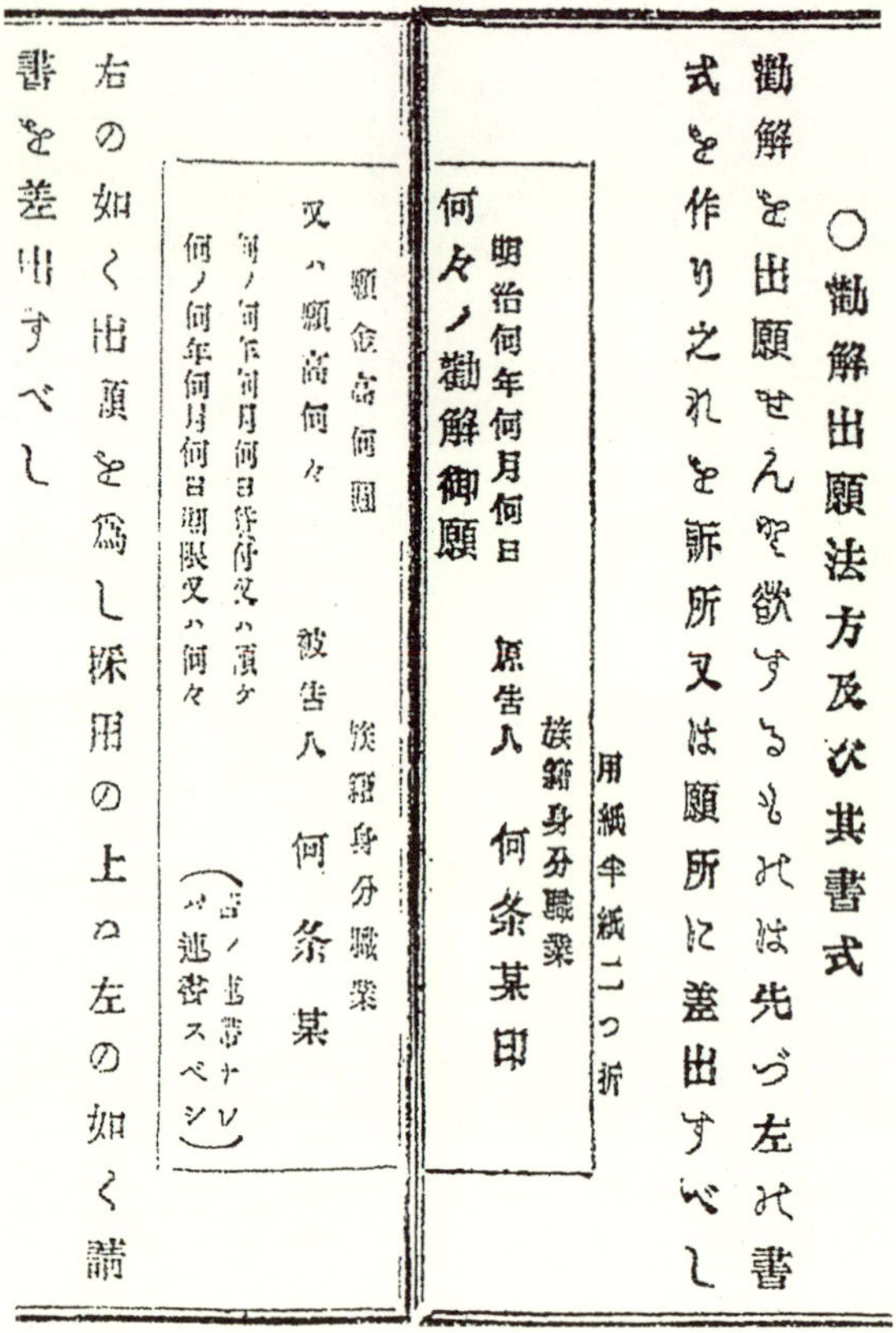

○勧解出願法方及ひ其書式

勧解を出願せんと欲するものは先つ左の書式を作り之れを訴所又は願所に差出すへし

用紙半紙二つ折

族籍身分職業
原告人 何条某印

明治何年何月何日

何々ノ勧解御願

族籍身分職業
被告人 何条某

願金高何圓
又ハ願高何々
何ノ何年何月何日借付又ハ預ケ
何ノ何年何月何日期限又ハ何々
(二ノ書帯ナレハ連署スベシ)

右の如く出願を為し採用の上は左の如く請書を差出すへし

書式・罰金請書々式・罰金延期書式・罰金処分願書式・出門届・代人届書式・委任状書式・当日代人届書式、というような様々な書式のスタイルを記している。

では、前記した西村の書類はこれらのものと該当するのであろうか。

図1を見る限り、勧解願の上部が非常に大きく空いているので、この部分に「何々ノ」と入れることは可能なように思える。とすると、これは勧解出願の際に使われた書類なのだろうか。『勧解独案内』にある勧解出願の書式と比較してみよう。書式としてあげられているものが図3である[24]。図1と図3を比較すると、似ているが違う形であることがわかる。西村のものは年代を書く部分や、左端上部に「結局」という文字が見えるところが、書式集などには無い部分として指摘できる。また、書式集では裁判所に出すものであるから「御願」となっているが、西村のものには単に「願」となっているのが特徴とも言える。このまま裁判所に出すのは如何なものかと思う。

では図2はどうなのか。この図2については、様々な形の書式のどれとも一致をみない。一枚きりとは言え、摺りものであるから、多く利用をしたものと思うのだが、どのように考えるべきものなのだろうか。図2の内容をよくよく見ると、右端に「証拠並願意」とあり、その横に様々書き込めるようになっていること、上部には「件目」として「何々ノ」勧解願であることを書き入れられること、対談日延の期限を次々と書き込めるようになっていることなどを読み取ることが可能である。

図1・図2の共通点としては、必ず最後に「結局」という文字がみえ、事件がどのようになったか（処理されたのか）を記入する箇所があることと、書類中央部分を折って収納することが可能な形式となっていることである。用罫は役所のものと同様な形をとっているとも言える。とすると、これらの書類は何を意味するものなのか。

一つの推測としては、西村はある一時期、勧解の代人もしており、その仕事の内容をまとめるものとして当該書類を使っていた、とするものである。裁判所に提出する書類は当該案件に沿った書式にしなくてはならないが、自分自身の覚え書、又は事件事例集としての控えとしては決まった形式にあてはめておくことは、わかりやすいであろう。依頼内容がどのような形で裁判所で決着をみるのか、「結局」の欄でまとめたのであろうか。事件終了後は中央部分を折って、件数が貯まれば綴じておくことも可能な形になっていることからも、このような推測は可能ではないだろうか。実際にはこれらの書類を纏めた西村の史料は見つかっていないので、あくまでも推測の域を出ないのであるが、そう考えれば書類が存在していた理由も納得できるのではないだろうか。

## 三　編纂本『京都府違式詿違條例図解　全』の存在

### 1　違式詿違条例

違式詿違条例は、明治一三年（一八八〇）に旧刑法が制定されるまでの間、軽微な犯罪の取り締まりのために作られた条例である。違式とは掟や則にたがうこと、詿違は他人を妨げる・欺く行為をさす[25]。

明治五年（一八七二）一一月、司法省はこの「違式詿違条例」を定めるが、これは東京府下のみの実施であった[26]。「東京違式詿違条例」は当初全五四条（すぐに削られて実質五三条となる）からなり、その後度重なる追加・改正・削除を続け、最終的には明治一二年（一八七九）二月追加の第七六条にまで条文数を増やしている[27]。一方、東京府以外については、翌明治六年（一八七三）七月一九日に「地方違式詿違条例」が制定され[28]、全国の各府県でも同様の条例が施行されることになったのである。制定の段階では東京府よりも条文数の多い全九〇条が定められていた。尤も、こちらも後に追加が相次ぎ、最終的には一〇五条にまで増えている。そして、本条例は準則であったので、東京府とは異なる扱いを受ける。つまり、警保寮章程には「違式詿違条例ノ儀ハ各地ノ実際ニ適当候様斟酌増減シ、警保寮へ稟請」とあるので、違式詿違条例の罪目（六条から九〇条）は、地方の実情に合致したものをつくり、元の条文から増減することが認められており、増減については警保寮へ伺いをたてて指揮を受けることになっていたのである。

多くの県では九〇条にも及ぶ条文の、どれが必要でどれが不要であるのかを確認するのもさることながら、警保寮へ稟請するのが大変だったのか、この九〇条を利用した条例を制定するケースはほとんどなかった[29]。そこで、明治七年（一八七四）一月一九日には「自今其地方長官ノ名ヲ以テ布達可致、相違候事」として、警保寮へ稟請するのではなく各地方長官の名で布達をなせばよいことに変えられている。実は明治政府も「三府五港」以外については、条例の早期施行を求めていなかったので[30]、いずれ施行されれば良いと考えていたのであろう。いくつかの県では、不完全な形ではあるが、条例を布達・施行している[31]。

しかしながら、「三府五港」については事情が異なる。三府は旧三都であって、日本の中心的な都市、五港は海外に向けて開かれた港であり、外国人の目に触れやすい場所である。違式詿違の罪目の中には風俗や慣習に関わる条項も多く、外国人の目を気にしていた政府としては至急、施行してもらいたい内容が多かった。にもかかわらず、そのうちのひとつである京都府では、実に明治九年（一八七六）一〇月に至るまで違式詿違条例は公布・施行されなかったのである。明治九年になって施行されることになった理由は、五月一二日に地方違式詿違条例自体が改正されたことも理由としてあげられよう。この改正は贖金の内容が改正されると共に、(a)違式の罪目でも情状が軽い場合には減じて詿違の贖金に、(b)詿違の罪目でも情状が重い場合には加えて違式の贖金に、そして(c)犯が極めて軽い場合には呵責し放免することに変更されている。違式・詿違ともに贖金（経済的に支払えない場合には拘留）だけであったので、呵責が加わることによって運用の仕方が大きく変わることになったことが影響したのかもしれない。

## 2　図解された条例

地方違式詿違条例が公布されたのち、全国各地で条例を図解したものが多く出版されたことは、尾佐竹猛氏の「違式詿違条例解題」[32]の中にも出てくるが、あまり人々に周知されているとは言えない。公立図書館や博物館などで所有しているケースはあるが、一堂に展示される機会も無いので、興味を持たれなかったものと思われる。

図解の出た理由は何であろうか。明治六年八月一二日の司法省達に、次のような言葉がある[33]。

今般各県違式詿違ノ条目御布告相成候処、右条目ノ儀ハ国中ノ安寧人民ノ健康ヲ警保スル所以ニ有之候条、各地

方人民悉ク承知不致候テハ不相成候ニ付、戸長副戸長ノ設ケアル処ハ必ス之ヲ掲榜シ、遺漏無之様可致候事

但シ右掲示ハ三十日間掲示ノ限ニアラス候事

「国中ノ安寧、人民ノ健康」を保つためには人々は皆、この条例を知っていなければならないから、戸長・副戸長を設けている所では必ず掲榜しろ、というのである。このため、県によっては教育の場において用いられたこともあった。[34] しかし、穂積陳重氏が『法律進化論』の中で「民衆の慣れざる漢語交り、漢文崩しの文体」を用いていたため、「一般人民の知識程度に於いては、此新らしい法律を理解することが出来ぬ為に、必要上絵図を用ひて之を説明することが流行するに至った」と述べた状態が実態であったと思われる。[35] 絵図の中にはすべて仮名で書かれているものもあるし、漢字には振り仮名がふられているケースもある。また、錦絵風のものや、[36] 一枚刷りにしたものも存在する。[37]

実際にはどのような本が出されていたか、実例をあげたい。

専修大学図書館の石井文庫には、三冊の違式詿違条例の本がある。それぞれ出版された年代・地域・形式が異なっている。

最も古いものが明治七年（一八七四）七月官許、遠藤喜道編の『違式詿違　御條目図解　全』である。[38] 奥付には「田中氏蔵版」とあり、東京日本橋四日市の和泉屋半兵衛発兌とある。序文にあたる部分には、遠藤が以下のように記す。

違式詿違の御條目九十箇條ハ先般御触示ありて萬民能心得べき事なれども、片鄙に至りてはこれを読得ず、訳り兼る者も少なからず、自然誤りて其罪を蒙るものあるときは甚だ恐れ入る事なれば、茲に画図を加へて童蒙婦女も弁へ易からしめんとす、依て衆庶必らすこれを求めて以て常に坐右に置、能々記臆して忘却する事なかれ

漢字にはすべてふりがながふられているのは、本文と同じである。そして、司法省達第二五六号と内務省達書第二五号の全文を載せ、その後に条文が列記される。罪目については一条ずつ条文内容に似合う絵が附されている。全四七枚（九四頁分）からなる（図4）。

二冊目は明治一〇年（一八七七）一〇月一一日御届・同一二年七月一〇日改正出版の『山形縣　違式詿違條例図解完』である[39]。註解・出版人は山形県平民の荒井太四郎、定価は四銭である。この本には、司法省・内務省の達は載せられておらず、山形県布達（乙第七九号および乙第一二四号）を載せ、その後図解する。図解は一条ずつ条文内容に合う絵をつけるのは前の本と同じだが、こちらはもっと小さく、一頁に一二条が区切られて描かれている（図5）。マス目が小さいせいか、ふりがなは附されていない[40]。

三冊目は明治一三年（一八八〇）三月六日御届・同年同月一五日出版、吉見義見編の『挿画　違式詿違條例　全』である[41]。吉見は編輯兼出版人で、静岡県士族とあり、出版人は佐藤俊平、静岡書肆である金蘭閣・晩翠閣の合梓であり、定価六銭である。この本では頁上部に条文が列記され、下部に図が附される。だいたいは図があるが、中には図の無い条文も存在する（図6）。これもふりがなは附されていない。

図4　『違式詿違　御條目図解　全』の一部

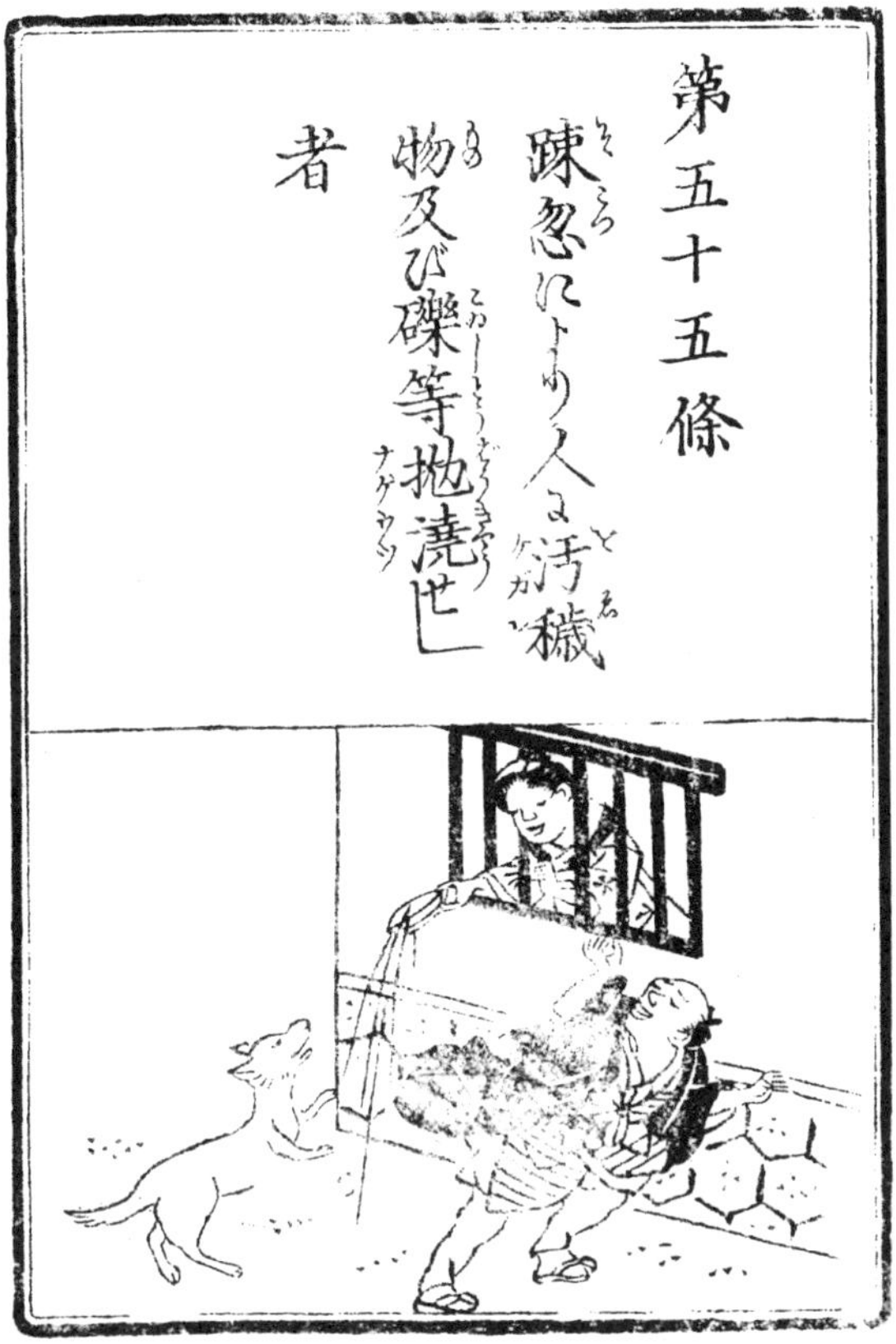


以上のように、たった三冊と言えども、それぞれ個性的なものとなっている。

ところで、「違式詿違条例」本

図5　『山形縣　違式詿違條例図解　完』の一部

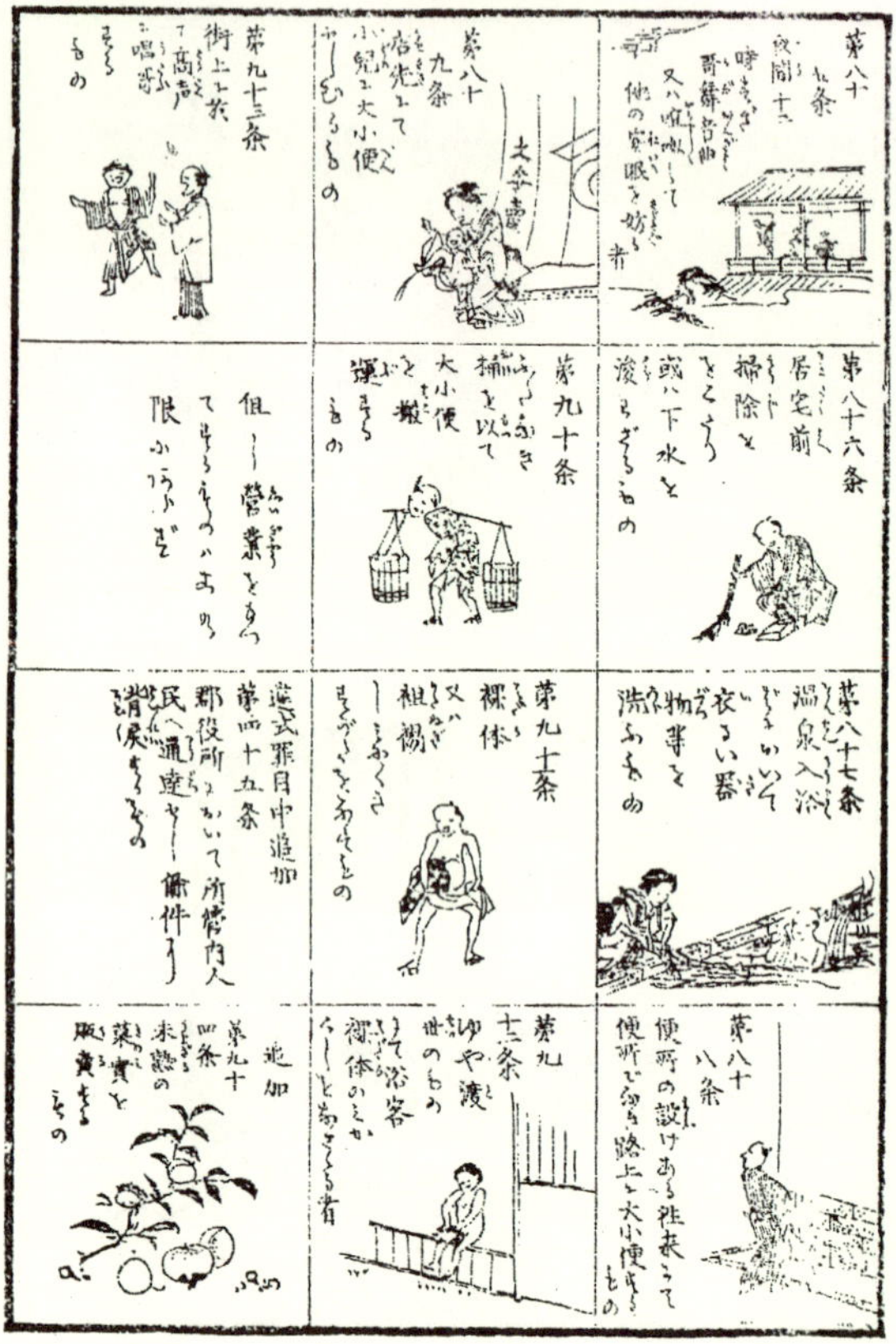


についての紹介がなされた早い例は、前記した尾佐竹猛氏の「違式詿違条例解題」であるが、ここでは明治一一年（一八七八）三月に御届・刻成された今江五郎解の名古屋版のものをあげている。前述した山形県本と静岡県本の間にあたる本である。摺の良いものとして採録したとあるが、これとほぼ同じタイプの本を、西村兼文も出版している。では、西村の本とはどのようなものであろうか。

### 3　西村兼文解『京都府違式詿違條例図解　全』

西村本は今まで確認したところでは、国立国会図書館(42)と京都府立総合資料館に所蔵されている。奥付には明治九年（一八七六）一一月二二日出版御届・同年一一月刻成発兌とあり、解者並出版人として京都府平民・西村兼文、定価は八銭とある。二二枚（四二頁）から成り、全百五条を載せる。

始めに「御布告之写」として明治九年一〇月二日、京都府達第三八五号を載せている。その後は序文などは無く、すぐに条文に入る。条文と絵図の関係であるが、前出した遠藤本のように条文一つに絵一つの形に近いが、一頁に複数の条文および絵は図が載せられているケースが多く、なかなか個性的である。漢字にはすべてふりがながふられている。

ところで、西村本とほぼ同じつくりをしているのが、前出した今江五郎の名古屋版『御布令違式詿違図解　全』(43)である。条文の置き方、絵図の内容が大変似かよっており、同じものと思うくらいの錯覚をおぼえる。ただし、全く同じという訳ではない。図7と図8は、それぞれ西村本と今江本の同じ箇所を示したものである。前出した図4と同じ条文をしめした図でもあるが、図4とは全く違うタイプである。第六八条は「麁忽に依り人に汚穢物及石礫等を抛澆せし者」で、詿違罪にあたるものである。図7の西村本では桶からこぼれ出る汚穢物に対して逃げる女性と、鼻をつまむ男性、こぼした当人の計三人を描くことで、汚穢物の性格がわかりやすくなっているが、図8では粗忽な男性と逃げる女性の二人のみが描かれるだけで

図6　『挿画　違式詿違條例　全』の一部

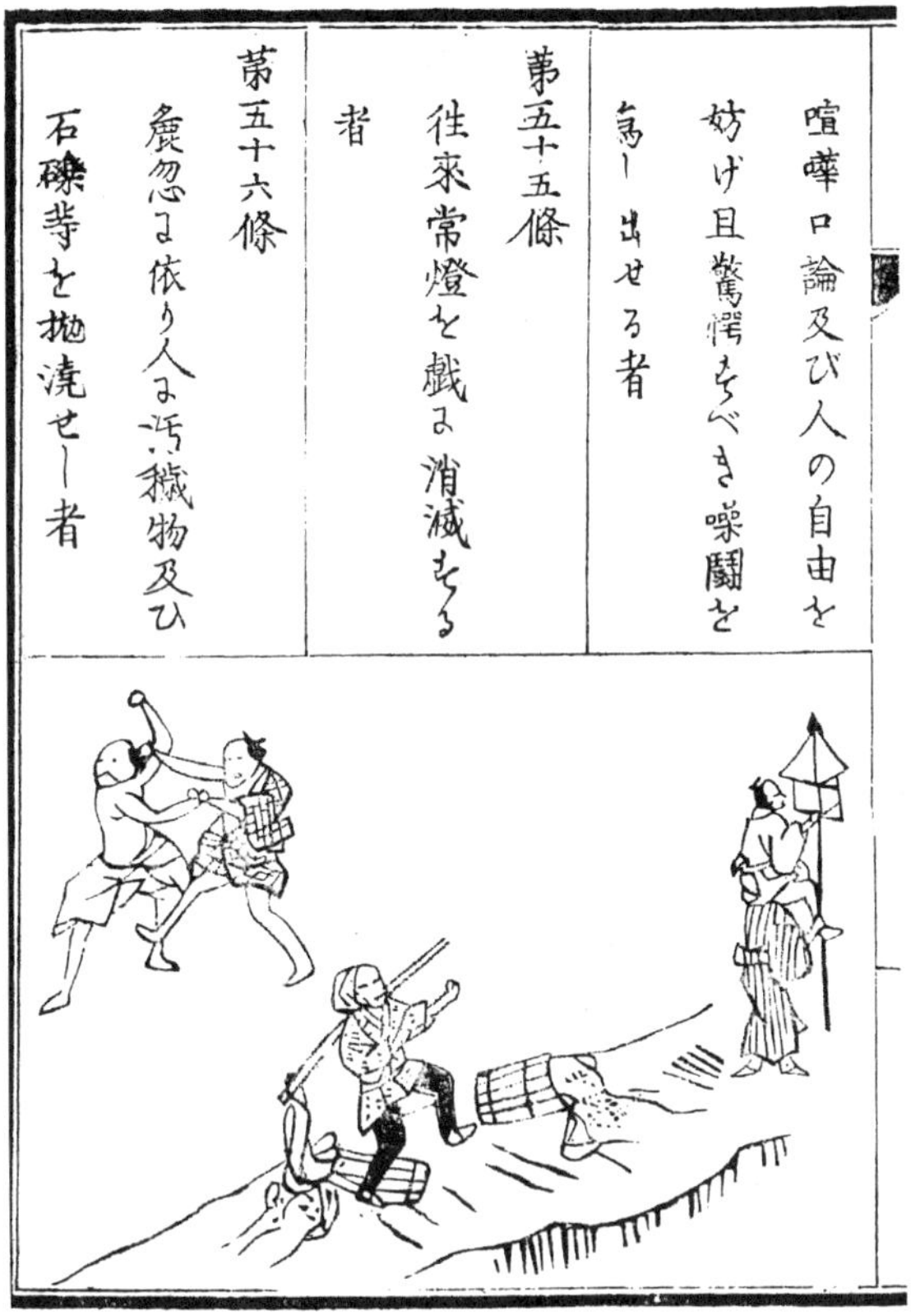
喧嘩口論及び人の自由を妨げ且驚愕さすべき噪鬪を為し出せる者
第五十五條
往來常燈を戯に消滅せる者
第五十六條
麁忽に依り人に汚穢物及び石礫等を抛澆せし者

図7　西村本『京都府違式詿違條例図解　全』

第六十七條
往来の常燈を戯に消滅する者
第六十八條
麁忽に依て人に汚穢物及石礫等を拋澆せし者
第六十九條
田園種藝の路なき場を通行し又ハ牛馬を牽入る者

ある。この他にも人物の向きが反対になっていたり、人数が異なっていたり、二つの絵が一つに合わさっていたりと、少しずつ異なる部分が見られる。

御届・刻成は西村本が明治九年一一月、今江本は明治一一年三月である。西村本の方が一年五カ月程早く作られているわけであるから、もしかすると今江本は西村本の作りを参考にして作られたとも考えられるのかもしれない。

西村兼文がなぜ「違式詿違条例」の図解本を出版したのか、その理由はわかっていない。この本はどこかの書肆から頼まれたのでもなく、西村自身が出版人である。西村自身に明確な出版意思が必要と思えるが、特にそれについての記述もない。明治九年といえば、第二節でみたとおり前年末より勧解が全国的に導入された直後である。法律に興味を持っていた西村が、京都府にも出された「違式詿違条例」についての図解を試みるために本を出版したということもありえるのかもしれない。

## おわりに

以上の検討から、西村兼文と法の関わりについてまとめてみると、次のようになる。

西村は明治前期の編著者として多くの業績を残したが、その中には詩歌集として編纂したもの、編者として力量を買われて編著したもの、教科書として書かれたもの、そして彼個人の備忘録的なものなど様々な本があった。様々なジャンルに携わり、多くの書籍を編纂するにあたってその下調べをしたと考えられるものに『書籍解題』などの年代不明の著作物があるが、この中に西村の別の側面を見出すものが含まれていた。ひとつが「勧解願」と記された書類の存在、もうひとつが「違式詿違条例」本の存在である。

勧解は現在の民事紛争解決手続でいうところの調停制度に近いも

図8　今江本『御布令　違式詿違図解　全』

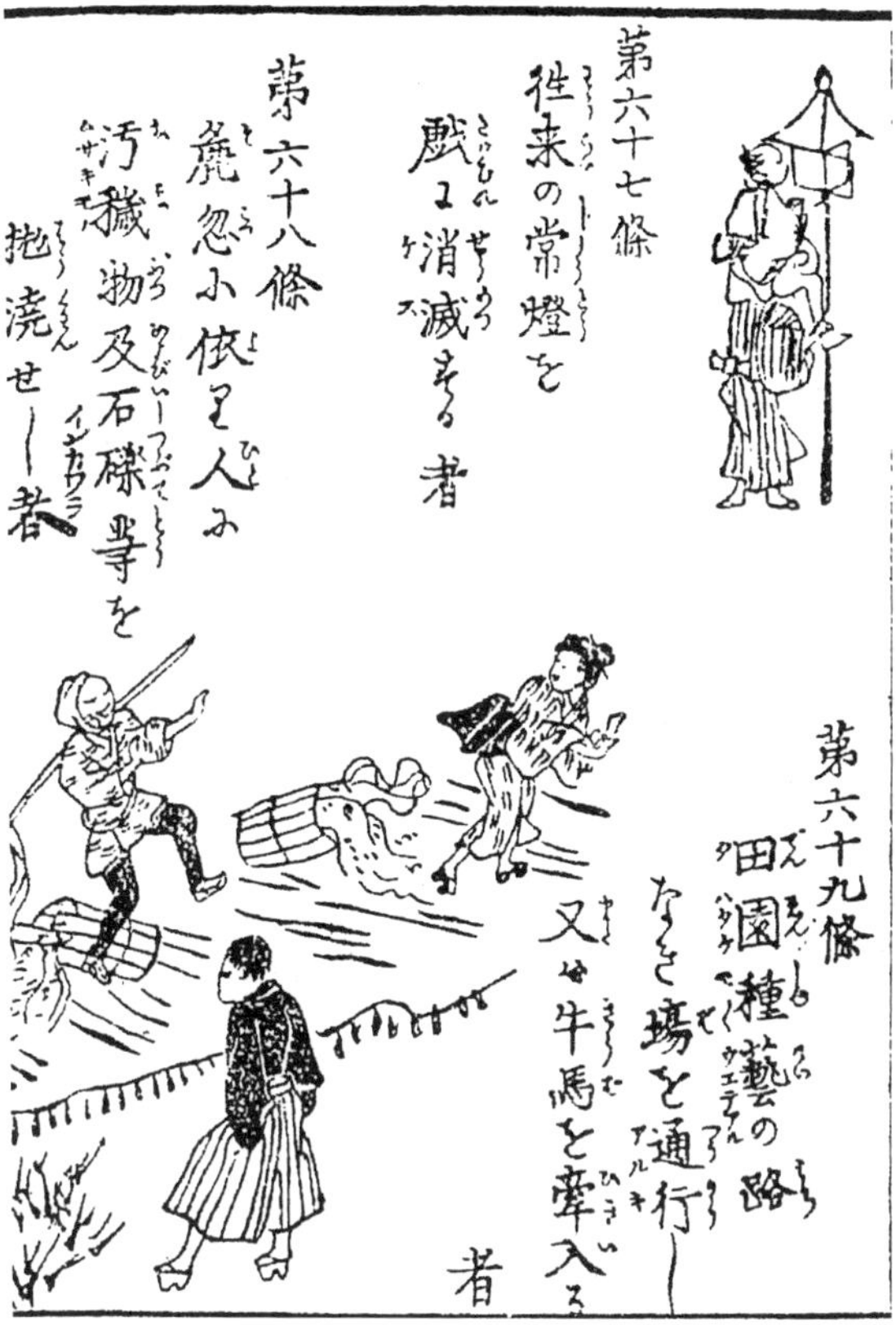

のだが、勧解が全国で行われるようになるのは明治八年（一八七五）末、最終的には明治二三年（一八九〇）の民事訴訟法では除外されるので、(44) 約一五年しかない制度であった。裁判所には本人が出頭することを原則としたが、実際には代人が勧解を代理受任することが可能であり、勧解の代言を業とすることも一時期はありえた。西村が所持していた「勧解願」書類は、その時代の遺物とも考えられるが、裁判所へ出す書式のスタイルとはかなり異なっているのも事実である。西村も代人を業の一つとしていたのかもしれないが、その形跡は今のところ全く見出せない。残された「西村兼文蔵版」の書類は、裁判所に提出する書類を作る前後段階を要領良くまとめる手段として、西村個人が利用していたもので、時代が下がり勧解制度自体がなくなったため、書類は反古紙として別の用途に使われ、たまたま残ったものと推測するのが妥当なところであろう。

一方、西村が編纂した『京都府違式詿違條例図解　全』は、違式詿違条例本の出版が流行した中でも、かなり早い段階に出版されたことが特筆できる。全国版とも言うべき明治七年の遠藤喜嘉編『違式詿違　御條目図解　全』のように一条一図とは違う形式をとり、独自性がある。明治九年の西村本より後に出版された、明治一一年の今江五郎の『御布令　違式詿違図解　全』は、西村本とほぼおなじ形式をとり、絵の向きなどが逆だったり、人物や人数が少々違うだけになっているのを見る限り、西村本の影響を受けたと推測することも可能なのかもしれない。

違式詿違条例本がどれだけ出版されたのか、現時点では正確な数はわかっていない。そのため、西村本の立つ位置についても今の段階でははっきりと言い切れるものでもない。近年はインターネットの普及により、以前よりも多くの情報が得られやすくなっている。(45) 他の本を確認することによって違式詿違条例のあり方を考えていけるのではないかと思う。学校で利用された例はどのくらいあったのか、そして人々がどのように法を理解し、生活に反映させていったのかについては、更なる史料の蒐集と分析を進める中で明確になるものと考えるが、これらは今後の大きな研究課題としたい。

また、今回は西村の本との兼ね合いで違式詿違条例本の比較を中心としたが、絵で示された一枚ものの摺りものや錦絵については言及をしていない。明治一三年（一八八〇）に旧刑法が制定され、違式詿違条例は違警罪に吸収された形でその内容を引き継ぐが、そこでも図解がつくられていく。[46]この「絵」で罪の内容を示すという方法は、後年に残ったのである。「違警罪」は各地方の独自性は無いが、それ以前のものと共通性はあるのか、こちらも考察していかねばならない問題だと考える。今後の課題として提示しておきたい。

（1）東京違式詿違条例については、筆者はこれまでに「東京違式詿違条例の創定過程について」（『専修総合科学研究』第一一号、二〇〇三年）、「東京違式詿違条例の施行状況に関する一考察」（『専修総合科学研究』第一二号、二〇〇四年）を発表した。
（2）地方違式詿違条例については、各地方の事例を用いた多くの研究がすでに発表されている。中でも、神谷力氏の一連の研究は、地方違式詿違条例の法的構造を体系化した先行研究として特筆される。神谷力「明治初年における地方軽犯罪法制の研究（一）（二）」（愛知学芸報告八・一〇号、一九五九・一九六〇年）、同「地方違式詿違条例の法的構造（一）（二）」（愛知教育大学社会科学論集一六・一七号、一九七六・一九七七年）、同「地方違式詿違条例の施行と運用の実態」（『明治法制史政治史の諸問題』慶応通信、一九七七年）。
（3）『明治文化全集　第八巻』日本評論社、一九二九年。
（4）西村兼文について、筆者はすでに「西村兼文の『文明史畧』にみえる新選組」（大石学編『一九世紀の政権交代と社会変動　社会・外交・国家』東京堂出版、二〇〇九年）を発表している。発表後も史料の補足を続けており、本論はその結果を反映したものとなる。
（5）日本史籍協会叢書別編三〇『維新之源・他』東京大学出版会、一九七四年。および新人物往来社編『新選組史料集　コンパクト版』新人物往来社、一九九五年。
（6）「甲子戦争記」は、禁門の変についてをまとめたものである。
（7）『国史大辞典』第四巻、一〇一五頁。

(8)『国史大辞典』第一三巻、七四五頁。
(9)前掲註(5)『維新之源・他』。
(10)永倉新八は新選組古参幹部のひとりである。大正期まで生き延び、『新撰組顛末記』(新人物往来社、二〇〇四年)を残したことで知られる。
(11)この略年表は、前掲註(4)大石学編『一九世紀の政権交代と社会』の拙稿「西村兼文の『文明史略』にみえる新選組」で作成した年表が原型である。今回のものは、その後の調査で判明したものを足した増補版である。
(12)たとえば、本文にあげた『殉難草』は全四巻からなるが、この中には二六二人の辞世の句が収録されている。清川八郎・高山彦九郎・真木和泉・平野國臣・伊東甲子太郎ら著名人に加え、一一人の女性の詩歌も収められている。「殉難」がタイトルにつけられているものがいくつかあるが、これらはほとんど同じ形式をとっており、何度も編纂し直していることが読み取れる。
(13)講談社、一九六四年。
(14)株式会社・東京書籍の教科書専門の文庫である。
(15)『文明史略』については、前掲註(4)にあげた拙稿に書誌をあげている。
(16)西村の晩年については、宮武外骨が自分の主催する『骨董雑誌』(明治二九年〔一八九六〕一二月二〇日付)の中で、西村の死亡を伝える文章を残しており、その中に「奈良県庁の宝物取調」の記述がある。(前掲註(4)新人物往来社編『新選組史料集 コンパクト版』内)。
(17)この図は古典籍史料室の史料でコピーはできず、また裏面でもあったので、同じ図を筆者が再現したものである。
(18)勧解に関しては、多くのすぐれた先行研究が存在している。代表的なものを以下に示す。山崎佐『日本調停制度の歴史』(日本調停協会連合会、一九五七年)、染野義信『近代的転換における裁判制度』(勁草書房、一九八八年)、勝田有恒「紛争処理法制継受の一断面　勧解制度が意味するもの」(『国際比較法制研究①』ミネルヴァ書房、一九九〇年)。林真貴子「勧解制度消滅の経緯とその理論」(『阪大法学』四六号一巻、一九九六年)、同「紛争解決制度形成過程における勧解前置の役割」(『阪大法学』四六巻六号、一九九七年)、同「勧解から督促手続への変化」(『法制史研究』四八号、一九九九年)、同「勧解制度選好の要因」(『近畿大学法学』五一巻一号、二〇〇一年)、同「明治期日本・勧解制度にあらわれた紛争解決の特徴」(『日本近代法史の探究1　調停の近代』勁草書房、二〇一一年）。本論では林氏の研究成果から多くの示唆を受けた。
(19)　『司法省日誌』第一六巻「八年四月～九月」七六号、東京大学出版会、一九八四年。
(20)　一八七五年の勧解導入をめぐっての経緯については、前掲註（18）の林氏の論文「明治期日本・勧解制度にあらわれた紛争解決の特徴」が詳しい。
(21)　同前、「第三節　勧解の担当者」の項。
(22)　同前、林氏の論文に引用された読売新聞（明治一三年七月四日朝刊二面）の記事による。
(23)　樋山広業（または福岡広業）は大阪府士族で、司法省に出仕し判事となった人物である。大変多くの法律書を書いた人物でもあり、樋山名義の書物が国立国会図書館には八〇冊存在している。
(24)　樋山広業『勧解独案内（一名勧解願書式）』（国立国会図書館所蔵、近代デジタルライブラリーにて公開）四頁。
(25)　この法規は後の旧刑法（明治一三年七月一七日、太政官布告第三六号）の中では「違警罪」として組み入れられ、現行刑法（明治四〇年四月二四日、法律第四五号）になってからは「警察犯処罰令」（明治四一年九月二九日、内務省令第一六号）となり、戦後には「軽犯罪法」（昭和二三年五月一日、法律第三九号）となって現在に至っている。
(26)　東京違式詿違条例は、明治五年一一月八日に布達され（東京府第七三六号）、五日間の猶予をおいて同月一三日より施行されている。
(27)　前掲註（1）。
(28)　太政官布告第二五六号。
(29)　地方違式詿違条例布告前に、東京違式詿違条例の条目を取捨増減して公布していたという事例（浜松県・岩手県・熊本県）があったことが、前掲註（2）神谷力論文「地方違式詿違条例の施行と運用の実態」内で紹介されている。
(30)　明治七年三月八日内務省伺、同年三月一五日太政官指令、および明治七年三月二〇日内務省達乙第二五号。
(31)　前掲註（2）神谷論文内の表「各地方違式詿違条例の公布・施行時期」によれば、明治六年から九年七月にかけて、浜松・熊本・静岡・長野・石川・置賜・山形・山梨・秋田・岐阜・鳥取・佐賀・愛知・浜田の一四県が公布・施行していたとまとめている。
(32)　『明治文化全集　第八巻』日本評論社、一九二九年。

(33) 司法省達第一三〇号。

(34) 前掲註（2）の神谷論文「地方違式詿違条例の施行と運用の実態」では、山形県布達および埼玉県での学制下の小学校において条例を利用した旨を紹介している。

(35) 前掲註（3）。

(36) 前掲註（3）の扉絵には、見事な錦絵の条例図解が載せられている。また、宮城県の警察資料館（登米市旧登米警察署庁舎）には明治時代の刑罰として、多くの錦絵を展示している。

(37) 一枚摺りの例としては、京都府立総合資料館が所蔵する「笹島久七註解　京都府違式詿違条例註解画図入」がある。色刷りの大変きれいなものであるが、惜しむらくは後篇のみしかないことである。

(38) 書誌サイズ縦一八・五センチ、横一二・五センチ。

(39) 書誌サイズ縦二二センチ、横一四・五センチ。

(40) 一マスの大きさは四・五×四・〇センチである。

(41) 書誌サイズ縦二〇・八センチ、横一三・八センチ。

(42) 近代デジタルライブラリーにて公開されている。

(43) 前掲註（32）。

(44) 明治二三年、法律第二九号。

(45) 調査中、香川大学図書館の神原文庫・和漢書之部内に、以下の違式詿違条例本を見出した。本文にあがらなかったもののみ、列記する。

①島根県蔵版『鳥取県違式詿違条例図解』、明治一〇年、②『福島県違式詿違条例並罪目』、明治一〇年、③中里道造解『岩手県違式詿違図解九十箇条』、明治一〇年、④高橋親義『小学校用違式詿違問答』、明治一二年。

(46) 京都府立総合資料館が所蔵するものとして、「今度心得　刑法中違警罪図解」（明治十四年二月十五日出版御届・同年三月刻成發兌　編輯兼出版人・京都府士族高木磐太郎）がある。

謝辞

高木先生には、大学院生の頃より大変お世話になってまいりました。離縁状の研究を長年にわたって続けてこられた先生から見ると、のんびりと好きなことばかりやっている私は歯がゆく思えたのでしょう、「テーマは大きなもの一つに絞って、とことんまでストイックに研究をしなさい」と常にアドバイスをくださいました。真摯なお言葉、本当に有難く思っております。

今回の論文は以前、法制史学会東京部会で発表した内容をもとに、その後の史料探索と検証を加えていたものをまとめたものです。「とことんまでストイック」な研究の一部を示せているかどうか心配ですが、現時点での経過として書かさせていただきました。今後も厳しくご指導を賜りたく存じます。

# 第5章　親の懲戒としての「勘当」と「離籍」
## ——明治民法編纂過程における梅謙次郎の所論を中心に——

小口　恵巳子

## はじめに

博士論文「明治民法編纂過程における親の懲戒権の研究」では、特に民法第八二二条一項前半部分に注目し、旧民法第一草案を中心に明治民法施行までの民法編纂過程および明治三七年二月一日の大審院判決に焦点を当て、親の懲戒権の歴史的分析を行い、我が国の民法が、いかにして親の懲戒権の中核に懲罰権を位置づけ、かつ体罰がその有効な実行手段として正当化されるに至ったのかを明らかにした。さらに、二〇〇九年に、博士論文に補正を行い、再構成し、『親の懲戒権はいかに形成されたか——明治民法編纂過程からみる——』を日本経済評論社から刊行して、法律編纂史的、法思想史的および比較法的観点から解明を試み、明治民法編纂過程における懲戒権が、フランス民法、教育政策そして当時の現実社会の常識など、複合的な構造によって規定されていたことを明らかにした。

その際、いくつかの課題を残している。旧時の「勘当」の懲戒と戸主権における「離籍」の関係の問題も、その中の一つである。法典調査会において、起草委員であり、親権関係条項を起草した梅謙次郎は、「離籍」を「勘当」であるとする解釈を示している(1)。明治民法において、親の独自の権利として成立した親権の手段規定である懲戒権と戸主権における「離籍」を、親の権利として同等に扱い論じるということは当然のことながらできない。そのため、やむなく問題点を指摘するにとどめた。

しかし、歴史的事実として、民法編纂当時上記のような解釈が行われていたことは、視点を変えて見た場合、制度を廃止されてもなお「勘当」の懲戒の意義が継承されていたことを窺わせるものである。

本論文は、改めて、梅謙次郎の「離籍」をめぐる所論に注目して、親の懲戒手段としての「勘当」について検討を試みたものであり、拙著の補遺である。

明治四年四月四日、太政官布告第一七〇号「戸籍法」、いわゆる壬申戸籍が公布された。

明治新政府は、「脱藩浮浪ノ徒」の取締と復籍とによって、維新後の秩序を回復し、さまざまな施策の基礎とすることを目的とした戸籍制度により全人民を画一的に把握することとなる(2)。

さて、壬申戸籍が公布されたことにより、明治四年一一月、徳川時代から引き続き行われた宗門人別帳の制度は廃止された。それにともない「久離勘当の制」も廃止されることとなった(3)。

しかし、制度上は廃止されたが実態としては明治期それ以降も行われていたのであり、現在でも「勘当」という言葉は決して死語となっていない(4)。

事例をあげれば枚挙に遑がない。歴史的事実として、そして今なお「勘当」という懲戒が行使され続けていること、それは、一般社会において、「勘当」の懲戒が有用なものとして認められていることを物語るものである。

現行法の下において「勘当」は不可能であり、なんら法的効果を生じるものでもない。にもかかわらず、明治初年の段階で廃止され、戦後の民主化を経てもなお、なぜ親の懲戒権の社会的役割として有用なものであり続けるのか、その要因を明らかにする必要があると考える。

本論文では、このような問題意識を踏まえ、特に「勘当」の懲戒に注目し、明治民法を中心に明治民法制定までの民法編纂過程に焦点を当て、親の懲戒権の歴史的分析を行う。それによって、国家によって保障された懲戒権の社会的役割がいかなる意味合いをもち、「勘当」が今日まで親の懲戒行為として継承されるに至ったのかについて検討を加えたい。

## 一　前史——徳川時代の法制に現れる親の懲戒権の特徴——

以下、従来の先行研究に依拠し、徳川時代の法制に現れる親の懲戒権をみてみる。

先行研究によれば、徳川時代は、儒教的な法規範の実体化によって統制を図ったとされる。武家に代表される家族制度規範は、儒教道徳に基づき、強制的性格の強いものとなり、親の一方的権力を容認した。懲戒は自由であり、その結果死に至っても処罰されない(5)。このように江戸時代の親権が一種の生殺与奪の権として、強大であったことは、「法外の者を殺す権利(7)」が親に付与されていたことにも象徴される(8)。

また、支配者である武士階級の文化は、名誉を根幹としていた。このような武士階級の文化においては、名誉を護るための暴力行使が重要な行動規範として位置づけられていた。幕府は、名誉保持のための暴力行使を抑制するために、暴力による私的報復を法的に限定し、秩序化した(9)。それが幕藩法体系に現れた私的刑罰権である(10)。

そのような法体系の中で承認された私的刑罰権の一つとして、「娘の不義」に対する父親による懲戒(11)が認められていた。

このように幕府は、儒教的法規範と名誉道徳規範の両面から、家族関係および親子関係を規範統制していた。このような徳川時代の統制原理の下で、懲戒権に付与された社会的役割には、秩序維持という一面的な意義のみならず、文化的な要素である「名誉」を守るという社会的な役割をも付与されていたのである。(12)

さて、先行研究によれば、このような徳川時代において、慣習法は、制定法に抵触しない限りにおいて存続が承認されるものであったとされる。しかし、その反面、当時の法令の基礎となり、重要視され、法源の中心ともなっていた。したがって、それに依拠した施政が行われ、古法墨守の思想が根強く支配していたとされる。(13)

そうした慣習法の中に、幕府によって承認された制度、「久離勘当の制」(14)がある。この制度は、親権効力の一環として、社会統制および家族統制の手段として発達し、一般に行われた慣習である人別帳外願い出としての制度である。本制度は、幕府法令に取り込まれることによってさらに制度化され発展をとげ、(15)懲戒権はさらに厳酷なものとなっていった。このことは、懲戒権に付与された社会的役割が、国家によって承認され保障されたことを意味する。

さて、「久離勘当」の目的は、第一に、甚だしい苦痛を与え改心を促進させること、第二に、浪費者の子の債務の負担を免れること、第三に、縁坐刑を免れることにあった。この目的からも明らかなように、「久離勘当」は、親権者が卑属を自己の親族圏外へ放逐する制度として懲戒的意味をもつと同時に、家長の自衛手段に他ならず、(16)家長の権力が極めて不当に拡張された制度であったといえる。(17)

この制度において、特に相続権を剥奪する制裁を加える「勘当」は、懲戒権の最も強烈なものであった。そのうえ社会的慣習に強制されて行われる行為であり、社会が親を通して行う社会的制裁であったとされる。この「勘当」に至るまでの子への対処から、慣習上行われていた懲戒行為を看取することができる。(18)

まず、「勘当」は原則として親兄の権(父母なき場合に当主としての兄)によってなされる(戸主の権や町村役人によってなされる場合もあった)。では、如何なる場合に対象となったのであろうか。おおよそ次の五つのケースに整理できる。第一に、子どもが親の言命に従わない場合。第二に、親自身の都合に支障を来たす場合。第三に、子どもが身持ち放埒などで家の維持存続に妨害となる場合。第四に、子どもが不義をした場合。第五に、子どもが悪性不行跡の場合などである。ここからは、子自身に問題がある場合の他に、親の都合でという理由ですら、「勘当」という厳しい制裁を受ける可能性があったことがみてとれる。

さらに、「家名維持」「家業維持」「家産維持」などのための「勘当」の例が数多く見られることが、先行研究によって明らかにされている。「子よりは家こそ大事なれ」という言葉が示しているように、親は、家族団体の存続維持の為に、家族団体の代表者として子に対しあえて制裁を加えていた[19]。このことは、子よりも「家」あるいは「家の名誉」を重視していたことを端的に示すものである。

ところで、「勘当」をするまでには、諸段階を経なければならず、原則として公儀に届出して除籍するのは最終段階として位置づけられていた。「勘当」までの手順は、まず親兄が子弟に服従することを要求し、それに服従しない場合、異見（教戒・教誨）を加え、それにも従わない時、座敷牢に入れたり折檻を加え、さらに服従しない時には五人組を経由して勘当帳への帳付けを奉行所に願い出て、親子ないし兄弟の関係を遮断したとされる[20]。具体的な様子が、江戸時代の文学にも数多く記されている[21]。

このような特徴をもつ「勘当」は、儒教的な人倫秩序の維持という為政者側の要請に応えるものであったが、その一方で、子弟を保護と支配の埒外に放逐して無籍者を生み出す原因ともなった[22]。

以上のように、親の懲戒権の行使としての「勘当」は、広く社会に容認され、それに対し公的な責任あるいは義務という性格が付与されていた。加えて、社会が親を通して行う社会的制裁としても機能していた。このような「勘当」は、親の絶対的な権力を表象するものであり、親の懲戒権の強大さを示すものである。

また、親の都合、あるいは家族団体の存続維持をその行使目的とする「勘当」が、幕府によって承認されていたのであるから、「勘当」は、親の立場や、「家」あるいは「家の名誉」の存続を担保する機能を持っていたといえる。これらを踏まえれば、私的刑罰権と同様の社会的機能を、国家・社会から承認されていたといえる。

このように、徳川時代は、慣習法である「久離勘当の制」まで取り込み、古代から一貫した懲戒権の性格および機能をさらに強化し、明治期に継承した。そして明治政府は、日本初の刑法「新律綱領」[23]（明治三年）および「監獄則」（明治五年）において、この強大な親権を保障した。「新律綱領」において、強固な律令制を復活させ、私的刑罰権を確実に存続させた。親に授与された教令権に子孫が服従するのは当然であり、違背する子に対する懲戒の結果、死に至ったとしても無罪とし、親の家族処罰行為としての殺害を刑法上に保障することで、懲戒権の私的刑罰機能を継承した。[24] 家族関係・親子関係は、典型的な儒教倫理を内容とする刑法によって律されることになった。[25]

だがその一方で、「久離勘当の制」は、壬申戸籍の発布に及んで廃止されることとなった。それは「勘当」が無籍者を生み出す原因となっていたからに他ならない。

しかし、「勘当」の制度との関連で、ひいては、後述する民法との関連において、見過ごしてはならない重要な点がある。

「勘当」の制度において、いくつかの手順を踏んだ後、官へ願い出て勘当処分される。その最終段階において、官によって「入牢あるいは手鎖を加え懲治」されるなどの制度・慣習が存在していた。[26]

明治政府は、前述の「監獄則」において、「子弟ノ不良」を憂慮する場合、「平民其子弟ノ不良ヲ憂フルモノアリ此監ニ入ンコトヲ請フモノハ之ヲ聴ス」とあるように、国民の申請により「不良ノ子弟」を「懲治監」に収容できることを規定して（第一〇条）、「出願懲治」制度を確立した。[27] 親の懲戒権の行使の場を提供するという形で国家権力の介入が法的にも承認されることになった。これによって、親の懲戒権が国家権力によってバックアップされ、前代以上に強力なものとした。

この内容は、「勘当」における、官に願い出て「入牢あるいは手鎖を加え懲治」という制度・慣習の継承と見ることができる。すなわち、それは「勘当」に付着した懲戒の意義をも継承されたことを意味する。

たしかに「勘当」は廃止された。しかし、「勘当」に向けてのすべての手順を否定されたわけではない。最終段階の除籍、その一歩手前までの制度・慣習は、形を変え、さらに強化されて国家権力によって保障されている。またその一方で、旧刑法によって縁座制が廃止されて以降、親は、この制度を用いる最大の懸念事項のひとつからも解放された。残るは債務負担免除の問題である。制度廃止の時点で、この問題は解決されていない。にもかかわらず、廃止されてもなお「勘当」が行われていたとするならば、勘当の目的が、「不良の子弟」に改心を求める人格的な制裁へと収斂されていったと考えられる。すなわち、勘当制度の根本的な性格の変容があったとみることができよう。推測の域を出ないものの、このような監獄則における「出願懲治」の制度が、国民にとっては、「勘当」の廃止にともなう代替的な制度として認識された可能性も十分考えられる。

以上のように、明治期に入っても、前代の法意識が積極的に採り入れられ、懲戒権は、刑法上で保障され、前代以上に絶対的片務的な性格をもつに至っている。前代から継承された懲戒権の機能は、フランス刑法をモデルとし、明治一三（一八八〇）年に公布された「旧刑法」によって、刑法上の教令権と懲戒権が否定されるまで保証された。しかし旧刑法は、「祖父母父母ニ対スル罪」に象徴されるように、近代刑法という形式をとりながら「新律綱領」に匹敵する厳しい規定を設定し、子を律しようとした。懲戒権は、「旧刑法」公布後も国家権力による家父長の権力の承認を通して、家族内の秩序維持を図るという構造の中で、名誉保持のための懲罰として機能し、親あるいは「家」の「名誉保持」を主要な目的として行使された(28)。以上のことを踏まえれば、制度が廃されたとしても、「勘当」の懲戒を、社会あるいは人々の意識から完全に払拭することは寧ろ困難であったものと考えられる。

## 二　旧民法における懲戒権――「子の放逐規定」をめぐる議論を中心に――

我が国は、明治三（一八七〇）年に、フランス民法を範に民法典編纂を開始した。ボアソナード参画以前の諸草案における懲戒権条項[29]には、あくまで推定の域を出ないものの、次のような特徴が指摘できる。まず、親権の大半が懲戒権条項で占められていることから、前代の法思想への回帰がみられる。親権の中心的規定と位置付けられた懲戒権は、懲戒の権限を親に付与したものであり、律令法思想の伝統を踏襲し、民法上にその絶対性を保障しようとしていたと考えられる。紙幅の関係上、ここでは、このことを指摘するにとどめる。

さて、旧民法身分法第一草案（以下、第一草案とする）は、当時の復古主義による政策方針の転換の動きにもかかわらず近代法的原理で貫かれ、明治民法編纂過程において最も進歩的内容をもつものとして、明治二一（一八八八）年一〇月頃までに成立した。しかし元老院による大修正により、その進歩性を骨抜きにされ、明治二三（一八九〇）年一〇月七日に公布された旧民法における親権規定は、大きく後退した内容をもつものとなった[30]。

第一草案は、維新後もなお実社会に残る因習を打破し、「子の利益」に徹するために、近代法モデルとして継受したフランス民法父権規定の家父長的性格[31]を払拭することを第一義とした。親権の目的は「子の教育」に置かれ、懲戒権についても教育の手段に限定された。そして「子の利益」を尊重する親権理念が、名実共に矛盾なく生かされるように、懲戒権規定自体に懲戒行為を制限する文言が明記されるとともに、失権制度を確立した。これによって、絶対的・片務的権力としての懲戒権からの転換を図った第一草案は、「子どもの利益の保護」という観点から父の絶対的権限を排除し制約したという点で、フランス民法より進歩的であったといえる。

ここでは、第一草案が、「子の利益」という近代法の理念に基づき親権の効力を未成年に限定しておきながら、明らかにその枠組みを逸脱する規定を同時に設定し、その内実において矛盾を抱えたものとなっていることを指摘するとともに、その規定をめぐる議論について、若干の検討を加える。

さて、第一草案第二四六条には、「父若クハ母ハ必要ノ事情アルニ於テハ同居スル成年若クハ自治ニ至リタル子ヲ其家ヨリ遠クル事ヲ得」と、本草案の親権設定趣旨とは逆行しているとも思える子を家から放逐することが定められている。結論から言って本規定は、広義の一般的懲戒権規定と捉えることができる。『民法草案人事編理由書』[32]（以下「理由書」とする）の解釈を見る限り[33]、我が国の「勘当」に相当すると思われる内容をもつ、「子の放逐規定」は、伝統的法観念に基づいて、「勘当」に匹敵する絶対的権限を親に付与するために規定されたものではなく、親の「止ムヲ得サル事情」を勘案して、独立せず事実上親の保護下にある成年の子を対象とした規定を設定したのだろう[34]。しかし、起草者の意図とは裏腹に、成年にまで効力を拡大した事実上無制約な親権の枠組みから逸脱した権限を親に付与したことになった。

ちなみに、第一草案には、規定上に現れる内実の矛盾のみならず、懲戒の程度の判断基準に関するねじれともいうべき法解釈上の問題がある[35]。

第一草案における懲戒権は、「往々過度残酷ニ流ル、」当時の親の有り様を批判し、過度の懲戒を禁じるために、親の一般的懲戒権を新たに規定した。さらに、但し書きによって、社会の実態に対して先取りして枠組みを提示した。ところが、「理由書」に示された解釈では、起草者が最も懸念する風俗及び開化の程度という、社会の実態に合わせる態度を示した。実際に運用するに当たっての指針は、否定したはずの世の中の通念に依拠するものであった。現実の社会における親の「止ムヲ得サル事情」を勘案して、厳格な枠組みにしばることを留保したのである。

さて、その後の修正過程で、第一草案に関する意見を徴された裁判官らは、次のように意見を述べている。まず、地方裁判所長の認許を必要とすると規定すべきであり、なるべく制限を加えるべきである。そして、我国には従来、「勘当」といって「子ヲ其家ヨリ遠クルノ権」が父母にあったことに対し、「止ムヲ得サルニ出テ時機ニ依リテハ其権ノ執行大ニ利益ヲ有スル」が、実際多くの場合において、「親権繁抑ノ風ヲ増長セシメ子タルモノ些細ノ事ヲ以テ父母ニ抵抗スル等」の事情のために「軽々勘当ヲ命スルコトアルハ屢々見ル」としている。本条によって親子を家より遠けるに当っては、その事由を裁判所長に申立て許可を受けるようにすれば、父母も止むを得ない場合にのみ執行するようになる。そうすることが、ひいては、社会の安寧に繋がるという。ただし、これら「子の放逐規定」への修正意見は、親の濫用的行使により子の利益が守れないという意見ではなく、社会秩序維持を図るためには公権力の介入を要するというものであった。(36) その意味では、司法関係者らが示した態度は、慣習を重視する態度の表れではないかと思われる。(37)

いずれにせよ、当時の裁判官にとっても、本規定が、「勘当」の慣習を想起させるものであったことに違いはない。したがって、起草者らの手を離れ編纂関係者らの手に渡った段階に至って、第二四六条の立法趣旨は、「勘当」という我国の慣習を民法上に規定することであったと編纂関係者らに認識させたといえる。

その後、再調査案を経たのち、この規定の削除意見が提出された。(38) この削除意見中、先述の裁判官の修正意見と異なり、子の立場に立って親の濫用を懸念し、旧時の「勘当」の効果をもたらす本規定を削除すべきとしていることは、政府の民法編纂方針が、「皇国古来ノ風習慣習ヲ採」ることを主軸とし、家族制度を確立するという復古政策へと転換されるなかで注目すべき修正意見である。その修正意見を受けて、元老院の審議以前に本規定は削除されるにいたった。

以上のような修正過程を経た後、元老院による大修正により、第一草案の進歩性を骨抜きにされ、明治二三（一八九〇）年一〇月七日に公布された旧民法における親権規定は、親権制約諸規定、ならびに親に子に対する教育を義務づける中核規定である親の養育義務規定を削除し、親権の絶対性および権力性を復活させるなど、大きく後退した内容をもつものとなった。旧民法における懲戒権は、フランス民法の懲戒権の絶対性に勝るとも劣らない強大さとなった。

懲戒判断のキーパーソンである裁判官は、親の事情を最大限に配慮し、むしろ親の立場を強化させる方向へと後退した解釈を示した(39)。最も象徴的なのが、親権が「親の利益」でもあり、その理由は「親子間ニハ名誉ノ連結アレハ子ノ名誉ハ即チ父母ノ名誉」であるからだとする解釈を示したことである。

本稿では、このような法解釈を「名誉の連結説」と定義する(40)。「名誉の連結説」によって、懲戒権には、親の名誉保持のための制裁手段としての位置づけが与えられた。ここに至り、懲戒権には、教育の手段に加え、懲罰手段および名誉維持手段としての性格が加わった。

再び、旧民法の懲戒権規定には、旧時の「勘当」の懲戒に付着していた、懲罰手段および名誉維持手段としての位置づけが与えられた。

たしかに「子の放逐規定」は削除された。

しかし、重要なことは制度が廃止されて久しいにもかかわらず、そもそも「子の放逐規定」が「社会の実態に合わせ」設けられたことである。それ自体が、現実の社会における親とっては、依然として「勘当」が有効な懲戒手段として考えられていたことの証左である。

親の懲戒権が民法上の規定となったとしても、「出願懲治」制度が認められているうえに、懲戒権には子の拘禁規定が明文化されており、なおかつ旧民法における懲戒権は絶対的・片務的親の制裁権と化した。それに加えて、法解釈上においても、社会の実態に合わせる態度が示されている。法律の何たるか、教育の何たるかを知らない、当時の親にとって、このことが、非常に都合よく解釈され、ある意味お墨付きを得たかのように受け取られたであろうことは十分考えられる(41)。

## 三　明治民法における「離籍」をめぐる議論

### 1　明治民法における懲戒権(42)

明治民法典の編纂は、旧民法を修正するという形で行われた。起草委員には穂積陳重、富井政章、梅謙次郎が任命されている(43)。法典論争で延期派が勝利した結果、明治民法は、「家」制度を再編・定着させるための法的支柱を確立し、明治三一年に施行された。

明治民法の原案における親権は、第一草案と同様、近代法の「子の利益」の親権理念を継受し、親権の及ぶ範囲は未成年に限定された。第八九二条には、親権の効力として我が国の民法において初めて監護教育権が親の独自の権利として確立されるとともに、親に子の監護教育を義務付けた。懲戒権については「親権ヲ行フ父又ハ母ハ必要ナル範囲内ニ於テ自ラ其子ヲ懲戒シ又ハ裁判所ノ許可ヲ得テ之ヲ相当ノ懲戒場ニ入ルルコトヲ得（後略）」（八九四条）と規定された(44)。そして、第一草案以上に子の立場を保護する失権制度が新たに確立された。

このように原案における親権規定は、第一草案以上に子の立場を一層保護した進歩的内容をもつ。そして、趣旨説明には、第一草案と同様に「子の利益」を中核にすえた解釈が行われている。したがって懲戒権も、未成年に限定され、教育の手段と位置づけられた。しかし、このような進歩性とは裏腹に、解釈上では第一草案の解釈との決定的相違によりむしろ後退してしまった。

それは梅が、親権の趣旨説明において懲戒権を「打擲スル権」と表現していることに現れている[45]。原案の規定上の「進歩性」とは異なり、「立法趣旨」においては、フランス民法父権規定の家父長的性格を継承し、教育目的の制裁は許されるものとされた。

そして親権規定の審議では、親の絶対的権利を主張する穂積八束らの意見が取り入れられ、原案の進歩性は失われ家父長的性格を持つものとなった。

確定された明治民法では、親権の効力は、「独立ノ生計ヲ立」てない限り成年にまで及ぶものとなった。つまり親権は、梅が想定した未成年の子に対する監護教育の範囲を逸脱し、成年の子にまで及ぶものとなった。したがって、明治民法の親権は、再び支配権としての性格を帯びるものとなった[46]。

そして懲戒権規定は、親権効力の中で唯一親権に即して成年にまでその効力が及ぶものとして確定した。ただし、「身上ニ関スル効力ノ原則」として、親権の最も重要な規定と位置づけられた監護教育権は未成年に限定されている。

ところで、懲戒権の性格を考える上で重要な発言がみられる。それは、親あるいは「家」の面目保持のためには制裁を必要とするという主張が、審議過程の随所に見出されることである。

例えば法典調査会で穂積八束は、親権の設定意義について、

「親権ト云フモノヲ置ク以上ハ……家ノ体面トカ其親子ノ社会上ノ体面モ考ヘテ見テ宜シイモノデアッテ……子供ガ役者ニ為リタイトカ……成年以上デサウ云フヤウナ人モ……道楽息子デアルトカ道楽娘デアッテサウ云フ事ヲシタイト言フノヲ親権デ以テソンナ事ヲ止メルコトガ出来テモ私ハ些ツトモ差支ナイ」と述べている[47]。

また、穂積陳重は、制裁の意義について、

「息子ガ道楽者デ女郎ヲ女房ニシタトカサウ云フ者ヲ家ニ入レルトカ云フヤウナコトニ為ツテハ家ノ面目ニモ関

スルトカ先祖ニ対シテモ済マヌトカ又ハ外聞ニモ関ハルトカ云フヤウナコトモ得ル……離籍ト云フコトハ独リ其人ニ対スル制裁ト云フコト計リデナシニ戸主ガ体面ヲ保ツトカ又家ノ面目ヲ保ツトカ云フコトデ一体ニ此方ガ目的ヲ達スルコトガ得ラレルト思ヒマス」と説明している。(48)

両者の見解からは、子が道楽者であった場合、家長（親ないし戸主）や家の体面が汚される、ゆえにそのような子どもに対して制裁を加えてでも家長や「家」の体面を保持しなければならないとする共通した法観念が見出せる。(49)子の逸脱行動が制裁の根拠ではなく、あくまで家長や「家」の体面という恣意的理由が根拠となっている。親権の行使および制裁の意義には、「名誉」が重要な要因として存在している。

そもそも明治民法は、旧幕時代と同様にその制度の根底には「家」がある。したがって、「家」制度の確立によって、「家」と結びついた統制原理が、法制度上正当化される可能性は十分考えられた。そのことを証明するように、明治民法に新たに規定された養子の離縁事由には「養子ニ家名ヲ汚シ又ハ家産ヲ傾クヘキ重大ナル過失アリタルトキ」（第八六六条第五号）と、「家名ヲ汚ス」ことが制裁要件となって明文化された。明治民法は、「家の名誉」を法益とし、かつ、その侵害行為に対しては、制裁も辞さないとする規則を確立した。前代と同様、「家」の名誉保持のための制裁が法的に保障され、「家の名誉」が法益とされた。「家」の名誉保持のための制裁が法的に保障されたといえる。

いずれにせよ、懲戒権の効力が成年にまで及ぶものとして確定し、なおかつ教育目的の制裁を積極的に許容する立場へと転換した明治民法において、子に対する制裁が、名誉のための手段であることが正式に位置づけられたことは、懲戒権が子の保護を目的とした教育の手段としての性格を逸脱し、「暴バレ者」の「厄介払ヒ」を目的とした懲罰手段として、(50)いわば親ないし「家」の利益保護のための手段ともなったことを示している。したがって親権の行使および制裁には、「名誉」維持が重要な目的とされ、懲戒権には親あるいは「家」の名誉維持機能が付与されたといえる。(51)

以上のように、明治民法の親権法は、近代法の「子の利益」の親権理念を継受し、新たに規定した監護教育権を親権の効力の原則と位置づけ、懲戒権を監護教育権の原則に従うものとし、教育の手段として行使されることを大前提とした。また、子の立場をより保護しようとする第一草案の理念を継承し、民法上に失権制度を確立した。しかし、それらの理念に徹するものではなく、特に教育目的の制裁の行使を最小限に止めようとした第一草案からは大きく後退し、懲戒権の絶対性を保証するフランス民法と同様に教育の目的を果たすための制裁の行使を積極的に承認した。これによって、制裁手段としての性格は懲戒権の中核に位置づけられた。そして、明治民法が「家の名誉」を法益としたことで、親や「家」の名誉を守ることを制裁の主要な目的とした。したがって、明治民法の懲戒権は、外形的には近代民法における教育の手段と位置づけられたが、その中核には懲罰手段とともに名誉保持手段が位置づけられたといえる。

## 2　明治民法における「離籍」をめぐる議論——梅謙次郎の所論を中心に(52)——

明治民法において、「家」制度が確立されたことにより、旧幕時代と同様に、「儒教的法規範」および「名誉道徳規範」の両面によって家族関係、親子関係を規範統制するという明確な統制原理が前面に打ち出されることとなった。これにより懲戒権には、懲罰手段および名誉維持手段としての位置づけがまた再び付与された。

成年にまで及ぶものとなった懲戒権の性格を考える上で見落としてはならない興味深い議論が「戸主及ヒ家族ノ権利義務」の審議の際になされている。

「戸主及ヒ家族ノ権利義務」における規定中には、戸主に対する家族の違背行為に対して、戸主はその家族に「離籍」を為すことができるとする規定がある(53)。当時の編纂関係者間においても「勘当」に通じる規定ではないかと考えられた様子が見出される。

まず、第一二五回法典調査会において、長谷川喬から「離籍」の意味について問われ、梅は、「離籍ト云フ文字ハ只戸籍ヲ離スト云フ意味デ詰リ縁ヲ切ツテ仕舞ウ昔ノ言葉デ久離ノ積リデアリマス……久離ト云フ文字ハ面白クナイカラ離籍トシタ離籍シテ仕舞ヘバ丸デ無縁故ノ者ニスルト云フ意味デアリマス（後略）」と説明している。

また、なぜ制裁になるかと言えば、家族にならないから養ってもらうことができないからであり、「家族ノ関係ヲ永遠ニ断ツ」ことだと断言している。(54)

この梅の見解には、「久離」と規定するのはまずいから「離籍」と言葉を変えたまでであり、その内実は、「家族ノ関係ヲ永遠ニ断」ち、「無縁故ノ者ニスル」、「久離」を規定したものであることが、明確に示されている。すなわち、「久離勘当の制」を復活させることを意図して、「離籍」が規定されたのである。

そのことは、第一二六回法典調査会における原案第七四〇条の趣旨説明においても見出せる。

まず、富井は「離籍」は「戸主ノ承諾権ノ制裁」であると述べている。それに対する質問等のあった後に、梅は「離籍」の手続きを戸籍吏に届け出た後の効果について「内ニハ帰ラセヌト云フヤウナコトニ為ル」と説明している。それに対して議長箕作麟祥が「勘当デアリマスカ」と尋ねると、それは「勘当デアリマス」と断言している。(55)

この「離籍」をめぐるやり取りからもみてとれるように、梅にとっての「離籍」は、「久離勘当の制」を念頭において設けられたものであるといえる。

さらに、「離籍」の意義を探るうえで重要な発言が穂積陳重からなされている。それは、この離籍の性格について、「獨リ其人」に対する「制裁」だけでなく「戸主ガ面目ヲ保ツ」とか「家ノ面目ヲ保ツ」という目的を達成させることにあるとしている点である。

明治民法懲戒権規定において、子の逸脱行動が制裁の根拠ではなく、家長や「家」の体面という恣意的理由が根拠となっていることを指摘した。

「離籍」も、親の懲戒権と同様に、その制裁の意義には、「名誉」が重要な要因として存在している。「離籍」は、

その意義においても、「久離勘当の制」を復活させたものであるといえよう。(56)

さて、第一二七回法典調査会で引き続き行われた原案第七四〇条の審議において、長谷川喬が、離籍によって一家を創立するとする規定内容に対し、次のように反対意見を述べている。(57)

「此離籍ノ如キモノハ一ツモ慣習ニモ無イ事デアル、サウシテ道理カラ見レバ此制裁ハ懲罰的ト云フヤウナ制裁ノ趣意ヨリ外ナイ……若シ是ガ懲罰スルト云フ趣意ナラバ……勘当トカ久離トカ云フ如キ場合デモ亦此懲罰ヲスルト云フ趣意デ此人事編ヲ編立テナケレバナラヌ」

これに対して、梅は、またしても「離籍」は「勘当」の懲戒に近いという見解を示しつつも、旧時の勘当とは異なり、無籍者を出さない「離籍」は、むしろ公安のために有益だとして反論する。

「殊ニ慣習ガ無イト云フコトデアリマシタガ私ハ此通リノ事ハ慣習ニ無イガ却ツテ是ニ近イ所ノ慣習ハアリマス夫レヲ維新後従来ノ慣習ノ儘デハ弊害ガ多イカラ認メヌデ維新後改メタノデ従来ノ慣習ニハ却ツテアリマシタ御承知ノ通リ勘当ヲ受ケル懲戒ト云フコトガアツタ……勘当ヲ受ケル懲戒ト云フコトガアツテ恰モ戸主権ヲ行フニ当ツテ居ルコトガ多イ夫レデ丸デ夫レニシテ仕舞ツテ無籍ノ者ガ出来ルト云フコトニシテ置クト云フノハ悪ルイガ新タニ一戸ヲ構ヘル又夫レガ独立出来ヌノナラバ何ンデアリマスガ車デモ挽ク大概ノ事ハ出来マス……無籍ノ者デナイ夫レガ却ツテ公安ノ為ニ宜シイデハアリマセヌカ」

この梅の言葉からも明らかなように、「勘当」の懲戒を、「離籍」という戸主の家族に対する制裁権として、巧妙に形を変えて復活させたことが、ここに改めて確認できる。

しかし、その後も、度重なる反対論が展開され、梅は、次第に「離籍」に対する見解を変化させていくことになる。そして高木豊三から、「親ノ意見モ聞入レヌデ道楽ヲスル度ビ々々処刑ヲ受」けるような子があることを面目ないとして、「社会ニ危険ナ者」を社会に放り出すことはよくないと、梅の見解に対する反対意見が出されると、

「勘当ト云フヤウナ主義デ規定ヲ要スルト云フ趣意デハナイ私共少シモサウ云フ考ヲ持ツテ居ラヌ之ハ詰リ戸主権ノ作用夫レカラ世ノ中ノ進歩ニ伴フテ家族ト云フモノヲ余リ強制スル圧制スルコトハ出来ヌ其二ツノ主義デ……戸主権ガアルトシテモ丸デ無制裁ト云フコトナラバソンナ権利ハ与ヘヌ方ガ宜シイ……戸主権ヲ認メル以上ハ幾ラカ制裁ガ出来ナケレバナラヌ」

と述べ、ついには、「元来此規定ハ懲戒デナイ制裁デアリマス」と、親権における懲戒権とは異なることを強調するようになってしまう。

そして、最終的には、「離籍ト云フノヲ勘当ト見ラレルノハ抑々間違ヒデサウ見ナクテモ宜シイ……分家ト云フテハ言葉ガ狭クナリマスカラ離籍ト云フ文字ヲ使ツタ」と述べるに至り、当初の見解を完全に改めてしまった。

このように梅が見解を改めた要因には、戸主は「家族ニ対シテ相当ノ権力ヲ持ツテ居ナケレバナラヌモノトスレバ是位ノ権利ヲ與ヘルト云フコトハ左マデ酷ドイコトデハナイ」という戸主権に対する考え方があったとからと考えられる。前述の梅の弁が如実に示すように、梅は「戸主権」を認める以上、戸主には制裁権がなければならないとしており、したがって、見解を改めても、「離籍」の規定が削除されることを何としても回避しなければならないと考えたと思われる。その一方で、このような梅の見解の変化は、梅のその場その場の必要に応じて即決できる精神、すなわち梅の思考の典型的な揺らぎと捉えられる(58)。

はたして、帝国議会における審議において、梅は「離籍」に対する見解を元に戻してしまった(59)。

小幡篤次郎から第七四二条に規定されている「離籍」について次のような質問がなされた。

「離籍ト申シマスルモノハ従前ゴザイマシタ勘当ト申スヤウナモノニ稍々似寄ッタモノデゴザイマスガ戸籍法ノ中ニ有ルヤウデスガ矢張り勘当ト云フモノノ変化シテ参リマシタ訳デゴザイマスカ」

それに対して、梅が「此離籍ハ稍々勘当ニ類シテ居リマス、是ハ戸籍面制裁ト云フコトニ今度ハ致シマシタ」と、述べていることからも明らかなように、「離籍」を「勘当」と位置付ける、当初の見解を示した。そして、この梅の見解に対する、反対意見は出されなかった。

このことは、「離籍」を設けた本来の趣旨を、決して改めたわけではなかったことを示している。

さらに決定的なのは、明治民法公布後に著した注釈書『民法要義』において、梅は「右ハ久離、勘当ヲ認メタリト雖モ維新後ノ制度ニ於テハ之ヲ家族ニ対スル制裁ハ皆無ナリシト謂フヘシ……戸主権ヲ認ムル以上ハ其制裁ナキコトヲ得ス……新民法ニ於テハ……戸主権ノ制裁ヲ明カニシ他ノ一方ニ於テハ其濫用ヲ防キタリ其制裁トハ何ソヤ是ナリ離籍トハ旧時ノ久離、勘当ニ類スルモノニシテ戸主カ家族ヲ其家ヨリ放逐スルナリ」と、明言するに至ったことである(60)。

明治民法公布直前の段階で、民法上に「久離勘当の制」を復活させるという、梅謙次郎の、その当初のもくろみは、達成されたものとみることができるだろう(61)。

かくして、一端は退けられた「離籍」を「勘当」に代わるものとする「離籍」の設定意義は、復活した。だが「離籍」は、無籍者を生むかつての「久離勘当の制」から大きく変容し、法的効果も異なるものとなった。一家の創立を前提としており、その意味では成年子に自立を促す積極的側面があるともいえる。しかし「離籍」は、「勘当」と同様に、親（戸主）に対する違背行為をする子を「其家ヨリ放逐」する制裁である。観念上、戸主にとって、「離籍」の行使の意味と、「勘当」の行使の意味は、ほぼ同義であったと考えられる。

起草者からこのような解釈が示されたことは、当然のことながら、その後の法解釈に大きく影響した。たとえば、「離籍とは維新前の久離勘当に類するものにして戸主か家族を放逐するを云ふ之れ家族か戸主の意に背きて居所を定め又は其意に従はすして婚姻或は養子縁組を為したるとき其制裁として法律か戸主に許したる処分なり」という解釈が示されていることに如実に表れている(62)。

以上のように、梅謙次郎は、積極的に「勘当」の懲戒の社会的役割を認め、民法上にその復活を図った。第一草案の起草関係者が、親権法の趣旨とは矛盾したとしても、現実社会の家族の実態を踏まえ、それに歩み寄り、「子の放逐規定」という規定を作り上げた事を考えれば、「家」制度を確立させ、「名誉」を法益とした明治民法においては、「離籍」を規定することは当然の流れであったのかもしれない。そのことは、梅の見解に如実に表れている。「勘当」という制度が廃止されたことに間違いはない。

しかし、戸籍制度との整合性を保ちつつ、「離籍」という戸主の制裁権において、「勘当」の懲戒の意義を蘇えらせようとし、それに成功したことも明らかである。「離籍」は、戸主権の強大さ、絶対性を象徴するものとなった。繰り返しになるが、旧民法編纂過程、そして明治民法編纂過程における審議において、「勘当」が議論され続けてきたことは、何より、「父母ヲ軽蔑シ又ハ放蕩」の限りを尽くす成年子に対する、「勘当」の懲戒の社会的役割が、現実の家族にとって必要不可欠なものと考えられた証左である。

冒頭で述べたように、「離籍」の効力を親の懲戒権の効力として含め議論することはできない。しかし、実態を踏まえ考えた場合、家長が親なのか戸主なのかは区別し難い場合が多分にある。(63) 加えて、懲戒権は、特に成年まで及ぶものとなったのであるから、親権だけの問題にとどまらないものと考える。さらに言えば、親の懲戒権も「離籍」も、その中核には名誉保持手段が内在する懲罰手段が位置づけられ、秩序維持手段としての性格が強められている。

これらを踏まえて考えた場合、極めて限定的ではあるが、戸主である親による「離籍」は、独立しない成年子にとって、それが「勘当」を意味するものであるならば、親による懲戒に他ならず、その意味で、親の懲戒権の行使と区別し難い制裁手段であったと考える。

## おわりに

本稿では、特に「勘当」の懲戒に注目し、明治民法を中心に明治民法施行までの民法編纂過程に焦点を当て、懲戒権の歴史的分析を試みた。そして、明治民法においては、特に、親の懲戒手段としての「勘当」と戸主の制裁手段としての「離籍」との関係について、梅謙次郎の所論を中心に検討を試みた。

その中で、梅は、「久離」を「離籍」の文言に改め、その内実は、「久離」あるいは「勘当」を規定したものであることを明らかにした。

しかし、度重なる反対論を前にして、「離籍」を「勘当」と捉えるのは間違いであり、単に「分家」を「離籍」の文言に改めたとまで、当初の見解を一八〇度改め、前言撤回してしまう。

だが、公布直前には、またしても、「離籍」と「勘当」を結び付ける見解を示し、公布後の注釈書においては、さらに明確に「離籍」が旧時の「久離勘当」に類する戸主の制裁権であることを強調した解釈を述べるに至っている。

しかし、重要なことは、公布直前の梅謙次郎の弁、そして注釈書における彼の解釈において明白なように、最終的に、「久離勘当の制」を復活させることを意図して、「離籍」が規定されたことが明らかとなったことである。

「離籍」を「勘当」に類したものと位置付ける以上、明らかにそれは「勘当」と同義の、家族に対する懲戒を意味するものである。

とはいえ、旧時の「久離勘当の制」が完全に復活したわけではなく、その意義を「離籍」に付着させたにすぎない。しかも、「離籍」という戸主による制裁措置は、身分行為が無効となるわけでもなく、ただ単に「離籍」されるのみであるから、扶養されないというデメリットが付随されるのみである。しかし、制定当時の、国家の社会保障システムがほとんどない状態においては、この「離籍」は扶養される側の家族にとって、重大な問題となったことは想像に難くない。

いずれにせよ、民法編纂過程を通じて、「勘当」の懲戒は、消えることなく見え隠れし、終には「離籍」の制裁の中にその意義が生かされることになった。

そして今なお、「勘当」は、法として生きてなくても、現実として生きていており、死語とはなっていない。

このように、「勘当」の懲戒は、懲戒権制度を考える上で極めて重大な問題を含んでいる。

本論稿において「離籍」が「勘当」を想定し規定されたことを明らかにできたことは、なぜ「勘当」が今日まで親の懲戒行為として継承されるに至ったのか、という問題を解明する端緒を得られたという意味において、一定の役に立てたとのではないかと思う。

しかし、「勘当」の懲戒を含め、懲戒権制度を捉え直すためには、日本人の意識について、解明すべき問題点が多く残されている。懲戒権制度が日本社会において実際にどのように機能してきたのかについての社会的分析が必要であるが、この点については今後の課題としたい。

(1) 後述するように、梅謙次郎が、第一二六回法典調査会において述べている。
(2) 大竹秀男（一九八一）「日本近代化始動期の家族法」『家族史研究 4』家族史研究編纂会を参照した。
(3) 「勘当」は、明治四（一八七一）年の戸籍法による除籍の禁止と刑法による連座制の廃止のために制度としては廃止された。制度上は廃止されたが実態としては明治期それ以降も行われていたことは先行研究で明らかにされている。
(4) 実態として行われていたことについては先行研究で明らかにされている。現在においても、「勘当」する親の側、それをされる子の側からの相談は絶えない。法的にどのような手続きをするのかなどと、あたかも法律上、親には子を「勘当」する権利があるかのように誤認している様子が見受けられる。また、法律家による回答においても、戦前の民法には「勘当」

が認められていた、などの説明を多く目にする。最近では、たとえば雑誌プレジデントのWEB配信ニュース（二〇一一年二月一二日付）において、同様の質問そして回答がなされている。

（5）律令法の移入と同時に、儒教的孝道思想も移入されたことにより、孝道が重視され、その強い影響を受けた懲戒権は、特に親への「不孝」に対し、刑罰的意味をもち機能した。

（6）旧民法制定以前には、この言葉は存在せず、古法及び慣習における親の権限を現行法に相当する概念として、便宜上「親権」と捉える。

（7）石井は、江戸時代の判例分析により「法外の者を殺す権利」は、夫だけではなく親にも付与されていたことを証明している（石井良助（一九七一）『人殺・密通その他』自治日報社出版局：五〇～五三頁）。この「法外の者を殺す権利」は、懲戒権の最も厳酷なものとして位置づけられる。

（8）ただし、人道的制限があったとされる。親権の人道的制限については、中田薫（一九五六）『法制史論集　第1巻』岩波書店：五九九頁参照。

（9）池上英子（二〇〇〇）『名誉と順応』NTT出版株式会社、一九一頁以下、谷口眞子（二〇〇五）『近世社会と法規範』吉川弘文館、一一頁参照。

（10）私的刑罰権は、家族あるいは家の名誉を護る方法として許可された制度であるとされる。武士としての名誉を汚されたことに対する名誉の回復を目的とする行為として、この制度が極めて重要視されていた。新渡戸稲造も、この両制度の背景には、「武士道において名誉」が重んじられていたことに密接に関連していると説いている（新渡戸稲造＝矢内原忠雄訳（一九七四）『武士道』岩波書店、一〇八頁）。また、平松義郎は、武士ばかりでなく、庶民についても、庶民に対する死刑の一種である「下手人」が、庶民階級の復讐心のはけ口として、公権力による「敵討」の効果をもたらすものであったことを指摘している。ちなみに「下手人」は、利欲に関わらない喧嘩口論などによる殺人に科せられた。私的刑罰権については、石井良助（一九九二）『刑罰の歴史』明石書店、一一四～一一六頁。名誉文化と私的刑罰権との関係については、池上（前掲書）二三八頁以下参照。

（11）御定書下巻四九条「縁談極置候娘と不義いたし候男并娘共に切殺候親　無構」（司法省版（一八九五）『徳川禁令孝後聚第三帙』）。

(12) これについては、石井良助(一九九二)『刑罰の歴史』明石書店、石井紫郎(一九七二)『日本近代法史講義』青林書院新社、平松義郎(一九八八)『江戸の罪と罰』平凡社選書、谷口眞子(前掲書)を参照。
(13) 服藤弘司(一九八〇)『幕府法と藩法』創文社、八八〜一〇四頁参照。
(14) 「久離」と「勘当」とは法概念上異なるものとされる。本稿では「勘当」に注目するが、便宜上、制度の総称である「久離勘当の制」を用いる。江戸時代、親子関係を絶つことを表す言葉として、前代同様の勘当と義絶がある。上世に、教令違犯をした子に対し、親子の縁を立ち、子を放逐する「不孝」の慣習が生じ、徳川時代までそれを義絶といっていた。徳川時代には、これを「勘当」というようになる。また「久離」は、親または親以外の尊属親が家を出奔し行方をくらました悪い子または卑属親に対し、後難を避けるために、親族関係の断絶をするものであり、その動機は社会への申し訳ないという責任感と子の借財や犯罪からの回避に基づくものであった。「久離」が主として後難を免れるために行われたのに対し、「勘当」は親子関係を断つ行為で、懲戒の一種であった(福尾猛市郎(一九七二)『日本家族制度史概説』吉川弘文館、一六七〜一六八頁、牧英正他編(一九九八)『日本法制史』青林書院、二一三頁参照)。その他、「久離勘当の制」については、角田幸吉(一九四二)『日本親子法論』有斐閣、細川亀市(一九三七)「久離・勘当」河出孝雄編『家族制度全集 史論編』第三巻、河出出版、徳田安彦(一九二七a)「日本における勘当義絶久離の研究」日本社会学会編『社会学雑誌』三五号、同(一九二七b)三六号を参照した。
(15) 明暦元年「江戸町中定」に、懲戒処罰手順が示される中に「義絶せしめる」として、はやくも登場する。「喧嘩。口論その理非を論ぜず。法制のごとく雙方ともに死刑に處すべし(中略)童子の口論は沙汰に及ず。父母よく教諭を加ふべきを。かへって互に荷擔なさば。曲事とせらるべし。(中略)父母の教諭を用いず。年寄。五人組の戒をいれざるものあらばつれ来るべし。先禁獄せしめ。その上にも猶改めざるものは。義絶せしめて追い払うべし。(後略)」(佐藤全(一九九一)『親の教育義務と権利』風間書房 付録三二一〜三二三頁)。
(16) 徳川時代の「久離勘当の制」の主な目的には、懲戒以外に、縁坐刑を免れることと、子の債務の負担を免れるための「家」の自衛目的があったとされる(細川(前掲書)一三八頁)。
(17) 細川(前掲書)一四三頁参照。
(18) 徳田(一九二七a、b)(前掲書)参照。

(19)　徳田（一九二七ａ）（前掲書）七二～七五頁参照。

(20)　中田（一九五六）中田薫『徳川時代の文学に見えたる私法』創文社、一二〇頁、佐藤（前掲書）五三頁参照。

(21)　例えば、『風流日本荘子』には「父母今は詮方盡、（中略）おどり揚つて腹立し、座敷牢に入置、さまざまのせつかん目も當られず（中略）終に公に訴へ元禄一三年辰の秋、ありありと勘當帳にしるし、拾壹枚あたへ、それから直に追出す。」（中田薫（一九五六）（前掲書）一一七頁参照）、そして『御入部伽羅女』には「親のせつかんつよひにつのりてゆけつ　かくれつきうり切（後略）」（徳田（一九二七ａ）（前掲書）八一～八二頁参照）と、「勘当」「久離」の文言が見出される。

(22)　佐藤は、これに対して幕府が、防止政策として、寛政八（一七九六）年八月、「町触」を発し、親兄の教育責任を強調したことにより、勘当処分以前の子弟に対する対症療法的な「教誡」や普段の「しつけ」が、幕府権力者と、その支配の末端機構としての五人組に対する親権者の公的責任としての性格を付帯せしめられるようになったことを指摘している（佐藤（前掲書）五三頁）。

寛政八年の「触書」　子弟ニ教育ヲ盡シ一族和合致シ帳外者無之様可致旨申渡

「町方ニ而久離願差出候ものとも數多く候親子兄弟之教等にて多くハ幼少之時分より我儘ニ育終ニ者親兄弟等之手にも餘り候あふれ者ニ成其時ニ至り久離帳外ニ成候者多くハ眼前ニ無宿ニ成飢渇ニも及ひある物無事を致し重刑ニ行ハれ又者乞食非人と成一族も恥羞を受候事ニ候間久離帳外之事人倫において不安ニ候條一族者勿論暑役人等も精々心を附候而子弟其外身代不持者共邪路ニ不入様ニ教育を盡し可申候其上にも不得止事不久離して難成者一族并所役人迄も相揃訴出可待差図候筋により不得止事者尤聞届可遣候（後略）」（傍点、引用者）（佐藤（前掲書）付録、三三五頁）

(23)　このように、刑法上、親による家族処罰行為に対し、極端な刑の減免を規定したことは、懲戒権が刑法上保障されたことを意味する（利谷信義（一九七五）「親と教師の懲戒権」『日本教育法学年報』四号、一九三頁参照）。

(24)　子に対する極端な刑の加重は、御定書において、「法外の子殺し」が無罪とされていたのに対して、反射的に親殺し重罰規定となっていた前代の法意識が積極的に採り入れられていたことを証明するものである。

(25)　基底にある考え方は、主従、尊長卑幼、師弟の秩序維持によって、社会全体の維持を図るものであった（利谷（前掲書）一九三頁参照）。

(26)　徳田（一九二七ｂ）（前掲書）参照。

(27) これについては、徳田(一九二七a)(前掲書)五四頁参照。「監獄則」については、外岡茂十郎編(一九五七)『明治前期家族法資料　第一巻第一冊』早稲田大学、一五一頁参照。
(28) この点については、拙著、第1章で詳しく論じている。
(29) ボアソナード参画以前の諸草案における親の懲戒権の性格については、拙著(二〇〇九)『親の懲戒権はいかに形成されたか――明治民法編纂過程からみる――』日本経済評論社、第1章において詳しく論じている。
(30) 旧民法編纂過程における親の懲戒権の性格については、拙著、第2章において詳しく論じている。
(31) フランス民法父権法は、失権規定を持たず、懲戒権の絶対性を保障するという欠点を持つ。ちなみに、フランス民法第三七六条は、一六歳未満で個人財産・職業を有しない子に対する父の懲戒権行使に対して、裁判官は、父の要求を審査し、それを拒否できない、父の専断を承認する規定内容となっている。フランス民法における父による懲戒権の性格については、拙著、第4章において詳しく論じている。
(32) 石井良助(一九五九)「民法草案人事編理由書　上巻」、「同　下巻」明治文化資料叢書刊行会編『明治文化資料叢書』三巻　法律編上参照。
(33) 趣旨説明では、親権が未成年に限定されていることを強調したうえで、「父母ハ其成年又ハ自治ノ子ニ対シテ如何ナル権力ヲモ有セサルモノナリ若子其父母ヲ軽蔑シ又ハ放蕩ニ流ル、等ノ事アルトキハ之ヲ教諭スルノ外ナク而シテ其無形ノ権力ヲ以テ子ノ改心ヲ得サルトキハ如何トモスヘカラス」。ゆえに「止ムヲ得サルノ事情」がある場合は、父母は同居の子を家から遠ざけることができるように規定したと説明されている。ただし遠ざけるに当たって、子に自活力がない場合は、「必用ノ養料ノミヲ給ス」べきであるとする。本来自活すべきにもかかわらず未成年者同然に親の世話になっている成年の子が「父母ヲ軽蔑シ又ハ放蕩」の限りを尽くしても「如何ナル権力ヲモ有」しないからである。そのような親の「止ムヲ得サル事情」を勘案して、独立せず事実上親の保護下にある成年の子を対象とした規定を設定したものと考えられる。
(34) これは、一つの規定に、「社会の実態に合わせてならない」という論理と「社会の実態に合わせる」という全く相反する二つの論理が併存しているという問題である。立法者が第一草案において確立しようとした我が国の近代民法における懲戒権とは、このような両義性をもつものであった。ただし今日から見れば、慣習風俗に追随したかのような法解釈ではあるが、彼らなりに第一草案の理念を貫徹しようとした結果に過ぎないものと考える。さらに付け加えるならば、起草者は、フランス民法の父の専断を許す懲戒権の絶対性を排除することに力点をおき、それを実現することで「子の利益の保護」を図ったが、子の拘禁規定を存置したままとした。第一草案の懲戒権規定は、縮小改正され、極めて制約された内容となっているが、フランス民法における懲戒権を継受したものである。

(35) イタリア民法懲戒権規定を参照している。

(36) 実際、「久離勘当」の制度も、親が勝手にできる制度ではなく、必ず官に願い出なければならず、すなわち公権力の許可を要する制度であった。

(37) すなわち旧幕時代以来、生活の全面にまで公権力の規制が及ぶことが正当化され当然視されてきた法観念に基づく態度である。親に独自の権利を付与するという法観念が欠如していたと考えれば、旧慣を重視する傾向にあった彼らの矛盾した態度もある程度説明がつく。

(38) 「民法人事編再調査案ニ対スル意見」（一八八九）『日本近代立法資料叢書16』商事法務研究会参照。

(39) 樋山廣業、一八九一『民法人事編俗解』と井上操、一八九一『民法詳解』参照。

(40) 「名誉の連結説」については、拙著、第2章で詳しく論じている。ちなみに、このような法解釈は、名誉を重視した徳川時代の懲戒権思想に特徴的であるが、当時のフランス法思想にも極めて類似の法解釈が見出される。紙幅の関係上、ここでは、このことを指摘するにとどめる。

(41) 「出願懲治」制度が認められているうえに、懲戒権には子の拘禁規定が明文化されており、なおかつ旧民法における懲戒権は絶対的・片務的親の制裁権と化し、それに加えて、法解釈上においても、社会の実態に合わせる態度が示されていることが、当時の社会において、「勘当」の懲戒の行使にどのような影響をもたらしたかについての究明は、紙幅の関係上、別稿にゆずりたい。

(42) 明治民法編纂過程における親の懲戒権の性格については、拙著、第3章において詳しく論じている。

(43) 玉城肇（一九六八）「近代日本における家族構造」『現代のエスプリ別冊「家」』至文社、一三九頁参照。

(44) 第一草案において、懲戒権の絶対性を抑制する上で極めて重要な役割を果たしていた但し書きの文言「過度ノ懲戒ヲ加フルコトヲ得ス」が削除され、「必要ナル範囲内ニ於テ」懲戒できると修正された。

(45) 法典調査会民法典議事速記録（一九八四）『日本近代立法資料叢書6』四一八頁。

(46) この修正に応じるように、帝国議会の審議において、穂積陳重は、親権の性格について「親ノ権利」もしくは「親ノ利益」であると述べている（第一二回帝国会議での発言（「貴族院特別委員会速記録」（一九八六）六八頁参照）。明治民法公布の直前に、「子の利益」尊重の親権理念がさらに希薄化されたといえる。
(47) 原案第八九五条についての発言（第一五二回法典調査会（前掲速記録）四四四頁参照）。
(48) 原案第七四〇条について発言（第一二六回法典調査会（前掲速記録）五五八頁参照）。
(49) 一方が親権についての議論であり、他方が戸主権についての議論であるという違いはある。しかし、実態を踏まえ考えた場合、家長が親なのか戸主なのかは区別し難い場合が多分にある。加えて、懲戒権は、特に成年まで及ぶものとなったのであるから、親権だけの問題にとどまらないものと考える。
(50) 懲戒権は、監護教育の手段として純化できない逸脱部分がある。それは、梅が説明するように、成年に対しては「厄介払ヒ」を目的とした懲罰手段と位置づけられたからである（第一五二回法典調査会（前掲速記録）四四二頁参照）。
(51) この見解には、親権を「家の名誉」のための手段として位置づけるという旧民法の段階では示されなかった論理の飛躍が見出せる。しかし、明治民法において、「家」制度が確立されたことにより、一見飛躍とも取れる親権と「家の名誉」を結びつける解釈が示されたものと考える。詳しくは、拙著、第3章、参照）。
(52) 本稿では梅の見解に注目し検討を加えるが、原案を規定したのは富井である。宇野は、両者の「戸主権」理解が異なるものであったことを指摘している。富井が戸主権＝世帯主・親権者とし、戸主権を相対化する立場をとり、その濫用を危惧していたのに対し、梅は「身分権」として把握し、戸主権の「不可侵性」を重視した。（宇野文重（二〇〇七）「明治民法起草委員の「家」と戸主権理解——富井と梅の「親族編」の議論から——」『法政研究』第七四巻第三号、五二三～五九一頁）。
(53) 第七四二条、七四九条（未成年者には適用されない）、七五〇条。
(54) 第一二五回法典調査会の審議内容については、法典調査会民法典議事速記録（一九八四）『日本近代立法資料叢書5』五〇五、五〇六頁参照。
(55) 第一二六回法典調査会の審議内容については、前掲速記録、五五二～五五九頁参照。
(56) このような起草者らの法思想に関しては、法典調査会のメンバーにも指摘されている。高木豊三は、「起草者ノ御議論ヲ承リマシタガ其重ナル理由」は「一家ノ面目ニ係」ることと、「戸主ノ許諾」を受けない行為について、「懲罰スル」という二点だと指摘したうえで、不名誉なことはほかにもあるとし、「戸主ノ許諾」を受けないだけで「離籍」することに、反対の意見を提起している（第一二六回法典調査会（前掲速記録）五七〇頁）。

(57)　第一二七回法典調査会の審議内容については、前掲速記録、五六二～五八〇頁参照。長谷川は、第七四四条においても反対するが、それは「家」がむやみに増えることは不適切であるという立場からの批判である（宇野（前掲書）五四一頁参照）。また、「離籍」を認めるならば、「離籍スル事実ト云フモノガ他ニモアル是モ前回数々例ニ出マシタガ家名ヲ汚ス罪ヲ犯シタトカ社会ニ対シテ名誉ヲ傷ツメルトカ云フコトガアル」（第七四四条の離籍に対する反対意見）と述べ、穂積陳重と同様の立場を示している。また、このような法観念が編纂関係者間において支配的であったことを裏付けるものである。

(58)　この点については、金山直樹（一九九八）「装置としての法典と法学――梅謙次郎という神話」『法律時報』七〇巻七号、八～九頁、髙木侃（一九九九）「民法典は教科書にあらず――第三条の制定過程と編纂方針の一斑――」『関東短期大学紀要』第四四集、二四～二五頁参照。

(59)　第一二回帝国議会貴族院民法中修正案外二件特別委員会速記録第二号（一九八六）『貴族院議事速記録』東京大学出版会、五五頁参照。

(60)　明治民法第七四二条についての解説（梅謙次郎（一八九九）『民法要義巻之四親族編』有斐閣書房、三四、三五頁参照）。

(61)　推論の域は出ないものの、度重なる反対論を受けての見解の変化は、「離籍」が削除させられないための方策であった可能性も考えられる。

(62)　杉田金之助講述（一八九九）『親族講義』第日本新法典講習会、四四頁参照。同様の解釈は、他の注釈書にも散見される。たとえば、牧野菊之助（一九〇一）『親族法　法律教科書』東京専門学校出版部では、「離籍は所謂勘当にして家籍を剥奪するを云う」（四五頁）と解釈されている。

(63)　帝国議会における審議内容においても、一家内の戸主と子を持つ親の権利行使を判別し難かった様子がうかがわれる（前掲貴族院議事速記録、五五頁参照）。また、第七四九条の「離籍」については、未成年に適用されないが、未成年で婚姻する者については、その制限はない。「離籍」は完全に成年子だけの問題とも言い切れない問題をも含んでいる。

# 第Ⅱ部

# 第6章　野田山墓地と無縁墳墓

森　謙二

## 一　本稿の目的

本稿は、平成一三年度から平成一五年度の日本学術振興会科学研究補助金「少子高齢社会における墳墓承継に関する法社会学的研究」（課題番号 13620014）における調査に基づいたものである。同報告書（平成一五［二〇〇三］年三月）では、「第一部　無縁墳墓についての研究」「第二部　野田山墓地の無縁墳墓の改葬に関する実証研究」「第三部　愛媛県周桑郡丹原町　墓地（無縁墳墓）に関する実証研究」の三部によって構成されていたが、本稿ではその第二部に若干の修正を加えて、添付していた資料を削って再構成したものである。

さて、平成一一（一九九九）年三月に無縁墳墓の改葬手続きが改正になった（『墓地、埋葬等に関する法律』［以下「墓地埋葬法」と略］施行規則の一部改正［厚生省令第二九号］、五月一日施行）。この改正は、無縁改葬申請者の負担を軽減する観点から、二種以上の日刊新聞に三回以上無縁改葬公告を出すとした従来の制度を改め、死亡者の縁故者等に対して一年以内に申し出る旨の公告を官報で行い、また墳墓のある場所での立札設置、その期間内に縁故者等の申し出がなかったことを証する書類を改葬許可申請書に添付するように定めたものである。無縁改葬手続きの簡素化により、次第に無縁改葬の申請数が増えることが予想され、施行規則改正後の無縁墳墓の改葬状況について、少し実証的な研究をしておこうと考えたのが、科研費の申請理由であった。そして、この過程の中で野田山墓地に出合ったのである。

野田山墓地の調査の過程でいくつかの興味深い問題に出合った。この墓地は、一六世紀末、まさに近世が始まろうとする時期にこの墓地が開闢し、現在まで四百年以上の続いてきた都市型墓地であることである。この墓地の歴史は、金沢という都市の歴史であり、金沢のさまざまな歴史が墓地に刻まれている。

第二は、野田山墓地が前田家という大名の墓地から出発し、野田山墓地がその家臣団および金沢の町人衆にも開放されるようになる。その意味では、この墓地には上層階層の強固な〈家〉制度をになった人々の墳墓が林立していたのである。それでも、現在では墓地・墳墓の無縁化は進んでいるのである。

第三は、野田山墓地を通じて、墓地をめぐる国（特に近代以降）の政策の変遷を読み取ることができることである。野田山墓地はもともとは幕藩時代には寺領であったが、明治三（一八七〇）年の上知令によって金沢市の所有権が移っている。したがって、ここでは墓地使用者がその所有権を持つのではなく、もともと墓地の区画の使用の容認、一種の墓地使用権を認めるという構造をもっていたことである。「墓地契約」やあまり聞き慣れない「墓地券」の発行はそれを物語っている。

第四は、古い墓地であること、そして無縁墳墓の増加を踏まえて、墓地整備のために大規模な無縁墳墓の改葬計画を立てたことである。その改葬計画は、平成一一［一九九九］年の無縁墳墓改葬の簡素化がはじまる以前から進行し、一方ではきわめて丁寧な手続きを規定しながらも、国が施行規則で定めた改葬手続きに類似した方法をすでに採用しており、墓地整備のあり方の一つのモデルを提供しているように思える。

野田山墓地の全体像を述べるためには一冊の書物を必要とする。ここでは野田山墓地の概況と金沢市の無縁墳墓の改葬計画の中で平成一七（二〇〇五）年度に改葬予定であった墓地および金沢市埋蔵文化財センターの資料を中心に、野田山墓地における無縁墳墓の状況について報告したい。

## 二　野田山墓地の歴史

### 1　開発

野田山墓地の歴史は、天正一五（一五八七）年前田利家の兄利久を葬り、それに続き前田利家が野田山に「塚をつかせ可被申」との遺言によって慶長四（一五九九）年四月に埋葬されたことに始まる、とされている。利家の埋葬地に関しては、利家が兄の利久よりも高所に墓地を造らないように言い残したという逸話は有名である。

野田山墓地の墓守寺として慶長五（一六〇〇）年に桃雲寺が二代藩主前田利長によって創建された。桃雲寺は「野田宝円寺」と称したが、後に利家の戒名にちなみ[1]「高徳山桃雲寺」として改称し、三代藩主前田利常は野田村の五八石を寺領として寄進をして、歴代藩主も墓守寺＝桃雲寺を厚く遇した。『金沢古蹟志』には、次のようにある。

……加邦録にも、昔は野端山と書き、今野田山とす、といへり。此の山地を埋葬地とせしは、彼の大乗寺卍山和尚の広録に載せたる法華経碑銘にいへる如く、高徳公慶長四年の四月爰に埋葬せよとの遺命にまかせ、廟所と定めたり。是埋葬の濫觴にて、是より藩士・町人等追々墳墓地となし、爰に埋葬する事とは成りたりけん。柴野美啓曰く、野田山の古墳どもをば熟覧するに、天正以来の年月日を彫刻せし碑石あれど、其の時代爰に埋葬せし墳墓にあらず。後他所より移し改葬せしものなるべし。野田山の墳墓は、藩祖高徳公より起れり、といへり。

野田山が前田家の墓所として始まったことは異論のないところであるが、いくつかのことについては異論が提出されている。たとえば、利久の埋葬についてはこれが嚆矢ではないと屋敷道明氏は論じている。(2) その理由は、古い資料では利家の埋葬に始まるとする記事が多いこと、『金沢古蹟志』にも「高徳公慶長四(一五九九)年の四月爰に埋葬せよとの遺命にまかせ、廟所と定めたり。是埋葬の濫觴にて」とあるように、利久の埋葬については古い記録に残されていないとし、「利家と利久の墓地の墓地高低の件については単なる俗説とした方が良いのではなかろうか」としている。では、そうであるとしたら、利久の墓はいつ野田山に移葬されたのであろうか。この問題については明らかにされていない。

第二は、利家の埋葬によって「必ずしも野田山が前田家歴代の墓所として定められた訳ではな」いと宇佐見孝氏が論じていることである。(3) 前田家二代目利長は野田山に墓石を設けてはいるが、本墓は越中の高岡に存在するし、利長以降の藩主についても四・九・一三代の墓も野田山に設けられていないと論じる。また、「天正一五年(一五八七)埋葬の前田利久を始めとして、安政三(一八五六)年埋葬までの五十二名の埋葬者名が挙げられているが、その内二一名は明治四三年・大正二年・同一一年の改葬によって、野田山に墓を移したものであり、藩政期以来野田山を墓所とした者は差引三一名となる。つまり、『加賀藩史料』編外編に拠れば、藩政期野田山に存在した前田家一族の墓所は三一基ということになる(利長などの拝墓は除く)」として、現在の「前田家墓地」の成立は明治期になってから成立したものである、と宇佐見氏は論じている。

およそ墓地というものが、その成立当時の姿をそのまま現在に至るまで伝えているということは現実にはあり得ない。その意味では、『金沢古蹟志』において「野田山の古墳どもをば熟覧するに、天正以来の年月日を彫刻せし碑石あれど、其の時代爰に埋葬せし墳墓にあらず。後他所より移し改葬せしものなるべし」と論じているように、現状の墳墓が他の場所から移葬されてきたケースもあるであろうし、墳墓の建立にしても一度建立したいくつかの墳墓を合葬して新たに一つの墳墓にまとめたこともあるであろう。墳墓の形状はそれぞれの時代において大きく変化したことは十分考えられることである。そのことを踏まえながらも、私達は次のことを確認しておかなければならない。

まず、野田山墓地が、前田家墓所の周辺に村井家をはじめとする家臣団の墳墓群によって固められていることである。このような墓地の形状がいつの段階から形成されたかということである。出越茂和氏によると、「家臣最高家格の八家のうち野田山墓地にあるのは、横山・村井・直之系前田・長・奥村本、支家の計六家である。奥村本家と村井家は当初上野地区に小さな墓地を造成するが、後に移転して歴代当主が眠る広大な墓地を造成しており、これを歴代墓地と呼ぶ(4)」として、結論として次のように述べる(5)。

野田山近世墓地の形成に関しては、二つの段階が存在する。

第一段階は一七世紀前半で、山上に藩主夫妻とその子女及び有力家臣が墳墓の規模や墓標に大きな格差を有しながらも集合して営まれている。

第二段階は一七世紀中頃以降で、前代と異なり臣下に降った藩主子女は除外され、八家は中腹へ移転して広大な歴代墓地を営む。人家歴代墓地の形成にあたっては、中割地区に依然広大な敷地が存在した。

前田八家の一である現在の村井家当主が「公然たる秘密である」として話してくれたことであるが、村井家の初代又兵衛長頼は鎧・兜を身につけて江戸の方向を睨みながら立ったまま埋葬されたと。野田山墓地は藩主だけの墓地として展開したのではなく、藩主と家臣団の墓地として展開して、一八世紀になってそれが金沢の町人階層にも開かれていったのである。

また、家臣団の墳墓とともに、江戸時代の間にかなりの量の庶民（町人）階層の墳墓が野田山に建立されている。このような墳墓の建立がいつの時代にどのような理由によって形成されたかということである。

写真1　墓地契約

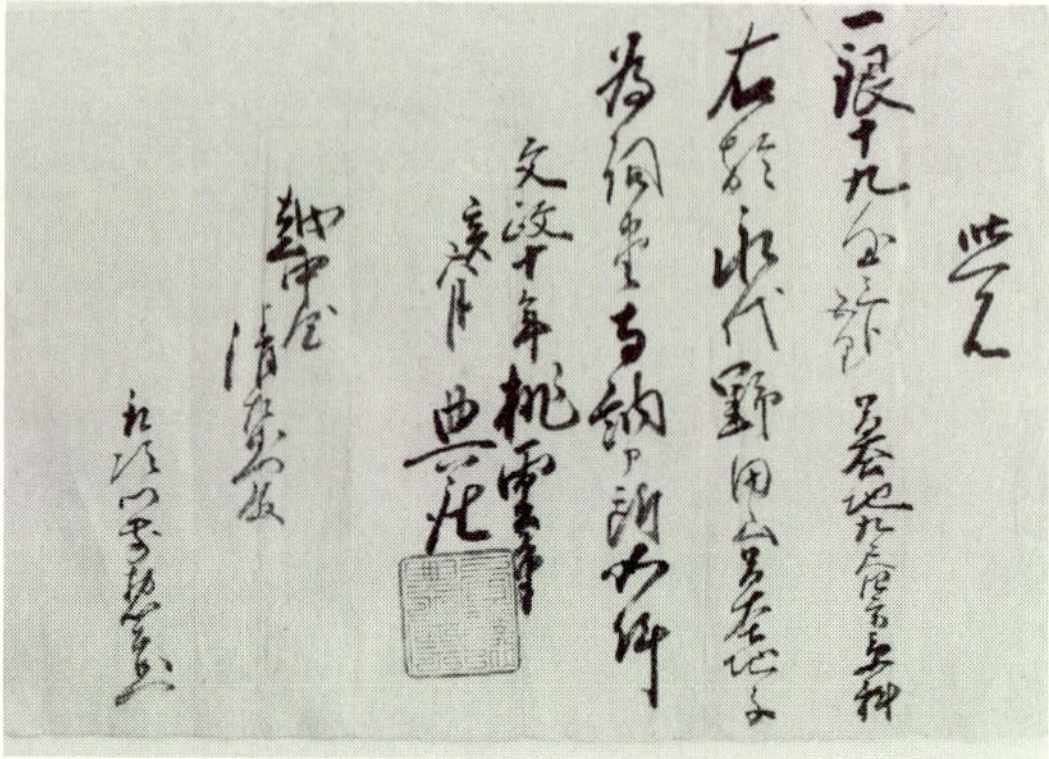

さらに、この庶民階層の墳墓がどのように管理されていたかである。上の写真は、文政一〇（一八二七）年に銀一九匁三分五厘で九尺四方の墓地使用を認める「覚」である。差し出し人は「桃雲寺」、宛先は「越中屋清左衛門殿」とあり、組頭の名前（添え書き）も見える。ここでは、桃雲寺が寺領であった野田山の墓地を管理し、町人にも墓地の使用を認めていることがわかる。この時期については「一八世紀以降には平士から有力な町人（家柄）までが野田山墓地を墓所とすることが許され、埋葬（改葬）するようになった」とあるように、[6]一八世紀になって町人階層まで野田山墓地を墓所とすることが許され、埋葬（改葬）したと述べられている。つまり、町人の墓所も、士族階層と同様に、はじめてここに設置されたというより、他の場所にあった墓地が野田山墓地に移葬（移転・改葬）されることもあったのである。

なお、墓地のそれぞれの地区は次のような構成になっている。[7]

野田山は、金沢城の南四キロの位置にあり、山頂には前期古墳時代の遺跡がある。野田山墓地はとして近世段階に形成された上野、芝山、中割、後割（甲・乙）等の旧墓地と、新たに明治時代以降に造成された新墓地に区分され、中割と後割の間には藩主の墓に通じる墓道がある。（略）

**地図1　野田山墓地全体像**

1　上野地区　野田山墓地の南東端に位置する。標高一五〇ｍのところに、歴代藩主・前田家一族の墓地がある。南北約三五〇ｍ、東西約四〇〇ｍを測り、野田山墓地最高所に占地する。この地区には、加賀八家村井家と奥村文家の墓域がある。

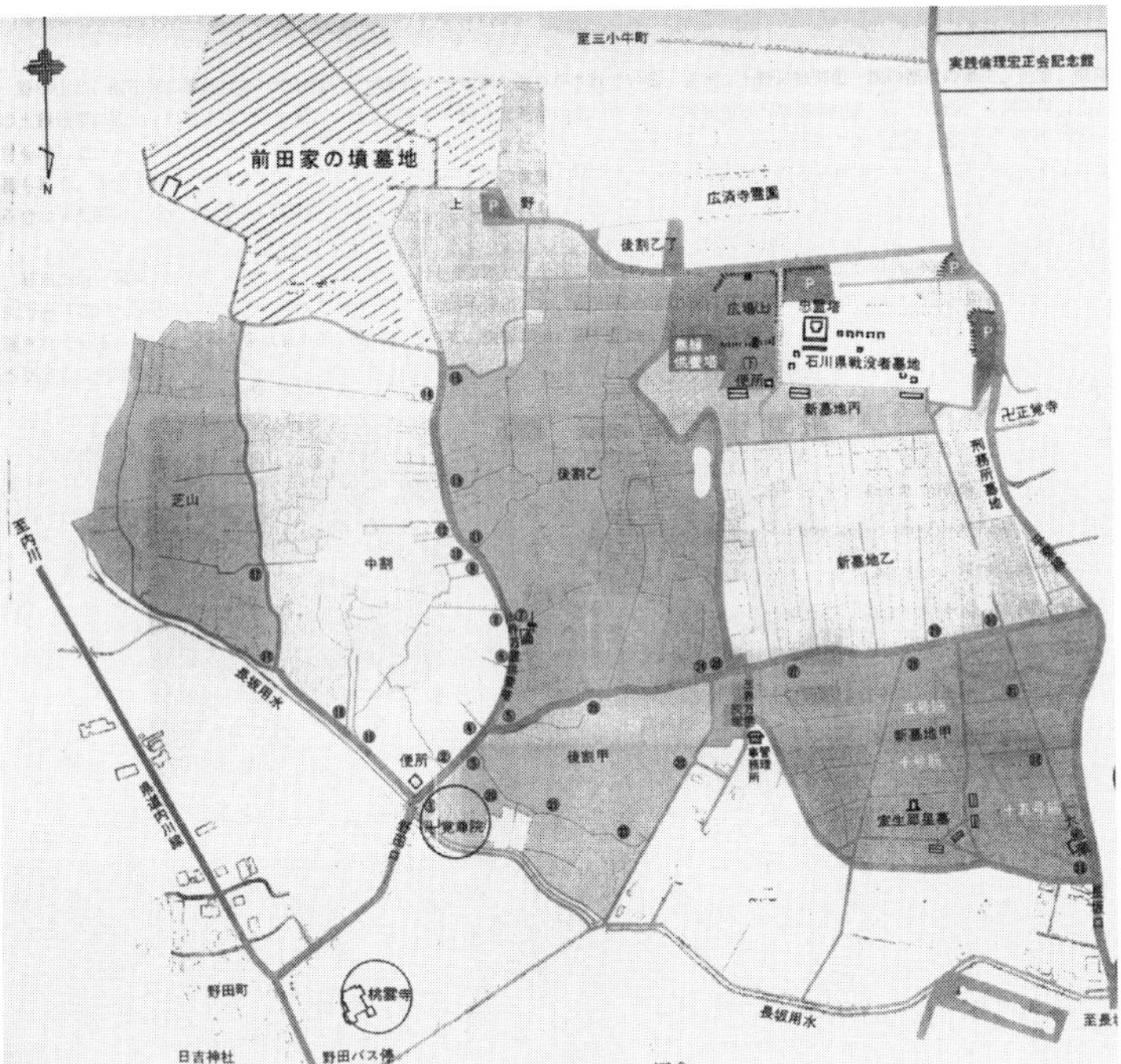

—図2—

2　芝山地区　野田山墓地の東端に位置する。標高八〇～一一〇m、南北約三〇〇m、東西約一〇〇mで狭い地点で七〇mを測る。前田家墓地の前面にある。八家の一である長家の墓域や人持組の墓域が続いている。

3　中割地区　野田山墓地の芝山地区西側、墓道の東側にあり、南北約三二〇m、東西約一〇〇mを測る。芝山と同様に前田家墓地の前面にある。直之系前田家・横山家・奥村家などの墓域があり、下に行くほど小規模な墓地が多くなる。なお、墓道入り口東側には「六地蔵」がある。

4　後割甲・乙地区　野田山墓地の中程、近世墓地区としては西端にあたり、墓道の西側にある。南北約四八〇m、東西約一二〇mを測る。中部地区との間に小さな谷状の窪みを挟んでおり、標高八〇m以上の急傾斜地がある乙地区と比較的緩やかな傾斜地の甲地区がある。芝山や中割地区に比べて大身墓地（上級武家）が少なく、全般に小規模な基地が多いが、利貞系前田家の墓域も設けられている。なお、甲地区には覚尊院、御廟番がある。

5　新墓地甲・乙・丙地区　後割地区とは尾原谷という谷を挟んで区分される、西は平栗道までの南北四〇〇m、東西四〇〇mの範囲がある。明治一四・五（一八八一―二）年頃に造成されたとされる。同基地内には戦没者墓地、刑務所墓地などもある。

富子姫の墳墓にある立て札

八条宮智忠親王妃富子御墓
元和七年（一六二一）三代藩主利常公の四女として生まれる。母は天徳院。

寛永十九年（一六四二）八条宮智忠親王の妃となる。

寛文二年（一六六二）京都にて逝去され、霊柩を利常公の墳側に帰葬した。御墓は明治三十六年より宮内省（現宮内庁）の管轄となっている。

京都の桂離宮は八条宮初代智仁親王の時創始されたが、二代智忠親王が加賀百万石のお姫様を奥方に迎えられたので、加賀藩という大きな後ろ盾ができて、新御殿を増築し庭園も現在みられるような美しいものに完成することが出來たのであろう。

富子姫の墓（夫婦別姓の墓）

菅原朝臣富子之墓

## 【補論】富子姫の墓

あまり話題にされることはないが、前田利常の四女富子姫の墓は歴史的にも重要な意味を持つ。この富子姫の墳墓だけが現在では宮内庁の管轄となっている。右の立て札には次のようにある。「八条宮智忠親王妃富子姫御墓　元和七年（一六二一）三代藩主利常公の四女として生まれる。母は天徳院。寛永一九年（一六四二）は条宮智忠親王の妃となる。寛文二年（一六六二）京都にて逝去され、霊柩を利常公墳側に帰葬した。御墓は明治三六年より宮内省（現宮内庁）の管轄となっている…（略）…」。成巽閣には、この帰葬の時の文書が残されているが、まだ公表されていない。

聞き書きでは、富子姫が日常的に使っていた化粧箱と一緒に遺体も帰ってきた、と。

このような帰葬の習俗は平安貴族のもとでは一般的に行われていた習俗であるが、江戸時代に至るまでこの習俗が天皇家においては行われていたことになる。また、明治九（一八七六）年に夫婦別姓の指令が明治政府（太政官）から出されるが、富子姫の墳墓も実家＝前田家の姓（菅原朝臣）が刻まれている。

遺体を実家に帰すという習俗は、庶民階層においてもいくつかの地域で行われており、新潟県等の日本海側には比較的色濃く分布する習俗であり、姓とは何かあるいは女性の帰属の問題を考える上で重要な資料となる。(8)

## 2　藩墓地から公営墓地へ——明治維新——

野田山墓地の歴史は概ね次のように整理できる。前田利家公がこの地に埋葬され、さらに奥山本家・村井家など重臣がその周辺の上野地区に埋葬され、さらに奥山・村井家に加えて中割地区に加賀八家や人持ち衆の家々も墓地を設けるようになった。この時期が一七世紀中葉から後半であるとすれば、前田藩の藩主を中心とした家臣団の墓地が一八世紀までに確立をしたことになる。一八世紀になると、この墓地に町人階層も墓所を設けることが可能になり、野田山墓地の新たな展開が始まった。ここで展開する墓地は、加賀百万石の中心である金沢の都市住民の墓地であり、おそらく全国で初めての、またこの時期には全国でも例を見ない、まさに巨大な「都市型墓地」の展開であったと言えるだろう。その意味では、一八世紀における町人階層の墓所の展開も、野田山墓地にとって大きな画期であったに違いない。

そして、その次の画期は、明治維新以降であろう。この変化は、藩墓地から公営墓地への変化であり、まさに一般の市民へ野田山墓地が開放されたことを意味している。この流れについては、(1)〜(5)のように整理することができる。

(1) **寺領から官有地へ（明治三年から明治八年）**

明治三（一八七〇）年一二月のいわゆる「上知令」により、寺領であった墓地は上知され、官有地に編入された（実際には、明治八［一八七五］年五月三〇日の太政官布告によって確定する）。墓地の管理は石川県に移された。また、野田村住民が、明治一〇（一八七七）年に時の県令桐山純孝に対して野田山に対する所有権を申し立てたが、これが却下された。

(2) **前田家——仏式から神葬祭へ（明治七年）——**

明治七（一八七四）年七月、第一五代前田家当主前田利嗣は、家の祭祀を仏式から神式に改めた。現在に伝わる前田家墓地の様相はこの時代に作られたものである。宇佐見氏は次のように述べている(9)。

十五代前田家当主となる前田利嗣は、明治七年（一八七四）に前田家を継ぐと家の祭祀を神式に改め、「明治七年七月、両刹ノ霊堂ニ安置ノ前田家累世ノ位牌ヲ廃シ、十年五月野田山ノ廟所ナル廟堂ヲ取除ケ、更ニ碑石及鳥居ヲ建ラレ、自余散在ノ廟所モ同様ニ改メラレ、是ヨリ両刹モ菩提所ノ称ヲ除カレタリ」（「温故集禄」）とあり、明治七年をもって墓所の様相は一変したものと推測される。

(3) **墓地券（明治八年・明治一〇年）**

少なくとも、明治八（一八七五）年には「墓地取扱所」が墓地使用者（墓主）に対して「墓地券」を発行し、墓地の管理をはじめている(10)。「墓地取扱所」がどのような性格をもった役所であり、「墓地券」がどのような性格をもったものであるか、明らかではない。明治八年の墓地券の裏には「取扱規則第六条」とあるので、この時期に「取扱規則」が施行されていたことになる。また、「譲換致シ候節ハ」とあるように、墓地（墓所）の譲渡を容認していることも注目すべきであろう。

明治一〇（一八七七）年の墓地券の裏は、明治八（一八七五）年のそれとは異なった内容となっている。「区入費」

は必要ないけれども、「取扱入費」を差し出すように求めている。「入費」というのは管理にかかる必要経費ということであろう。また、このお金の出納簿は「墓主ノ望ミニ因リ検閲ヲ許スヘシ」として、墓主の検閲を認めている。

さらに、墓地内の生木については墓主の所有権を否定し、権利関係を明確にしている。しかし、この「墓地券」を所有している墓主の権利がどのようなものであるかはここでは明らかではない。土地の所有権を譲渡したものであろうか。それとも墓主に対していわゆる「永代使用権」を認めたものであるのだろうか。そもそも「墓地券」というのがどのような性格をもったものであったのだろうか。なお、今後の検討課題とせざるを得ない。

明治８年墓地券

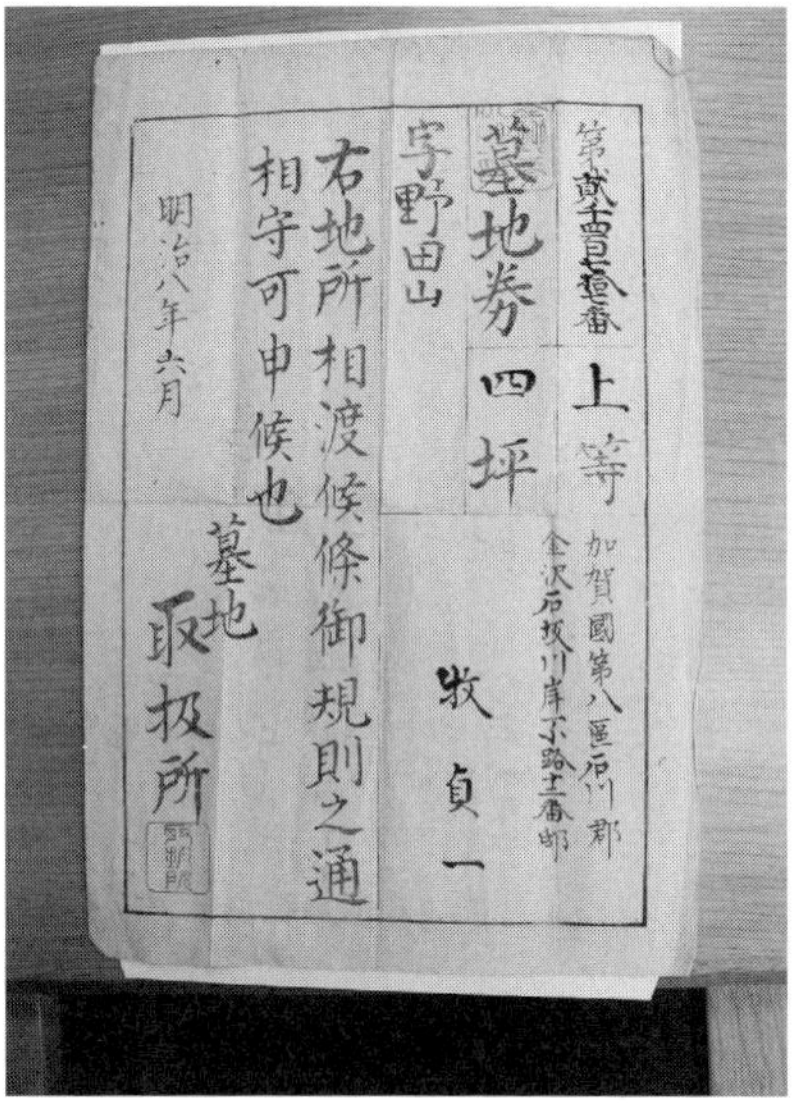


明治10年墓地券

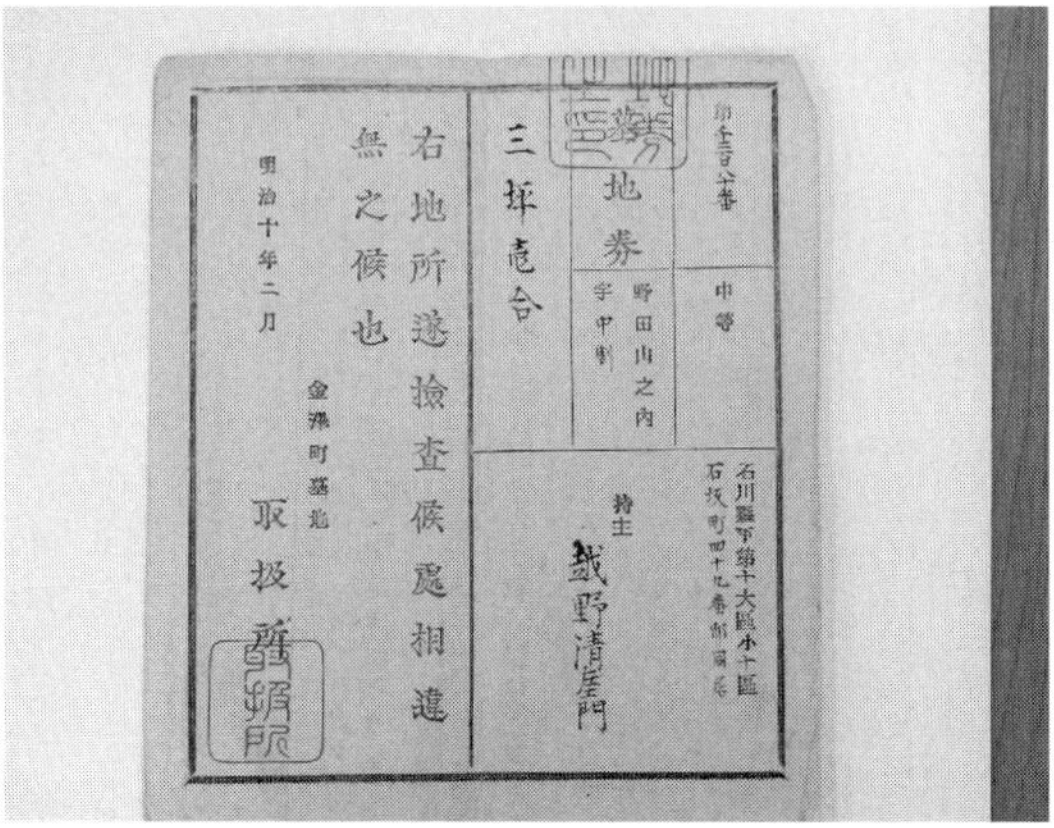

いずれにせよ、墓主の墓地（土地）に対しての権利がいかなるものであったかはこれらの資料だけでは明確ではない。しかし、この墓地券の発行が所有権の譲渡を意図したものでないとすれば、近代的な墓地使用権の端緒をここに見出せるかも知れない。

しかし、現実の墓地の管理がどのようなものであったかはこの墓地券の存在から推し量ることは難しいかもしれない。「レポート野田山から（二五）」（北国新聞昭和五八［一九八三］年二月一三日）には次のようにある。ここでは墓地の切り売りがなされていたことが述べられている。この墓地の切り売りを斡旋・管理していたのは、おそらく墓守達であったのだろう。

野田山墓地にある旧藩士の墓域がさながら虫に食われるように狭くなっていったのも不思議ではない。今日の生活に窮々とする士族にとって、誇りとしてきた家格など一銭の値打ちにもならず、伝来の墓所とて生きることには代えられなかった。藩政期大小将御番頭の役職につき六百石の俸禄を受けていたある中級藩士の墓所の場合、明治初期まで五二坪（一七五平方メートル）の墓域に風格ある墓石がゆったり立ち並んでいた。ところが、昭和六年までに七世帯に切り売りされ、現在の墓域は三五坪（一一六平方メートル）に減っている。藩校で算学の指南役を務め四〇俵を支給されていた下級藩士の墓所は大正一〇年まで一〇坪（三三平方メートル）のうち二・五坪（八平方メートル）が三世帯に譲り渡されている。墓地台帳によると、墓域面積に変化がないのは前田家と家老などの重臣クラスの墓所に限られ、一般藩士の墓所は例外なく一部にしても切り売りされている。娘を娼婦として売る者、果ては士族の戸籍をこっそりヤミ売りする者まで珍しくなかったといわれる時勢に先祖の墓所を坪二〜三銭で売り払う士族が続出したとしても、何も驚くには足らなかったのである。

墓地券の裏書き

・明治八年墓地券…　記　一　墓主転宅等ノ節ハ無間漏第何区何町何番地エ移住候趣名刺ニ記載シ、扱所エ届

出ツヘシ　一　墓地譲換致シ候節ハ取扱規則第六條ノ通前以テ扱所工申出テ券状書換ヘヲ請フヘシ
・明治一〇年墓地券　…　記　一　墓地ハ除税ニ属シ且区入費ヲモ要セスト雖取扱入金毎年差出スヘシ　但入費何ケ年見積り前金差出シ置モ妨ナシ　一　墓地事故有之譲替致度節ハ　其旨申出テ券状書替ヲ請ヘシ　但券状ノ書替ヘヲ請ハス漫リニ譲替致シ　地界紛乱ヲ致サ、ルヲ□ス　一　墓地主事故有之改名又ハ転宅ノ節ハ其時々届出ツヘシ　一　墓地内ノ生木ハ墓主ノ所有ニ無之ニ付障碍有之伐木ヲ要スルトキハ申出ツヘシ　一　費用金ハ扱所ニ於テ兼テ明細簿ヲ製シ置割賦ノ節許可ヲ経テ取立ツ可ク其明細出納簿墓主ノ望ミニ因リ検閲ヲ許スヘシ

**(4)　野田山墓地――金沢市名義――**

明治一七（一八八四）年に野田山墓地の所有権が金沢区に移り、明治三三（一九〇〇）年に金沢市の名義で登記される。すでに述べたように、明治初年の上知令の時から野田村の住民が野田山墓地の所有権を主張しており、昭和三二（一九五七）年一〇月二八日に所有権の確認を求めで調停を申し立て、調停は整わず、昭和三三（一九五八）年七月には本訴に至った。

野田村住民の主張は、「野田村は、養老年間には大桑庄の分村であったが、その後人口も増加し、同村山間部の東部を流れる雀谷川の渓流を利用して泉野原野を南から北に開発し同所にある……土地（野田山）を野田部落民の入会山として部落総有の形で発達してきた形で発達してきた部落村である」「本件土地は、すでに富樫氏の時代から部落総有の土地であったが、加賀地方が前田家の所領になった後、慶安三年（一六五〇年）頃藩主前田利常が制定した制度である物成制度（一種の税制）により、寛文一〇（一六七〇）年九月七日頃、当時の藩主前田綱紀が野田村に対して物成者を下付して山役銭（田地に対する租税）を賦課するようになった」……として、野田山の所有権あるいは入会権を主張して裁判になった。

これに対して、金沢市の主張は、①野田山は前田藩から寺領として桃雲寺に対して与えられたものであり、それが上知され、明治八（一八七五）年に官有地に編入され石川県の所有になったが、その後金沢市に移管、明治三三（一九〇〇）年に金沢市はその保存登記を完了していること、②物成制度は租税制度であり、土地の所有権問題とは関わりがないこと、③入会権についても野田山墓地については金沢市民は何人も出入りすることができるものであり、野田村住民だけが入会権を主張できるものではないとした。

昭和四一（一九六六）年一二月、裁判所による和解が成立した。その内容は、①野田山墓地の所有権は金沢市にあること、②金沢市は野田村住民に一八〇万円の和解金を支払うこと、③落ち葉を拾い、下草を刈り、果実を収得する等の権利を野田村住民に認めること、④条例の認める範囲で、墓所の清掃管理を代行する権利を野田村住民に認めること、等であり、この紛争は終結した。

**(5) 前田家墓地の統合（明治三三［一九〇〇］年）**

明治三三（一九〇〇）年、前田家墓地が金沢市より前田家に寄贈された。上知令によって前田家墓地も官有地から金沢市に所有名義になっていたので、金沢市が前田家に寄贈する形で名義を書き換えた。この時期（明治二九［一八九六］年）、前田家当主前田利嗣が健康を害して、明治三三（一九〇〇）年六月に薨去された。利嗣薨去の時期と前田家墓地の寄贈の時期が重なっており、何らかの関係があったのかも知れない。金沢市の決定は次のようなものである。

［議　第八〇号］（明治三二［一八九九］年一二月七日決議）

野田山共葬墓地割譲

金沢市共有野田山共葬墓地ノ内墓籍壱番

一　墓地　壱万四千四百参拾八坪

右ハ侯爵前田利嗣累代ノ墳墓ナルヲ以テ該墓地及境内ニアル樹木等一切ヲ分割シ同家へ寄贈スルモノトス

理由

野田山共葬墓地ノ内墓籍壱番ハ侯爵前田家ノ墳墓地ナリシモ明治十七年本県ヨリ本市共葬墓地トシテ共ニ引キ渡シトナリ、爾来市ノ所有トシテ管理シ来リタリシト雖モ該墓地ノ義ハ旧藩祖以来ノ墳墓地ニ付此儘市ノ所有トスルハ旧誼上不忍次第ニ付該墓地及境内ニ在ル樹木等一切ヲ同家ヘ寄贈セントスルニ因ル

これに対して前田家は明治三三（一九〇〇）年二月に「金沢市諸君ノ徳義ニ感謝シ報酬ノ意ヲ表セン為」金二〇〇〇円を金沢市に寄贈し、金沢市はこれを基本財産に組み入れる議決を行っている（議案二一号）。また、これ以降前田家は墓地の整備を行い、各地にあった前田家墓地を野田山に移葬・改葬し、野田山に前田家墓地の統合をはかっている。この時期は、明治四三（一九一〇）年、大正二年（一九一三）、大正一一年（一九二二）、昭和二七（一九五二）年（昭和三［一九二八］年に天徳院門前にあった子ども達の墳墓が天徳院境内に移葬され、これらも昭和二七［一九五二］年に野田山に移葬された）であり、東京・金沢市内にあった前田家の墳墓を野田山に移葬・改葬した。

墓地をめぐる土地問題（上知令を含めて）はそれぞれきわめて興味深い論点を含んでいる。ことに、上知令に始まる墓地をめぐる土地問題、墓地取扱所と墓地券の問題は、今後多くの検証を必要としている。現在手持ちの資料の整理も必ずしも充分ではなく、また必要な資料も欠けているので、いずれ改めて検討することにしたい。

## 三　野田山墓地と墓制をめぐる習俗

### 1　墓守とキリコ

野田山墓地には、墓の管理を請負う「墓守」「墓番」と呼ばれる家々がある。そのほとんどは、野田町の住民で現在では四〇戸程度、特定の家の墳墓を世襲によって「墓守」「墓番」をしてきた。この「墓守」の起こりは、藩政期にさかのぼり上級家臣の墓地が広いので、上級武士階層がその管理を野田村百姓に委託したことによる。もともとは、この管理は野田村に対して一括して行い、その委託に基づいてムラ全体がこの管理を行っていたと奥山譲氏は語っていた。現在では個人契約であり、ムラが契約に関わるということはない。この経緯についても今後の調査が待たれるところである。

いずれにせよ、現在に至るまでこの「墓守」契約は存続しており、かつての士族階層だけに限定されたものではなく、一般に広く「墓守」契約が行われている。また、詳細については不明であるが、明治以降も墓守の習俗は再編・強化されており、明治になって墓守になった家もあると伝えられている。平成一六（二〇〇四）年当時、墓守一戸あたりが管理している墓（家）の数は、多い家で一〇〇〇戸近くあり、少ない家では一〇〇戸に満たないという。管理の内容は、墓地の草刈や掃除、依頼された進上切篭の吊り下げ、盆用の花栽培と花売り等である。

この「墓守」契約が今日まで維持された背景には、おそらくは「切り篭」（キリコ）と呼ばれる切篭灯籠を墓前に吊す習俗と関わっているように思える。『金沢市史』はこの習俗を次のように報告している(11)。

……底辺十五センチ位、高さ二十四センチ程の四角形木枠を作り、木枠の四面に紙を張り、その一面に名号や題

切篭（野田山墓地）

目を書く。そして木枠の上に経木板の屋根をつけた簡粗なものである。墓参の時、自家他家を問わず、切篭を墓前に吊す。具体的には、分家が本家へ、嫁が実家へその逆もある。さらに親戚へ、世話になった故人へ献進する。野田山では、自家の墓の分は予め墓守に依頼して下げておく〈他家への献進の時は、白紙一面に「進上」さらに献進者氏名を書く。他の一面に「何々家御墓所」と献進先を書く。「切篭は名刷代わり」という言葉が意味するように、誰が訪れたかは、進上者氏名を見分すれば分かるわけである。このため墓参りには、しきたりとまでも至らない慣行がある。例として娘の嫁ぎ先へは早目に参り、実家名を書いた進上切篭を下げておく。早目の参りは遅日よりも良く、一つの社交作法であった。さらに進上切篭の吊り下げ方は、進上者氏名を書いた面を前面にして下げ、墓参事実を他人にも衆知させる方法をとる。だから切篭が多い時には十数個、二十数個に及ぶ時があり、平成九年の野田山調査で、一家当たり最多数は五十四個であった。なお、子供の供養のため、吹流しをつけた青色・赤色の花切篭を下げる。青色は男児赤色は女児用のものである。緑濃い松林の中に白色切篭が映える野田山墓地の盆風景は、金沢独特のものといえよう。

この「切り篭」の習俗は、藩主・上層武家階層の中でも行われていた。このような切り篭を墓前に吊る習俗は、多くの人手を必要としているので、墓守の存在を必要としたのである。再び、『金沢市史』を引用しておこう。[12]

代々の藩主墓地へは、年寄衆・御家老義年寄より切篭が献納され、旧暦七月十古に総見分があった。多分、藩主墓地について草刈や掃除作業の

表１　年代別の火葬と土葬

| 年代 | 火葬 | 土葬 | 合計 |
|---|---|---|---|
| 1550-1599 | 1 | | 1 |
| 1600-1649 | 3 | | 3 |
| 1650-1699 | 6 | 4 | 10 |
| 1700-1749 | 15 | 23 | 38 |
| 1750-1799 | 28 | 19 | 47 |
| 1800-1849 | 166 | 31 | 197 |
| 1850-1899 | 242 | 57 | 299 |
| 1900-1949 | 72 | 7 | 79 |
| 1950-1999 | 3 | | 3 |
| 不　明 | 345 | 94 | 439 |
| 合　計 | 881 | 235 | 1,116 |

確認、切篭献納者の記帳等をおこなっていたと推察する。そして麓の重臣墓地でも、藩祖家の総見分を真似て、各見分していたと思われる。切篭については、当時の身分関係から上位家への献納を強いる雰囲気を作り、さらに総見分という墓地点検が、切篭の数を増やしたと考えられる。藩主は十四日野田山へ参詣し、その足で天徳院へ。翌十五日になると年寄衆以下の墓参りとなり野田山は賑わった。侍墓地では家紋入りの幕を張り回し、上下着用の正装で参った。昼間は武家の参りが大勢のため、町民は十五日夕方より晩にかけて、さらに十六日にもおこなった。

## 2　墓制

金沢の庶民階層では浄土真宗の人が多く、このような浄土真宗の門徒衆にはこの墓地を開放しなかったと伝えられる。いつの段階から門徒衆に開放されるようになったのかも必ずしも明らかではない(13)。戒名から見ても、少なくとも一九世紀前半、江戸時代末期には門徒衆の人々も野田山に墓地をもつようになっている。ただ、野田山墓地が広く金沢市民に開放されるようになったのは明治期以降のことであろう。多くの人々が野田山に墓地を求めようとしたことは、芝山・中割・後割の各地区に加えて、明治一四・一五年（一八八一〜二）に野田山で新墓地の造成を行っていることからもそれを窺うことができる。

さて、私達が対象とした無縁墳墓調査地区（この詳細に関しては後に述べる）について、無縁墳墓として改葬される墳墓の遺骨を火葬・土葬の区別にして、各年代毎にまとめたのが表1であり、各地区毎にまとめたものが表2である。

表２　年代・地区別の火葬と土葬

| 台帳地区 | 種類 | 1550-99 | 1600-49 | 1650-99 | 1700-49 | 1750-99 | 1800-49 | 1850-99 | 1900-49 | 1950-99 | 不明 | 合計 |
|---|---|---|---|---|---|---|---|---|---|---|---|---|
| 芝山 | 火葬 | | | | | | 5 | 8 | 2 | | 11 | 26 |
| 中割 | 火葬 | | | | 3 | 8 | 38 | 63 | 17 | 2 | 92 | 223 |
| 中割 | 土葬 | | | | 2 | 1 | 1 | | | | 15 | 19 |
| 後割 | 火葬 | 1 | 3 | 6 | 12 | 20 | 120 | 140 | 37 | 1 | 231 | 571 |
| 後割 | 土葬 | | | 4 | 21 | 18 | 30 | 41 | 6 | | 72 | 192 |
| 新墓地 | 火葬 | | | | | | 3 | 31 | 16 | | 11 | 61 |
| 新墓地 | 土葬 | | | | | | | 16 | 1 | | 7 | 24 |
| 合　計 | | 1 | 3 | 10 | 38 | 47 | 197 | 299 | 79 | 3 | 439 | 1,116 |

この表を見る限り、一七世紀の段階から火葬が圧倒的に多い。全体の比率からすれば七八・九％、約八割が火葬であった。すでに述べたように、古い段階での遺骨であっても、必ずしも野田山にはじめから埋葬されたものではなく、改葬された可能性が高いことはこれまでに指摘されてきたことではあるが、それにしても古い時代の火葬骨が残されている。もし、この古い時代の火葬が門徒衆のものであるとすれば、門徒衆もこの野田山墓地を古くから使用していたことになる。

また、一八世紀以前は、古い時代に火葬は見られるもの、ほぼ火葬と土葬は拮抗していたと言えるであろう。しかし、一九世紀になってくる火葬が急に増えてくることになる。一九世紀になってから、特に町人階層の野田山での墓地利用が増えてくるに従って、門徒衆の墓地利用が増え、火葬骨の埋蔵が増えてきたものと思われる。また、火葬と土葬の割合を地区別にまとめたものである。芝山については改葬される遺骨の全てが火葬骨であり、中割も一八世紀後半以降は圧倒的に火葬骨が多い。後割も、一八世紀までは火葬と土葬の割合が半々であるが、一九世紀になると火葬が多くなってくる。新墓地は、明治一五～六（一八八二～三）年以降に開設されたものと思われるが、一九世紀前半に建立された墳墓がある。この墳墓も他の地域から移転されたものであろう。火葬と土葬の割合は後割と同様に三対一の割合で火葬の割合が高い。

累世墓（集合墓）

また、一八世紀以前は、古い時代に火葬は見られるもの、ほぼ火葬と土葬は拮抗していたと言えるであろう。しかし、一九世紀になってくる火葬が急に増えてくることになる。一九世紀になってから、特に町人階層の野田山での墓地利用が増えてくるに従って、門徒衆の墓地利用が増え、火葬骨の埋蔵が増えてきたものと思われる。また、火葬と土葬の割合を地区別にまとめたものである。芝山については改葬される遺骨の全てが火葬骨であり、中割も一八世紀後半以降は圧倒的に火葬骨が多い。後割も、一八世紀までは火葬と土葬の割合が半々であるが、一九世紀になると火葬が多くなってくる。新墓地は、一八八〇年以降に開設されたものと思われるが、一九世紀前半に建立された墳墓がある。この墳墓も他の地域から移転されたものであろう。火葬と土葬の割合は後割と同様に三対一の割合で火葬の割合が高い。

表3は、『野田山墓地』（金沢市文化財紀要二〇〇）に掲載された墓碑に記された銘文（戒名）からそこに埋葬された人員を分析したものである。多少長くなるが、『野田山墓地』の分析をそのまま引用しておこう[14]。

（四）銘文に見る人員構成とその変化

墓一基に対して何人が埋葬されたかを知るために銘文（戒名）からそれを見てみよう（略・本稿では表3）。

大まかな変遷としては個人墓がまず出現し、次に夫婦ないしは一組の男女と三名以上併記の家族墓が一七世紀中頃に出現する。(1)なお、男女一組の戒名は親子の組み合わせも考えられるが、基本的には夫婦と捉えている。同様に複数の成人、あるいは子供も血縁者と考えて家族墓とする。個人墓は一八世紀代まで卓越し、一九世紀以降は夫婦ないしは男女一組墓・家族墓が主体となる(2)。ただし、個人墓は減少せずに一九世紀代まで推移していることが大きな特徴であり、個人の意識の高さが伺える。

戒名がなく（ただし、側面に家名・建立者名が記銘）、「○○家の墓」「先祖代々之墓」「南無阿弥陀仏」「南無妙法蓮華経」なども家族墓と考えられる。特に、「南無阿弥陀仏」が最も多く、使用時期も一八世紀初頭に始まり、その量はほとんど減ずることなく現在に至る。これは当地が浄土真宗の門徒が多いことによるものである。「○○家の墓」「先祖代々之墓」の使用はやや遅れ、一九世紀以降である。(3)「南無妙法蓮華経」は日蓮宗で使用されるもので、調査地内では少なかったが、「南無阿弥陀仏」とほぼ同時期に出現したものと考えられる。なお、階層別に詳細に検討していないが、町人墓にこうした家族墓が多く、武家墓では江戸時代を通じて個人の戒名を記銘することが多い印象がある。(4)

男女比に関しては、個人墓・家族墓共に男性が多い。ただし、男性個人墓は幕末から明治時代前期と太平洋戦争時に特徴的な現象である。

墓型式との対応は、五輪塔、宝篋印塔、無縫塔、位牌型・尖頭形には個人墓、笠型・雲首形、位牌型・圭頭形には夫婦墓に使われ、額内に地蔵が彫られたものには子供の墓が多い。また、方柱型のように多面に銘文が記入しうる墓形式は家族墓に特に採用された。(5)自然石も個人名よりも「南無阿弥陀仏」と彫り込まれる例が多い。

横線部(1)は、大方においては是認できるものであるが、問題は「家族墓」の概念である。ここでは、夫婦以外の二人以上の親族＝血縁者が合葬されている墳墓を「家族墓」の範疇で捉えている。しかし、一つの墳墓への合葬は多様

南無阿弥陀仏（集合墓）

な人間関係、多様な契機で行われるのが普通であり、それらを一括して「家族墓」と呼ぶとすれば、「家族墓」の意味が不明確になるように思われる。私には、墓碑に「○○家之墓」のように「家族名」を記入している墳墓に限定すべきだと考えている。また、墓碑に『累世墓』『南無阿弥陀仏』と書かれているケースも家族墓の可能性はあるが、そうでないケースも考えられる。つまり、後から複数の墳墓をまとめて合葬墓を設けた可能性が高い。このような複数の人々が合葬された墳墓は「集合墓」として分類すべきであり、「家族墓」は家族名を刻んでいるもの限定すべきであろう。

このように理解した上で、横線部(1)を言い換えるならば「個人墓がまず出現し、次に夫婦ないしは一組の男女と三名以上併記の集合墓が一七世紀中頃に出現し、一九世紀以降になって家族墓が登場する」ということになるだろう。

横線部(2)の「一九世紀以降は夫婦ないしは男女一組墓・家族墓が主体となる」とあるが、表3（『野田山墓地』（前掲）では第四表）を見ると、夫婦墓は一七世紀の中期以降コンスタントに建立されている。その意味では、夫婦墓は一九世紀になって「主体」になるのではなく、金沢におけるその流行は一七世紀後半と言えるのではないだろうか。この時期を同じくして「集合墓」も増えてくることになる。

横線部(3)に関しては、二つの論点がある。一つは、一八世紀以降「南無阿弥陀仏」等の「集合墓」が一八世紀以降多くなるとし、それを踏まえて集合墓の多くなることと浄土真宗の門徒衆が多いことを関連づけて理解していることである。「集合墓」の形態は、もともと別の場所にあった墓所が野田山に移葬されたのだとすればその時に合葬式の墳墓が形成された可能性があること、さらに長い墓地（墓所）の歴史の中では墓地が狭くなり合葬した可能性があること、等を考え合わせるすれば、それは浄土真宗地帯に特有のものとは言えないだろう。しかし、浄土真宗の門徒衆は合葬式の共同墓を作りやすい環境にあったことは認めなければならないだろう。

もともと門徒衆の葬法は火葬であり、合葬しやすい環境にあったこと、さらに門徒衆を中心に「総墓（惣墓）」と呼ばれる合葬式の共同墓の建立が習俗として行われてきたことにも注目すべきであろう[15]。私が知る限り、焼骨を合葬して納骨する「総墓」は浄土真宗の門徒衆の中で、石川県・福井県や秋田県でその呼称（「そうぼ」「そうばか」という）を耳にすることができ、また同様の墳墓の形態は石川県・福井県・岐阜県・長野県の門徒衆に分布している。いずれにせよ、焼骨を合葬する墳墓の形態は多様な形態で展開をしていった。

野田山の総墓（合葬墓—集合墓）

このような合葬形態の墳墓は、一九世紀になると別の新たな展開をするようになる。合葬式墳墓（集合墓）の展開が影響したのかも知れない、あるいは墓地の狭隘さの影響があったのかも知れない、「家族墓」が誕生するようになる。表3「墳墓の人員構成」を見てみると、一九世紀の初めから家族墓の建立が見られるようになる。この建立の時期は、他の地域に比べてかなり早く（私の経験で言えば、一〇〇年程度早い）、その意味では浄土真宗地域での合葬墓の伝統が「家族墓」の展開を早めたと言いうるかも知れない。横線部(4)を見てみると、士族階層においては比較的遅くま

表３　墳墓の人員構成（金沢市埋蔵文化センター『野田山墓地』［金沢市文化財紀要二〇〇］二〇〇三）より

| | 個人墓 | | | | | 家族墓 | | | | | | | | | | | | | | | |
|---|---|---|---|---|---|---|---|---|---|---|---|---|---|---|---|---|---|---|---|---|---|
| | 成人男1人 | 成人女1人 | 子供1人 | 不明の1人 | 成人男・女 | 成人男・男 | 成人女・女 | 成人男3人以上 | 成人女3人以上 | 成人男と子供 | 成人女と子供 | 成人複数と子供 | 子供複数 | ○○家の墓 | 先祖累代の墓 | 南無阿弥陀仏 | 南無妙法蓮華経 | 五輪塔の供養 | 不明 | 記載無し | 合計 |
| 1501 | | | | | | | | | | | | | | | | | | | | | 0 |
| 11 | | | | | | | | | | | | | | | | | | | | | 0 |
| 21 | | | | | | | | | | | | | | | | | | | | | 0 |
| 31 | | | | | | | | | | | | | | | | | | | | | 0 |
| 41 | | | | | | | | | | | | | | | | | | | | | 0 |
| 51 | 1 | | | | | | | | | | | | | | | | | | | | 1 |
| 61 | | | | | | | | | | | | | | | | | | | | | 0 |
| 71 | | | | | | | | | | | | | | | | | | | | | 0 |
| 81 | 1 | | | | | | | | 1 | | | | | | | | | | | | 2 |
| 91 | | | | | | | | | | | | | | | | | | | | | 0 |
| 1601 | | | | | | | | | | | | | | | | | | | | | 0 |
| 11 | 1 | 2 | | | | | | | | | | | | | | | | | | | 3 |
| 21 | 1 | | | | | | | | | | | | | | | | | | | | 1 |
| 31 | 1 | 1 | | | | | | | | | | | | | | | | | | | 2 |
| 41 | | 2 | | | 1 | | | | 1 | | | | | | | | | | | | 4 |
| 51 | 2 | 1 | | | | | | | 2 | | | | | | | | | | | | 5 |
| 61 | 1 | 1 | | | 1 | | | | 1 | | | 1 | | | | | | | | | 5 |
| 71 | | 3 | | | 1 | | | | | | | | | | | | | | | | 4 |
| 81 | 6 | 3 | | 1 | 2 | | | | 1 | | | 1 | | | | | | | | | 14 |
| 91 | 11 | 3 | | | 3 | 1 | | | 1 | | | | | | | | | | | | 19 |
| 1701 | 6 | 8 | | | 1 | | 1 | | 2 | | | | | | | 1 | | | | | 19 |
| 11 | 8 | 4 | 1 | | 2 | 1 | | | 2 | | | 1 | | | | | | | | | 19 |
| 21 | 8 | 8 | | | 5 | | | | | | | | 1 | | | 3 | | | | | 25 |
| 31 | 6 | 6 | 2 | | 2 | | 1 | | | | | 2 | | | | 1 | 1 | | | | 21 |
| 41 | 6 | 4 | 3 | 1 | 3 | 2 | | | 1 | | | 1 | | | | 2 | 1 | | | | 24 |
| 51 | 9 | 2 | | | 6 | 1 | 1 | | 3 | | | | | | | 2 | | | | | 24 |
| 61 | 3 | 5 | 1 | | 1 | | | | 2 | | | | | | | 3 | | | | | 15 |
| 71 | 2 | 5 | | | 2 | 2 | | | 3 | | | | | | | 2 | | | | | 16 |
| 81 | 13 | 4 | 2 | | 4 | | | | 3 | 1 | | | | | | 4 | | | | | 31 |
| 91 | 8 | 5 | | | 1 | 1 | 1 | | 5 | 1 | | 1 | | 1 | 1 | 5 | | | | | 30 |
| 1801 | 8 | 7 | 2 | 1 | 8 | 2 | | | 4 | | | | | 1 | 1 | 13 | | | | | 47 |

| | | | | | | | | | | | | | | | | | | | | |
|---|---|---|---|---|---|---|---|---|---|---|---|---|---|---|---|---|---|---|---|---|
| 11 | 8 | 7 | 3 | | 5 | 2 | | | 3 | | | 1 | | 1 | | 24 | 1 | | | | 55 |
| 21 | 17 | 6 | 1 | | 9 | 1 | | | 3 | | | 1 | | | 1 | 41 | | | | | 80 |
| 31 | 5 | 3 | 2 | | 8 | | 1 | | 7 | 1 | 2 | | 1 | 1 | 1 | 34 | | | | | 66 |
| 41 | 19 | 10 | 9 | 1 | 12 | 1 | 2 | | 3 | 1 | | 3 | | | 2 | 35 | | | | | 98 |
| 51 | 21 | 15 | 3 | 3 | 20 | | 1 | | 8 | 1 | 1 | 1 | | 1 | 8 | 49 | 1 | | | | 133 |
| 61 | 23 | 11 | 6 | 1 | 12 | 1 | 1 | | 7 | 1 | 3 | | | 1 | 2 | 44 | 1 | | | | 113 |
| 71 | 25 | 20 | 4 | 1 | 16 | 2 | 1 | | 2 | 1 | | 1 | 1 | | 5 | 37 | 1 | | | | 117 |
| 81 | 13 | 13 | | | 5 | | | | 6 | 1 | | | | 1 | 3 | 28 | | | | | 70 |
| 91 | 16 | 8 | 3 | 1 | 9 | 1 | 1 | | 3 | 1 | | | | 2 | 2 | 28 | | | | | 75 |
| 1901 | 20 | 5 | 1 | | 6 | 4 | 2 | | 10 | | | | | | 3 | 28 | | | | | 79 |
| 11 | 9 | 9 | 1 | | 7 | 1 | 1 | | 9 | | | 1 | | 1 | 3 | 13 | | | | | 55 |
| 21 | 10 | 5 | 2 | | 11 | 3 | | 1 | 14 | | | 2 | | 9 | 2 | 29 | | | | | 88 |
| 31 | 16 | 6 | 1 | | 9 | 3 | 1 | | 11 | | | 1 | | 5 | 8 | 37 | 1 | | | | 99 |
| 41 | 11 | 2 | | | 3 | 3 | 3 | | 6 | | | 1 | 1 | 3 | 3 | 12 | | | | | 48 |
| 51 | 9 | 3 | | | 5 | 3 | | | 7 | 1 | | 1 | | 2 | | 26 | | | | | 57 |
| 61 | 3 | 1 | | | | 1 | | | 5 | | | 3 | | 1 | 1 | 26 | | 1 | 1 | | 43 |
| 71 | 5 | 1 | | | 1 | | | | 4 | | | 2 | | 1 | 1 | 40 | 3 | | | | 59 |
| 81 | 3 | 2 | | | 2 | | | | 2 | 1 | | 1 | | 3 | 3 | 36 | | | | | 53 |
| 91 | 2 | 2 | | | 2 | | | | 2 | 1 | | | | 1 | 3 | 33 | | | | | 44 |
| 2001 | 1 | | | | | | | | | | | | | 1 | | 1 | | | | | 3 |
| 年号不明 | 28 | 20 | 7 | 4 | 23 | 3 | | | 18 | 3 | 2 | 8 | 3 | 3 | 8 | 152 | 3 | | 4 | 212 | 501 |
| 合　計 | 366 | 223 | 54 | 14 | 208 | 39 | 18 | 1 | 162 | 13 | 8 | 34 | 7 | 39 | 61 | 789 | 13 | 1 | 5 | 212 | 2267 |

（参考）　吐山の石塔墓の形態（奈良県山辺郡都祁村）

| 時　代 | 個人墓 | 夫婦墓 | 集合墓 | 家族墓 | 子　墓 | その他 | 不　明 | 集計値 |
|---|---|---|---|---|---|---|---|---|
| 16世紀 | 2 | 0 | 0 | 0 | 0 | 1 | 0 | 3 |
| 17世紀 | 6 | 4 | 0 | 0 | 1 | 0 | 2 | 13 |
| 1701-1750 | 16 | 19 | 0 | 0 | 8 | 0 | 3 | 46 |
| 1751-1800 | 22 | 20 | 2 | 0 | 5 | 0 | 4 | 53 |
| 1801-1850 | 21 | 35 | 2 | 0 | 8 | 0 | 8 | 74 |
| 1851-1900 | 30 | 73 | 2 | 0 | 24 | 1 | 7 | 137 |
| 1901-1950 | 93 | 133 | 10 | 23 | 49 | 0 | 7 | 315 |
| 1951-1994 | 13 | 45 | 4 | 65 | 13 | 0 | 3 | 146 |

で「個人墓」が建立されるのに対し、町人階層において「家族墓」が早くから建立されるのは、もともと町人階層の中での合葬の伝統の影響であるように思える。

横線部(5)の「墓型式」と「墳墓の人員構成」の問題については特に比較できる材料はない。興味深い分析であるが、今後の検討課題としておきたい。

なお参考までに、奈良県山辺郡都祁村吐山での石塔墓の建立時期についての資料をあげておいた(16)。ここではあらためて「個人墓」「夫婦墓」「家族墓」「集合墓」等の定義は繰り返さないが、野田山の墳墓の特徴は、私が「集合墓」と分類した墓の多さにあるのだろう。この集合墓が「家族」＝家を単位としてできたものであるかどうかは、浄土真宗の伝統を考えたとき、慎重に検討されなければならない問題であるように思われる。

## 四　野田山墓地の無縁墳墓とその整備

### 1　野田山墓地と無縁墳墓

明治四（一八七一）年の金沢の人口は十二万二千三百六十三人で、東京（五十九万人）大阪（二十七万人）京都（二十三万人）に次いでいたが、同二十九年（一八九六年）には八万三千人に落ち込んでいる。没落した士族たちが生活のかてを探して県外に流出したからであった。士族流出により半ば墓地が無縁化すると、墓地管理人は自らの裁量で新たに墓地を求める庶民にその一角を使用許可した。これが士族の墓域をいっそう狭め、庶民の墓地の林立に拍車をかけた（「レポート野田山から（25）」『北国新聞』昭和五八年二月一三日）。

明治期の金沢市の衰退はさまざまに伝えられている。江戸時代の金沢は藩士の消費に支えられた消費都市であり、商業資本の蓄積が乏しかった。したがって、士族の凋落と共に金沢の衰退が始まった、とされている。北国新聞にもあるように、明治四（一八七一）年に一二万人を超える人口は八万人まで減少し、金沢の人口が再び一二万人を超えるようになるのは大正元年まで待たなければならなかった。

明治初年の士族の凋落を象徴するのが、秩禄公債の運用の失敗である。その様子を『石川県の百年』（山川出版社、一九八七）は次のように報告している（一五～一六頁）。

> 公債利子をあてにしては生活はまったくなりたたず、公債を資本にして生きる道をさぐるしかなかった。そこで士族の政治結社はなんとか士族の振興をはかろうと懸命に努力した。金沢の忠告社はそのひとつで、設立早々社内に開業社を設け（資本金七万五〇〇〇円）、茶・製糸・漁網の生産販売を企画したが、計画がずさんなため失敗してしまった。それを受けついだ士族遠藤秀景の盈進社も起業会をつうじて鉄道建設を計画し、北海道開拓に意をそそいだ（略）。松方デフレ以前におこったいくつかの士族授産の例をみると、まず農業関連会社では牧羊社が筆頭にあげられる。明治八年（一八七五）四月、士族斎藤為政らがはじめたもので、金沢市内尻重坂で搾乳を主業目としていた。資本金四〇〇〇余円は当時としては比較的大きな会社であった。明治一四年（一八八一）に帯牛社と合併して殖牛会社となり、鹿島郡などに放牧場を設けて経営の拡大をはかったが、

表4　金沢市人口

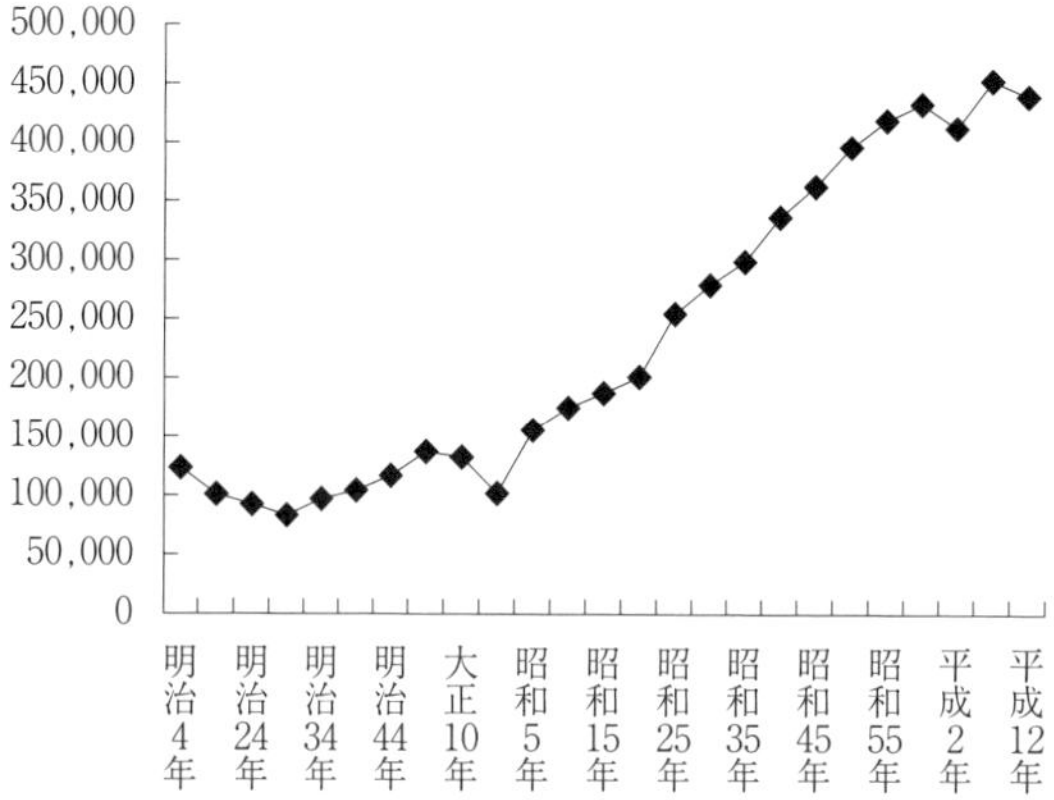

野田山墓地大改造計画（昭和33年）

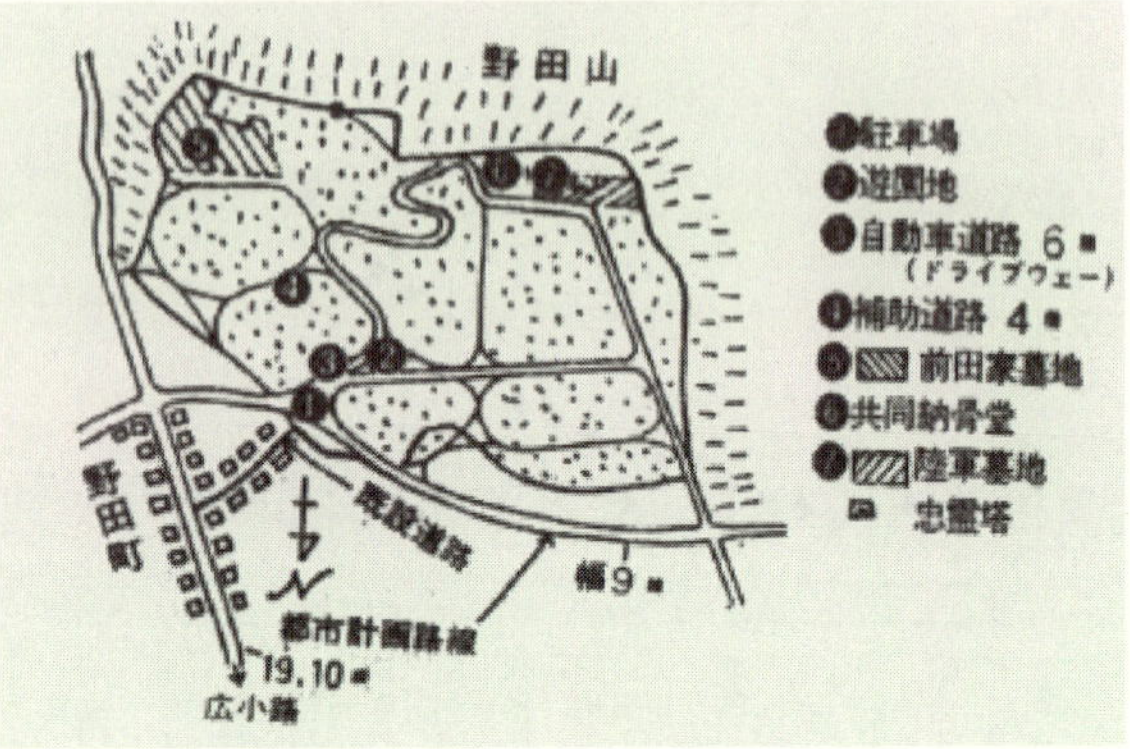


時宜にかなわずまもなく不振におちいった。

工業関係の会社では金沢製糸場・金沢撚糸会社・金沢銅器会社の三社が資本金規模も大きく当初注目されたが、いずれも松方デフレ期にやはり衰退してしまった。

『石川縣史　第四編』（一九七四）は「士族の凋零」のなかで「青年の男子は他県に赴きて巡査となり、教師となり。妙齢の女子は辺鄙に流浪して藝妓となり娼婦となるもの多く、是等は石川縣の特産なりと悪評を招くに至り」と述べている[17]。

このことからもわかるように、明治期には数多くの旧金沢藩士が金沢から流出していった。そのことが、野田山墓地における無縁墳墓を増大させる要因になったことは想像に難くない。

しかし、戦後の昭和三〇年以降になると金沢市の人口は急増するようになる。野田山墓地の中で、無縁化した墳墓が増える一方において、他方では市民からの墓地需要が増大してくることになる。すでに述べたように、昭和三二年の野田村との墓地をめぐる争いはこの時期の問題であったし、他方においては野田山墓地の公園化構想が出てくるのもこの時期の問題であった。

## 2　無縁墳墓の改葬計画

昭和三三年、金沢市都市計画課は「野田山墓地公園」化構想を打ち出したのが、おそらくは戦後の野田山墓地整備

墓地の配置図（無縁墳墓の整備計画）

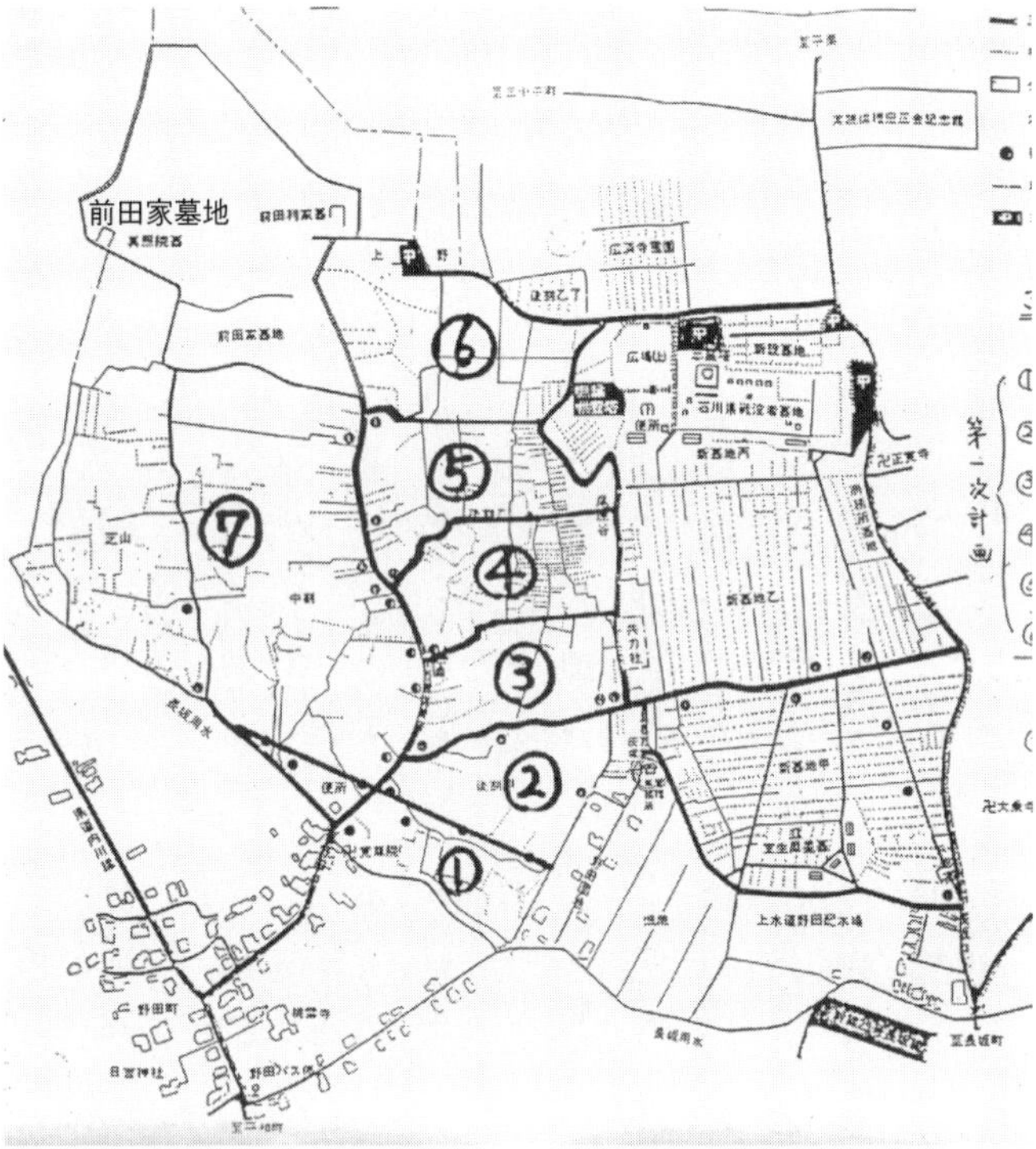


の最初の計画であったと思われる。この墓地公園計画（野田山）大改造計画）を「レポート野田山から（29）」（『北国新聞』昭和五八［一九八三］年二月一七日）は次のように述べている。

この野田山大改造計画は、まず増え続けた無縁墓を整備し、共同納骨堂を整備するというのが第一弾。さらに、無縁墓が集中する区域に散在する一般の墓を指定区域内に移転、整備する。この後の発想が実にユニークで、墓所入り口から頂上まで幅六メートルのドライブウェーと幅四メートルの補助道路をめぐらして、公園内の各所に緑地帯をつくって遊園地や茶屋を設け、墓参だけではなく緑を生かした一大リクレーション基地とするねらいだった。

同墓地を都市作りの中に組み込まれ、周辺地域はむろん市民との共存を模索した当時の市の考えが明確に読み取れる。

しかし、この野田山墓地の大改造計画は頓挫する。おそらくは、この墓地をめぐって金沢市と野田村との間の紛争（裁判）が大きく影響したものと思われる。この墓地公園化計画は、野田山ではなく、「奥卯辰山墓地公園」で実現され、野田山墓地はそのままの状態におかれたことになる。金沢市と野田村との紛争の解決は、一九六六（昭和四一）年まで待たなければならなかった。それから、新しい墓地計画が展開するまで一定の時間が必要であった。

昭和五八年になって、これまでにも何度か引用をしてきた『レポート野田山から』が北国新聞で連載が始まり、その連載は八四回を数えた。野田山に関する関心は、市民の中で大きな高まりを見せたに違いない。そして、この機会に金沢市は『野田山墓地問題懇話会』を設置した。この懇話会の設置を新聞の連載に関心の高まりとともに、「墓地周辺でのミニ開発による自然の減少などが行政内部でも問題化しており、環境保全・墓地整備、著名物故者調査、観光利用策などハード・ソフト両面から野田山の将来を考える」とし、「墓地のミニ開発規制、墓参道整備・自然保護・歴史に足跡を残した人物、文化財調査に加え、年々増大する無縁墓の管理、さらに観光景観として利用策など幅広い意見・提言を求める」としている（『北国新聞』昭和五八年六月一八日）。

また、金沢市のいわゆる外環道路工事計画の中に野田山墓地の一部が含まれることになり、野田山墓地の無縁墳墓の整備事業が急がれるようになった。外環道路の道路工事に関係する墓地移転・改葬作業は、町会の区画整理組合が施行し、市の区画整理課がこれを監督することになり、移転の対象墓地は六〇〇区画、一七〇〇基である。もっとも、野田山墓地の無縁墳墓の改葬と道路整備との間には直接の因果関係はなく、道路建設が明らかになった段階で、工事の対象となるブロックから優先的に調査し、無縁墓等を整理したに過ぎない。

野田山墓地の無縁墳墓整備事業は、平成二年に本格的に着手した。図表「墓地の配置図（無縁墳墓の整備計画）」は無縁墳墓の整備事業を行う地域を墓地の配置図で示したものであり、表5は野田山墓地の無縁墳墓整備計画を地区毎にまとめたものである。「墓地の配置図（無縁墳墓の整備計画）」で示しているように、野田山墓地の野田入り口に近い地区から北の方に順に六画（ブロック）を分けていき、第七ブロック（主として芝山・中割地区）の整備は第二

表5　無縁墳墓整備事業、予定年度及びブロック面積・改葬墳墓数

| 地区と整備予定年度 | 面積（下段完了年度） | 改葬される墳墓 | 墳墓の数 |
|---|---|---|---|
| 第1ブロック<br>平成2年～6年度 | 約1.5ha<br>（平成6年） | 835基<br>(28.1%) | 2,986基 |
| 第2ブロック<br>平成4年～10年度 | 1.8ha<br>（平成10年度） | 1,160基<br>(38.4%) | 3,026基 |
| 第3ブロック<br>平成7年～11年度 | 2.0ha<br>（平成17年度？） | 809基<br>(38.7%) | 2,098基 |
| 第4ブロック<br>平成11年～15年度 | 2.0ha<br>（平成20年度？） | 907基<br>(38.7%) | 2,347基 |
| 第5ブロック<br>平成13年～17年度 | 2.5ha | | |
| 第6ブロック<br>平成14年～18年度 | 3.7ha | | |
| 合　　計 | 13.5ha | 2,804基 | 10,457基<br>全体（12,944区画） |
| 第2次計画 | 10.4ha | 平成18年度以降 | |

次計画の中で実施される予定である。

平成一〇年度までには第一ブロックと第二ブロックを改葬が終了しており、平成一六（二〇〇四）年度において第三ブロックの無縁墳墓の確定作業がほぼ終了しており、第四ブロックの無縁墳墓確定作業が始まっている。

### 3　改葬の手順

平成四（一九九二）年七月一日に「金沢市墓地条例」（条例第三六号）が制定され、金沢市営墓地（野田山墓地・末広墓地奥卯辰山墓地公園・内川墓地公園）の四ヵ所にこの条例が適用されることになった。この条例では、墓地の使用許可（第三条）・使用料（第四条）・使用権の承継（第七条）・使用権の取消（第八条）と消滅（第九条）・墓地の返還（第一〇条）について定められている。使用権の取消及び消滅については次のように定めている。

（使用権の取消）

第八条　市長は、使用者が次の各号のいずれかに該当するときは、墓地の使用の許可を取り消すことができる。

(1) 墳墓の設置以外の目的に墓地を使用したとき。
(2) 墓地の使用権を譲渡し、又は墓地を転貸したとき。
(3) 墓地の使用の許可を受けた日から三年以内に墳墓を設けないとき。
(4) この条例又はこの条例に基づく規則の規定に違反したとき。

(使用権の消滅)
第九条　次の各号のいずれかに該当するときは、墓地の使用権は消滅する。
(1) 使用者が死亡し、墓地の使用権を承継する者がないとき。
(2) 使用者の所在が不明となって二〇年を経過したとき。

(墓地の返還)
第一〇条　使用者は、墓地を使用しなくなったとき、又は第八条の規定により墓地の使用の許可を取り消されたときは、直ちにこれを原状に回復して返還しなければならない。ただし、市長の承認を受けたときは、現状のまま返還することができる。

無縁墳墓の改葬は、墓地使用権の取消(あるいは墓地使用契約の解除)を前提とした公法上の手続きであり、その手続きの詳細は「墓地埋葬法」施行規則第三条に規定されている。金沢市が、野田山墓地の無縁墳墓改葬(整備)事業にあたっては「無縁墳墓調査要綱」を作成している。その概要は、次の「表6　無縁改葬の流れ」の通りである。

ただ、この「無縁改葬の流れ」は墓地埋葬法施行規則の改正(平成一一［一九九九］年省令第二九号)以前のものであり、この改正によって、改葬の流れは変更をされることになる。この手続きの変化は第四ブロックの改葬整備作

表6　無縁改葬の流れ

| 1年目 | 2年目 | 3年目 |
|---|---|---|
| ・墳墓調査<br>・墓地台帳作成<br>・札掛け(白)<br>・墳墓地図作製 | ・使用者一覧表作成<br>・区画面積計算<br>・使用者確認調査<br>・墳墓地図修正 | ・使用者確認調査<br>・追跡調査 |
| **4年目** | **5年目** | |
| ・無縁墳墓確定作業<br>・無縁墳墓台帳作成<br>・札掛け(黄)<br>・追跡調査(戸籍) | ・墓地埋葬法に基づく新聞公告<br>(無縁墳墓確定)<br>・使用権抹消公示<br>・供養塔建設(墓碑・骨壺移転)工事<br>・無縁墳墓改葬供養 | |

業から適用されることになり、黄色の札掛けをやめて墓地の前に立て札を立てることになる、と言っている。第三ブロックでも、新聞公告に代わり官報への掲載が行われ、改葬する墳墓の前には立札を立てるようになった。

ここでは旧規定で行われてきたこともあるので、多少長くなるが、「無縁改葬の流れ」と「無縁改葬調査要綱」も一緒に掲載しておこう。

【参考】　無縁墳墓調査要領

第3ブロックでは黄色札と立て札の両方を掲示

金沢市営野田山墓地整備事業の一環として無縁墳墓を調査するため、この要領を定める。

1　**主旨**　野田山基地は、約四〇〇年の歴史を持つ由緒ある森林墓地であるが、それゆえに、無籍となった墳墓も多く、このために墓地の荒廃が著しく、墓地管理上大きな障害となっているので、これを除去し、墓地整備を図るために無縁墳墓を調査する。

2　**調査墳墓**　倒石や埋没した墳墓、または雑木や雑草が生えていて、近年墓参や清掃の維持管理などがなされていないと思われる墳墓

3　**調査事項**　(1)縁故者の住所・氏名・その他　(2)墳墓の数　(3)墳墓の種類　(4)墳墓の材質　(5)墳墓の規模　(6)墳墓の記載事項　(7)その他

4　**調査区域**　別に定める。

5　**調査期間**　別に定める。

6　**調査用品**　(1)**調査票**　調査を円滑に遂行するため、墳墓毎に一調査

票を作成する。⑵**調査簿**　調査の全容を把捉するため、調査票から調査番号（一墓所一番号とし、墳墓が数基のときは、枝番をつける。）順に列記する。⑶**索引簿**　対応事務を迅速に処理するため、調査表から「あいうえお」順に列記する。⑷**調査図**　調査墳墓の位置把握のため、地籍図の当該地番を朱で囲み、さらに調査番号を記入する。⑸**無縁墳墓台帳**　無縁墳墓の整備を明確にするため、調査票から転記・浄書し、後に届出のあったもの（有縁）となかったもの（無縁）を区別し整理する。⑹**チラシ**　縁故者調査のため、墓守や石材協同範合などに協力を求め、墓参者などに配布する。⑺**看板**　縁故者調査のため、主要参道に看板を掲出し、墓参者などに周知する。（掲出場所：野田口・長坂口・管理事務所前）⑻**立札**　調査墳墓周知と縁故者調査のため、各調査墓所の主要箇所に立札を掲出し、墓参者などに周知する。⑼**写真館**　墳墓の現況および記載事項立証のため、墳墓毎に撮影（正面・左右側面）し、写真は無縁墳墓台帳の裏面に貼付する　⑽**写真番号札**　調査墳墓の不一致防止のため、写真撮影の際、墳墓の中央（墓石にあっては、竿の中央下）に置く番号札で、墳墓毎に番号を設定する。⑾**角尺**　墳墓の見当をつけるため、正面の写真撮影の際、墳墓の左側に立てる角尺である。⑿**メージャー**　墳墓の規模および見取図作成のため、メージャーで測量する。

7　**調査方法**　⑴**現地調査**　倒石や埋没した墳墓、または雑木や雑草が生えていて、近年墓参や清掃の維持管理などがなされていないと思われる墳墓を調査する。⑵**調査票作成**　墳墓・地籍図および台帳と突合して、台帳から当該墳墓の区域一地番・面積および使用者の住所・氏名を転記したうえで、調査番号・写真番号および調査事項をそれぞれ記入する。⑶**調査図作成**　地籍図に当該墳墓の地番を朱色で囲み、さらに、余白に調査番号を記入する。⑷**立札掲出**　立札に点色で、調査番号・区域・地番および墳墓数を記入して、当該墓所の主要なところに掲出する。⑸**写真撮影**　正面・左右側面（墓石のみ）の俄で撮影し、正面は、墳墓の中央（墓石にあっては、竿の中央下）に写真番号札を置き、左側に角尺を置いて全体を撮影する。また、側面は、竿の中央下に写真番号札を置いて記載事項を重点に撮影する。写真は、無縁墳墓台帳の裏面に傾次貼付する。⑹**調査簿作成**　区域毎に作成し、詭査票から「調査番号」順に列記する。(7)**索引簿作成**　区域ごとに作成し、調査票から「あいうえお」順に列記する。(8)**無縁墳墓台帳作成**　現地調査が済んだものから席次調査表から転記し、浄書する。

8　周知方法　(1)**協力依頼**　墓守や石材協同組合などに協力依頼をし、チラシと墓地移動届を配置して周知する。(2)**チラシ配布**　協力先と管理事務所に配置する外、主要参道で墓参者などに配布して周知する。(3)**看板掲出**　主要参道く野田口・長坂口・管理事務所前）に持出して墓参者などに周知する。(4)**立札掲出**　現地調査の際、当該墓所の主要なところに掲出して墓参などに周知する。

9　**届出および処理方法**　(1)**墓地異動届**　当該調査墳墓の縁故者は、訴査が判明したときは、墓地異動届（以下「異動届」という）により、異動区分および理由を記入してすみやかに管理事務所または衛生課に届け出なければならない。(2)**調査票の処理**　異動届を確認して調査票に、届出年月日・届出人住所・氏名・TELおよび続柄などを記入し、表題右横に「有縁」の印をして無届と区別し、保管する。(3)**調査図の処理**　調査票により、当該調査墳墓の地番を青色で塗りつぶし、有縁であることを印す。(4)**調査簿の処理**　調査票により、当該調査墳墓の備考欄に有縁の旨記入する。(5)**索引簿の処理**　調査票により、当該窮査墳墓の備考欄に有縁の旨記入する。(6)**無縁墳墓台帳**　調査票の処理を準用する。

## 五　改葬の実態

### 1　調査対象地区

私達の調査地区は、下記の地図に示しているように、芝山地区の一部・中割地区の一部と後割地区（甲）と後割地

調査対象地区

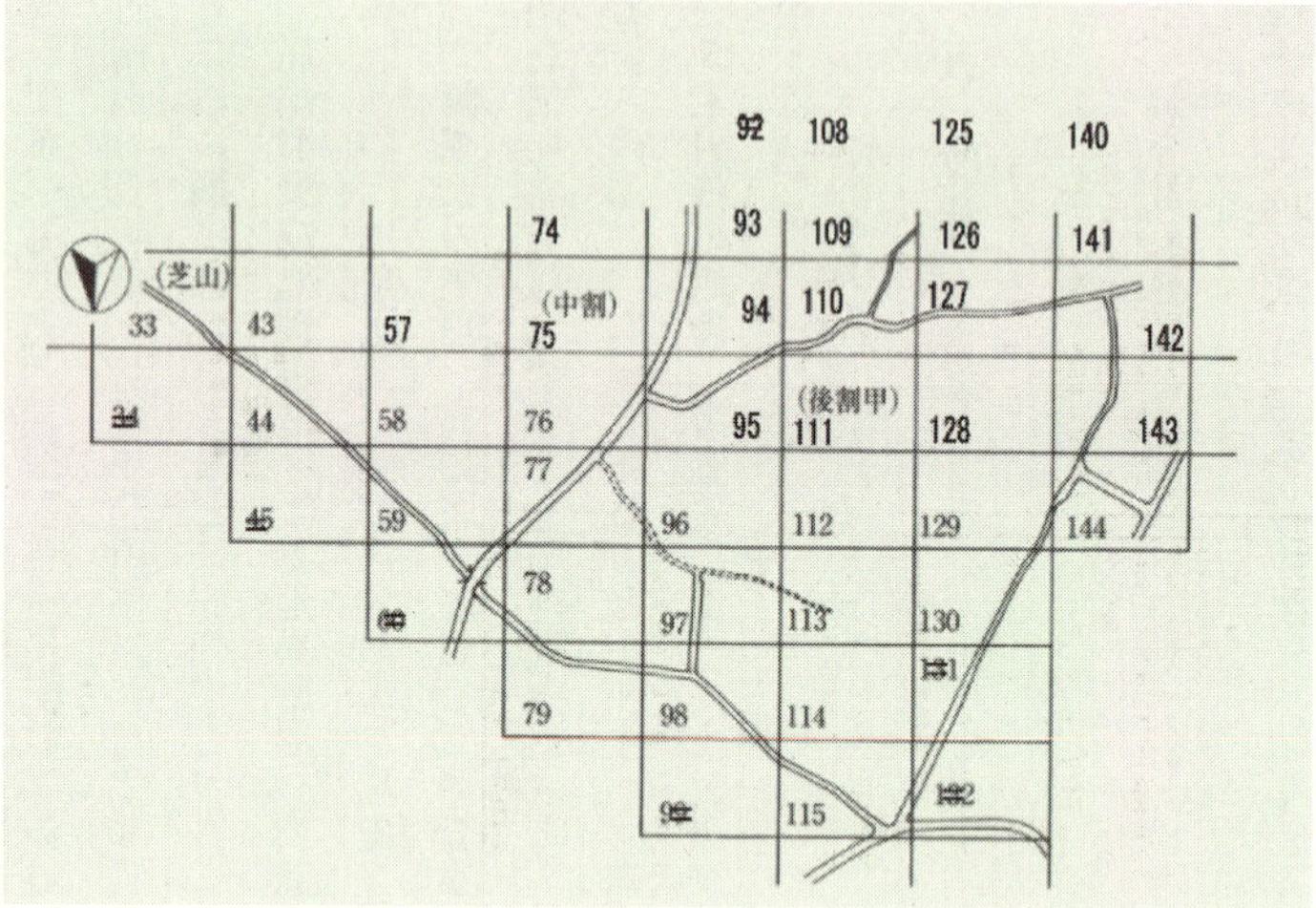


区（乙）の一部であり、この地区については無縁墳墓になった墓所を地図に示した（本稿では省略）。このデータに関しては、『金沢市文化財紀要二〇〇　野田山墓地』（前掲）に掲載されたデータと『無縁墳墓台帳』を中心に作成したものである。

表７　無縁墳墓台帳の数

| 地　　区 | 台　帳 | 分析対象 |
|---|---|---|
| 柴　　山 | 26 | 26 |
| 中　　割 | 241 | 242 |
| 後　　割 | 766 | 763 |
| 新墓地甲 | 85 | 85 |
| 合　　計 | 1,118 | 1,116 |

墓地の地図は金沢市で作成した地図にしたがったものであり、地図を区分した番号も金沢市で現在使用している番号に依っている。地図は、形式的に区分したものであり、地図内に番号があっても「＝」のマークのあるところは、墳墓の数も少ないので、今回は地図の作製はしていない。

また、私はこの調査の中で「無縁墳墓マップ」を作成し、無縁墳墓して改葬された、あるいは改葬される予定の墳墓のある墓地区画（墓所）をマーカーで塗るという作業を行った（本稿では省略）。このデータの数はあまりにも膨大であるために、ここには掲載できないが、「無縁墳墓台帳」の第三ブロックの無縁墳墓台帳のデータをまとめたものである。

第三ブロックは、地図上では中割と後割を分ける道路の右側（後割側）、後割甲地区と後割乙地区を分ける道路（地図では94と95、110、127を横切る道路の上側）を中心とする区域である。しかし、無縁墳墓台帳の集計では、芝山・中割・新墓地甲の一部の地域が含まれている。

表7は、地区ごとの台帳に記載された無縁墳墓の数である。台帳の計算と入力されたデータとの間で齟齬が生まれてきているが、今これを確認をすることができないので、とりあえずは私達の統計一一一六基という計算で統計を取っていきたい。

また、第三ブロックの無縁墳墓の数は前述の表5では八〇九基とされている。この数は後割地区に限定された数と思われる。この数にも若干の齟齬が出てきており、現実に無縁墳墓の改葬を行われた段階でその数が確定されるはずであり、まずは概数を把握して稿を進めることにしたい。

## 2　無縁墳墓の実態

**表8　地区別の無縁墳墓の数**

| 地　区 | 改葬（予定） | 墳墓数 | 割合（%） |
|---|---|---|---|
| 第1ブロック | 835 | 2,986 | 28.0 |
| 第2ブロック | 1,160 | 3,026 | 38.3 |
| 第3ブロック | 809 | 2,098 | 38.6 |
| 第4ブロック | 907 | 2,347 | 38.6 |
| 合　計 | 3,711 | 10,457 | 35.5 |

平成一一年に無縁墳墓改葬手続きが改正になるにともなって、第三ブロックから、新聞公告に代わり官報公告を行い、また改葬予定の墳墓の前に立て札を建立するようになった。これまでに第一ブロックから第二ブロックまで改葬が進み、第三ブロックは新たに改葬準備が整い、調査時において（平成一七年度）第四ブロックでは改葬のための墓地調査が終わった段階である。

第四ブロックについては、黄色札が掛けられたからは、ほとんど使用者からの申し出がないのが現状であるので、ほぼそのままの数字と考えても差し支えないだろう。

第一ブロックについては、金沢市の外環道路建設にともなう墓地移転の問題があったので、通常の無縁墳墓改葬の事例と同列では論じることができないが、それでも二八パーセントと

地番67　白札7183　享保２年建立の墳墓

三割に近い。第二ブロックから第四ブロックまでは三八パーセント強の割合で四割に近い墳墓が改葬されることになった（なる予定である）。

墓地面積から見たときに、それがどのような割合になるかは統計的な数値をあげることはできない。私達が作成した「無縁墳墓マップ」をみてみるとおおよその面積は推定できる。墓地の面積からしても、概ね三割から四割と言うところだろうか。

すでに述べたように、第三ブロックについては「無縁墳墓台帳」と照合する形で、どのような墳墓が無縁改葬されてようとしているのか、現地で墳墓の写真を撮ってその状況を確認した。ここでは第三ブロックの地図番号93と94の墳墓の状況を見てみよう。この区域においては、比較的古い墳墓が設けられている。

【事例1】地番67の墓所（地図94）には一〇基の墳墓がある。一番古い墳墓が享保二（一七一七）年であり、もっとも新しい墳墓が寛政一二（一八〇〇）年である。幕末から明治維新にかけて時期にこの墓地は無縁化した可能性が高い［野口家］。

【事例2】地番107の墓所（地図93－94）である。このあたりの墓所ではもっとも広大な墓所の面積を誇っている。地図93－94ではもっとも古い墳墓（寛永四［一六二七］年）があり、もっとも新しい墳墓が明治四（一八七一）年のもので、総計三〇基の墳墓がある。この墓所にある墳墓に刻まれた戒名に「院殿」をもつものが四基以上あり、写真に見られるような五輪塔が六基並んでいる。墳墓は個人（一人）の名前（戒名）が刻まれていて、合葬形態の墳墓は見あたらない。これを見ても、身分的にはきわめて高い地位にあった人であったことがわかる。墳墓の建立の様子から見て、この墳墓が無縁化したのは明治以降のことであろう［伊達家］。

【事例３】地番91の墓所は地図番号94の中割に近い場所にある。墓所には四基の墳墓がある。それぞれ寛政七（一七九五）年、文政九年（一八二八）、明治一〇年（一八七七）、昭和九（一九三四）年に建立されている。寛政七年の墳墓は「釈〇〇〇〇」と四～六文字の戒名が一人刻まれているが、文政九年の墳墓は正面に「南無阿弥陀仏」と刻み左側面に「惣塚」と刻み、明治一〇年の墳墓は正面に「南無阿弥陀仏」と刻み、左側面に「島倉氏」という家名（苗字）を刻んでいる。昭和九年の墳墓は正面に「島倉ちよ之墓」と刻んでいるが、右側面には「島倉ふさ、昭和二二年五月四日、行年六八歳」と刻まれている。この墳墓は昭和九年「島倉ふさ」によって建立されたものであり、自分が建てた墳墓に自らが葬られたことになる。ここにある墳墓は最初の寛政七年の墳墓を除いて合葬墓の可能性が高い。また、これらの墳墓が無縁化するのは、昭和二二（一九四七）年に墓石に文字を刻んでいることから考えても、戦後の高度成長期になってからであろう。

地番107の墓所　白札7420　7421

地番107の墓所

地番102　白札7455

地番91　白札7479　享保９年建立

【事例４】地番102の墳墓（７４５５、地図番号93）は、墳墓の正面に「倶会」とあり、右側面には「元相模屋先祖代々天正十年五月十五日」とあり、地面からは二メートルを超える堂々とした墳墓である。しかし、この墳墓は天正一〇（一五八二）年に建立されたものではなく、天正一〇年はおそらくはこの家（相模屋）の初代＝先祖の没年を示したもので、建立の時期は幕末以降のものと思われる（野田山の墓地がもともと天正期に始まるし、この家「相模屋」は士族ではなく、町人階層のものであると思われ、この時期に野田山に埋葬されたとはとうてい考えることができない）。この墳墓の隣に、正面に「南無阿弥陀仏」、左側面に「相模屋」右側面に「文政元年……」と刻まれた墳墓が建立されている。一見する限りはこの墳墓がもっとも古く、これ以降にこれまでの墳墓を合葬した可能性が高い。

【事例５】地番87（地図番号94）では、四基の墳墓が無縁になっている。正面の大きな墳墓（７４６５）は「故陸軍歩兵中佐　正五位勲四等功五級　中村粂二墓」とあり、背面には「昭和二年五月　享年五三歳」の没年と「昭和二年八月士族こさの建之」とある。この墳墓の前に、三つの小

地番87　白札7462～65

地番87　白札7465

さな角石塔が建立され、いずれも「昭和一四年一一月」に建立されており、正面はいずれも「南無阿弥陀仏」であるが、右側には７４６２は個人の戒名、７４６３は「中村家先祖代々之墓」、７４６４「北村家先祖代々之墓」と刻まれている。63と64はともに「中村こさの建之」となっている。64がなぜ「北村家」であるのか明らかではないが、あるいは何らかの事情で中村こさとさんが親戚（あるいは実家）の墳墓を建立したのかも知れない。７４６５の軍人の墓が戦没者であるかどうかは明らかではないが、特別に墳墓が建立されている点、あるいは亡くなられてから数カ月の間に墳墓が建立されている点から見ても、おそらく戦没者のものであろう。

　無縁墳墓して改葬される軍人の墓（戦没者の墳墓）は、新墓地甲の中でも何基か見いだすことができる。

　なお、表9は、改葬される墳墓を建立年代に区分して整理したものである。一九世紀に建立された墳墓が多いというのは当然の帰結かも知れないが、戦後になって建立された墳墓も三基が無縁改葬されている。

表9　改葬される無縁墳墓（予定）建立の時期

| 時代区分 | 芝　山 | 中　割 | 後割乙 | 新墓地甲 | 合　計 |
|---|---|---|---|---|---|
| 1600-1649 | | | 3 | | 3 |
| 1650-1699 | | | 10 | | 10 |
| 1700-1749 | | 5 | 33 | | 38 |
| 1750-1799 | | 9 | 38 | | 47 |
| 1800-1849 | 5 | 39 | 150 | 3 | 197 |
| 1850-1899 | 8 | 63 | 181 | 47 | 299 |
| 1900-1949 | 2 | 17 | 43 | 17 | 79 |
| 1950-1999 | | 2 | 1 | | 3 |
| 不　明 | 11 | 107 | 304 | 18 | 440 |
| 合　計 | 26 | 242 | 763 | 85 | 1,116 |

# おわりに

## 1　野田山墓地の歴史と墳墓のあり方

前田利久・利家を野田山に葬り、その重臣や家臣団、そして一八世紀になると町人階層までこの墓地に葬るようになった。野田山墓地は、全国でも例を見ない「藩墓地」であり、「都市型墓地」であったことは間違いがないだろう。しかし、野田山墓地の歴史については、まだ不明な点が多い。たとえば、後割乙の地域を見ていると、武家階層と町人階層の墓所（墓地区画）は区分されている訳ではない。一八世紀になってから町人階層にも、野田山墓地の使用が容認されるようになったとされているが、この時から武家階層と町人階層の墓所は入り混ざった形であったのだろうか。それとも、明治維新以降の墓地の切り売りの中でこのような状況が生まれてきたのであろうか。

また、本文中にも触れたことであるが、墓地はその成立当初の姿をそのまま留めている訳ではないということである。それは、墓地の所有主体が変わったというだけではなく、たとえば前田家の墓地にしても何度かの移葬（改葬）が行われており、八家の墓地についても新たな墓地の確保による移葬が行われている。さらに、武家階層にしても町人階層にしても、もともとは別の場所にあった墓所を野田山に移したとする伝承が数多く残されていることである。表現を変えるとするならば、野田山墓地の長い歴史の中で、墓地の整備がこれまでに何度か行われてきたことを意味する。下級武士に墓地が開放されたとき、町人階層へ墓地が開放されたとき、公営墓地になって市民の墓地が開放されたとき、これまでにもいくつかの契機があったし、個々の家においても墓所の移葬があったものと思われる。野田山墓地の詳細な研究がこのような個々の家の研究を通じて深められなければならないし、その研究は「墓地空間」の構成という限定された問題ではなく、金沢の歴史・個々の家の歴史にまで繋がっていく。

さらに、この地域の特色ということができるのだろうが、合葬墓の形態が多いことである。墳墓の正面に「総墓（惣墓）」「南無阿弥陀仏」「釈」「累代之墓」等と刻み、何人かの合葬している墳墓の形態である。「○○家之墓」と家名を刻んだ合葬墓も一九世紀になると登場するようになるが（このような家族名を刻んだ墳墓の形態を「家族墓」と呼ぶ）、他の地域に比べてもきわめて早い段階で「合葬墓」が登場するように思われる。

「南無阿弥陀仏」は一八世紀になると、その他の「総（惣）墓」「累代之墓」「先祖之代々墓」「倶会（一処）」「○○家累代之墓」「○○家之墓」は一九世紀になってから、「○○家先祖代々之墓」は一九世紀の最後の四半期になってからとあるが(18)、集合墓あるいは家族墓のあり方にはよりきめの細かい分析が必要である。その墳墓を建立した層がどのような階層に属していたのか、どのような宗旨であったのか、その集合墓の建立がこれまでの遺骨をまとめるために建立されたのか、新しい遺骨を埋蔵するために建立されたのか、これらを明らかにすることによって合葬墓の意味＝性格を明確にできるからである。今後に残された課題も大きい。

## 2　無縁墳墓の改葬について

野田山墓地の無縁墳墓改葬の事業（墓地整備事業）は、平成二（一九九〇）年から本格的に始まった。しかし、これまで折に触れて述べたように、墓地の整備は、それが無縁墳墓の改葬という形はとらなくても、幾度となく行われてきた。合葬墓が多いのは、浄土真宗の門徒衆が多いと理由によるだけではなく、合葬墓を建立して墓地の整備を行ってきたことも影響を与えているのだろう。
とは言え、今回の墓地の整備事業は、開闢以来四〇〇年を経過し、町人・下級武士階層に開放されてから二〇〇年を経過している野田山墓地の本格的な整備事業なのである。今回の私達の調査対象区域は上級武士階層ではなく、比較的下級武士や町人階層が多いとされてきた区域である。そのような地域で、どのように墓地の無縁化が進んでいるかはたいへん興味深い問題であった。そして、墳墓の無縁化が概ねではあるが四〇％程度であった。問題はその数字をどのように見ればよいのであろうか。結論から言うと、私の個人的な印象ではあるが、予想したほど多いものではなかったと言える。

もっとも、野田山墓地は市民に対して開放された墓地であったとしても、武家や上層の町民階層といった比較的「家」観念の強い階層（人々）によって維持されてきた墓地である。また、この調査の過程の中で詳細についてのお話しをお伺いすることができなかったが、墓守（墓番）の存在も大きな意味をもっていたように思う。墓守による墓地の管理は人々（墓地使用者）の墓地に対する関心をいつも呼び起こしてきたように思えるからである。

そして、そのような階層においてさえも、四〇％程度の墳墓の無縁化が起こったと考えると、やはりこの数値は重く受け止める必要があるだろう。祖先崇拝に関する意識も大きな変動の中にあり、今後墳墓の無縁化は加速度的に増加する可能性はあるし、また無縁化の要因として「移動」という要因だけではなく「少子化」と要因が加わってくる。無縁墳墓の増加は、不可避的な問題なのである。

今回、野田山墓地の無縁墳墓の改葬事業＝墓地の整備事業を取り上げた理由は、この整備事業の一つのモデルになるのではないかと思ったからである。四三万㎡の野田山墓地の整備事業は、これを開始して一〇年を超えてもまだ道半ばの大事業である。金沢市がどのような手続きにおいて無縁墳墓の改葬事業を行っていたかは、できるだけ詳細に紹介したつもりである。ある一定の区域を五年をかけて墳墓の調査を行い、それを記録した上で整備を行うというのは誰もが「死者の尊厳性」を確保した上での整備と考えるであろう。無縁墳墓の改葬は、墓地経営の合理性の観点からだけではなく、死者の尊厳性を確保する観点から行うべきであり、その意味において野田山墓地の整備事業は大きな意義をもっているといえるだろう。

また、一方では墓地の整備事業として行いながら、他方では『金沢市文化財紀要二〇〇　野田山』（前掲）のように墓地を文化して記録する事業としてもこれを展開している。この事業も手間暇のかかる作業である。このような事業に着手した金沢市の英断に敬意を表するとともに、今後も継続した事業の展開に期待したい。実際、墳墓のデータベース化を行い、一基一基の墳墓の記録を見てみると、金沢の歴史や文化が見えてくるし、また個々の家のさまざまなドラマが見えてくる。膨大な無縁墳墓の山の中には、壮大な金沢の、そして人間のドラマがある。

（1）利家の戒名は「高徳院殿贈従一位行亜相桃雲公大居士」である。
（2）屋敷道明「桃雲寺と野田山墓地」（資料紹介）（金沢市［金沢埋蔵文化センター］『野田山墓地』＝金沢市文化財紀要二〇〇所収、二〇〇三）、八四頁以下。
（3）宇佐見孝「野田山前田家墓地の形成と変遷」『野田山墓地』九〇頁以下。
（4）出越茂和「野田山近世墓地研究序説――墓地の形成と構造――」『加能資料研究』第一三号、二〇〇一年、八四頁。
（5）同前、八九頁。
（6）金沢市『野田山墓地』（前掲）、九頁。「レポート野田山から（一三回）」（北国新聞、昭和五八［一九八三］年二月八日）で町人墓地のことを扱っている。ここでは、「天保期［一八四〇年前後］ごろから墓地を備え出した有力商人は鶴来屋・越中屋・白虎屋・能登屋・小牧屋・松任屋ら。墓は町人専用であったと思われる「後割甲」に集中し、その数は優に二〇〇基を超える。墓石の見事さは下級藩士をはるかにしのぎ、高さ一メートル前後、幅三、四〇センチの立派な越前石や戸室石が林立する」とある。
（7）金沢市『野田山墓地』（前掲）八頁以下および出越茂和「野田山近世墓地研究序説」（前掲）を参照。

（8）　この富子姫の夫婦別姓の墳墓については、拙稿「家（家族）と村の法秩序」水林彪ほか編『法社会史（新体系日本史2）』（山川出版社、二〇〇一）を参照。
（9）　同前、九四頁。
（10）　「墓地券」等の文書の所在はすべて金沢市近世資料館。
（11）　金沢市史編纂委員会『金沢市史（資料編14　民俗編）』（金沢市、二〇〇一）、三一七頁以下。
（12）　同前、三二五頁。
（13）　向井英明氏は、野田山墓地について「武家や町家の墓もここに集まり、城下町最大の墓地になった。しかし、真宗門徒の墓は厳しく排除されたらしい」（金沢民俗をさぐる会編著『都市の民俗・金沢』［国書刊行会、一九八四］、一六頁）と論じている。しかし、残された墳墓をみてみると、遅くとも江戸時代の一八世紀末には浄土真宗系の戒名を刻んだお墓も見られるようになっている。
（14）　『野田山墓地』（前掲）一三頁。表3として引用したものは「第四表　記載人数」（一七頁）。
（15）　拙稿「総墓の諸形態と祖先祭祀」『国立歴史民俗博物館研究報告』第四一集（一九九二）、二五五頁以下。
（16）　拙稿『一九九五年度　墓と祖先祭祀についての法社会史的研究――家族・村落構造との関わりで＝吐山の墓制』（一九九五年度文部省科学研究費補助金、一般研究Ⓒ）三八頁以下。「個人墓」等の定義については四頁以下。
（17）　『石川縣史　第四編』（石川県、一九七四）、一二一〇頁から一二一一頁。
（18）　『野田山墓地』（前掲）第六表（一九頁）によると、「〇〇家累世之墓」「〇〇家之墓」「〇〇家先祖代々之墓」を区別して、前二者は一九世紀になってから、最後の「〇〇家先祖代々之墓」は一九世紀の最後の四半期になって登場する。しかし、この三者を区別する意義はどこにあったのであろうか。
　また、明治維新以前に墳墓に〇〇家という「苗字」を刻むのは一般的には武士階層に限定されるだろう。実際、武士階層では江戸時代を通じて個人の戒名を記銘するものが多いとも論じている（注（13）を参照）。では、江戸時代に「〇〇家」という苗字を記銘した墳墓はどのような階層であったのであろうか。いくつか不明な点、解明されなければならない点が残されている。もう一度、もとのデータに帰っての分析を必要としている。

# 第7章　地類・地神・地親類——家結合と同族祭祀をめぐる一考察——

八木　透

## はじめに

本小論では、愛知県三河地方のカモンとジルイ、関東から中部地方のジシンルイ、および京都府丹波地方のカブとの比較を試みながら、各地域における家結合の特質と同族祭祀の構造、および諸集団の村落内における機能について考察することを目的としている。

愛知県三河地方には、カモン（家門）、ジルイ（地類）と称する、一種の同族集団が広域にわたって分布している。これらの集団では、地域によってはウジガミ（氏神）、ジノカミ（地の神）などと称する神祠を有し、共同で祭祀を行っている。このうち、カモンは三河西北部の東加茂郡旭町、西加茂郡小原村（いずれも現・豊田市）から岐阜県恵那地方に広がりを見せ、一方ジルイは南設楽郡内一帯から新城市、豊橋市とその周辺の広い地域に分布している。ジルイと類似の事例は、ジシンルイ（地親類）・ジエン（地縁）・ジワケノシンルイ（地分けの親類）等々と若干名称を変えながらも、関東から中部、北陸、東海地方にかけて広域に広がっている。これらの諸集団の性格や構造は、地域によってきわめて多様な様相を呈し、名称は同じであっても、その実態は地域によってまったく異質であるという例も少なくない。

三河地方のカモンやジルイについて考える際、共同の祭祀対象であるウジガミやジノカミを祀るという点に注目する必要があると考えられる。カモンで祀られるウジガミと、ジルイで祀られるジノカミは、いささか異なった性格が看取できる。このような一種の同族祭祀は、関東や中部諸地方にも見られはするが、むしろ京都府丹波地方に分布するカブ（株）において類似の事例が見られるのであり、その意味では関西諸地域との共通性がうかがえるのである。そこで、まず次章においては、三河北西部地域に分布するカモンとウジガミ祭祀について具体事例を紹介しながら考察することにしたい。

## 一　三河北西部地域のカモンとウジガミ祭祀

本節では、まず旧東加茂郡旭町、旧西加茂郡小原村の具体事例を紹介し、若干の分析を試みる。特にカモン内における家々の関係性や、ウジガミと称する同族祭祀の実態と祭祀対象の性格、カモンと葬式組や諸種の講集団などの村落組織との連関について考えてみたい(1)。

**【事例①】東加茂郡旭町浅谷（現・豊田市）**

浅谷は岐阜県恵那郡明知町（現・恵那市）と接する、旭町最北部の集落である。浅谷はもともと岐阜県恵那郡に属し、同野原村、横通村とともに三濃村を構成していたが、昭和三〇（一九五五）年、野原村とともに愛知県東加茂郡旭町に編入された。

浅谷にはカモンと称する同族集団が存在する。浅谷には一九種の姓が見られるが、このうち明確にカモンとして認識されているのは一〇集団である。またこれらはすべてウジガミと称する同族神を祀っている。

カモンは本家をホンヤ、分家をシンヤとよぶ、いわゆる本家分家関係の家々で構成されており、大半のカモンではその系譜関係を辿ることができる。しかし中には異姓の家や、かつての作人や奉公人を含む例もあり、必ずしも系譜関係があるとは限らない。カモンの機能は、近年ではオキモリという仲人を相互に務めることと、ウジガミの祭祀のみで、他にはあまり役割はないが、かつては日常からお互いに助け合って仕事をしたという。以下、特徴的と思われるカモンとウジガミ祭祀の具体事例を記す。

たとえば、浅谷のITのカモンは一一軒の家で構成されている。この中に一軒だけM姓の家が含まれている。これは本家筋の家のかつての奉公人であった家であるという。このカモンでは毎年一一月の第二日曜日にウジガミの祭りを行っている。モトといわれる当屋が輪番制で廻り、かつてはモトの家が塩・洗米・水・果物・野菜・魚等の供物を準備し、一同で祭祀を行った後、モトの家で直会を行っていた。近年はウジガミの横に小さな小屋を建て、そこで会食をして親睦を深めている。なおITカモンのウジガミは、養蚕大明神、山の神、若宮が祀られているという。なおこのカモンには、すでに浅谷から他所へ移り住んだ者も含まれているという。

また、IGカモンは七軒のIG姓の家だけで構成されている。毎年一〇月第二土曜か日曜にウジガミの祭りを行う。この時は神主をよんで祝詞をあげてもらうという。モトの家が中心となり、各家から重箱に赤飯や団子を作って持ち寄り、ウジガミの前に筵を敷いて宴会をする。ウジガミの祭りでは女性はあまり表には出ず、家で料理や供物を作るのに専念する。特に血のケガレを重視し、火がケガレている者は準備にも参加できないという。なおこのウジガミの祠には、カモン七軒の初代の名が記された紙が入っているという。

また別のＩＧカモンは、七軒の家で構成されている。このカモンにはＮＨ姓の家二軒とＯＨ姓の家一軒が加わっている。これらの家は、もともとＩＧ家の作人であった家で、独立してカモンに加えてもらったといわれている。

ＹＳカモンは三軒の家で構成されている。このカモンにはＮＺ姓の家が加わっている。この家は、もともと浅谷の駐在をしていた人の家で、やがて浅谷に永住し、どこかのカモンに入らないと寂しいということから、二軒しか加入戸のなかったＹＳカモンに加えてもらったといわれている。

ＯＫカモンは一一軒の家で構成されている。そのうち三軒はＣＫ姓の家である。この三軒の家は後になってＯＫカモンへの加入を願い出た家であるが、ＯＫの姓を名乗らせるわけにはいかないということから、ＣＫ姓を名乗ることを条件として、カモンに加わったといわれている。

なお浅谷の家々は、不動・南・中・西・大屋・南の六つの班に分かれている。このうち不動と南、中と西、大屋と南がそれぞれ単位となっていわゆる葬式組が構成されている。すなわちひとつの班で死者が出ると、同じ班の家が棺・角塔婆・野膳などの葬式の作り物すべてを準備し、もう片方の班の者が墓穴を掘るという仕組みになっており、いわば同一の班が内部の手伝いを、また一方の班が外部の手伝いを担うことになっている。このように、日常生活における家々の相互扶助の象徴ともいえる葬式の手伝いは、カモンとはまったく異質な村内の地縁的組織である班が担っており、その意味において、カモンのもっとも重要な機能は、共同でウジガミを祀ることにあると理解することができよう。

またカモンの中でも、直接のホンヤ・シンヤのつきあいは深く、オキモリという仲人を相互に務めることは今でも行われている。オキモリは、本来は結婚や夫婦関係のすべての決着をつける義務があり、離婚の調停などを行うことも多かった。離婚の調停をすることを「赤袢を着る」という。このように、カモン内の家々の結合は必ずしも均等ではなく、系譜関係が明確な家同士が日常生活のおいても特に強固な結合を示しているのである。

【事例②】西加茂郡小原村田代（現・豊田市）

旧小原村の最北部に位置する田代における同族集団は、今日ではイッパ（一派）という名称でよばれているが、その結合形態や機能は旭町浅谷のカモンと大差はない。

たとえば、MOイッパは同姓の五軒の家から構成されている。そこでは正月と毎月一四日に共同の祭祀が行われている。正月にイッパの先祖であるウジガミの前に供物を供え、イッパの人々が参る。なおウジガミの裏面には「天正元年三月廿八日　茂ヱ門　天正二年十二月廿日　代々之　昭和二年六月十四日　枡岡家門建之」と記されており、ここでは「家門」という名称が使われていることがわかる。また毎月一四日の集まりは、「一四日念仏」と称して毎月当番を廻して念仏を唱える。さらに、MOイッパの五軒と異姓の三軒の家が一つの組を構成している。祝儀・不祝儀の際には、この八軒の家が集まりお互いに助け合うという。また、春と秋に行われている山の神祭にはこの八軒が一緒に祭祀を行っている。なお、この山の神の祠はMOイッパのウジガミの横に祀られている。

以上のように、旭町浅谷や小原村田代のカモンにおいては、集団の構成原理としてはホンヤ・シンヤという系譜関係を基礎としているが、実際には、必ずしも系譜関係にある家々のみならず、往々にして他姓の家や、かつての奉公人、作人であったとする家が含まれている。また近年の例では、浅谷のYSカモンのように、もと村の駐在をしていた人が村に居住し、どこかのカモンに入らないと寂しいからという理由で、新たにカモンの仲間入りをしたような例も見られる。これらの諸例から考えると、カモンは今日でこそ相互扶助と親睦を目的とした家関係であると認識されているが、かつては相応の家格差が存在し、ホンヤとシンヤ、および奉公人家との上下、主従の関係が顕著であったのではないかと思われる。そのような家相互の家格差が徐々に弛緩し、やがてはフラットな家結合へと変化してきたのではないかと考えられる。そして近年では家相互の親睦が重視されるようになったがゆえに、YSカモンのような例が出現してきたのであろう。

## 二　南設楽郡のジルイとジノカミ祭祀

次に南設楽郡の諸地域とその周辺地域に広く分布する、ジルイとジノカミの祭祀について具体的に見てゆきたい(2)。

**【事例③】南設楽郡作手村田代（現・新城市）**

旧作手村保永に属する田代の集落は、新城市から雁峯山系を越えたすぐ北側の山間の集落である。田代にはSK・OT・NM・TS・IZの五姓の家があり、そのうちSK姓五軒・OT姓五軒・TS姓七軒（実質は三軒と四軒に分かれている）・NM姓は四軒と八軒に分かれて、それぞれジルイを構成している。ジルイではそれぞれジノカミという祭祀対象を有し、一年の決まった日に構成員が集まって祭祀を行っている。また田代ではジルイ全体で祀るジノカミと、各家で祀る屋敷神としてのジノカミの二種の祭祀対象を持っている。

たとえばSKジルイは現在では六軒の家で構成されている。このうちの一軒は異姓の家であるが、この家はもとのSK家の屋敷地に居住したために、実質的にはSKジルイに加入した形となり、ジノカミもいっしょに祀っているという。SKジルイでは各家で祀るジノカミと、ジルイ全体のジノカミがある。ジルイのジノカミは山の中腹にあり、これはSKジルイのみならず、大田代とよばれる地域に住むすべての家が祀るものであると認識されている。このジノカミは毎年旧暦二月初申の日と旧暦九月第二の申の日の、年に二回祭りがあり、団子・お神酒・御幣を供えて祀る。その後当屋であるヤショを輪番で回して、そこで親睦会を行うという。

またTSジルイでは、本家の屋敷の裏手に檜の巨木が繁り、それをTSのジノカミとして近隣のTS姓二軒とともに祀っている。この三軒をジルイとよび、先祖が同じで日常生活の中でも手伝い合いをする間柄であると認識されているが、必ずしも濃い血縁であるというわけではない。しかし三軒とも一番古い先祖は同じ戒名の位牌を仏壇に祀っている。ジノカミにはTSジルイの先祖霊が祀られており、死者の霊魂が五〇回忌を過ぎるとジノカミになるという。なお檜の古木のまわりは少し壇になっているが、これより内側に入ることができるのは男性だけで、女性が入ると祟るといわれている。TSジルイのジノカミ祭りは、旧暦二月の初申の日と、旧暦九月の第二の申の日に行われる。祭りの当番はヤショ（屋所）といい、輪番で祭祀が行われている。この日ヤショは米の粉で作った団子、甘酒、里芋の味噌煮を作る。ジノカミ祭りには各家の男性が参加し、女性は参加することができない。なおTSジルイでは屋敷ごとに家のジノカミを祀ることはなく、それぞれの家からホンヤのジノカミを遙拝し、毎朝ジノカミに向かってお茶などを供える。

ところで田代には全体で三組のカヤグミ（茅組）がある。これは七つの小字が単位となって構成されている。さらに田代には二つの庚申組がある。これはジルイともカヤグミとも異なった構成である。カヤグミはもとは屋根の葺き替えを手伝い合う組織であるが、同時に葬式を手伝い合う、いわゆる葬式組でもある。一方庚申組はもっぱら信仰的組織としての庚申講を催すための集団である。田代のほとんどの家はどちらの組にも属しているが、双方とも血縁的繫がりよりも地縁的繫がりを重要視した組織である。

**【事例④】南設楽郡作手村見代（現・新城市）**

田代の隣村である見代では、MT姓五軒とTS姓二軒が合同でひとつのジルイを、またSG姓五軒とKT姓一軒でひとつのジルイを構成している。このうち、SGジルイのKT家の屋敷はもともとSG一族のホンヤであったが、明治期に位牌を含めて何もかもを残したまま転出してしまった。その後にある縁でKT氏が住むようになった。そのような理由からKT氏がSGの位牌を祀り、SGジルイに加わったという。しかしKT氏はあくまでも他姓の人であり、ジノカミの祭祀には参加していない。また五軒のSG家のうちの二軒は、もとのSG家の使用人であった家であるという。そのためにジノカミの祭祀には参加していない。すなわちこの二軒とKT家とは、普段はジルイとして親しくつきあいをしているが、ジルイが有している山や田畑などの共有財産に関する権利はなく、また共同の祭祀対象であるジノカミの祭りにも参加しないという意味において、厳密にはジルイとは異なる家であると認識されているようである。

SGジルイで祀るジノカミは、KT家（もとのホンヤ）裏の山の中腹にあり、かつては正月と秋に三軒のSG家の者が集まって祀っていたが、今では正月に一軒の家の主人だけが祀っている。なおSG姓の三軒の家には、それぞれ家のジノカミがあり、正月と盆には鏡餅や御神酒を供えて祀っている。

田代や見代では本家をホンヤ、分家をシンヤと称するが、新しくシンヤを作る際、一人前に生活ができるように、ホンヤが土地を分けて家を建ててやり、またその他の財産も分与した場合にジルイの仲間入りをすることができるという。つまりジルイとは、シンヤであってもあくまでもホンヤが土地を分け与えて家屋まで建ててやったシンヤとの間に構成されるもので、屋敷地の分与が重要な要素となっていたことがうかがえる。

ところで、見代は滝ノ入・四郎団・東当・井ノ表の四つの小字があり、このうち滝ノ入・四郎団で西・中という組に分かれ、現在ではこれがひとつの組となっている。また東当・井ノ表で東という組を構成しており、村全体で二組に分かれている。それがかつては西・中・東という三組に分かれていたというが、やがて西が寂れて中と合併して二組になった。組は葬式組の機能を果たすとともに、かつては結としての労働交換を行う単位でもあった。

田代や見代では、今日見ることができるジノカミの祠は、古木や木製の祠あるいは石製の祠など様々な形態があるが、古いジノカミはすべて木製であったといわれている。新しくジノカミを祀ると、昔は法印さまに来てもらって「オショウネ（お性根）」を入れてもらった。法印さまは、設楽町三橋か新城市的場の金胎寺から来てもらったという。昭和五〇年代以降は法印さまではなく、神社の禰宜に依頼している。

**【事例⑤】南設楽郡作手村東高松（現・新城市）**

東高松では、KT姓三軒、MT姓三軒、SN姓五軒、SGN姓四軒が、それぞれジルイを構成している。このうちKTジルイに属する三軒のうちの一軒は、「ツブレカドをもらって苗字を変えた」といわれている。すなわちもとはMT姓であった人がKT家の空き家を購入してそこに移り住んだために、姓を変えてKT姓を名乗ったという。KTジルイではモトヤシキ（元屋敷）といわれる昔の屋敷跡に共同のジノカミを祀っている。また一軒のKT家の庭に、家で祀るジノカミと山の神が祀られている。毎年三月二一日と九月二三日の年に二回、注連縄をぬい、弊を作り、米の粉で作ったオハタキとよばれる供物を作り、オハタキは三枚の葉を敷いてその上に置き、上記の三カ所の神に供えて祀るという。

この例のように、空き家を次男三男のシンヤとして買い、もとの家の姓を名乗ってそのジルイに加えてもらうという例が少なからずあったようである。

**【事例⑥】南設楽郡作手村大和田（現・新城市）**

大和田には、IY姓三軒とSM姓六軒の計九軒がひとつのジルイを構成し、共同でジノカミの祭祀を行っている。このジノカミは一族の先祖であると認識されている。伝承によれば、今日の三軒のSM家は、もとはIY一族のワカレであり、元禄年間まではIY姓であったという。毎年秋の刈り取りが終わる頃に行われるアキアゲ（秋上げ）の日に、ジノカミにボタモチを供えて祀っている。またジノカミの本来の祭日は一二月であるといわれており、現在では一二月初めの日曜日に、ジルイの九軒からそれぞれ夫婦が参加して、お神酒と菓子を供えて簡単な祭祀を行っている。

【事例⑦】南設楽郡蓬莱町川合（現・新城市）

蓬莱町川合のKＩジルイは、同姓の一一軒の家で構成されており、共同でジノカミの祭祀を行っている。KＩジルイでは、川合を離れて他所へ転出したらジルイではなくなるという。ジルイはお互いにシンセキであると認識されているが、必ずしも血縁があるとは限らない。たとえば、明治期に他所から川合に来た者にKＩ姓を名乗らせて、馬車曳きをさせていたことがあり、その人はKＩジルイの構成員としてジノカミの祭祀にも参加していたという。ジルイは普段はあまり付き合いがなくても、何かあればすぐにやってきて、手助けをしてくれるような間柄であると認識されている。なお川合では、ジルイに関して地分け伝承は聞かれない。

KＩジルイのジノカミは、屋根のついたりっぱな祠で祀られている。現在ジノカミは旧正月の元日に祭りが行われている。元来は正月、五月五日、九月九日にも祭りが行われていた。祭りに際し、おおまかな準備を整えておくのがヤド（宿）とよばれる固定された家である。ヤドは主に榊、注連縄や御幣などを用意しておく。御幣は祭りの当日にヤドを訪れたジルイの者が共同して作成する。平年は一二本用意するが、閏年は一三本準備するという。三〇年ほど前はジルイで幟も作成した。またお供えとして、オコワとよばれる赤飯（粳米を蒸し、小豆をまぶしたもの）と御神酒、餅をヤドが準備しておく。このオコワはジノカミに供えられた後は、祠の屋根瓦の上に置き、鳥をよんで餌とする。これら祭りにかかる費用はジルイ全体で割り勘とする。KＩジルイでは、一一軒すべての家から男女問わず一人ずつ参加する。なおジノカミの祭りの日に、同時にゴリンサマ（五輪さま）にも参る。ゴリンサマは墓地の一隅に置かれている石碑である。ジノカミに供えるものと同じものをゴリンサマにも供える。KＩジルイでは、ジノカミもゴリンサマもともに一族の先祖であると認識されている。

ＫＩジルイでは、「ジノカミの屋敷地」とよばれる畑地を有している。この畑の管理を任されているのもヤドである。戦時中にこの畑地を借りたいという人がいて、貸したことがある。するとヤドの者が病気になり、そのことがジノカミの祟りであると噂され、それ以後は再びヤドの家が管理することになり、今日でもヤドの者が畑を耕作している。なお川合では、ジルイで祀るジノカミとは別に個人で祀るジノカミが存在する。新しくジノカミを祠に納めるときは、新城市有海の大龍寺に頼んで法印さまに来てもらい、祈祷をしてもらうという。なおジルイで祀る地の神の祭りに法印さまをよぶことはない。

川合の集落は六つの組から構成されており、この組が葬式組の機能を果たしている。しかしこの組は比較的新しい組織で、明治の頃にできたとされている五軒組をモトグミといい、今日では居住地はばらばらになっても、日常から親しく付き合っているという。明治末頃にモトグミで山林を買い取って管理をしていたこともあり、かつてはある程度閉鎖的な集団であったといわれている。

以上の事例を概観してみると、南設楽郡内のジルイも、基本的には先の東西加茂郡のカモンとほぼ同様の構造的変化を遂げてきたように思われる。しかしその構造的な細部においては、カモンとジルイは若干性格を異にするように感じられる。ジルイとカモンのもっとも異なる点は、いわゆる「地分け伝承」の有無であろう。カモンにおいて地分け伝承を聞くことはないが、特に作手村のジルイでは、様々な形で地分け伝承を聞くことができる。たとえば田代に住むＴＳ姓の者の、かつての姓は「ＮＭ」であったが、もとの「ＴＳ」の屋敷地に移住したので姓を「ＴＳ」に変えたという。そのために今でも、姓は異なるがもとの集団であるＮＭのジノカミを祀っているという。また見代のＳＧジルイで、かつて本家が突然すべての家財を残して転出した後に、その屋敷に移り住んできた他姓の者も、広義の意味ではジルイの仲間であるとする認識や、大田代のＳＫへジルイで、姓は異なるがもとのＳＫ姓の家に居住したために、ＳＫジルイに加わったという例など、ジルイの構成原理と屋敷地が深く関わっていることがわかる。また既述したように、田代や見代ではジルイは原則としてはホンヤ・シンヤ関係にある家であるが、あくまでもホンヤが土地を分け与えて家まで建ててやったシンヤとの間に構成されるもので、屋敷地の分与が重要な条件になるという。このような例は、ジルイの構成原理の中で屋敷地がもっとも重要視されたのであり、その意味で、屋敷地の原理がそこに住む人の移動や変化を超越して作用していたというジルイの構造的特質がうかがえる。しかし一方で、ジルイの結合に家々の系譜関係が大きく作用しているという点にも注意をはらう必要があろう。すなわちジルイには、かつての奉公人やその他の非血縁の者を含みながらも、基本的にはジルイに所属する家々は共通の先祖を持ち、系譜関係にある家々であるとする認識が見え隠れしている。たとえば【事例④】の作手村見代のSGジルイでは、広義の意味ではかつての作人の家を含むとしながらも、一方で作人の家は系譜関係のない家であるために、ジノカミの祭祀にも参加せず、狭義の意味ではジルイではないとする認識がうかがえる。また【事例⑥】の作手村大和田では、IY姓とSM姓という異なった二姓の家々でひとつのジルイが構成され、先祖であるジノカミの祭祀も共同で行っているが、今日のSM姓の家は近世にはIY姓であり、かつてのワカレであると伝えられていることなどは、姓の異なる二種の家筋の系譜を、元禄期という古い過去に遡って擬制し、系譜関係を根拠として結集せんとする積極的な意識がうかがえる。この近世期の伝承の真偽は、記録が残されていない以上確認する術はないが、少なくとも伝承のレベルにおいては相互に認知されている事実なのであろう。このように、南設楽郡内のジルイの結合原理には、地分け伝承とともに、系譜関係の伝承も強く作用しているという実態がうかがえる。

またジルイにおいても、かつてはホンヤ・シンヤ、あるいは系譜関係のある家と、かつての奉公人など、系譜関係のない家との上下・主従的関係が顕著であったであろうが、やはり時代とともにそのような関係性は希薄となり、近年では相互扶助的な家関係として機能している点ではカモンと同様である。このような、かつてのカモンやジルイの本来的結合原理を示すもう一つの例は、今日でもカモンもジルイと、いわゆる葬式組とは別の集団として存在しているという事実ではないだろうか。浅谷ではカモンとは別の、地縁に基づいた班が葬式組の機能を担っており、また作手村の田代や見代でも、組が葬式組の機能を担っている。また田代では組とは別の「カヤグミ」という組織も見られるように、カモンやジルイは、その本来の性格が変化した今日においても、日常の相互扶助、労働交換のための組織とまったく異なる家結合として存在しているのである。

さらに、カモンやジルイの構成原理には、カモンやジルイが有する山林などの共有地の存在が大きな影響を与えているように思われる。安藤慶一郎の報告では、昭和二九年当時、浅谷のいくつかのカモンでは、山林や藪等の共有地を有していたことが記されている(3)。また作手村でも、かつてはジルイが有する山林があったことが確認できた。このような共有地の存在が、カモンやジルイの性格の閉鎖性を促すとともに、ホンヤとシンヤ、あるいはかつての奉公人家との家格差を助長したのではないかと考えられる。しかし近年では、そのような共有地の意味も変化し、かつてのような価値を有しなくなったがゆえに、カモンやジルイの性格も大きく変化してきたのではないかと思われる。

## 三　関東・中部地方のジシンルイ

関東から中部、東海地方の諸地域には、ジルイ・ジシンルイ・アイジ・ジワケなどと称する家関係が広く見られる。これらは三河地方のジルイやカモンとはまったく異質な性格のものも少なくないが、中には類似の性格を持つ例もあり、またジルイやカモンと同様に、共同の祭祀対象を有し、共同祭祀が行われている例もある。そこで本節では、最上孝敬、福田アジオ、加賀ひろ子、松崎かおりによるこれまでの研究成果を参照しながら、神奈川県、長野県、東京都の諸事例について紹介し、三河のジルイやカモンとの比較を試みたい。

### 【事例⑧】神奈川県大和市深見宮下

大和市深見宮下の事例は、加賀ひろ子の報告を参照しながらその概略を以下に記す[4]。

宮下は戸数が三六戸の集落で、いわゆる葬式組に相当する単位としての講中が二組あり、さらに小さな地縁的集団として、五組のニワバとよばれる組織がある。また系譜関係があり、かつ日常生活において様々な面で機能する家々の結合をジルイといい、村内で八つのジルイが報告されている。ジルイは少ない場合は二戸、多い場合は八戸で構成されており、例外なく同じジルイは同じニワバに属している。ジルイの約半数はニワバがそのままジルイを構成するという例であり、ジルイとニワバがほぼ重なり合った形態を示している。ジルイでは本家筋の屋敷かその地続きの土地に「地守り稲荷」という祭祀対象を有し、共同祭祀を行っている。祭日は初午の日で、ジルイの家々が正月飾りを祠の前に持ち寄ってオタキアゲをし、赤飯を供えるという。またジルイでは、婚姻の際にはタルイレに仲人とともにジルイの総代がおもむき、迎える側でもジルイ全員が席について待ち受けるという。また葬式においては、ジルイの本家筋の家がすべてを指示する役を務め、ツゲビトに行くなどの雑用も引き受けるという。このように宮下のジルイは、近隣組織であるニワバとほぼ同一の組織として存在しており、そのために機能面においても、組としての機能と系譜関係にある家々としての機能とが混在しているところに特色が見られる。

また宮下のジルイで注意を要するのは、加賀も指摘するように、「お互いに本分家関係にあるというのみならず、〈名田を分けあった仲をいうのだ〉との伝承[5]」があることである。「名田」とは「昔からその家の田畑として受け継がれ、どんなに困っても売り渡してはならないとされている耕地で、多くは屋敷地の周辺の田[6]」であるといわれ、それをかつて分け合った家同士がジルイを構成しているのである。この地分け伝承に関して、加賀が明治初期の耕地所有形態を土地台帳を用いて考察しているが、それによれば、伝承の通り、ジルイは名田をほぼ均等に分け合っており、かつ同様な分地が屋敷地についても行われていたという。このように、加賀は、ジルイは系譜関係を持つ家々であると同時に、農業経営においても非常に密接な関係を保ち、かつ屋敷地の均等分地を通して、「地縁的関係―同一ニワバの成員ともなる」[7]ことをきわめて説得力のある形で立証している。

【事例⑨】長野県上伊那郡美和村（現・伊那市）

旧美和村の事例については、最上孝敬と加賀ひろ子の報告を引用しながらその概略を以下に記す[8]。

美和村における報告において、最上孝敬はジルイに関して「この地方で血縁的結合の最も顕著なものは地類である。これはまた合地、なまってエイジともよばれている。普通に親類という言葉は地類と区別して結婚によってむすばれた所謂姻戚やその他一般の血縁関係の濃いものにつかわれている。地類はこれに反し、本家分家の関係にたつ一団をさす言葉である。ただ本家分家の分派が数代前に行なわれたものも多いが、この場合血縁は非常に薄れているので、とかく血縁団体とは別個のもののようにみられがちである[9]」と述べているように、この地におけるジルイは、基本的には本家分家関係にある家々によって構成されていたことがわかる。また最上は「長い間には地類中の一家に潰れるものが出てきて、他人がその家を買い取って入って来たような場合に、地類関係は依然もとのままで、その家に入って来た他人は新しく地類の一員となっていること[10]」があるといい、ジルイは必ずしも系譜関係にある家のみならず、非血縁者も含まれることがあったことを示すとともに、屋敷地を媒介としてジルイ関係が規定されていたことを伝えている。このことと関連して、最上は「元来地類とか合地とかいうその名前は本来一つの土地をもっていたものであることを示すもののようである。後にその土地を分けあったが、互いに密接な関係をもち、おそらくは土地の負担などについて共同の責任をもたされてきたものらしい。もと土地の分けあいは平等な折半を普通としたようである。その後に移転するのでなければ地類は同一地域に相隣接して居住するわけで、最近でも地類は一所にかたまっているのが普通である[11]」と述べ、ここでもジルイは土地の均等分地を契機として発生した関係であることを示唆している。なお旧美和村の事例で興味深いのは、ジルイでは祝殿とよばれる祭祀対象を持ち、共同で祭祀を行っていることである。最上によれば、たとえば溝口上城のTM姓のジルイは四軒で構成され、稲荷を祝殿として祀っており、またHS姓のジルイでは「二十三夜様」を祝殿として祀っているという[12]。さらに美和村には、いくつかのジルイが集まって構成されるマキとよばれる同姓集団が存在する。マキでは一族の先祖を祀る祠を有し、構成員が共同で祭祀を行っている。最上によれば「マキにおいてまつるものが大体先祖とみとめられるものなのに対し、祝殿の方はまれに先祖とするものをまつっているものもあるが、一般にはこれと別個のものである[13]」といい、少なくともここでは、ジルイとマキという、一種の同族集団が重層的に存在し、それぞれが共同祭祀の対象を有していたことがわかる。このような最上の報告に対して加賀ひろ子は、「ジルイが系譜を同じくし、祖先祭祀の単位であるマキの結合の中に、土地を分けあい、またそれゆえに貢祖の連帯負担の義務をはじめとする密接な関係――分地仲間としての――として、ある時期に形成されたものであることがうかがえよう。マキが先祖神をまつり、ジルイが祝殿を祀っていることもそれを示しているのではなかろうか[14]」という分析を行っている。

**【事例⑩】東京都多摩市馬引沢**

馬引沢の事例については、福田アジオと加賀ひろ子の報告を引用しながらその概略を以下に記す[15]。

馬引沢は戸数二五軒の集落で、全体としてひとつの講中を組織している。講中はいわゆる葬式組に相当する組織である。また講中はその内部で三つの組合という組織に分かれ、これもまた葬式の時に特に援助しあう家々として位置づけられている。福田アジオによれば、この組合の構成は近世の五人組であった可能性が高いという。すなわち五人組は、「単純に系譜関係とか同族関係、あるいは近隣関係による区分とはいえない。政治的に編成されたものであり、必要に応じて再編成されうるものであった。しかしこの五人組は五人組帳前書や諸請書に書かれている相互監視と年貢納入の連帯責任だけでなく、互いの生活を維持するための生活互助組織として大きな存在であったのである。現在の組合の諸機能は家の維持存続にとって必要不可欠なものであり、家の成立当初からなければならなかったものである」という。[16] また馬引沢では四つの姓の家が存在し、それぞれに系譜関係を持っている。これらの家々を指す名称として、イット、イチミョウなどという言葉は聞かれるが、その結合は顕著ではなく、また共同の祭祀対象を持つこともない。さらに本分家の区別も曖昧であり、現実の生活上の機能は見られないという。このようなイット、イチミョウに対して生活の上で機能しているのがジシンルイである。加賀によれば「どの家もかならず一軒は地親類をもち、祝儀・不祝儀の折に家の主人になり代わってすべての采配をふるう」[17] といい、また福田は「地親類は葬儀の時もその執行の総責任者となって活動するが、その他あらゆる家の行事に関係する。（中略）馬引沢に居住し永続的に一軒前のつきあいをするためには地親類が絶対必要である。地親類は、特定の家にとって一軒である。その地親類は特定の家に世代を超越して固定されている」[18] と述べ、馬引沢におけるジシンルイの持つ重要性について述べている。ただジシンルイに関して注意を要するのは、ジシンルイの結合方式には、「特定の家が一方的に他の特定の家の地親類をするのと、二軒の家がペアとなって相互に地親類の役をやり合うのとがある」[19] という。すなわちある家にとって、特定の家はジシンルイであるが、その特定の家にとってはある家はジシンルイではないということがありうるのである。実は、東京都や神奈川県に広く分布するジシンルイの事例の中には、このような例が多く見られるのであり、これまで見てきたジルイの構成とは異質であることがわかる。福田によれば「分家の地親類には本家がなり、本家の地親類にはその第一の分家であるイチワカレ（一別れ）がやるもの」[20] といわれているが、そもそも本分家関係が曖昧な状態であるために、必ずしも現実にそのような関係によって結ばれているとは限らない。福田はこのようなジシンルイに関して、近世文書を駆使しながら、当該地域のジシンルイは近世における土地分割伝承を持つ二軒の家を中心として構成され、後に分家が創設された場合、その分家を連鎖的に拡大させてゆくのであり、あくまでも一つの集団として活動することはなく、よってジシンルイは決して同族団としてとらえられるものではないことを立証している。

**【事例⑪】 神奈川県秦野市堀山下**

堀山下の事例については、松崎かおりの報告を引用しながらその概略を以下に記す[21]。

堀山下地区で、松崎が調査対象地域として設定したのは、商業地や近年の開発地域を除いた、大蔵、鍛冶ケ谷戸、宮、久保の四集落である。それはこの地域においてジシンルイ関係が存続しかつ機能してきたのは、農業を営む家々に限られるという背景による。戸数は四集落合わせて約一二〇戸で、住民の姓は、YG姓、TH姓、NT姓、KM姓、MK姓など、ある程度同姓の家が集落ごとに固まっている。ここでは若干の例外を除けば、すべて同姓の家でかつ本分家関係にある家同士でジシンルイの関係が結ばれている。その構成に関しては、【事例⑩】の東京都多摩市馬引沢の例と同様に、二軒の家が相互的にジシンルイの関係を結んでいる場合と、一軒の家が別の一軒あるいは二軒の家に対して一方的にジシンルイの関係を持つ場合とがあり、後者の場合は例外なく、本家がその分家に対して一方的にジシンルイを務めている。堀山下におけるジシンルイは、松崎によれば「少なくとも現在までは世代を超越して連綿と保たれて来た超世代的関係である。つまりあくまでもジシンルイ関係はイエとイエとの関わりを基本としたものであり、そのためジシンルイ関係にある一組のうち、一方のイエがなんらかの事情によって潰れたあとに非血縁者が転入してきても、引き続きその転入者とジシンルイ関係を結ぶといった柔軟な措置が取られる[22]」といい、ここでも系譜や血縁という原理よりも、屋敷地の原理がジシンルイ関係を強く規定する要素となっていることがわかる。さらに大蔵集落におけるジシンルイの機能に関して、松崎は「ジシンルイ関係が生きてくるのは主に祝儀、不祝儀の時である。その際、血縁者や自治会員（かつてのクミの構成員がこれに相当する）は扶助を惜しまないが、ジシンルイに当る家は、その先頭にたって事を執行する指図役をする[23]」といい、ジシンルイの機能面においても、馬引沢の例と共通していることがうかがえる。

松崎はこのような堀山下のジシンルイの具体的分析を通して、「確かにジシンルイを発生させた条件は土地分割を旨としていたと考えられるが、ジシンルイの規定内容をあくまでも江戸期の発生条件に求め、それによって現代に存続するジシンルイをも規定しようとすることは危険であろう。江戸期以降にも、何軒もの分家を出すことによってジシンルイの結合規模は拡大した。それに伴う形でジシンルイの性質、つまりその結合を支える条件もまた発生期と現在では大きく変わってきているのである。おそらくいくつかの例外のあることを恐れずに簡略化して考えるならば、発生当時、経済的相互負担を目的としていたジシンルイは、系譜関係を紐帯とした関係にその性質を変えてきたと思われる(24)」と述べ、ジシンルイの近世から今日に至る過程における変遷について分析を試みている。このような松崎の分析は大変興味深く、他の諸事例においても検討してみる価値があると思われる。

以上の四事例を概観してまずいえることは、これら関東から長野県にかけてのジルイやジシンルイは、例外なく土地分割伝承を有することである。今日では、ジルイやジシンルイは基本的には本分家関係によって結ばれているが、空家になった屋敷に非血縁者が転入してきた場合、その者と従来通りジルイの関係を継続するという例から、系譜や血縁という原理以上に、屋敷地の原理が優越していることがうかがえよう。これらの点から考えて、最上孝敬、福田アジオ、加賀ひろ子、松崎かおりが指摘する通り、これらの地域のジルイやジシンルイは、近世における土地の均等分地を契機として発生したものであることはほぼ間違いないであろう。それは近世農村において為政者が作り上げた支配原理の一つであり、その意味においては、領主による農村支配の構造的差異によって、分地政策の徹底度をはじめとして、その後のジルイやジシンルイはそれぞれに変化、変容を示してきたものと思われる。今日におけるジルイやジシンルイの性格の微差は、地域性であると同時に、このような領主の支配構造の差異に起因するのではないかと想像できる。しかし多くの地域では、近世後期から近代にかけての時期に、土地分割に基づく結合の意義は稀薄となり、ジルイやジシンルイは、系譜関係とその相互認知を紐帯のための原理とする形態へと変化してきたものと考えられる。つまり松崎が提示したジシンルイの変遷説は、まことに的を得た解釈であるといえよう。この松崎の変遷説に依拠して考えてみると、ジルイやジシンルイが系譜関係とその相互認知を紐帯のための原理とする形態へと変化をきたす時期に、系譜の先祖に象徴されるような共同の祭祀対象を創造し、共同祭祀が行われるようになったのではないかと考えることができるだろう。

ところで、先の四事例のうち【事例⑧】・【事例⑨】と【事例⑩】・【事例⑪】とでは、ジルイやジシンルイの構造において質的な相違が見られる。それは後者では、一軒の家が別の一軒あるいは二軒の家に対して一方的にジシンルイの関係を持つという例が見られることである。たとえ二軒であっても、相互的にジシンルイの関係を結んでいるのであれば、それは「集団」であると規定できるが、一方的なジシンルイ関係は決して「集団」ではなく、単なる家と家との「関係性」であるとしかいえない。この問題は松崎も指摘しているように、ジシンルイが同族であるか否かという問題に結びついてゆく[25]。

筆者はひとまず同族の概念を広義の意味において捉えるべきだと考える。すなわち、系譜関係の相互認知もしくは本家と分家の庇護と奉仕の関係のいずれかの要素を有し、少なくとも複数の家が相互に、超世代的に特別な関係を結んでそれを維持させてきたのであれば、それは広義の意味における「同族」であるとみなすことができる。しかし一方的なジシンルイ関係は「集団」を構成しないのであるから、決して「同族」であるとはいえないであろう。このようなジシンルイ関係は、新たな分家創設にともなって連鎖的に拡大されてゆく家関係であり、同族のようなまとまったひとつの集団を構成するものとは異質である。

このような関東から中部地域のジルイやジシンルイの存在形態と、三河のジルイとカモンとを比較してみると、少なくとも地分け伝承が濃厚に見られる南設楽郡のジルイは、関東から中部地域のジルイやジシンルイとほぼ同様の性格を有し、かつ似たような変遷を遂げてきたのではないかと考えることができる。しかし三河には、【事例⑩】・【事例⑪】のような一方的なジルイ関係の例はまったく見出すことができない。また三河北西部のカモンは、【事例⑨】の長野県旧美和村のジルイとの類似性がうかがえるが、基本的に土地分割伝承が聞かれないことからも、やはり少し異質なものとしてとらえるべきではないかと思われる。

## 四　京都府丹波地方のカブと同族祭祀

京都府の丹波地方には、カブあるいはカブウチと称する同族集団が顕著に見られ、神社祭祀においても特定のカブによって営まれている例が多く存在する。たとえば口丹波の亀岡市では、全体の約三分の一以上の神社で、特定のカブによる祭祀が行われており、そのうちの約半数は、村落の氏神とは別にカブだけで祀る祭祀対象を持つ。これらのことからも、丹波地方の神社祭祀に同族集団としてのカブが非常に大きな影響を与えていることは確かである。

**【事例⑫】京都府亀岡市馬路**

亀岡市馬路は大堰川の左岸の平野部に位置し、戸数三〇〇戸を越える大きな農村である。馬路では、HM・NG・KH・NZ・HTの五姓の家々が全戸数の大半を占め、そのうちHMとNGはあわせて「両苗」といわれ、いわゆる近世の郷士層であるといわれている。またKHは百姓身分、NZは開発根元百姓の家筋であるといい、これらのカブではHT姓を除いて、今日でも独自の祭祀対象を祀る、いわゆる同族祭祀を行っている。またこのようにカブの結合が強固であったために、馬路では村全体の氏神に相当する祭祀対象は存在しない。HMカブとNGカブはそれぞれ祖霊社を祀り、毎年同日に、別々に共同の祭祀を行っている。ここでは、冬頭と春頭という年に二度の祭祀が行われる。

古くは旧暦一一月戊亥の日が冬頭、旧暦一月辰巳の日が春頭とされ、いわゆる山の神祭りとして行われていたが、今日では一〇月と四月のそれぞれ一五日に行われている。祭りの前日に、六人衆とよばれる六人の終身制の長老と、冬、春それぞれの頭人の者が集まって注連縄と御幣を作り、祖霊社に飾る。ところで両カブでは、男子が誕生すると、生まれた年月日の順に「衆座帳」と称する名簿に名前を登録する。これはカブの正式な構成員になったことを示すものであり、その子がやがて元服すると、登録された順に頭人を務めることになっており、形式的には六人衆が指名する形をとる。これを「頭指し」とよぶ。またKHカブでは、蔵王さんとよばれる祭祀対象を有し、一二月一〇日と一月一〇日に「十日の頭」と称する祭祀が行われるなど、それぞれのカブごとに、一年の決まった日に同族だけの祭祀が行われている。

ところで馬路におけるカブの構成員は、基本的には同姓の本分家関係にある家々によって構成されるといわれているが、実際には、往々にしてそうではない家が含まれており、また本分家関係にあるとされている家々でも、その系譜関係は曖昧な場合が多い。馬路は亀岡市の中でもカブの紐帯が特に顕著であり、またカブ間における経済的格差が大きかったこともあって、他の集落ほどカブ内部の家の移動は少なかったようだが、亀岡市の村落では、おおむね、近世から近代に至る過程の中で、「入りカブ」と称して、もともと他のカブの構成戸であったり、どのカブにも属していなかったような家が、どこかのカブに加えてもらうという例や、「寄せカブ」と称して、構成戸が少ないなどの理由で複数のカブが合体する例が頻繁に見られることからも、カブは決して純粋な系譜関係に基づいた家々の集団ではないことは明らかである。(26)

なお亀岡市とその周辺地域の集落では、カブとはまったく別に、村内のすべての家は地縁に基づいていくつかの組に分けられており、この組が葬式を取り仕切るとともに、日常生活における様々な相互扶助の役割を果たしている。ただ馬路のようにカブ結合が強固で、かつカブ間の経済的格差が大きかったような村では、かつてはカブが葬式組の役割を担っていたといわれており、そこでは生活全般において、カブによる家々の結合が特に顕著であったものと思われる。

【事例⑬】京都府福知山市三和町芦渕

福知山市三和町は丹波山地のほぼ中央に位置し、北は綾部市に接し、西は兵庫県氷上郡と接している。芦渕は三和町の北西に位置し、町内でも特にカブ結合が顕著な村である。

芦渕には、TN、OB、OM、KN、ND、SKの六姓が大多数を占め、それぞれカブを構成している。中でも特にTN、OB、OMの三姓は「ミカブ（三株）」とよばれ、近世以来村内における様々な権限を握ってきた。「三株」では、各姓ごとに構成されたカブを「総カブ」と称し、またそれぞれの総カブごとに三つずつの「小カブ」に分かれている。「三株」では、一六世紀にTN姓の者が京都嵯峨から当地に赴いて居を構え、その次男と三男がそれぞれOB、OMを名乗って分家したのが始まりであると伝えている。この伝承の通り、今日でも三株の代表が、毎年四月初旬には京都北嵯峨にある本家TM家の墓参に行っているという。また「総カブ」ごとに、毎年二月一五日にカブ講と称して、カブの先祖の位牌を祀っている。たとえばOMカブの場合は、当日午前一一時ごろに輪番制のヤドの家に集まり、先祖の位牌を祀って皆で会食をする。なおOMカブの先祖の位牌の裏には元和年間の年号があるといわれている。また小カブの単位では、毎年正月元日に御礼会をかねて集まっているが、これはカブ講であるとは認識されていない。またOMカブでは、本家筋の家に地神が二つ祀られており、そのうちの一つがOMカブのカブ神であるといわれている。

なお三和町でも、亀岡市と同様に、カブとは別に村内のすべての家は地縁に基づいていくつかの組に分けられており、この組が葬式組の機能を果たしている。

このように、芦渕では比較的強固なカブ結合が長い間続き、それに相応して顕著な同族祭祀が継続されてきたものと考えられる。しかし総カブ内の家々が明確な系譜関係をずっと維持してきたかというと、必ずしもそうとはいえず、家同士の関係が不明な例も見られる。また近世から明治期においては苗字を変えたり、寄せカブに相当する例があったことは文献からも垣間見ることができる。[27] また近年に入りカブや寄せカブが行われ、非血縁の者がカブに加わったという例も少数ながらあったといわれている。

以上の二事例を見る限り、少なくとも丹波地方は他の畿内周辺地域とは若干異なり、あくまでも家々の結集がカブに求められ、また神社祭祀もカブを基盤として展開してきた。カブ内では本家分家の格差はあるにせよ、それ以上にあくまでもその家がどのカブに属するかが重要であった。特に亀岡市とその周辺地域は京都や大阪に近く、古くから人の出入りが頻繁に行われた地域であったがゆえの結果かもしれない。また近世から明治期にかけては、土地持ち百姓と水呑百姓という単純な階層差のみならず、武士層や郷士層といった様々な階層の者たちが村内に混在しながら村落運営がなされてきたことに起因するのかもしれない。いずれにしても、丹波の人々は自分たちの家が本家筋であるか分家筋であるかという区別以上に、帰属するカブがどこのカブであるかを問題にしてきた。村内で、あるいは周辺村落との交際の中で、自分たちの家がどこのカブに所属するかが、個人の立場を最終的に決定する主要素となったからであろう。その意味で丹波の村落においては、「家格」よりも「カブ格」が重要であったといえるのではないだろうか。

## おわりに

以上の各事例とその分析を再度振り返りながら、それぞれの地域の家結合の特質と同族祭祀の構造について総括的に考えてみたい。

三河地方に存在するカモンとジルイは、類似した性格が認められはするが、構造的には異質な集団としてとらえるべきであろう。それは地分け伝承の有無と同族祭祀の対象であるウジガミとジノカミの性格的差異による。すなわち地分け伝承が前者においてはきわめて稀薄であり、後者においては濃厚に見られる。これは後者が【事例⑧】から【事例⑪】で示したような、関東から中部地方に広く存在するジルイやジシンルイと同様に、近世の支配原理である土地の均等分地に端を発しているからであると考えられる。それがやがて近世後期から近代にかけての時期に土地分割に基づく家結合の意義は薄れ、系譜関係とその相互認知を家結合の核とする形態へと変化をきたした。そこにおいて家結合の象徴はいわゆる先祖を共有することに求められるようになり、その時点で、もとは屋敷神あるいは境界神に象徴されるような土地神であったジノカミが、先祖神としての性格を帯びるに至ったものと考えられる。ただし詳細に見てみると、関東のジシンルイと三河のジルイとは異質な面も看取できる。それは既述したように、三河の例には【事例⑪】と【事例⑫】のような一方的なジシンルイ関係が決して見られないという点である。一方的なジシンルイ関係は決して「集団」ではなく、「関係性」にすぎず、よってそれは同族であるとはいえない。その意味において三河のジルイは基本的には「集団」を構成する家結合であり、すなわち広義の意味においては同族の範疇に含めうる家結合であるといえるだろう。

一方カモンにおいては地分け伝承はほぼ皆無である。それはカモンがジルイやジシンルイとは異なり、その原初的形態が土地の均等分地による家結合とは異質な集団であったことを示しているのではなかろうか。それは丹波地方のカブとほぼ同様に、近世期に生まれたいわゆる「百姓株」に端を発しているのではないかと考えられる。そこでは有力農民による次三男への田畑の分与や非血縁の隷属農民の解放によって一定の家集団が構成された。それがやがて強い紐帯によって結びつき、今日のカブの祖形が形成されたものと考えられる。丹波地方ではこのようなカブが特に顕著に発達し、領主によってはカブを農民支配の基礎として利用し、支配原理の中に組み込むという例もあった。既述の【事例⑫】や【事例⑬】などはその例である。特に丹波地方では単に百姓カブ以外に、中世以来の武士階層のカブや郷士階層のカブなどが混在し、より複雑な構造を形成するに至ったものと考えられる。旧東西加茂郡のカモンは、基本的には丹波のカブとほぼ同じ性格の集団であったのではないかと考えられる。このようにカブはジルイやジシンルイと同様に、原初的には必ずしも血縁や系譜関係に基づいた集団ではなかったが、やがて系譜認識をその紐帯の核として強調するようになり、その象徴として同族神が祀られるようになったものと考えられる。カブで祀られる祖霊社やカモンで祀られるウジガミがそれである。しかしそのような中においても、入りカブや寄せカブが比較的簡単に行われ、さらに系譜の擬制が頻繁に行われたのは、カブの原初的性格に起因するものである。またもとは村内における階層と権利を主張するためのカブも、やがてそのような結合の意義が稀薄となり、ジルイやジシンルイと同様に、生活における相互扶助を主目的とする集団へと変化してきたのであろう。

以上のように、三河地方のカモンとジルイに関して、歴史的には前者は丹波のカブと共通の性格を、後者は関東から中部地方のジルイやジシンルイと共通の性格を有する家結合であることがおぼろげにではあるが見えてきたように思う。三河地方におけるカモンとジルイの構造的差異や同族祭祀の対象であるウジガミとジノカミの性格的差異は、詰まるところ、近世における村落構造の差異と、同時に農村支配の構造的差異に起因するものであると結論づけることができよう。ただしこのような提示は、あくまでも旧東西加茂郡と旧南設楽郡における、近世村落の家結合と村落支配の実態を史料に基づいて明らかにして、はじめて実証されうるものである。

現行民俗を基礎として、かつ関東から中部、近畿に至るきわめて広域に及ぶ事例を対象とし、その原初と変遷の過程を歴史的に実証してゆく営みはきわめて困難ではあろうが、大変重要な意味を有する課題であることは間違いない。本小論ではそのための布石としての仮説を提示するに止まった。残された課題は山積しているが、本小論を契機として、今後の展開に繋げてゆきたい。

（1）　加茂郡旭町と西加茂郡小原村の事例の詳細は、拙稿「三河山間部の同族と祭祀」（『愛知県史民族調査報告書3　東栄・奥三河』所収、愛知県総務部、二〇〇〇年七月）を参照のこと。
（2）　設楽郡の作手村大和田と蓬莱町川合の事例を除く、他の事例の詳細は、拙稿「三河山間部の同族と祭祀」（詳細は前掲）を参照のこと。
（3）　安藤慶一郎「同族祭祀と同族結合――岐阜県恵那郡における調査概要」（『研究論文集』Ⅱ所収、私家版、一九九五年）を参照のこと。
（4）　加賀ひろ子「同族結合についての一考察――ジルイのばあい――」（『民俗学評論』第一号所収、大塚民俗学会、一九六七年）を参照のこと。
（5）　同前。
（6）　同前。
（7）　同前。
（8）　最上孝敬『黒河内民俗誌』（刀江書院、一九五一年）、および加賀ひろ子「同族結合についての一考察――ジルイのばあい――」（詳細は前掲）を参照のこと。
（9）　最上孝敬『黒河内民俗誌』（詳細は前掲）。
（10）　同前。
（11）　同前。
（12）　同前。
（13）　同前。
（14）　加賀ひろ子「同族結合についての一考察――ジルイのばあい――」（詳細は前掲）。
（15）　福田アジオ「近世前期南関東における家の成立と地親類――武蔵国多摩郡連光寺村――」（『国立歴史民俗博物館研究報告』

第一一号所収、一九八六年）、および加賀ひろ子「同族結合についての一考察――ジルイのばあい――」（詳細は前掲）を参照のこと。
(16) 福田アジオ「近世前期南関東における家の成立と地親類――武蔵国多摩郡連光寺村――」（詳細は前掲）。
(17) 加賀ひろ子「同族結合についての一考察――ジルイのばあい――」（詳細は前掲）。
(18) 福田アジオ「近世前期南関東における家の成立と地親類――武蔵国多摩郡連光寺村――」（詳細は前掲）。
(19) 同前。
(20) 同前。
(21) 松崎かおり「ジシンルイの結合形態とその変容――神奈川県秦野市堀山下を事例として――」（『日本民俗学』第一八二号所収、日本民俗学会、一九九〇年）を参照のこと。
(22) 同前。
(23) 同前。
(24) 同前。
(25) 同前。
(26) 亀岡市の村落における「入りカブ」と「寄せカブ」に関しては、大野啓「同族集団の構造と社会的機能――口丹波の株を事例に――」（『日本民俗学』第二二一号所収、日本民俗学会、二〇〇〇年）を参照のこと。
(27) 『三和町史』上巻通史編（三和町史編纂委員会、一九九五年）。
※本小論は、拙稿「家結合と同族祭祀――三河のカモンとジルイを中心として」（『愛知県史研究』第五号、二〇〇一年所収）を元として、加筆、修正したものである。

# 第8章　泉南の庶民娯楽と近代——盆踊りと逸脱行動——

牧田　勲

## はじめに

大阪府の南部、泉南地方において盆踊りは、祭礼とならぶもっとも主要な伝統的庶民娯楽であった。同地方は「盆踊りの宝庫」といわれるほど、現在も多種多様な音頭や踊りが行われており、今日なお盆踊りに興じる人は少なくない。しかし、娯楽の少ない明治・大正・昭和初期の盆踊りは、今以上に地元の人々が浮き浮きとする喜びの時であり、熱狂の場だったのである。

もっともそうした時代の盆踊は、興奮にかられた若者がときとしてとんでもない事件をおこすこともあり、多々弊害も指摘されていた。この小稿は、明治以降の盆踊りにともなう脱線行動についていくつかの事例を紹介するとともに、そうした行動と警察規制との関係を考察しようとするものである。

これまで泉南地方の盆踊りについては少なからず研究の蓄積があるが、とくに芸能や社会組織といった側面についてはめざましい成果をあげている。しかし、盆踊りにともなう規制や逸脱の問題については目立った成果はなく、はなはだ軽視されている領域といってよいであろう(1)。そこで、過去の盆踊りに見られた逸脱行動を新聞記事に探り、それにたいする当時の規制や議論のありようを解明してみたい。この作業を通じて、この地方の庶民娯楽の存在構造や変容が明らかとなってくるならば幸いである。

## 一　盆踊りと暴力

泉南地方では、近世以来若者たちが自分の村の盆踊りを楽しむだけでなく、近隣の村々の踊り場へ出かけていき、いわば盆踊りのはしごをする慣習があった。むろん平和的に踊りに加わる分にはなんら問題は生じないのであるが、時として大挙しておしかけ「踊り場荒し」をしたり、難題を吹きかけたりすることがあったようである。揃いの衣装で踊っているような場合には、異装の集団が紛れ込み、我が物顔で場を占拠することを快く思わない者もいたであろう。昭和七年八月六日の新聞に、盆踊りに関する次のような座談会記事が掲載されている(2)。

伊東氏　五十面さげて、今はそう無茶も出来ませんが、私たちの二十一、二歳ごろは盆の十四日夕方家を飛び出すと、踊りのなくなる二十一日まで、一度も家に帰らず村から村へと踊って廻ったものです。

（中略）

矢野氏　慶応二、三年ごろ、私の二十歳ごろには、三十人なり四十人なりが隊を組んで押しかけ、一行で踊場を占領したものです。踊るだけ踊って私らの一行がサット引き揚げると、あとは二、三人で踊りが自然に潰れてしまふことがありました。埴生村の伊賀、駒ケ谷村などへ、いわば踊場荒しによく行ったものです。しかし、今と違って物騒でしたから、仕込杖だけは肌身離さず持ってゐました。

これは南河内の話であるが、泉南における慣習もこれと異ならない。一種の「推参の民俗」[3]とみられ、幕末期には「仕込杖」を持参してでかけるなど、こうした行動にある種の緊張関係が生じたことがわかる。盆踊りがときとして、他村の若者との間で喧嘩のもととなったのである。岸和田藩日根野村の庄屋であった日家《さかん》の幕末の頃の文書には、「盆踊り候儀、その村に限り踊り申すべきこと、他村へ罷り越し候儀相ならざること」という定書の文言が見られるが、[4]他村へ出かけず、その村の中だけで踊れという規制に、こうした慣習の伝統性と、同時に他村との紛争を回避しようとする当時の岸和田藩の意思をみることができるだろう。

このような盆踊りの風習は、明治にはいっても変わることはなかった。明治三二年（一八九九）八月泉南郡麻生郷村大字小瀬の盆踊りで「泉南の三人斬」という陰惨な事件がおきている。これも前記のような風習を背景としておきたものであった。当時の新聞によれば、この事件は次のようなものであった。[5]

同所の近傍の盆踊りでは、各部落がお互い競って未婚の男女の踊り子を出し、太鼓・音頭に合わせて踊っていた。事件のあった二二日は、小瀬の盆踊りの最終日にあたっており、川崎某という個人の屋敷地で催されたその踊りには、女は赤、男は白の揃いの襦袢・鉢巻き姿で一〇〇余名の踊り子が参加していたという。

一方同じ麻生郷村大字久保においては、盆踊りの参加者がわずか四〇〜五〇名と淋しく、小瀬にかなわないのを残念に思っていた。そうした気持ちのまま踊りをつづけ、警察より予め夜一一時を限度とするよう申渡されていたので、その時刻に盆踊りを止めたのである。ところが、その時刻まだ小瀬からは囃子が聞こえており、まだまだ盛んなようすであった。そこで、久保の若者たちは、そちらの盆踊りに加わろうとおしかけていったのである。

久保側は、小瀬の囃子方に向かって「太鼓を打たせよ、音頭を取らせよ」と頼んだのであるが、「他部落の者には太鼓も打たせぬ、音頭を取らせぬ」と拒絶されてしまう。そこで久保方は「大層ヱラさうに言うが、太鼓位打たしたかて何程の事がある。生意気な奴ぢゃ」と言い返した。これを見て見物人の中の三人が中に入り、「お前達は他の部落へ来てゴテ〳〵云ふは穏かでない。今聞いて居れば、生意気とか何とか言うて、囃子方に喧嘩を買ふやうな口振ぢゃが、人の踊りを潰すつもりか」と詰めよった。この言葉で久保方は怒りを爆発させ、突然隠しもっていた短刀を抜き、相手に斬ってかかったのである。その場にいた踊り子たちは、蜘蛛の子を散らすように逃げ散った。まもなくその場に、先ほどの三人が血に染まって倒れているのが見いだされたのである。むろん加害者は、いち早くその場を逃げだしていた。

小瀬ではただちに巡査に知らせ、巡査は岸和田署に急報する。かけつけた医師と刑事が検すると、被害者は一人が即死、一人が重傷、いま一人は軽傷であった。この検視の最中、村の者四～五人が虜にされたと伝え聞いた久保の若者数十人が、殺気を帯びて現場の門前におしかけた。しかし、検視中とあって表門は鎖されており、そこで彼らは瓦や石を投げつけるなどの乱暴に及ぶのである。ほどなく巡査の姿をみて、若者らは逃げ去った。その後加害者の捜査が行われ、結局五人が麻生郷駐在所へ拘致されたのである。

このような殺傷事件は、確かに当時としても特異な例であったろう。しかし、若者が近隣の村の盆踊りに押しかける習俗は、そこまでにはいたらないまでも突発的な喧嘩が相当な頻度でおこったのではあるまいか。もちろん圧倒的に多くの場合平和的な交際であったことを疑う必要はないが、地元村の若者たちとの間で、なにがしかのぎくしゃくが生じることも避けられなかったであろう。それは刃物を持参して盆踊りに参加するという事例が、たまたま目にした記事のなかに、二例もあったことでも窺えよう。

なお、「踊り場荒し」的習俗に関わりなく、盆踊りではしばしば暴力沙汰が見られたことも事実である。おそらく丹念に捜せばそういう史料は多いのではないかと思われるが、ここでは明治三四年の「盆踊りの闘諍二件」という新聞記事を紹介しておきたい。(6)

府下泉南郡東葛城村大字神於辺は、毎年盆踊と云へば喧嘩の製造場の如くなり居れるが、一昨夜も之れが為一場の闘諍始まり、同村松本某（二十六年）、辻某（二十七年）の両人は、同村字広原山本某（二十五年）の左足及臀部を斬りつけ、廃疾に至るの傷を負はせ、（中略）左しも音頭の声勇ましかりし踊りの庭は、俄然修羅場と変じ、婦女幼童は逃げ惑ひ、出張の巡査は制止に苦しみ、応援を警察に乞ひて漸く鎮静し、やがて岸和田署へ松本・辻の両人を拘引したるが、故殺未遂の見込にて、昨日大阪地方裁判所より判検事臨検したり。

いま一件の「闘諍」は、堺市戎島の盆踊りで見物の若者連と踊手が争論となり、双方棍棒をもって打ち合い、数名の負傷者が出たという記事である。いずれの事件も喧嘩の原因までは書いてないが、おそらく些細なことであろう。ここで「盆踊と云へば喧嘩の製造場の如くなり居れる」とあるのは重要な指摘である。明治期の盆踊りには、喧嘩がつきものだったことを示す貴重な記録だからである。

もっとも大正期以降の新聞記事には、盆踊りに関するこうした喧嘩や刃傷沙汰の記事はほとんど出現しなくなる。大正九年（一九二〇）岸和田で若者たちが盆踊りだけでは飽き足らず、地車《だんじり》小屋の壁をやぶって無許可で地車を曳きだして検挙された事件があるが、(7) この時もとくに喧嘩などはなかったようである。より重要記事が増え、盆踊りの喧嘩などニュース性がないと判断されて載らなくなったものか、あるいは盆踊りから暴力的要素が払拭されるようになったものか、にわかには判断できない。しかし、大正期以降一部の地域では盆踊りの衰退傾向が現れること、他方警察の盆踊り規制も強まってくることもあり、実際上も盆踊りから荒々しい要素が消失してきたと考えるのがいいように思う。

なお、明治末年以降新聞に祭礼時の喧嘩記事が目立つようになり、「喧嘩祭」「地車《だんじり》喧嘩」「喧嘩太鼓」などの表現も出現する。泉南の勇壮な文化が盆踊りよりも、祭礼の一手専売となってきたことを示すものであろう。

## 二　男女の出会い

盆踊りの踊り手は、若い男女であるのがふつうであり、それは男女の出会いの場でもあった。「さんや踊り」というように、三日間夜を徹して踊るのが泉州の盆踊りであり、このためしばしば男女の風紀が乱れるというのが、当時の「心ある者」の心配事であった。櫓を中心に年若い男女が輪になり、ときに女性も加わって夜を徹して踊るのであるから、そこには仲睦まじい関係が生じるのも自然の勢いであったろう。前述の昭和七年の座談会では、以下のような発言が行われている(8)。

矢野氏　昔はずいぶん紊れてゐました。慶応年間の「ヱヽヤナイカ」節が流行ったころは無茶苦茶で、「ヱヽヤナイカ〳〵」で父親の判らぬ子供が沢山出来ました（笑声）。

伊東氏　私の若いころでもまだ盆踊りの夜の出来ごとで、娘の親から苦情を持ち出さうものなら「それほど大切な娘なら夜遊びさせるな」と剣もホロロに逆捻を食はされたものです。

記　者　風紀上から勢ひ盆踊り禁止論が台頭するわけですが、皆さんのご意見は。

矢野氏　私のことは風紀だけでなく、世間全体が騒然として、頽廃気分がみなぎってゐたのです。

伊東氏　近ごろの青年子女は賢くなつてゐますから、昔のやうな馬鹿なことはありません。

記　者　南口さんこのごろはどうですか。

南口氏　お連れと一緒だから、そんな馬鹿なことはありません。また女が四五人よればとても口が達者ですから、もし男が手出しにくれば却って恥をかゝせてやります。勿論監督者なしの独り遊びは危険千万です。

幕末から明治にかけての盆踊りには、ある種性的な雰囲気があったようである。明治三三年の新聞には、「盆踊りは宗教上の信仰を離れて野合密通の手引草、露に濡れたる袖袂は風俗からも衛生からも害あって益なしと、理屈を張っては差止むるより外なけれど、理屈で行かぬが習慣《ならわし》とて」などという記事があり(9)、盆踊りが男女の親密な交際の場として存在していたことを窺わせる。

このため明治の警察は、府知事の訓令にもとづいて、禁止はしないまでも、盆踊りの出願のあるたびに風紀の点を説諭し、その開催を思い止まらせる方針をとっていたようである(10)。また踊りは場所ごとに異なり、他部落の子女がその群に入ることができなかったため、子供心を推量して他所の踊りへの参加を許可してほしい旨の願書が多くでていたという。こうした場合警察は、一々父兄を呼び出し、教育上の弊害があることを説いて、子女自身の希望かどうかを確かめた上、なるべく願書を撤回させることにしていたともいう。

当時の警察は、学齢の子女が盆踊りに参加することをできれば止めさせたかったようである。むろん盆踊りを無上の楽しみとする女の子たちは、意に介さず参加していたのであり、学校もそれを禁じることはなかった。以下の記事は、そういう状況を示すものである。

　警察の方針は断しても、教育者の意思は習慣を破るの勇なく、踊子としいへば孰れも学齢子女十の八を占め、中等以下にては踊の仲間入をせざれば、子供交際《つきあい》のならぬ様に心得るものもあり。中には某女教員の手拭目深に面を包み、踊子の群に立交りたりといふ者さへあり。根本の教育者すら斯の如し。警察の監督も、遂に人民に誤解せられんと、心ある者は嘆息するとぞ。

徹夜で盆踊りを行うことを禁じ、夜何時までと時間の制限を行うことにしたのも、この風紀上の問題からであった。夜一一時、一二時までとするのがふつうであったが、明治期の農村部では一人の巡査が何カ村もかけもちして巡回しており、手がまわりかねることもあって、現実にはきまりを無視して徹夜で踊っていた村も多かったようである（殺傷事件のあった前述麻生郷村もそうした例である）。

大正時代になると泉南では紡績工業が盛んとなり、こうした工場には全国から多くの女工が集められた。このため「女の踊り子は大部分女工といってよい」[11]ほどの事態も生じ、警察では風紀上夜一一時限りと盆踊りの時間を決めていた。また、「今度の盆踊り場へは、洋剣（サーベル）チャラ〳〵の正装巡査を特派して、若い男女の風俗上の取締を厳しくするげな」（大正八年記事）[12]などという、帯剣巡査の派遣も行われている。

こうした規制のためもあって、大正・昭和期になると盆踊りの「野合密通の手引草」的雰囲気も薄れたようであり、卑猥な歌詞の音頭も唄われなくなったという。[13]もっともこの時期になっても、警察の見方は相変わらず厳しいものがあった。昭和四年佐野警察（佐野町、現・泉佐野市）は七カ条の取締り条項をつくり、盆踊りの規制強化を図っているが、その際に盆踊りの「悪風弊害」の一つとして、「徹宵して踊り廻る関係上男女の風紀が紊れ、殊に佐野署管内はこれがため私生児が多い」[14]との認識を示している。夜通し踊る盆踊りと後者とに本当に直接的因果関係があるのかいささか疑わしくも思われるが、これが警察の見方だったのである。

さて、以上述べてきた盆踊りにおける男女の睦まじい関係であるが、これを「はめはずし」としてとらえることは必ずしも妥当ではないであろう。泉南は伝統的に恋愛結婚の行われてきた地域であり、現在の聞き書きでも盆踊りの際に知り合って結婚したという老人の話をしばしば聞くことができる。こうした地域の男女の交際習俗が、近代国家によって推進支持された純潔主義道徳、良妻賢母教育と齟齬をきたしたとみるのが正しい見方であろう。近代国家の公序良俗観は、盆踊りの交際習俗を「悪風弊害」として、それを排除すべきものと考えたのである。

## 三　寄付の強要

盆踊りには櫓の設営、太鼓の新調や張り替え、提灯、酒食など何かと費用がかかり、それは盆前に集められた寄付で賄われてきた。こうした費用の徴収や会場の設営、管理は、若者仲間が行うのがこの地方の慣行であったが、若者仲間が官製青年団へと改組されると、青年団支部がその役割を担うようになった。昭和三年の新聞記事に「踊り場の管理は、ほとんど青年団支部でやってゐるのが近年の傾向で」[15]とあるのは、それを示すものである。いずれにしろ若者の行う資金集めであり、なかには問題視されるものもあったらしい。

泉州では岸和田を初め三十余字で九、十、十一の三日間例年の通り盛んな盆踊りをやるさうだが、その会場の設備や酒食に随分沢山費用が要るに拘らず、その出所が明らかでないとあって、岸和田署で取調べたところが、右はこの辺の娘がお嫁入をすると、毎年盆休みと称えて実家へ婿殿を連れて睦じく帰る際、その貧富の度に随つて、最低二円から数十円位までを村へ寄付しないと、この新夫婦が外出するときに礫を投げるといふ悪い習慣がある事が判ったので、同署では付近の岡焼党代表者七十余名を九日朝召び寄せ、「将来礫料を強請するなどの事は一切成らぬぞよ」と叱りつけた。

これは大正九年の記事であるが[16]、聟や嫁にたいする「岡焼党」の礫なげは、日本各地に見られる若者仲間による一種の「聟いじめ」習俗の変形と思われる。当地の伝統的な民俗とみてよいであろう。しかし、それが寄付の強要をともなっているところが弊害と認識されたのである。

さて、何ら違法性はないにもかかわらず、その奇抜な資金集めによって後に非難されたのが、昭和二年の佐野町の盆踊りである。同町では踊り場の入場者から入場料を取るという、前代未聞の「有料盆踊り」を敢行したのである。

大阪府下で盆踊りの中心地である泉南郡佐野町では、入場料五銭の有料興業として、十一日から三日間南海線佐野駅付近で盆踊りを催すことになった。興業なら踊り子は鑑札をもたねばならぬとあつて、町の青年や娘さんたち百六名は税金を納めて芸人鑑札を受け、大っぴらに踊るといふ珍名案をたてた。そのうへ青年団員が厳重に監督して、郷土芸能としてはづかしからぬやう風紀をもたせる計画である[17]。

若い踊り手たちは税を納めて、芸人鑑札を取得し、その芸を見物人にみせようとしたのである。佐野町は、地場産業としてのタオル工業も発展しており、人口も増勢傾向にあった[18]。青年団員や地元の若い女性、女工なども多かったであろう。そうした町の活況が「有料盆踊り」を可能とさせたものであろう。

泉南の盆踊りは、昭和三年ごろ昭和天皇の「御大典」とかさなり「大賑ひ」だったという。とくに佐野・貝塚・北中通・湊などは青年団が力こぶを入れ、踊り子の数が一〇〇名から二〇〇名に達したとされる[19]。この数は、揃いの装束をつけた中心的踊り子の数であろうから、とびいりや見物人まで数えれば実際の人出はその何倍か、何十倍に達したであろう。当時大阪、和歌山辺から佐野踊りを見物にくる者も少なくなかったからである。

また、この時期泉南の盆踊りには西洋芝居の道化者を真似た踊り子が現れ、「モダン化した泉南の盆踊り」として新聞に取り上げられている[20]。盆踊りにも変化の波が押し寄せていたのである。これにたいして佐野町では、守るべき「郷土芸能」という意識の高まりが見られ、伝統的な「佐野くどき」による佐野踊りが行われていた。踊りも明治・大正期を経て洗練されてきており、あらためてその独自的伝統の自覚化がなされているのである。

伝統を保守するにせよ、趣向を追求するにせよ、盆踊りの活況はそれなりの資金を必要とするのであり、「有料盆踊り」は、そうした事情を背景としたものだったのであろう。

一般的にいえば、当時盆踊りでそう無理な寄付の強制が行われていたとは思えない。むしろ地元商店街の多くは、自発的に青年団に祝儀をはずんだとみた方がよいであろう。その費用は、結局のところ地元で費消され、盆踊りを見に集まる人々による消費も期待できたからである。

## 四　盆踊りと規制

昭和四年八月一二日、佐野警察署では所轄一〇カ町村の町村長、および青年団長に盆踊りに関する七カ条の戒告書を配付する。(21) これは一三日～一五日の盆踊りを前にして、「悪風弊害」の一掃を狙ったものであった。警察の認識するその「悪風弊害」とは、(a)観覧料を取るものがあること、(b)徹宵して踊り廻ることから男女の風紀が紊れ、そのため同署管内に私生児が多いこと、(c)寄附金の強制、(d)小学校で教師が児童に盆踊りの稽古をつけている風評があること、などである。こうした弊害対策としてうちだされたのが、以下の諸条であった。

1　責任者を定め、必ず届出認可を受くること

2　伝染病流行地では、学校を認可せず

3　踊りの時間は、午後十二時限とす

4　料金を徴し、盆踊りを行はんとする願出では絶対に認可せず

5　異様の扮装をなさざること

6　盆踊に関し、寄付強制の行為に出でしめざること

7　学生生徒は参加せしめざること

盆踊りの届出・認可制や時間制限などは旧来から行われてきたものであり、それまでのやり方を再確認したにすぎない。また、寄付強制の禁止も、すでに岸和田警察の例をみたように指導取締りはなされていたものと思われる。その意味ではこの条項は、いっそうの徹底を図る以上のものではなかったであろう。新しくうちだされた主要対策は、料金徴収の禁止、異様の扮装の禁止、学生生徒の参加禁止とみられる。

料金徴収の禁止は昭和二年の佐野町の盆踊りをふまえたものであり、異様の扮装の禁止というのはピエロなど奇抜な衣装での盆踊りを禁止する趣旨かと思われる。両者とも禁止された理由ははっきりとはわからないのであるが、前者は寄付強制に近いものがあり、後者は仮装としても伝統文化に相応しくないと判断されたのかも知れない。いずれ

にしろ、この時期に現れたあらたな傾向にたいする保守的修正の動きであった。

学生生徒の参加禁止は、新聞記事の題字に「学生は踊るな」とあるので、インパクトの強い新規禁止事項だったものと思われる。ここでいう学生生徒とは小学生を指しているようであり、風紀上の危惧からくるものである。警察は学生生徒の盆踊り参加については以前から消極的だったのであるが、さらに歩をすすめ禁止方針を明確にうちだしたのである。

なお、この戒告書には条項中に喧嘩や暴力に関するものがまったく見られない。盆踊り時の喧嘩や暴力への警察のこうした無関心は、明治期の盆踊りにあった荒々しさがすでに遠い過去のものとなったことを物語るものであろう。では、こうした取締り事項は、どの程度徹底して守られたのであろうか。都市部はともかく、警察の目のとどきにくい農村部などでは、やはり相変わらず徹夜踊りが続いていたのではあるまいか。一片の取締書で長く続いてきた慣習が急に廃れるとは思えないからである。

翌年には、佐野町内の旭町の広場で、同町の男女二〇余名が無届で盆踊りの稽古をし、これが佐野署に知られて主催者すべてが大目玉を食らうという小事件もおこっている。[22]ごく少数の集まり、それも稽古のための集まりが、無届という理由で譴責されており、警察の前年の規制方針の徹底性が窺われる。しかし同時に、この事件はこうした小逸脱が周辺の町や村にいくらでもあったことを予想させてもくれるのである。

実は、この昭和一桁の時代は、盆踊りをめぐって二つの見解がきびしく対立している時代であった。その一つは、盆踊りの弊害を強調して、その規制を強めようという規制強化論であり、縮小廃止論を含むものであった。一方その対極には、盆踊り奨励論が存在した。前者はいうまでもなく行政・警察の立場であり、後者は多くの町村住民の立場である。前記のような警察規制にたいする批判として、ここで当時展開されていた盆踊り奨励論についてもみておこう。

前述の昭和七年の座談会は、盆踊りに関わってきた府会議員・町会議員・中学教頭・住民などによって行われたものであった。[23] 出席者はいずれも盆踊りの衰退を憂えており、南河内ではこの時期盆踊りの衰退傾向が顕著になっていたようである。席上駒ケ谷青年団長でもある中学教頭の真銅氏は、「昔は踊場を二重三重に輪を作って踊ってゐたのが、このごろは一重が時に切れることもあります」とその現状を語り、衰退の原因を①現代の青年と趣味が一致しないこと、②警察の取締りが厳重すぎたこと、③音頭取の質が低下したこと、④交通機関が発達し、電車賃と十銭でも握れば万歳や安来節が汗流さずに聞けるようになったこと、に求めている。そして、娯楽の乏しい農村部では盆踊りが最大の慰安であり、郷土芸術の振興のためにも奨励すべきだという意見を述べている。

また、富田林町会議員の伊東氏は、前年の南河内郡の町村長会で盆踊りは一字一回ずつと決議したことを憤慨し、青年の農村引止め策としてもっと奨励すべきだと町長に談判した旨の発言をしている。弊害はあっても止めるよりは奨励すべし、それがこの座談会の出席者の総意であった。

座談会では、また「頽勢挽回策」についても議論されている。真銅氏は、①音頭取の養成、②新聞やラジオによる宣伝、③音頭の文句の印刷、配付、④よい踊りとするための青年団長の努力をあげ、他にも議論の中で、大衆を引きつける新しい音頭の創作とか、旅館と提携して注文に応じて余興で踊るなどの珍アイデアもとびだしている。この議論の最後に、警察の取締りにたいする批判・要望がでてくるのである。

伊東氏　警察のお許しは十二時までゝすが、もっと取締りを寛大にすべきだと思ひます。

真銅氏　立場の相違もありますが、警察の考へは余り（に）取締り一方に偏しているやうです。

北浦氏　昨年狭山村半田の踊場で、十二時限り解散のことから激昂した村民が電燈を消したので、もう少しで警官と青年の大衝突が起るところでした。

伊東氏　もうすこし黙許主義に出てほしい。届け出の際、責任者をちゃんと決め、一切の責任を負うてゐるのですから。

盆踊りにたいする警察の規制の厳重さ、硬直的姿勢に地元住民が大きな不満をいだいていることが了解されよう。これは泉南でもまったく同じであったはずである。とくに伝統であった徹夜踊の禁止＝時間制限は、多くの住民にとって憤懣やる方ない規制と認識されていたのである。こうしてみると「さんや踊り」の伝統は、実は近代においては規制違反を覚悟した、逸脱行為としてしか実行できない性格のものだったのである。あえて伝統を維持しようとすれば、それは必ず警察と衝突せざるをえない規範構造をもっていた。その意味において、明治以来行われてきた風紀を重視する警察による盆踊り規制は、若者を必然的に逸脱行動へと追いやる方向へと作用したのである。

とはいえ、行政や警察が状況に応じ多少手綱を緩めることはあった。昭和五年といえば七カ条の取締り規制のでた翌年であるが、「緊縮の今年は、農村の慰安に取締りも寛大にといふ当局の意向で、破目を外して踊れや踊れだ」などという新聞記事がでている(24)。大不況のなかで大阪府の意向に沿い、徹夜踊りを黙許したのである。この年富田林のみは一二時を限りとしたが、そのほかの町村では夜通しの踊りが認められている。

しかしそうはいっても、佐野町では踊りの稽古が無届出であるがゆえに譴責されており、府の盆踊り奨励にもかかわらず、時間制限以外の取締りはやはり厳しいものがあったのである。

## おわりに

最後に、以上述べてきたことを簡単にまとめて、この小論の結びとしたい。泉南地方の盆踊りは、伝統的に若者仲間を中心に運営され、若者の熱狂の対象であった。そのため時に喧嘩や暴力、男女の「野合密通」、寄付の強要などの「悪風弊害」が見られたのである。その後大正～昭和となるに従い、暴力的傾向は消え、「野合密通の手引草」的雰囲気は薄れ、習俗を背景とする寄付の強要なども行われなくなってきたのではないかと思われる。しかし、昭和になってからも、盆踊りが伝統的に男女の出会いの場であることは変わりなく、「有料盆踊り」などの突飛な行為もおこったのである。

明治以降警察は一貫してこうした行動を取締り、とくに風紀上の観点から盆踊りにたいする規制監視を強めたのである。その主要な手段は、盆踊りの届出・許可制度と時間制限であったが、明治期には不開催への誘導、学齢子女の不参加の説得なども行われている。昭和になると、佐野警察では七カ条の取締り条項を出し、盆踊りにたいするいっそうの統制を図った。とくに料金徴収の禁止、異様の扮装の禁止、学生生徒の参加禁止などが新たな禁制行為として取り締まられることになったのである。

このような警察規制は、明治国家の道徳観にたって伝統的習俗を「悪風弊害」と決めつけたきらいがあり、とくに時間制限による徹夜踊りの禁止は多くの若者の反発をかったといえよう。このため規制を無視して、徹夜踊りが行われることもしばしばであり、若者を逸脱へと追いやる結果となったのである。また風紀上から学齢子女を踊りに加えないようにという指導も、ほとんど効果をあげることができなかったとみられる。

盆踊りの伝統的部分が、逸脱行動としてしか実行しえないこと、ここに近代の大きな矛盾があったのである。

（１）　泉南地方の盆踊りについては、『上方』盆踊特集号（一九三二）、右田伊佐雄『大阪の民謡』（一九七八）、泉州の祭りと民謡を記録する会（代表松本芳郎）『泉南地域の盆踊り』（一九九二）、泉州の祭りと民謡を記録する会（執筆相川晶彦）『貝塚三夜音頭」の踊りについて』（一九九六）ほか、多数の文献がある。盆踊りと逸脱行動については、『泉南地域の盆踊り』一六四～一六八頁に近世の規制とからめて若干の記述が見られるが、近代以降については逸脱に関しての論及はない。総じて芸能史的研究では、こうした点についての問題意識が薄いようである。

（２）　昭和七年八月六日『大阪朝日新聞』「時代の悩み　薄れゆく郷土色」として「盆踊りを語る夕」が催されている。

(3)「推参」とは、「招かれない」にもかかわらず「おしかけて参る」ことであり、垂直的な身分関係にあっては、上位者にとって下位者の己れにたいする無礼で、出過ぎた行為をあらわし、水平的な次元では「おしかけて参る」ことによって、日常的常識的な秩序や規範を乱すことをいう。こうした「推参」の歴史的意味や概念については、阿部泰郎『湯屋の皇后』(一九九八)を参照されたい。
(4) 目家文書『一子相伝家秘録』、なお史料は松本芳郎『泉南地域の盆踊り』一六八頁による。
(5) 明治三二年八月二四日、同二五日『大阪朝日新聞』「泉南の三人斬」、「盆踊の血の雨」記事。
(6) 明治三四年八月三一日『大阪朝日新聞』「盆踊の闘諍二件」記事。
(7) 大正九年八月二九日『大阪朝日新聞』「盆踊と暴行」記事。
(8) 註(2)に同じ。
(9) 明治三三年八月一九日『大阪朝日新聞』「盆をどり」記事。
(10) 以下の記述、引用とも註(9)に同じ。
(11) 大正一五年八月二一日『大阪朝日新聞』「泉南の盆踊り」記事。
(12) 大正八年八月一〇日『大阪朝日新聞』「盆踊に洋剣」記事。
(13) 昭和三年八月二八日『大阪朝日新聞』「泉南の盆踊り」記事
(14) 昭和四年八月一三日『大阪朝日新聞』「弊の多い盆踊りに厳しいお達し」記事。
(15) 註(13)に同じ。
(16) 註(12)に同じ。
(17) 昭和二年八月一一日『大阪朝日新聞』「息子や娘さん百人鑑札受けて有料盆踊りとしゃれる佐野町」記事。
(18)『泉佐野市史』三四〇頁以下参照。
(19) 昭和三年八月三〇日『大阪朝日新聞』「百数十ケ所の踊場大賑ひモダン化した泉南の盆踊り」記事。
(20) 註(19)に同じ。
(21) 以下の記述は、註(14)記事、および同日『大阪毎日新聞』「学生は踊るな——盆踊りの注意書が出る」記事による。
(22) 昭和五年八月一九日『大阪朝日新聞』「無届で盆踊り大目玉をくふ」記事。

(23) 以下の記述、引用は、註(2)記事および翌七日掲載の「今が復興の時だ　取締も手心してほしい」記事による。

(24) 昭和五年八月一六日『大阪朝日新聞』「楽しい盆踊り　農村は底抜け騒ぎ　昨夜を中心に各地とも月影をふんで夜毎の乱舞」記事。

本稿は、かつて『泉佐野市史研究』第六号(二〇〇〇年)に掲載した論文である。新聞を素材にしているが、テーマ自体は泉佐野市域の一〇年ほどにわたる民俗調査を行うなかで、気づいたものであり、愛着もある。この度高木先生の退職に際し、学恩をうけた者として「地域と家族」に関わる論文として、再掲載していただくことにした。

# 第9章　三・一一と「いのち」の視点から描く日本近世社会

青木　美智男

## はじめに

二〇一一年三月一一日午後二時台に発生した東日本大震災は、マグニチュード9という巨大地震であるとともに、巨大津波をともない、青森・岩手・宮城・福島・茨城・千葉という東北から関東北部の太平洋沿岸地帯に甚大な被害をもたらし、恐ろしい数の人命を奪った。

そして東京電力福島第一原子力発電所の事故によって放射能拡散の危険に晒されるという事態に遭遇した。広島・長崎への原子爆弾投下という世界唯一の被爆国が、フクシマという被曝を自国自らが引き起こすという事態に、国民の大半は暗然とするとともに、未来への展望に不安を抱き続けている。

それは第二次世界大戦での敗戦時に茫然自失した経験を重ねあわせ、多くの国民は、平和の中でもう一度、自分自身、社会、国家のあり方を根底から見つめ直さねばという心理状況を持つに至った。それほど強烈な巨大地震と大津波、そして原発事故である。

この間、何度も強い余震を体感したが、テレビには瞬時に、地震の大きさや、津波に関する情報が流され、全国民は、被災地に生きる人々の安全を祈ってきた。しかも東日本の太平洋沿岸とは無縁のように思える長野県や新潟県、ときには九州などでも余震と思われる地震が起こり、そこでも被災者が出た。マグニチュード7クラスの余震が次々に発生すれば、この地震はいつ収まるのかと恐怖と不安を募らせる。そしてその都度、亡くなられた方々への鎮魂や行方不明者の捜索を続けつつ、復興に向けて頑張る被災地の方々への思いが大きくなる。

おそらく多くの国民は、一〇年前の九・一一の時も、その後のイラク戦争の時も、あの壮絶な場面を茶の間のテレビで見ていたように、大震災の惨状や凄い津波が襲う情報は瞬時に目の前に提供される。その映像から、もの凄い数の視聴者が同じ情報を共有することを物語る。毎時報道されるテレビニュースは全国どこでも同じである。だから毎日のように流される余震発生のニュースから、多くの国民は地震が未だ終息に向かわず、再び何時どこで地震が起こっても不思議ではないという恐怖心と不安感を共有することになった。

福島県に生まれた私にとって、東電福島第一原発の事故対応のもどかしさに怒りを抑え切れない。そして故郷を離れた被災者の方々の生活そのものを考えると、大地震とは本震一度では収まらないのだということを、改めて認識させられる。何度も繰り返し起こる余震で、被災者の皆さんが抱く不安や肉体的疲労の大きさに心が痛む。

現在、地震は予知できない。そこで情報として提供されるのは、発生のメカニズムなど地震そのものの解析ばかりである。そのため連日報道される東日本大震災の記事や映像を見ていて、それだけで不十分ではないかという疑問を抱かされた。そして発生から終息に至る余震を含めた長いスパンの分析が必要なのではないかと思うようになった。今回巨大災害に何とか対応しえているのは、阪神淡路大震災と中越大地震などでの被災者への救援活動の経験が大きな力となっていると思う。そうした経験を風化させず、生かすために地震対策に関してさまざま関連分野の知性が結集されて当然であろう。

そこで危惧するのは、新聞などでこれまで地震に関する政府の審議会のメンバーを見ると、その多くが理学・工学系の専門家でに占められてきた点である。それゆえ地震後の被災者のケアにまで目が行き届かない。その点で、二〇一二年一月二九日の東京歴史科学協議会主催の「歴史科学講座」での北原糸子さんの「理系災害研究と文系災害史研究」と題した講演は、すごく示唆に富むものだった。

北原さんは日本の災害史研究の第一人者である。その北原さんによれば、日本政府が国家的災害研究機関を設置したのは、一八九一年一〇月に起きた濃尾大地震を契機に、その翌年に公布された震災予防調査官制の下に設置された震災予防調査会が最初であるという。そしてその発足時の委員一七名は、会長の帝国大学総長の加藤弘之を除けば、すべて帝国大学理科大学や工科大学教授と内務省・農商務省技師、気象庁関係者で占められ、残る一八名の嘱託・臨時嘱託も地震資料の蒐集・編集担当と会計の二人を除いて、みな理工系の関係者ばかりであった。本震後の被災者への支援やケアなどにまで目配りが至らない構成になっていたというのである。こうした傾向をいまだ払拭できていないと言いたかったのだろう。

今回ようやく復興会議なる諮問機関が設けられ、理工系以外の地方自治体関係者や文化人・宗教者を加えるなどして、復興における財政やソフトの面にまで目配りする姿勢が見られるが、災害史に深くかかわる歴史研究者が入ることは未だない。なぜなら日本の歴史学研究も、本震そのものと被害状況に資料発掘や紹介の重点が置かれ、発生期の被災地の惨状を描く瓦版などの情報資料の収集が中心で、地震後の被災者への関心にまで及ばなかったからである。この点についても同講座で「『3・11』を経た歴史学――歴史学は災害にいかに向き合ってきたか――」と題して講演された成田龍一さんが、日本史の通史や概説のなかに描かれる関東大震災に関する叙述の多くが、本震についてはかなりの頁を割き詳細に紹介しているのに対し、地震後人々の暮らしや体験についての叙述が、いずれも脆弱であると指摘されていたことが印象的だった。

そして復興と言っても、多くの場合都市改造など、いつもハードな側面のみが強調され、被災者の暮らしや精神面にまでは及ばず、人々が生き抜く姿が具体的に描かれることがない。だから過去の地震体験が、被災者救援、ソフトの面に生かされていないのではないかと思えてならないのである。

## 一　長期的余震記録の具体的事例

三・一一は、歴史学研究に発生から終息へ向けての地震そのものの分析に必要な資料の紹介や分析とともに、その間に人間が体感する精神的不安や情報への対応、そして復興への道筋など長期的な観点からの分析の必要性を迫っている。そうした研究蓄積を通して社会へ問題を投げかける必要性を痛感する。

その一つの試みとして私は、中村芙美子さんとの共編で『善光寺大地震を生き抜く――現代語訳「弘化四年・善光寺地震大変録」――』（日本経済評論社、二〇一一年）を刊行した。それは善光寺地震を経験した七五歳の老人の日記で、本震以後の被災者の生活が具体的に描かれていて興味深い。著者を中条唯七郎（一七七三～一八四九）という。彼は地震に関する情報を出来うる限り収集し、自ら被災地へ足を運んでこの目で惨状を確かめ、地震がもたらした生活や生産の変化を被災者たちの目で記録した。そしていつ終わるともしれない余震の数を体感した限り記録していった。余命をかけたすごい記録である。

その善光寺地震は、七年以上も続いた稀有な大地震である。そのためだろうか、毎日起こる余震の数を記録したノートが被災地の各地に残っている。それが善光寺地震記録の特色でもある。いつ終わるとも知れない大小の余震が生活や生産の妨げになり、余震への関心が異常に高まったためであろう。

それゆえ初めて余震が無かった一〇月一日には、中条唯七郎は「今日始て地震なし、三月廿四ノ晩四ツ時ヨリ、昨日四ツ時迄、折々不絶あり」と書留め、その記述の上に「地震ナシ」と貼り紙するほどの興奮であった。

余震のすごさは、表1に示した通りである。このデータは唯七郎の住む信州埴科郡森村（現・長野県千曲市）から西へ約三キロメートルしか離れていない更級郡小船山村（同）の緑川與一が記録した「弘化四未年三月廿四日夕四ツ時より大地震寄日記帳」を近世史家の古川貞雄さんが紹介したものである。発生から年月が経つごとに余震発生数は次第に減少し、平穏な日々がようやく戻ってきたかに見えるが、そうではなかった。七年後の嘉永六年（一八五三）になっても依然、

夕四ツ時壱度大きく寄申候、飯山御城下殊の外大寄（嘉永六年七月二一日）
夕七ツ時大寄、此大寄は家宅より飛出す程に御座候（同年七月二七日）

と、家から飛び出さなければならないほどの強震が依然続いていたことが分かる。

東日本大震災が起こった二〇一一年には、一年間で有感地震が九七二三回あり、その内震度五以上の地震が六八回で、これは統計が残る一九六二年以降史上最大だったという。そして有感地震が最多の年は、長野県の松代群発地震が活発だった一九六六年の五万二九五七回であるという（『東京新聞』一月六日朝刊）。その同じ松代周辺で表1に示したような余震が、一一九年前に起きていたのである。表1の統計は一農民が体感した地震の回数である。おそらく一九六六年の群発地震に匹敵するほどの有感地震が起こっていたことであろう。震度五以上の地震についても、二〇一一年の回数を大きく上回ることは間違いあるまい。

その点で信濃毎日新聞社が、二〇一二年一月二四日、三一日、二月七日の朝刊に掲載した「善光寺地震にみる『震災のあと』」という特集は、地震後に焦点を当てる企画として注目されたが、長い余震の中での被災者たちの生活にまで言及されていないのが残念である。この記事はおそらく東日本大震災からまもなく一年を迎えようとする時、善

# 表1　弘化4善光寺地震小船山村余震記録表

| 月 | 弘化4年（1847） 多数日 | 数度日 | 余震回数 | 大地震数 | 地震無し | 弘化5年（1848） 多数日 | 数度日 | 余震回数 | 大地震数 | 地震無し | 嘉永2年（1849） 多数日 | 数度日 | 余震回数 | 大地震数 | 地震無し |
|---|---|---|---|---|---|---|---|---|---|---|---|---|---|---|---|
| 1 | | | | | | 2 | | 84 | 12 | 2 | | | 33 | 9 | 14 |
| 2 | | | | | | 3 | | 63 | 9 | 0 | | | 17 | 4 | 21 |
| 3 | 4 | | 232 | 大多数1＋2 | 0 | 3 | 3 | 130 | 15 | 1 | 1 | | 18 | 5 | 15 |
| 4 | 17 | 9 | | 65 | 0 | 2 | 2 | 69 | 18 | 4 | 2 | | 16 | 4 | 12 |
| 閏4 | | | | | | | | | | | 3 | | 16 | 0 | 13 |
| 5 | | 5 | 21 | 46 | 0 | 4 | | 26 | 13＋度々1 | 12 | | | 14 | 8 | 18 |
| 6 | 16 | 5 | 15 | 多数1＋13 | 0 | 2 | 1 | 26 | 8＋数度1 | 19 | 1 | | 12 | 3 | 21 |
| 7 | 10 | 9 | 9 | 多数2＋14 | 0 | 2 | | 71 | 8 | 8 | | | 10 | 2 | 20 |
| 8 | 15 | 9 | 13 | 多数3＋20 | 0 | 11 | | 21 | 11 | 14 | 1 | | 12 | 5 | 22 |
| 9 | 23 | 2 | 5 | 14 | 0 | | | 14 | 7 | 18 | 1 | | 13 | 3 | 22 |
| 10 | 15 | 9 | 3 | 24 | 2 | | | 33 | 10 | 10 | 1 | | 5 | 1 | 24 |
| 11 | 10 | 3 | 62 | 29 | 0 | | | 24 | 7 | 11 | 1 | | 7 | 2 | 26 |
| 12 | 2 | 2 | 102 | 13 | 0 | | | 24 | 18 | 18 | 1 | | 4 | 4 | 25 |

| 月 | 嘉永3年（1850） 多数日 | 数度日 | 余震回数 | 大地震数 | 地震無し | 嘉永4年（1851） 多数日 | 数度日 | 余震回数 | 大地震数 | 地震無し | 嘉永5年（1852） 多数日 | 数度日 | 余震回数 | 大地震数 | 地震無し |
|---|---|---|---|---|---|---|---|---|---|---|---|---|---|---|---|
| 1 | | | 8 | | 23 | | | 5 | | 26 | | | 7 | 4 | 26 |
| 2 | | | 5 | 1 | 15 | | | 6 | | 23 | | | 1 | | 28 |
| 閏2 | | | | | | | | | | | | | 2 | | 27 |
| 3 | | | 3 | 1 | | | | 6 | 3 | 24 | | | 2 | 2 | 28 |
| 4 | | | 6 | 5 | 25 | | | 5 | | 24 | | | 2 | | 28 |
| 5 | | | 5 | 3 | 25 | | | 3 | 1 | 27 | | | 7 | 2 | 24 |
| 6 | 9 | 2 | 8 | 5 | 14 | | | | | 29 | | | 2 | 2 | 27 |
| 7 | | | 1 | 1 | 29 | | | 3 | 1 | 28 | | | 4 | 2 | 26 |
| 8 | | | | | 30 | | | 3 | 1 | 27 | | | | | 30 |
| 9 | | | 3 | 2 | 26 | 1 | | | | 28 | | | 1 | 1 | 28 |
| 10 | | | 6 | 2 | 24 | | | 1 | 1 | 29 | | | 1 | | 29 |
| 11 | | | 7 | 5 | 25 | | | | | 29 | | | 2 | | 27 |
| 12 | | | 11 | 2 | 22 | | | 2 | | 28 | | | 1 | 1 | 29 |

| 月 | 嘉永6年（1853） 多数日 | 数度日 | 余震回数 | 大地震数 | 地震無し | 嘉永7年（1854） |
|---|---|---|---|---|---|---|
| 1 | | 1 | 13 | 5 | 23 | 多数 |
| 2 | | | 3 | 1 | 28 | 多数 |
| 3 | | | | | 30 | 数度 |
| 4 | | | 1 | | 28 | 数度 |
| 5 | | | 1 | 1 | 29 | 数度 |
| 6 | | | 2 | | 27 | 多数 |
| 7 | | | 2 | 2 | 28 | 数度 |
| 閏7 | | | | | | 数度 |
| 8 | | | | | 30 | 数度 |
| 9 | | | | | 29 | |
| 10 | | | 3 | 3 | 27 | |
| 11 | | | 1 | 1 | 29 | |
| 12 | | | | | 30 | |

注：地震数を「多数」とあるのは、発生日の記事に「大寄せ」とあるもの。「多数日」の数字は月ごとの合計。

「数度」とあるのは、「寄せ」とあるもの。「大寄せ」・「寄せ」もともに、その日体感した揺れを数え切れないが、感覚で違いを記したと思われる。

余震回数は、「大寄せ」「寄せ」の記述以外に、一日に起こった地震回数を記述してある日があり、それを一ヶ月分合計した数字である。

「大地震回数」は、「多数」「数度」・「余震回数」のなかで起こった大地震の数である。

出典：古川貞雄「善光寺地震の余震記録」（『市誌研究　ながの』1号、1994年）より作成。

光寺地震の凄さを蘇らせ、その体験から今何を学ぶべきか、ということを意図して企画されたものだろう。しかし記事からは長期にわたる余震を生き抜く被災者たちの具体像が見えてこない。震災の被災者が、その恐怖を七年にもわたり持続させたことへの思いを考えれば、地震の終息過程にまで踏み込んだ分析が求められる。善光寺地震の「震災のあと」は嘉永七年まで続くことを具体的に紹介することが、従来の善光寺地震の描き方に、はじめてあらたな見解を示せたと思うからである。

記事は地震から八年後の安政二年（一八五五）に善光寺を訪れた出羽庄内藩の郷士清川八郎の感想のなかに善光寺の賑わいから復興の早さを説明させるが、善光寺の賑わいを他の地域にまで敷衍することはできない。記事にも触れられているように、八郎は、北国街道や善光寺街道の宿々の荒廃ぶりを見て、復興いまだならずと判断し、その要因をくりかえし起こる天変地異（余震）にあると見ていた（『西遊草』平凡社東洋文庫、一九六九年）。

緑川与一の日記によれば、嘉永五年（一八五二）一二月一七日の記事に、

昼九ツ四分時、大きく寄、此寄之義は家もたをれる如く、木も大風之吹候如くよれ（揺れ）申候、家宅より皆飛出し申候、善光寺夜灯抔たをれ申候、尚又山中辺家も潰れ申候、善光寺寺北吉田辺も家もたをれ申候、

とある。この地震は弘化四年の地震の余震の一つだが、マグニチュード6・5前後の大揺れで、『最新版　日本被害地震総覧』の説明によれば、「善光寺本堂裏石塔・夜灯大半倒れ、長野市中下屋の損あり。松代藩の水内・更級郡での被害は居家潰二三、半潰一五、大損九、土蔵潰三、半潰一、郷倉潰二、堂潰二、宮半潰一、山抜崩二一〇ヶ所、道裂破損九三〇件余、橋落損四五ヶ所、赤倉で潰四軒」とあることから、ただごとではなかった。こうした長期にわたる余震の連続の事実を踏まえて新たな知見を提示することが、三・一一以後、連日の余震に苦しみ、実際に大きな被害を受けた長野県の読者への使命だったのではなかろうか。

## 二　震災（被害地震）は近世・近・現代に著しく増大する

しかし余震を含めた長いスパンの地震史研究だけでは、震災を日本近世史研究の重要な課題として位置づけ、歴史叙述の中に内在化させ、世界有数の地震国日本の歴史像を構築することにはならない。

そうした中で、いま学ぶべき観点の一つに、人の「いのち」＝生命を支える観点から歴史を描き直そうという、塚本学さんや倉地克直さんらの試みがある。なかでも倉地さんは、それを「『いのち』を支える最初にして最後の砦は、『家』であった」という観点から、近世に生きた各身分の人々の生活を具体的に描き、さらにその「いのち」を取り巻く一八世紀の自然環境と歴史的環境から、人々はどんな生き方をしたのかということに言及した。その中で「いのち」を左右する災害が重要な関心事になるのは当然である。

そこで倉地さんは、著書の小学館版日本の歴史一一『徳川社会のゆらぎ』「はじめに――成熟か停滞か――」の冒頭で、元禄一六年（一七〇三）一一月二三日未明に起こった房総沖を震源とする大地震、世に元禄地震の惨状から筆を起こし、一八世紀の日本に生きた人々は成熟の社会に生きたのか、それとも停滞の社会に生きたのか論じている。

そして一八世紀が元禄文化や宝暦・天明期の戯作や浮世絵など江戸の都市文化の発展からみて成熟期と見る傾向があるが、そうではなく発展期の一七世紀に対して停滞期だという。それは人口の増加が止まり土地開発が停滞した時期で、その要因が社会のキャパシティーから見て成長の限界期にあたるだけでなく、地震や津波、噴火、飢饉や疫病、大風雨、洪水、それに火災などの災害が、特別な意味を与える歴史段階に入り、頻発する災害による消耗がもたらした現象だというのである。

しかし倉地さんは通史叙述の限界もあってか、個々の災害には具体的には踏み込まず、災害による被害の地域差についても、「過疎地と過密都市との災害を比べてみればわかるように、同じ災害でも社会に与える影響は大きく異なる」と指摘するに留まり、過密都市が過疎地（村落）に比較してなぜ災害の被災地になる比率が高いのかという点にまで踏み込んではいない。

そこで本稿では、倉地さんが言われる災害の被災地の多くは過密都市だという問題提起をさらに深め、そこから新たな近世社会像を再構築を試みることとしよう。そのためには、まず近世に起こった災害全体に踏み込んでおく必要があるが、三・一一との関係から地震災害に限定し具体的に検討して見ることとしよう。

火山の島日本列島で、地震は古代以来万遍無く起こり、いまも続いている。しかしすべての地震が日本列島に生きる人々を苦しめてきたわけではない。地震にはただ揺れるだけで被害をもたらさないものも多数ある。それゆえ地震学では、人間や社会に被害を与えた地震を被害地震と規定して区別する。この被害地震の概念から歴史を振り返れば、それは古代、中世、近世、近代、いつも平均的に起きると見るのは不自然である。人口も違えば、耕地面積も違う。そして住宅をはじめ生活の諸条件がかなり異なるからである。

まず、日本列島における地震被害の歴史をたどって、そこから何が浮かびあがってくるかを見ておくこととしよう。こうした被害地震に関する全時代の歴史をたどれる資料は、現在のところ宇佐美龍夫さんの『最新版　日本被害地震総覧』（東京大学出版会、二〇一一年）や渡辺偉夫さんの『日本被害津波総覧　第二版』（同、同年）がもっとも確実であろう。

宇佐美さんの調査によれば西暦四一六年から二〇〇一年（平成一三）までの一五八五年間に確認されている被害地震数は、九九一を数える。そのなかから地震規模を判断できないなど資料的にやや疑問がある被害地震を除くと、総件数は八四九件になるという。そしてそれを宇佐美さんが時代別に発生件数を示したのが、表2である。

この表によれば、一六〇〇年（慶長五）から一六九九年（元禄一二）を画期に、それ以後一段と被害地震数が増大

表2　規模別被害地震回数

| M / 西暦 | M < 5 | 5 ≦ M < 6 | 6 ≦ M < 7 | 7 ≦ M < 8 | 8 ≦ M | 不　明 | 合　計 |
|---|---|---|---|---|---|---|---|
| 500〜599 | | | | 1 | | | 1 |
| 600〜699 | | | | 1 | 1 | | 2 |
| 700〜799 | | | 1 | 3 | | 2 | 6 |
| 800〜899 | | | 5 | 7 | 2 | 1 | 15 |
| 900〜999 | | | 2 | 1 | | | 3 |
| 1000〜1099 | | | 3 | | 2 | 4 | 9 |
| 1100〜1199 | | | 1 | 1 | | | 2 |
| 1200〜1299 | | | | 3 | | 5 | 8 |
| 1300〜1399 | | | 4 | | 1 | 3 | 5 |
| 1400〜1499 | | | 4 | 3 | 1 | 2 | 10 |
| 1500〜1599 | | | 5 | 4 | | 5 | 14 |
| 1600〜1649 | | 1 | 13 | 6 | 1 | 8 | 29 |
| 1650〜1699 | | 4 | 12 | 8 | 1 | 20 | 45 |
| 1700〜1749 | | 5 | 17 | 4 | 3 | 20 | 49 |
| 1750〜1799 | | 6 | 11 | 13 | 1 | 16 | 47 |
| 1800〜1849 | | 7 | 22 | 7 | 1 | 19 | 56 |
| 1850〜1867 | | 1 | 14 | 9 | 2 | 12 | 38 |
| 1868〜1899 | | 15 | 25 | 15 | 2 | 6 | 63 |
| 1900〜1924 | 1 | 38 | 43 | 23 | 2 | 3 | 110 |
| 1925〜1949 | 5 | 22 | 39 | 18 | 2 | | 86 |
| 1950〜1974 | 11 | 28 | 38 | 18 | 8 | 1 | 104 |
| 1975〜1999 | 24 | 50 | 35 | 14 | 2 | | 125 |
| 2000〜2001 | 2 | 8 | 7 | 2 | | | 19 |
| 計 | 43 | 185 | 301 | 161 | 32 | 126 | 849 |

しだすことが確認できる。ちなみに四一六年から一五九五年（文禄三）までの一一七九年間に起った被害地震の発生件数は一二〇である（I期）。次いで一五九六年（慶長元）から一八六八年（明治元）の二七三年間に被害地震が三四八件あり（II期）、さらに一六八六年（明治元年）から二〇〇一年（平成一三）の一三三年間に五二三件起こっていることが分かる（III期）。

そうするとI期（近世以前）の慶長元年以前は、年間平均して〇・一件、つまり一〇年に一度しかないのに対して、II期（近世）は一・三件、III期（近・現代）は、四・〇件と著しく増大することが分かる。このことは何を物語るのだろうか。日本列島で起こった被害地震のほとんどは、近世から近・現代において発生し、全体の九〇パーセントを占める。こうしてみると地震災害は近世・近代社会の独自の社会現象であることを確認できる。

表3は、宇佐美さんが死者数別に地震の回数を見たものである。死者数を特定できない地震が大半だが、一〇〇人

**表3　死者数別地震回数**

| 西暦＼死者数 | 1～9 | 10～99 | 100～999 | 1,000～9,999 | 10,000～ | 不　明 | 多　数 | 計 |
|---|---|---|---|---|---|---|---|---|
| 500～599 | | | | | | 1 | | 1 |
| 600～699 | | | | | | 1 | 1 | 2 |
| 700～799 | | | | | | 5 | 1 | 6 |
| 800～899 | | | 1 | 1 | | 8 | 5 | 15 |
| 900～999 | 1 | 1 | | | | 1 | | 3 |
| 1000～1099 | | | | | | 9 | | 9 |
| 1100～1199 | | | | | | 1 | 1 | 2 |
| 1200～1299 | | | | 1 | | 7 | | 8 |
| 1300～1399 | 1 | 1 | | | | 6 | | 8 |
| 1400～1499 | | | | | 1 | 7 | 2 | 10 |
| 1500～1599 | | | 1 | 2 | | 10 | 1 | 14 |
| 1600～1699 | 6 | 5 | 4 | 4 | | 50 | 5 | 74 |
| 1700～1799 | 11 | 7 | 1 | 5 | 2 | 70 | | 96 |
| 1800～1867 | 4 | 8 | 4 | 6 | | 72 | | 94 |
| 1868～1899 | 5 | 3 | 3 | 1 | 1 | 50 | | 63 |
| 1900～1949 | 21 | 12 | 2 | 7 | 1 | 153 | | 196 |
| 1950～1999 | 22 | 7 | 3 | 1 | | 196 | | 229 |
| 2000～2001 | 3 | | | | | 16 | | 19 |
| 計 | 74 | 44 | 19 | 28 | 5 | 663 | 16 | 849 |

規模以上の地震のほとんどがⅡ期、Ⅲ期に起こっていることが分かる。つまり、近世・近代に入ってからも、被災者数の多い地震が激増することを物語っている。つまり、そうした環境の中に近世・近代人の「いのち」が存在したことを意味している。

それは記録される史料の質量の差や地震への関心の高まり、そして記録の充実の差によって生じる問題だけではないだろう。地震の被害を受けやすいという別な歴史的環境がそうさせていることが十分考えられよう。

ではなぜ、近世社会に入ると、急速に被害地震が増大し、どんな被害を受けるのだろうか。その点を宇佐美龍夫さんの『最新版　日本被害地震総覧』の近世部分約二〇〇年分の年表（一五九五～一八二〇年）から考察してみることとしよう。表4がそれで、宇佐美年表の整理番号八一（一五九六・慶長元）から二三〇番（一八二一・文政四）までを簡略にしたものである（章末に掲げた）。倉地さんが対象とした一八世紀もすっぽり入っている。この表4から言

えることは、

一、被害地震は日本列島の至るところで起きているということ。

二、地震規模がマグニチュード5以上になると、被害地震となり、7・5を超えると被害が甚大化するということ。

三、「被害状況」を見ると、城の損壊・倒壊の記述が非常に目立つ。また新たに山間に建設された宗教施設（日光など）がしばしば被災しているということ。

四、三の現象と比例して、城下町での被害が近世初期から見られ、とくに近世中・後期になると一段と増大し、巨大化するということ。つまり町場化した都市社会が被害件数の大半を占めるようになること。

五、そのさい、決まって火災の発生を伴い、倒壊家屋などによる圧死者だけでなく、焼死者が急増していくこと。

六、地震が沿岸部で起これば、きまって津波を伴い家屋の流出と溺死者を増大させること。

などということが読み取れる。二は近世以前にも見られる現象だが、一、三は近世固有の現象であり、四は、その近世固有の現象に誘発されて起きる二次災害の増大である。この年表に見る傾向は、倉地さんの言う過密都市に、被害地震が多発することを裏付け、揺れによる圧死者のほかに、焼死者、溺死者が増大したことを物語る。では近世社会に入ると被害地震がなぜ急増するのだろうか。考えてみる必要があろう。

## 三　「いのち」の視点から見る近世社会の歴史的環境

全国各地で被害地震が確認されるのは、全国至るところに城下町や港湾都市が建設または整備拡大されたからである。そしてそこに、家屋の倒壊だけでなく、火災を誘発する条件を持つ家屋の密集地帯が形成されたことを意味している。建設される家屋のほとんどが木造建築だからである。

この点は、『最新版　日本被害地震総覧』の近代・現代の部分にまで及べば、さらに明確になる。つまり近現代の都市の前身は、三都、城下町、港町・宿場町、そして門前町、在方町などであり、全国的な都市化現象の延長上に存在する。そこで包容しきれないほど人口が急増した場合は、郊外に住宅団地を林立させた。そして工業化の促進により運輸上の利便から港湾に隣接する地域に、石油コンビナートなどの工業施設が建設された。それはものすごい乱開発と自然破壊の上に生まれた発展の光景であるが、そこに遠距離通勤、公害というリスクとともに、阪神淡路大震災のような被災を大規模化させる要因が潜んでいる。こうした近代・現代都市のルーツに遡ってみると次のような系譜になろう。

わが国には、近世という歴史的に固有な時代が存在する。それは幕藩体制という国家を確立し、それを二六〇年も長期にわたり存続させ、近世化と呼べる固有の社会を生み出した。そして近世化を可能にしたは、石高制と兵農分離の貫徹、鎖国の完成にあると言われ、ほぼ常識的見解として受容されている。

兵農分離の貫徹は、下剋上の世に終止符を打ち、天下統一を可能にした。そして長い無事の世への道を歩むきっかけとなった。下剋上に終止符を打った兵農分離策が文書主義を前提にしたため、教育・文化の発達の基礎的条件を醸成したこともまた事実である。

これによって常に家族ともども主君が居住する城下に集住することを強制されることになった武士は、常に監視の目の下で忠誠を誓わざるを得なくなり、天下統一の道筋がつけられることになったのだが、それを実現するためには、戦略上の優位性や権力の永久鎮護にふさわしい聖地に城郭を建設し、その周囲に武士団とその家族、彼らを支える商人・職人らを集住させる城下町をセットさせることが不可欠であったので広大な土地が開発整地された。

徳川幕府はこうして、大名権力を全国各地に配置して兵站基地として人民支配を確立したが、江戸をはじめ全国各地に建設された城下町は、自然破壊という乱開発によって出現した。山野を切り崩し、濠を掘り時には河川の流れを付け替えて成しえた大事業である。その点が、都市と言えば、奈良・京都・鎌倉、港湾都市としての堺など、数えるほどしか浮かばない古代・中世社会との大きな違いである。

そしてそこに建設された建築物のほとんどは木造であった。そのために大量の木材が伐採され、住民のすべてが薪・炭という木材資源の燃料を消費して生活を維持した。また集住する人口のほとんどが食糧を消費するのみの非農業民であった。さらに非自給品の塩や陶磁器、鉄製品の生産に不可欠な燃料もまた山野に求めた。山々の多くが松林化し土砂崩れの危険が増大した。その傾向は塩と陶器の産地である岡山藩の政治顧問・儒学者熊沢蕃山が、雑木林に戻せと警告しても止められなかった。大地震があればいつ山崩れが起き、津波に襲われ、液状化現象が起きても不思議ではない場所に、多数の「いのち」とそれを支える「家」（由緒・身分・家族・屋敷地・家屋の総体）が置かれることになった。

兵農分離は、城下町を全国各地に林立させてはじめて機能する。だから兵農分離は都市化を推進し、全国各地にそれぞれ武士・町人を合わせ万を越す消費社会を叢生させた。倉地さんの言う「いのち」の観点に立てば、膨大な数の非自給民が一挙に増大したことを物語り、彼らの「いのち」を支えうるに足る生産力と市場形成が求められることになった。

膨大な数の木造住宅の建設を可能にしたのは、建築道具＝大工道具の改良にあった。大量に使用する平板は鋸の改良が行われ供給できる態勢が整った。そのため城下町の建設は一挙に促進され、特定の面積の中に商家やその他の住民の居宅が続々と建設され市街地（町人町）が形成された。その平板にふさわしい木材が杉と檜だったから、その植林と育成が林業政策の要となり美林が特産地のシンボルとなった。

しかし家屋建築に使用されることになった杉・檜材の平板こそ、燃えやすく揺れに弱いというリスクをもっていた。しかも屋根は藁葺き・茅葺が圧倒的だった。近世後期になり防火上瓦葺が奨励されたが、揺れと火災に弱い家屋の集住化こそ近世都市がもつリスクであった。以上が近世社会に入り被害地震を激増させ、しかも全国化させた要因である。

火事と喧嘩は江戸の華といわれているが、それに地震による家屋の倒潰が加わる。この結果、その都度の多数の人的資源を喪失し、経済的蓄積、そして社会資本の損失を類推すると、その量的喪失の膨大さに唖然とさせられるだろう。

そして近世化のもう一つの条件として挙げられる鎖国の完成もまた災害の増大に不可分に結びついている。日本人の海外移住を禁止した鎖国を、「いのち」の視点から見れば、全人口の三分一が兵農分離によって生じた非農業民（都市消費生活者）を含む二五〇〇万人余の、すべての消費物資を国内生産で賄い、それを全国にスムーズに流通させる市場を構築しなければ、「いのち」を保障できないことを意味している。国内市場の形成とは、列島全土に生きる人々の「いのち」を保全するための流通システムの完成をいう。

この結果、最大の消費量である米穀の収穫高を社会編成の基礎単位とする石高制原理を、実態としても可能にしなければならなくなった。つまり鎖国は主食としての米穀を含めた消費物資をすべて国内で賄うという生産構造を構築することを前提として強行された外交政策だったのである。

こうして幕藩権力は自己資金のみならず、あらゆる資本を動員して全国の大河川の下流域のほとんどを水田化して穀倉地帯化し、海浜の浅瀬も干拓し新田化させ、開発は武蔵野の原野など内陸にまで及んだ。しかも粗放的農業ではペイせず、集約的農業が推進されたので、生産力の増大のため農業技術の改良や魚肥の使用が促進され、ついに蝦夷地沿岸の開発にまで及ぶに至った。

そして流通の拠点として中央市場としての大坂が、天下の台所としての地位を確立し、各地の城下町が領域市場の中心として経済の拠点となり、河川の流域や河口の流通を支える港湾都市に物資と富が集積された。こうして大坂は第二の巨大消費都市となり、各地の城下町も経済活動に従事する人口の増大をみせ消費人口を拡大させた。また港湾都市も日本海沿岸の新潟や酒田のように著しい発展をみせ、金銀が最大の輸出品であった近世初期には、全国的に鉱山開発が進み、そこにも山間の京都と呼ばれる人口周密地帯が誕生した。そしてそれらを運送する廻船業が全国的に展開したのは周知の事実である。こうしてそこに住み着いた人々のほとんどが米穀の消費生活者となった。

しかし経済・流通の拠点は、信濃川・阿賀野川の河口新潟湊が、河川によって内陸とつながることで商業・工業都市として発達したことからみて、もっとも災害に弱い場所に建設され、常に増水や地震に悩まされ続けてきた都市でもあったことを忘れてはならない。

なぜなら、『増補版　洪水と治水の河川史』（平凡社ライブラリー、二〇〇七年）の著者大熊孝さんが指摘される通り、大河川下流域開発のリスクは河川の分流という治水策によって危険を分散させてきたのに対して、東回り・西回り航路の開発と内陸舟運の連携による物流のスムーズ化が、全国市場の展開や地域経済の発展に不可欠な条件となったとき、港へ通ずる河川の合流化が促進されるという矛盾した政策が強行されることになった。河川の合流化は地震・津波・洪水を大災害化させる要因となることが十分予測できたにもかかわらず、近世を通して経済優先の合流化政策が促進された。河村瑞賢の功績も、「いのち」の観点から再評価する必要に迫られるであろう。

大熊さんは、「舟運路の維持を優先して、その条件下において可能なかぎり水害防御を行うという妥協策をとらざるをえなかった」と述べられているが、その可能なかぎりの妥協点を超える雨量があれば、下流域に広がる水田地帯（穀倉地帯）は一挙に大洪水を招くことが繰り返されてきたのである。その点で、合流・分流を繰り返して濃尾平野に点在する輪中村落の「いのち」を悩ましてきた木曾三川で、宝暦三年（一七五三）から五年（一七五五）にかけて、幕府が薩摩藩の命じた分流工事の目的と成果を、国益優先の論理だけでない、「いのち」の観点から見直す必要があろう。新潟のように、舟運の衰退に合わせて信濃川分流案が浮上し、近代に入りようやく大河津分水という巨大プロジェクトを立ち上げ、その完成によって市民生活の安全が確保されたという事実を見逃してはならないだろう。

開発によって鎖国下の近世社会に生きるすべての「いのち」の食糧は賄われ、生存が可能となった。それが凶災などにより収量が激減すれば、きまって飢餓が生じ飢饉となり、多数の「いのち」が失われる。なぜなら都市に集中した膨大な人口の大半は消費生活者であり、商品生産の発達によって村落に生まれた貧農層が、自らの労力を糧にして食糧を得る「買い食い」層を形成し、村落内にも食糧消費層が拡大したからである。このように都鄙双方の食糧消費層の増大がもたらした最大の飢餓現象が天保の大飢饉である。大塩平八郎の乱の参加者の多くが、大坂近郊村落の貧農層であったという事実は、都市貧民への救済を優先させたからだけではなく、近郊村落にいかに「買い食い」層が増大していたかの証左となろう。だから開発による米穀生産の拡大こそが、鎖国下での幕藩権力にとってはもっとも重要な政治課題であり続け、そのための治水と防災への財政負担が恒常化していったのは当然である。しかし山野の乱開発は、鳥獣類の被害を拡大させるなど新たな対応を迫られることになった。

被害地震に立ち返れば、膨大な田畑の開発を可能にした大河川の流域や、海浜を埋め立てた新田に生きる「いのち」は、液状化と津波というリスクを背負い、常に災害と向き合って生きてきた。そこで宇佐美龍夫さんが作成された年代別の津波の規模と回数表（表5）を紹介しておこう。これもまた一六〇〇年代を境に急激に被害の件数が増え、津波被害の規模が大きくなっていることが分かるだろう。

倉地克直さんは、著書の冒頭で取り上げた元禄地震の死者について、「地震そのものよりも津波と火事による被害が大きいのは、いまと変わらない」と述べているが、その根拠とした『武江年表』（平凡社東洋文庫、一九六八年）の元禄一六年一一月二六日の項を紹介すれば、

（前略）八時過ぎ、津波ありて房総人馬多く死す。内川一ぱい差引き四度あり。此の時より数度地震あり。相州小田原は分けて夥しく、死亡の者凡そ二千三百人、小田原より品川迄一万五千人、房州十万人、江戸三万七千人（内二十九日火災の時、両国橋にて死ぬもの千七百三十九人）也し由、（以下略）

とある。凄い被害をもたらしたが、その死者の大半は江戸・小田原など密集都市の住民であったことは間違いない。

表５　津波の規模別回数

| 西暦＼m | －１ | ０ | １ | ２ | ３ | ４ | 不明 | 計 |
|---|---|---|---|---|---|---|---|---|
| 500～599 | | | | | | | | 0 |
| 600～699 | | | | | 1 | | | 1 |
| 700～799 | | | | 1 | | | | 1 |
| 800～899 | | | | 1 | 1 | 1 | | 3 |
| 900～999 | | | | | | | | 0 |
| 1000～1099 | | | | 1 | 1 | | | 2 |
| 1100～1199 | | | | | | | | 0 |
| 1200～1299 | | | 1 | | | | | 1 |
| 1300～1399 | | | | | 1 | | | 1 |
| 1400～1499 | | | 2 | | 1 | | | 3 |
| 1500～1599 | | | 1 | 1 | | | | 2 |
| 1600～1649 | | | 1 | 1 | 1 | 1 | | 4 |
| 1650～1699 | | 1 | 2 | 3 | | | | 6 |
| 1700～1749 | | 1 | 2 | | 2 | 1 | 2 | 8 |
| 1750～1799 | | 1 | 7 | 1 | 2 | 1 | | 12 |
| 1800～1849 | | | | 4 | | | | 4 |
| 1850～1867 | | | | | 2 | 1 | 1 | 4 |
| 1868～1899 | 3 | 3 | 1 | 1 | 1 | 1 | | 10 |
| 1900～1924 | 1 | 3 | 2 | 2 | 1 | | | 9 |
| 1925～1949 | 10 | 2 | 5 | 1 | 3 | | | 21 |
| 1950～1974 | 8 | 8 | 4 | 4 | 5 | | | 29 |
| 1975～1999 | 7 | 3 | 3 | 1 | 3 | | | 17 |
| 計 | 29 | 22 | 31 | 22 | 25 | 6 | 3 | 138 |

注：津波の規模を示す。
［－１］波高50cm 以下、無被害。［０］波高１m 前後で、ごくわずかの被害がある。［１］波高２m 前後で、海岸の家屋を損傷し船艇をさらう程度。［２］波高４～６m で、家屋や人命の損失がある。［３］波高10～20m で、400km 以上の海岸線に顕著な被害がある。［４］最大波高30m 以上で、500km 以上の海岸線に顕著な被害がある。

またその点では、五畿七道を襲ったわが国最大級の地震と言われる宝永四年（一七〇七）一〇月四日の宝永大地震もまた大津波を伴い、駿河から紀州、そして四国沿岸を襲い多数の死者を出すとともに、沿岸漁民や廻船関係者の生産手段である漁網や船舶の破壊と流出により多大な打撃を与えている。

全国各地で起きた地震発生地には、きまって人口集中・家屋密集の都市が存在し、しかも木造住宅で、燃料もまた木材資源に依存する人々が生活していた。地震が必ず被害地震となる十分条件が全国的に存在したことが、近世社会に入って被害地震が極端に増大した最大の要因である。さらに重要なことは、こうした被害地震を惹起する要因が、幕藩制国家を支える兵農分離や鎖国という政治システムそのものに起因している点である。私たちはそのことを倉地さんのいう「いのち」の視点に立って自覚的に受け止めるべきであろう。

## 四　都市災害拡大のもう一つの要因

『善光寺大地震を生き抜く』の著者中条唯七郎は、七五歳で大地震に遭遇し、一大決意をする。できるだけ多くの情報を収集し、自らの体験を通して地震そのものを冷静に見つめていくことに徹しようとした。その一つに激しい余震が続くなか、被害が大きかった被災地にまで足を運び、自己の目で地震の本質を捉えようとしたことがあげられる。

唯七郎は、善光寺街道の宿場稲荷山町に出向き、揺れと火災によって、その惨状から地震の凄さだけでなく、なぜこうした惨事が起こったのかを読み取ろうとした。また善光寺平を貫通する犀川に、山崩れで堰きとめられて出来た深さ四五メートルに及ぶ堰止め湖を自分自身の目で確認し、土砂ダムの崩壊による被害を予測するとともに、土石流の恐怖から逃れようと続々と避難してくる村人たちへの対応を考えた。

そして入手する情報を通して、一つの疑問を抱くようになった。たとえば、

一、今度の損破、善光寺ハ勿論、しの丶井（篠ノ井）・稲荷山、此三ヶ所ハ一村不残、人の傷も格別のよし、尤も山中辺等ニハ、亡所位の所ハ、新ン町（新町）始、数ヶ有之といへども、まづ人の目ざし候ヶ所は前文也、（四月二日）

一、永山（飯山）ハ御城迄焼失候て、今度の義ハ、永山が壱番、弐番が善光寺と口々に申唱ひ候、山中新ン町等ハ焼失之上、今水溜り渺々たる也、是等ハ番付所ニハ無之也、（四月二日）

と書き留めたように、善光寺門前や街道の宿場で「一村不残、人の傷も格別のよし」と被害がなぜ大きいのかという点である。そして唯七郎は自ら、四月五日、稲荷山宿へと足を運び、その現場を見て唖然とする。それは地震後すでに一一日も経っているのに、「然ニ皆其侭ニて焼乱しのま丶也、実ニ目も当てられぬ始末也、左程の事に始末する人

もなく、只焼形のまゝ也」と、まったく焼け跡の片付けがなされていなかったからである。また稲荷山宿の被害を、

今度稲荷ニて百九拾六人焼死候、旅人三百人焼死候、小以五百人也と云々、

と焼死者の多さに驚き、「日本開闢以来加（可）様事有之哉」と、なぜこれほどまでに多数の死者が出たのかと疑問をさらに強くした。

そして唯七郎が、こうした地震情報や実地見分を通して、結論づけたのが、

一、永（飯）山ハ御城等より潰し候と也、此度之義、永山が壱、善光寺が（未消）新町が弐、善光寺が三、稲荷が四といふ、然共善光寺への今に参詣の人多し（四月七日）

と、すでに板行されていたと思われる地震被害「番付所」に対して、水没の新町を加えた独自の見解で被災の大きさの番付化＝ランクづけを試み、どうしてこの四ヶ所がそうなったのかを自問するに至るのである。

では、角川『日本地名辞典　長野県』からそれぞれの町場の概要を紹介しておこう。次のようになる。

**永（飯）山**　飯山藩本多氏二万石の城下町は、享保年間（一七一六〜三五）には飯山七町（上町・下町・肴町・愛宕町・伊勢町・新町・鉄砲町）からなるが、人口については詳細は不明。家数は元禄期一一年（一六九八）に四〇七（武家屋敷も含む）軒で、宝暦七年（一七五七）には七町六ヶ村で八〇〇、安政五年（一八五八）九八〇軒に増大し、明治一一年（一八七八）の二ヶ村合併後には、軒数一三八九軒、人口六〇七八人になっていた。

**新町**　天保七年（一八三六）の人口は、一一七五人（男五九〇・女五八五）で、古くから九斎市が立ち、近郷の麻・楮などの集荷地で、犀川通船で米穀・酒・炭・木材・竹・石・土瓦などを積み出す在方町として、著しい発展を見せていた。

**善光寺**　江戸末期には人口一万人余と推定され、門前町・宿場町の機能のほか、地方経済の中心地として発展し、

麻・紙・木綿などの集散地として、天保期（一八三〇～四三）には、麻関係三九七・紙関係一〇七・木綿関係就業者一九六六人もおり、商業都市化していた。

**稲荷山**　善光寺街道（北国西街道）の宿場で松代藩真田氏領に属し、天明八年（一七八八）には、宿場町・在方町として発達し、家数三〇五軒、人口一六一五人を数え、天保一三年（一八四二）には、太物綿商人三三軒、茶屋一〇、旅籠屋六、呉服物屋六、豆腐屋三軒のほか、穀物・塩・綿・煙管・帯地・荒物・傘・紙・瀬戸物・菜種・簪・足袋・煙草・水油・材木・仕立屋・鍛冶屋などがそれぞれ一軒ずつ存在し、定期市も開催され、商業流通の拠点にもなっていた。

つまり善光寺大地震の最大の被災地と唯七郎が見たこれらの町々は、いずれも都市化した存在で近隣の村落とは様相をかなり異にしていたと言えよう。

そして唯七郎は次のような結論に至る。

一、今度之災難ハ、村々町々也と申セ共、平生余りわるはげしく、人の皮をはぐといふ程の場所、善光寺、稲荷、しの丶井等、別而也と人々申唱候、（四月三日）

と大きな被災を受けたのに町村の区別はないが、人々は、どちらかといえば、日ごろ人の生皮を剥がすような悪事が横行するような場所、たとえば善光寺・稲荷・篠ノ井などの町場が災難がふりかかったのだというのである。そして

一、今度稲荷の潰れ焼ニ、両親焼潰れの下に、助け呉々と悲声をあるを聞捨、家財を持、夫婦して桑原へ立退きしと聞、是其身斗りならず、稲荷一村之天罰、其人情不成ル迄の村也とハ、（四月八日）

と、具体的な事例から稲荷宿の惨状の要因を、「其人情不成」＝宿民間の不人情にあると断定する。いま風に言えば宿民間の相互扶助の欠如がそうさせたと言いたいのだろう。そしてさらにまた、

一、市場が丶り候村方ハ、格段ニ是非変難ニ逢ひし也、直隣村ハ安穏なるに左様事現然ニあり、如此申さハ、直

キに山中ハ何をと理屈可申が、浅智ノ量ニて、夫は難答候が、非道・非分ノ通り筋等ハ、極てその難に逢ひし所をいふなり、（四月一六日）

と、「市場がゝり候村方」＝都市化した村落が格段に「変難」＝災害に逢いやすいという。その理由は、人道に背き道理に合わないような人間関係が日ごろから罷り通るような世界だからだというのである。しかし「人情すなおな」＝村民間の相互扶助の行き届いた山中と呼ばれる松代藩領の山間部も、犀川の堰止め湖の下に水没してしまい村々は壊滅的打撃を受けたことをどう説明するのかと問う者もいるが、唯七郎はそんなことを言うのは、何も知らない浅知恵で、ふだんから「非道、非分ノ通り筋」である都市化した場所が大きな被害を受けたのだという。ただそれでも度々問い詰められると「言句に当惑す」と答えに窮してしまうが、地震発生後一〇日以上も経っても、焼け跡をそのまま放置するような稲荷山宿の光景を見ている唯七郎は、都市化した町場の惨状の深刻さの要因が、「其人情不成」＝相互扶助の欠如にあり、だからそれは「天罰」だという判断を変えることはなかった。

ここで再び倉地さんの過密都市が災害を拡大するという指摘を想起しておこう。唯七郎の判断基準には、都市災害の要因が家屋と人口の過密性だけでは済まない、日常の住民の生活倫理観の差が左右すると見ていることを知るだろう。村落と都市社会の相互扶助関係のありかたの違いから出た違和感である。しかしもしそれが被害拡大の一つの要素になっていたとすれば、都市災害を論ずるさい十分検討されてよい問いかけであるといえるだろう。

救助を求める悲痛な叫びを聞き捨て家財をもって立ち去るような不人情が罷り通る、そんな寄せ集め集団の都市社会に向けた唯七郎の言葉は、そこに生きる「いのち」のあり方を考える上であらたな問題を投げかけているように思えてならない。唯七郎もまた、

秋の夜や隣を始知らぬ人　　小林一茶「文化句帖」文化元年元年八月

と信濃の俳人小林一茶が詠んだ都市社会への感情を持ち合わせていたのだろうか。大坂や長崎など西国諸都市に旅し

た唯七郎の都市観を彼の旅日記を通して分析してみる必要があろう。

## おわりに

最後になるが、倉地克直さんは、大災害の影響もあって、一八世紀の日本は成熟期というより停滞期と見るべきだと結論づけているが、同様な観点から見て一九世紀をどう見ればよいのだろうか。

地震史の観点から見て、マグニチュード7前後以上の被害地震は

| | | | |
|---|---|---|---|
| 一八〇四年（文化元） | 六月四日 | 出羽象潟地震 | M7・0 |
| 一八一八年（文政二） | 八月五日 | 伊勢・美濃・近江 | M7・2 |
| 一八二八年（文政一一） | 一一月一二日 | 越後 | M6・9 |
| 一八三三年（天保四） | 一〇月二六日 | 出羽・越後・佐渡 | M7・5 |
| 一八三五年（天保六） | 六月二五日 | 陸奥仙台 | M7・0 |
| 一八四三年（天保一四） | 三月二六日 | 蝦夷地釧路・根室 | M7・5 |
| 一八四七年（弘化四） | 三月二四日 | 信濃善光寺 | M7・4 |
| 一八五四年（安政元） | 六月一五日 | 伊賀・伊勢・大和 | M7・2 |
| 一八五四年（安政元） | 一一月四日 | 安政東海地震 | M8・4 |
| 一八五四年（安政元） | 一一月五日 | 安政南海地震 | M8・4 |
| 一八五四年（安政元） | 一一月七日 | 伊予西部 | M7・5 |
| 一八五五年（安政二） | 八月三日 | 陸奥仙台 | M7・2 |

一八五五年（安政二）九月二八日　遠州灘（東海地震最大余震）　M7・0
一八五五年（安政二）年一〇月二日　江戸地震　M7・1
一八五六年（安政三）七月二三日　蝦夷地日高・渡島、陸奥津軽　M7・5
一八五七年（安政四）八月二五日　伊予・安芸　M7・2
一八五八年（安政五）二月二六日　飛越地震　M7・1
一八五八年（安政五）五月二八日　陸奥八戸　M7・5

と約五〇年間に一八件もある。それぞれかなりの被害大地震である。なかでも安政年間に頻発した東海地震と南海地震、江戸地震などは膨大な数の被災者を出し社会資本の喪失も甚大だった。それに加え安政三年（一八五六）八月、太平洋岸を襲った大風水害による大洪水や疫病の流行が人々を苦しめた。なかでも文政五年（一八二二）に日本に上陸したコレラは、第一次パンデミー（世界的流行）の最終点で箱根を越えることなかったが、安政五年（一八五八）の第三次パンデミーの時は全国に波及し、江戸だけでも一〇万とも二六万人とも言われる病死者を出した。

コレラはイギリスが産業革命により「世界の工場」として世界市場を席巻したことから、インドベンガル地方の風土病（インデミー）がパンデミー化したもので、日本は開国直前に世界資本主義の手痛い洗礼を受けたものである。それに天保の飢饉による餓死者を加えれば、膨大な数の人口を失っている。その日本の一九世紀は、発展か成熟か、それとも停滞期かと言えば、人口の増大化現象だけからみれば停滞期とは言えないだろう。

なぜなら天明の飢饉で二四九〇万人台にまで落ち込んだ人口が、一九世紀に入って回復に転じ、文政一一年（一八二八）には、二七二〇万人台にまで増大する。この増大傾向に歯止めを掛けたのが天保の飢饉だが、以後再び増大し続ける。この事実をどう理解すればよいのだろうか。「いのち」の観点から見て、何がそうさせたのか重要なテーマとなるであろう。

表4　日本近世被害地震年表（1596～1820）

| 整理番号 | 西暦 | 発生日 | 発生地 | マグニ | 被害状況 |
|---|---|---|---|---|---|
| 81 | 1596 | 慶長1.7.12 | 豊後 | 7 | 山崩れ・大津波、府内（大分）5,000の内200軒残すのみ。 |
| 82 | 1596 | 慶長1.7.13 | 京都・畿内 | 7.5 | 京都三条より伏見至る間被害甚大。伏見城天守大破。諸寺院損壊。和泉堺で死者600人余。大坂・神戸・有馬でも損壊。 |
| 83 | | | | | |
| 84 | 1604 | 慶長9.12.16 | 東海・南海・西街道・西海道 | 7.9 | 二つの地震が同時発生。津波来襲。浜名湖から薩摩・大隅まで被害多数。 |
| 85 | 1611 | 慶長16.8.21 | 陸奥会津地方 | 6.9 | 若松城下を中心に被害甚大。2,000戸倒壊。3,700人余の死者出る。 |
| 86 | 1611 | 慶長16.12.10 | 陸奥三陸海岸・蝦夷地東岸 | 8.1 | 津波。仙台藩領内1,783人の溺死者出る。南部・津軽藩領内でも3,000人余の溺死者出る。 |
| 87 | 1614 | 慶長19.10.25 | 越後高田・東海沖・南海沖 | 7.5 | 高田で大地震・大津波。銚子で津波。 |
| 88 | 1615 | 元和1.6.1 | 江戸 | 6.5 | 家屋倒壊。 |
| 89 | 1616 | 元和2.7.28 | 陸奥仙台 | 7 | 仙台城倒壊など。 |
| 90 | 1618 | 元和4.8.12 | 京都 | ? | 不動院倒壊。 |
| 91 | 1619 | 元和5.3.17 | 肥後八代 | 6 | 麦島城や城下家屋倒壊。豊後岡城も被災。 |
| 92 | 1624 | 寛永1.12.13 | 安芸広島 | ? | 広島城被害。 |
| 93 | 1625 | 寛永2.6.17 | 肥後熊本 | 6 | 熊本城火薬庫爆発。50人死。 |
| | 1627 | 寛永4.1.21 | 江戸 | ? | 江戸城大曲輪大破。 |
| | 1627 | 寛永4.3.27 | 陸奥津軽 | ? | 地割れ。 |
| | 1627 | 寛永4.9.14 | 信濃松代 | 6 | 家屋倒壊。 |
| 94 | 1628 | 寛永5.8.11 | 江戸 | 6 | 江戸城小壊、相模戸塚で道路破壊。 |
| 95 | 1630 | 寛永7.6.24 | 江戸 | 6.2 | 江戸城石垣崩れ。 |
| 96 | 1633 | 寛永10.1.21 | 相模・伊豆・駿河 | 7 | 小田原城被災、150～230人死。熱海・三島津波。余震あり。 |
| 97 | 1635 | 寛永12.1.23 | 江戸 | 6 | 長屋の塀倒壊。増上寺石灯籠全壊。 |
| | 1636 | 寛永13.11.6 | 越後魚沼郡 | ? | 川堰き止める。下流の村水没。 |
| 98 | 1639 | 寛永16.11.? | 越前 | 6 | 福井城破損。 |
| | 1640 | 寛永17.6.17 | 蝦夷地噴火湾 | ? | 駒ヶ岳噴火、津波。昆布船流出。100人死。 |
| 99 | 1640 | 寛永17.10.10 | 加賀大聖寺 | 6.5 | 家屋損壊。人畜被害。 |

| | | | | | |
|---|---|---|---|---|---|
| 100 | 1643 | 寛永20.10.26 | 江戸 | 6.2 | 屋根落ち、壁崩れる。 |
| 101 | 1644 | 寛永21.3. | 下野日光 | ? | 東照宮石垣小破か。 |
| 102 | 1644 | 寛永22.9.18 | 羽後本庄 | 6.5 | 本庄城曲輪大破。市街地火事。家屋倒壊。死者多数。 |
| | 1645 | 正保2.9.15 | 相模小田原 | ? | 小田原城端々破損。 |
| 103 | 1646 | 正保3.6.9 | 陸奥仙台 | 6.7 | 仙台城石垣崩壊。 |
| | 1646 | 正保3.11.7 | 江戸 | ? | 石垣損壊、家屋損壊。 |
| 104 | 1647 | 正保4.5.14 | 武蔵・相模 | 6.5 | 江戸城損壊、小田原城損壊、余震多し。 |
| 105 | 1647 | 正保4.8.5 | 江戸 | ? | 江戸城損壊。 |
| 106 | 1648 | 慶安1.6.13 | 相模 | 7 | 小田原城損壊。箱根で落石。 |
| 107 | 1649 | 慶安2.2.5 | 安芸・伊予 | 7 | 松山城損壊。宇和島城損壊。広島城破損多し。 |
| 108 | 1649 | 慶安2.6.21 | 武蔵・下野 | 7 | 川越、町屋700軒大破。江戸城損壊。余震多し。 |
| 109 | 1649 | 慶安2.7.25 | 江戸・武蔵川崎 | 6.4 | 川崎宿で民家140～150軒・寺7軒崩壊。江戸市中でも被害。 |
| 110 | 1650 | 慶安3.3.24 | 江戸・下野日光 | 6.5 | 東照宮損壊。 |
| | 1650 | 慶安3.5.1 | 加賀 | ? | 石垣破損。 |
| | 1656 | 明暦2.3.22 | 陸奥八戸 | ? | 八戸城損壊。 |
| 111 | 1657 | 明暦3.11.19 | 肥前長崎 | ? | 家の柱・壁に損傷。 |
| 112 | 1658 | 明暦4.4.3 | 下野日光 | ? | 軽微な被害あり。 |
| 113 | 1659 | 万治2.2.30 | 陸奥会津・下野 | 7 | 猪苗代・田島で被災。塩原温泉で一村（80戸）山崩れ埋没。 |
| 114 | 1661 | 寛文1.10.19 | 土佐高知 | ? | 城内石垣損壊。 |
| 115 | 1662 | 寛文2.5.1 | 畿内全域。東海若狭・東海信濃 | 7.6 | 琵琶湖沿岸・京都・亀山・小浜・大坂・尼崎まで多大な被災。 |
| 116 | 1662 | 寛文2.9.20 | 日向・大隅 | 7.5 | 佐土原800戸潰れ、死者多数。の延岡潰れ家1,300戸。別府山崩れ 13,001戸、飫肥領内1,213戸潰れ。津波あり。 |
| 117 | 1663 | 寛文3.12.6 | 京都・山城 | 5.9 | 京都二条城、公家屋敷損壊。余震続く。 |
| 118 | 1664 | 寛文4.6.12 | 紀伊熊野 | ? | 新宮城損壊。 |
| 119 | 1664 | 寛文4. | 琉球鳥島 | ? | 海底噴火、家中屋敷損壊。 |
| 120 | 1665 | 寛文5.5.12 | 京都 | 6 | 二条城損壊。余震多し。 |
| 121 | 1665 | 寛文5.12.27 | 越後蒲原 | 6.7 | 積雪約4.5メートルで地震。高田城損壊。城下民家倒壊多数。死者 1,500人余。 |
| | 1666 | 寛文6.4.28 | 尾張 | ? | 知多半島に津波。新田破壊。 |
| 122 | 1667 | 寛文7. | 琉球宮古島 | ? | 宮古島田畑被害大。 |

| | | | | | |
|---|---|---|---|---|---|
| 123 | 1667 | 寛文7.7.3 | 陸奥八戸 | 6.4 | 八戸市中損壊甚大。 |
| | 1668 | 寛文8.5.5 | 越中伏木海岸 | | 伏木・放生津・小杉・高岡で家屋・橋損壊。 |
| 124 | 1668 | 寛文8.7.21 | 陸奥仙台 | 5.9 | 仙台城損壊。 |
| 125 | 1669 | 寛文9.6.2 | 尾張名古屋 | 5.9 | 名古屋城損壊。 |
| | 1670 | 寛文10.5.5 | 越後蒲原郡 | 6.7 | 上川地方5万石の地域で農家503潰れ、13人死亡。 |
| | 1671 | 寛文11.5.30 | 江戸 | ? | 怪我人多数。 |
| 126 | 1671 | 寛文11.8 | 陸奥花巻 | ? | 町屋10軒ほど倒壊。 |
| | 1672 | 寛文12.閏6.5 | 陸奥津軽岩木山 | ? | 岩木山崩れる。 |
| 127 | 1674 | 延宝2.3.10 | 陸奥八戸 | 6 | 八戸城内損壊。 |
| 128 | | | | | |
| 129 | 1676 | 延宝4.6.2 | 石見 | 6.5 | 津和野城石垣崩れ、城下家屋倒壊133。 |
| | 1676 | 延宝4.10 | 常陸・陸奥磐城 | ? | 津波。人畜溺死し家屋流失。 |
| 130 | 1677 | 延宝5.3.12 | 陸奥八戸・宮古 | 7.5 | 地震1時間後に津波到来、大槌・宮古・鍬ヶ崎で家屋60流出。13日に大地震。余震続く。 |
| | 1677 | 延宝5.5.28 | 陸奥津軽 | ? | 天水水溢れる。 |
| 131 | 1677 | 延宝5.11.4 | 陸奥磐城・常陸安房・上総・下総 | 8 | しばしば地震。津波到来。陸奥磐城で家屋流出550、水戸藩領内で潰屋189・溺死36、房総潰れ家223、溺死246など。 |
| 132 | 1678 | 延宝6.8.17 | 陸奥花巻・出羽 | 7.5 | 花巻で潰れ家。白石城損壊。秋田・米沢で家屋損傷。 |
| | 1680 | 延宝8.8.6 | 遠江磐田郡沿岸 | ? | 津波到来、死者94人。 |
| | 1682 | 天和2.11.15 | 陸奥津軽 | ? | 津軽大地震・大風。 |
| 133 | 1683 | 天和3.5.23 | 下野日光 | 6.5 | 地震続き、大地震。東照宮損壊。余震多し。 |
| 134 | 1683 | 天和3.5.24 | 下野日光 | 7 | 大震。東照宮損壊。 |
| 135 | 1683 | 天和3.9.1 | 下野日光 | 7 | 東照宮修理中に損壊。陸奥本宮も被災。余震多発。 |
| 136 | 1684 | 貞享1.11.6 | 日向飫肥 | ? | 飫肥城損壊。 |
| | 1685 | 貞享2.3. | 三河 | 6.5 | 渥美郡で山崩れ、家屋倒壊。 |
| | 1685 | 貞享2.9.10 | 周防・長門 | ? | 屋根瓦落ち、泥湧き出す。 |
| 137 | | | | | |
| 138 | 1685 | 貞享2.10.26 | 江戸 | ? | 武家屋敷少々損壊。 |
| 139 | 1685 | 貞享2.12.4 | 伊予 | 5.9 | 松山城内損壊。 |
| 140 | 1685 | 貞享2.12.10 | 安芸・伊予 | 7.4 | 広島城損壊。萩城内損壊。菌泰橋台落ち。松山損壊大。 |

| | | | | | |
|---|---|---|---|---|---|
| 141 | 1686 | 貞享3.8.16 | 遠江・三河 | 7 | 新居関損壊。田原城損壊。 |
| 142 | 1687 | 貞享4.9.17 | 陸奥塩釜 | ? | 津波到来。南米ペルー沖地震津波。 |
| | 1688 | 元禄1.11.6 | 出羽秋田領金浦 | ? | 地震2回、若干被災す。 |
| 143 | 1691 | 元禄4. | 加賀大聖寺 | ? | 潰家あり。 |
| | 1691 | 元禄4.9.21 | 肥前長崎 | ? | ガラス損傷。 |
| 144 | 1694 | 元禄7.5.27 | 出羽能代 | 7 | 能代地方で死者394、家屋倒壊1,273、焼失859など。 |
| 145 | 1694 | 元禄7.10.2 | 丹後 | ? | 地割れ・泥噴き出し。家屋損壊。 |
| 146 | 1696 | 元禄9.5.2 | 沖縄宮古島 | ? | 石垣損壊。 |
| | 1696 | 元禄9.11.1 | 陸奥石巻 | ? | 地震の記録なし。風津波か。高津船300隻流失。溺死者出す。 |
| 147 | 1697 | 元禄10.10.12 | 相模・武蔵 | 6.5 | 鎌倉鶴ケ丘八幡宮鳥居倒れる。 |
| | 1698 | 元禄11.9.21 | 豊後大分 | 6 | 大分城損壊。岡城損壊。 |
| 148 | 1698 | 元禄11.9.28 | 日向高鍋 | ? | 高鍋城損壊。 |
| | 1699 | 元禄12.12.9 | 陸奥三陸海岸・紀伊 | 9.0 | 北米沖カスケード大地震による津波。三陸・紀州で漁家損壊。 |
| | 1700 | 元禄13.2.26 | 壱岐・対馬 | 7 | 屋宅大半崩壊。余震続く。 |
| | 1703 | 元禄16.5.9 | 肥前小城 | ? | 小城古城温泉山崩れる。温泉埋まる。 |
| | 1703 | 元禄16.11.23 | 豊後湯布院 | 6.5 | 山奥22ヶ村、273家潰れる。369家破損。大分郡26ヶ村で農家580家潰れる。 |
| 149 | 1703 | 元禄16.11.23 | 江戸・関東諸国 | 8.2 | **元禄地震**。死者6,700人、潰れ家・流家弐、8,000軒。小田原城下全滅。出火。鎌倉の寺社・民家破損甚大。金沢文庫破損。房総津波死者4,000～5,000人。伊豆津波死者大。 |
| 150 | 1704 | 宝永1.4.24 | 出羽・陸奥津軽 | 7 | 能代地方で死者394、家屋倒壊1,273、焼失859など。被害最大。町屋1,250のうち1,193戸（焼失758、潰れ435）。弘前・秋田でも被害甚大。 |
| | 1704 | 宝永1.6.? | 若狭小浜 | ? | 小浜城損壊。 |
| | 1705 | 宝永2.閏6.2 | 肥後阿蘇付近 | ? | 阿蘇の地すべりで大震。豊後岡城損壊。 |
| 151 | 1706 | 宝永3. | 琉球宮古島 | | 死者あり。 |
| | 1706 | 宝永3.4.26 | 肥後 | ? | 地裂・家倒壊。 |
| 152 | 1706 | 宝永3.9.15 | 江戸 | 5.7 | 江戸城一部損壊。 |
| | 1706 | 宝永3.10.26 | 筑後久留米・柳川 | ? | 堀の水抜ける。 |
| | 1707 | 宝永4.6.18 | 伊勢 | ? | 大地震・津波あり、沿岸の新田沈む。 |
| | 1707 | 宝永4.9.2 | 信濃松代 | ? | 松代家中・町屋とも80軒余倒壊。 |

| | | | | | |
|---|---|---|---|---|---|
| 153 | 1707 | 宝永4.10.4 | 五畿七道 | 8.6 | **宝永地震**。最大級の大地震。倒壊家屋は駿河中央部、甲斐西部、信濃、東海道、紀伊、近江、畿内、加賀、越中に及ぶ。津波は伊豆半島から九州至る太平洋沿岸。この歳富士山噴火。死者総数2万人余。潰屋6万、半壊1万。破損4万、蔵被害2,000、船流出3,0000余。流出家屋2万戸。 |
| | 1707 | 宝永4.10.28 | 長門・周訪 | 5.5 | 佐波郡で倒壊289戸、死者3人など、余震多数。 |
| 154 | 1708 | 宝永5.1.22 | 紀伊・伊勢・京都 | ? | 地震・高潮で塩田に被害。 |
| | 1710 | 宝永7.5.27 | 伊予別子 | ? | 堀場損壊。 |
| | 1710 | 宝永7.8.4 | 陸奥会津只見 | ? | 只見で大地割れ。 |
| 155 | 1710 | 宝永7.8.22 | 陸奥磐城 | 6.5 | 磐城平城損壊。 |
| 156 | 1710 | 宝永7.閏8.11 | 伯耆・美作 | 6.5 | 河村・久米両郡で被害甚大。伯耆で死者75人、潰れ家1,092戸。 |
| 157 | 1711 | 正徳1.2.1 | 伯耆 | 6.2 | 伯耆・因幡両国、死者4人、潰れ家380戸。美作でも被害。 |
| | 1711 | 正徳1.11.11 | 讃岐中部 | 6.7 | 高松領被害。 |
| 158 | 1712 | 正徳2.4.23 | 陸奥八戸 | 5.5 | 城下で損壊。 |
| 159 | 1714 | 正徳4.3.5 | 信濃小谷村 | 6.2 | 人家田畑埋没し、死者30人。大町組全体で死者50人。全壊家屋194。 |
| 160 | 1715 | 正徳4.12.28 | 美濃大柿、尾張名古屋 | 7 | 大垣城・名古屋城損壊。 |
| 161 | 1717 | 享保2.4.3 | 陸奥仙台・花巻 | 7.5 | 仙台城本丸石垣ほか損壊。余震続く。 |
| | 1717 | 享保2.4 | 加賀金沢・小松 | 6.2 | 金沢城損壊。小松で家屋傾く。 |
| | 1717 | 享保2.10.3 | 陸奥盛岡・仙台 | ? | 小地震あり。161の誤記か。 |
| 162 | 1718 | 享保3.1.27 | 陸奥八戸 | 6.2 | 諸所破損。 |
| 163 | 1718 | 享保3.7.26 | 三河・信濃伊那 | 7 | 伊那郡で被害。飯田7町で家屋損壊。飯田全領で全壊350戸、半壊80戸など。山崩れあり。 |
| | 1718 | 享保3.4.7 | 陸奥仙台・白石 | ? | 仙台城下被害多し。白石城損壊。 |
| | 1718 | 享保3.9.7 | 信濃飯山 | ? | 飯山城及び民家大破。 |
| | 1718 | 享保3.10.4 | 阿波今津村 | ? | 破損。 |
| | 1722 | 享保7.8.14 | 紀伊～尾張 | ? | 津波。沿岸家屋流出。 |
| 164 | | | | | |
| 165 | | | | | |
| 166 | 1723 | 享保8.11.22 | 肥後・豊後・筑後 | 6.5 | 肥後で倒壊家屋980戸、死者2人、玉名で地割れ噴水。余震続く。 |

| | | | | | |
|---|---|---|---|---|---|
| 167 | 1725 | 享保10.4.18 | 下野日光 | 6 | 東照宮損壊。 |
| 168 | 1725 | 享保10.5.7 | 加賀小松 | 6 | 城損壊。余震数回。 |
| 169 | 1725 | 享保10.7.7 | 信濃伊那・高遠・諏訪 | 6.5 | 高遠城・諏訪高島城損壊。武家屋敷、村落で倒壊多数。 |
| 170 | 1725 | 享保10.10.4 | 肥前長崎 | 6 | 長崎・平戸で家屋損壊。80回の余震。 |
| | 1726 | 享保11.2.9 | 伊豆下田 | ? | 被害あり。171の誤記か。 |
| 171 | 1729 | 享保14.2.9 | 伊豆下田 | ? | 伊豆で地割れ、下田で家屋損壊。 |
| 172 | 1729 | 享保14.7.7 | 能登・佐渡 | 7 | 能登珠洲・鳳至郡で家屋損壊など被害甚大。佐渡で死者。 |
| | 1730 | 享保15.1.24 | 対馬 | ? | 石畳破損。 |
| 173 | 1730 | 享保15.5.25 | 陸奥東部 | ? | 陸前海岸に津波。 |
| 174 | 1731 | 享保16.9.7 | 陸奥桑折・白石 | 6.5 | 伊達郡桑折で家屋300余倒壊。白石城損壊。家屋多数損壊。 |
| | 1731 | 享保16.10.13 | 近江八幡・三河刈谷 | ? | 近江八幡で橋石垣損壊。刈谷城損壊。 |
| | 1732 | 享保17.夏 | 伊豆八丈島 | ? | 汐上がり麦作不作。風津波？ |
| | 1732 | 享保17.11.15 | 陸奥津軽 | ? | 弘前城損壊。 |
| 175 | | | | | |
| 176 | 1733 | 享保18.8.11 | 安芸・伊予 | 6.6 | 奥郡に被害あり。 |
| | 1734 | 享保19. | 備前御野・津高郡 | ? | 諸所地割れ、人家破損多し。 |
| 177 | 1735 | 享保20.閏3.14 | 下野日光、陸奥守山 | | 東照宮石垣破損。守山土蔵壁崩落。 |
| | 1735 | 享保20.4.9 | 江戸 | ? | 江戸城書物蔵破損。 |
| | 1735 | 享保20.8.3 | 東海道 | ? | 震動で人家破損。 |
| 178 | 1736 | 元文1.7.3 | 陸奥仙台 | 6 | 仙台城破損。余震数10回。 |
| | 1737 | 元文2.閏11.13 | 越後魚沼郡 | 5.5 | 蘆ヶ崎村で地震。余震翌年に及ぶ。蔵壁破損。 |
| 179 | 1739 | 元文4.7.12 | 陸奥八戸・弘前 | ? | 八戸・青森・弘前で損壊。余震続く。 |
| | 1739 | 元文4.9.29 | 佐渡 | ? | 相川で家屋少々破損。 |
| | 1740 | 元文5.6.27 | 大和奈良・畿内 | ? | 奈良で被害。 |
| 180 | 1741 | 寛保1.7.27 | 蝦夷地渡島・陸奥津軽 | 6.9 | 蝦夷地大島噴火。津波・家屋流出。佐渡への津波。 |
| | 1743 | 寛保3.10.7 | 陸奥八戸 | ? | 被害あり。 |
| 181 | | | | | |
| 182 | 1746 | 延享2.3.24 | 江戸・下野日光 | ? | 東照宮損壊。 |
| | 1747 | 延享4.2. | 伊豆八丈島 | ? | 津波漁船打ち上げられる。 |
| | 1747 | 延享4.4.24 | 尾張瀬戸 | ? | 瀬戸で陶器竈損壊。 |

| | | | | | |
|---|---|---|---|---|---|
| | 1748 | 延享4.12.27 | 若狭3郡 | ? | 死者615人 |
| | 1748 | 寛延1.5.23 | 出雲松江地方 | ? | 松江鵜部橋損壊。 |
| | 1748 | 寛延1.7.26 | 信濃高遠 | ? | 高遠城損壊。 |
| 183 | 1749 | 寛延1.4.10 | 伊予宇和島 | 6.8 | 宇和島城破損。 |
| | 1751 | 宝暦1.2.1 | 京都 | ? | 愛宕山損壊。 |
| 184 | 1751 | 宝暦1.2.29 | 京都 | 6 | 諸寺社破損。二条城天守破損など。 |
| 185 | 1751 | 宝暦1.4.26 | 越後・越中 | 7.4 | 高田城破損。江津・糸魚川で山崩れ。各地で家屋破損・死者多数。 |
| 186 | 1753 | 宝暦3.1.9 | 京都 | ? | 洛中築地に小被害。 |
| 187 | 1755 | 宝暦5.2.17 | 陸奥八戸 | ? | 八戸城内破損。南宗寺廟所破損。 |
| 188 | 1755 | 宝暦5.3.10 | 下野日光 | ? | 東照宮石垣など損壊。 |
| | 1756 | 宝暦6.1.2 | 安房銚子 | 6 | 醸造蔵破損。酒・醤油桶倒れる。 |
| | 1757 | 宝暦7.7.26 | 土佐 | ? | 地震ありと記録。津波か。 |
| | 1759 | 宝暦9.4.21 | 加賀金沢・小松 | ? | 天水桶揺れこぼれる。 |
| 189 | 1760 | 宝暦10.4.1 | 琉球那覇 | ? | 城郭破損。 |
| 190 | 1762 | 宝暦12.3.4 | 越後 | 6 | 新潟で土蔵損壊。 |
| | 1762 | 宝暦12.4.2 | 土佐 | ?＿ | 高岡郡で蔵損壊。山崩れ起きる。 |
| 191 | 1762 | 宝暦12.10.15 | 佐渡 | 7 | 石垣損壊。家屋破損。銀山道崩壊。津波あり。新潟で地割れ。 |
| | 1762 | 宝暦12.12.8 | 陸奥八戸 | ? | 足軽長屋など破損。 |
| 192 | 1762 | 宝暦12.12.16 | 陸奥八戸 | 7.4 | 11月初旬より地震。この日大地震。南宗寺御廟・仏殿破損。津波あり。野辺地町家屋破損。七戸代官所・民家破損。函館津波あり。 |
| 193 | 1763 | 宝暦13.1.27 | 陸奥八戸 | 7.2 | 192の余震止まらず。この日市中家屋倒壊。橋梁破壊。津波で船流出。 |
| 194 | 1763 | 宝暦13.2.1 | 陸奥八戸 | 7 | 湊村津波に襲われ家屋陣場流失。 |
| | 1764 | 明和1.10.5 | 伊勢 | ? | 大地震、諸所損壊。 |
| 195 | 1766 | 明和3.1.28 | 陸奥津軽 | 7.2 | 弘前から津軽半島にかけて被害甚大。城郭破損。倒壊家屋5,308、潰死者989。焼死者283。 |
| 196 | 1767 | 明和4.4.7 | 陸奥南部藩領鬼柳 | ? | 家屋倒壊、火事による焼失20戸余。 |
| | 1767 | 明和4.9.30 | 江戸 | 6 | 津軽藩屋敷で破損。 |
| | 1967 | 明和4.11.29 | 陸奥仙台 | ? | 獅山公廟所石碑傾く。 |
| | 1768 | 明和5.7.6 | 相模箱根 | 5 | 矢倉沢で田畑破損。 |
| 197 | 1768 | 明和5.6.9 | 琉球 | ? | 王城など破損。 |

| | | | | | |
|---|---|---|---|---|---|
| 198 | 1768 | 明和5.7.28 | 陸奥八戸 | ? | 翌日の余震で家屋など破損。 |
| | 1769 | 明和6.5.9 | 陸奥青森 | ? | 青森で民家損傷。 |
| | 1769 | 明和6.5.19 | 陸奥八戸 | ? | 八戸城郭・武家町屋敷損壊。 |
| | 1769 | 明和6.6.9 | 陸奥八戸 | 6.5 | 御殿通り・外側通り破損。仏閣破損。 |
| | 1769 | 明和6.6.19 | 陸奥八戸 | ? | 八戸城下町に被害あり。 |
| 199 | | | | | |
| 200 | 1769 | 明和6.7.28 | 日向・豊後 | 7.7 | 日向延岡、豊後佐伯・臼杵・府内・杵築などで城下を中心に被害甚大。 |
| | 1770 | 明和7.5.3 | 陸奥盛岡 | ? | 盛岡城下で被害。 |
| | 1770 | 明和7.9.7 | 陸奥青森 | ? | 天水桶溢れる。 |
| | 1770 | 明和7.10.7 | 紀伊 | ? | 諸所で地割れ、石垣損壊。 |
| 201 | | | | | |
| 202 | 1771 | 明和8.3.10 | 琉球八重山・宮古群島 | 7.4 | **八重山地震**・津波。死者・行方不明者9,313人。全壊家屋2,176。 |
| | 1771 | 明和8.7.19 | 琉球西表島 | ? | 仲間村で土地陥没。 |
| 203 | 1772 | 安永1.5.3 | 陸奥盛岡・八戸・花巻 | 7.5 | 盛岡城を始め諸城損壊。城下町で損壊。村落でも損壊。余震続く。 |
| 204 | 1773 | 安永2.12.11 | 丹後 | ? | 屋根石落ちる。 |
| | 1774 | 安永3.5.3 | 陸奥南部藩領鬼柳　藩領 | ? | 大槌で被害。 |
| | 1775 | 安永4.2.13 | 備前岡山 | ? | 真庭郡で棚の物落ちる。 |
| 205 | 1778 | 安永7.1.18 | 石見 | 6.5 | 各地で岩崩落。 |
| | 1778 | 安永7.10.7 | 紀伊 | 6 | 尾鷲・大和吉野で損壊。 |
| | 1779 | 安永8.11.10 | 佐渡 | ? | 濁川で町家破損。 |
| 206 | 1780 | 安永9.4.28 | 蝦夷地ウルップ島 | 7 | 地震後津波あり。碇泊中のロシア船打ち上げられ4人死亡。 |
| | 1780 | 安永9.6.18 | 伊豆青ヶ島 | ? | 噴火のよる地震。 |
| | 1780 | 安永9.6.19 | 出羽酒田 | 6.5 | 町人小関又兵衛宅土蔵倒壊。城郭破損。 |
| 207 | 1782 | 天明2.7.15 | 相模・武蔵・甲斐 | 7 | 前震あり。小田原城天守傾き、石垣破損。人家800戸破損。 |
| | 1782 | 天明2.8.15 | 陸奥八戸 | ? | 武家。商家の被害少なからず。 |
| 208 | 1783 | 天明3.2.3 | 江戸 | ? | 天水桶の水溢れる。 |
| | 1784 | 天明4.7.3 | 江戸 | 6.1 | 町家破損。 |
| 209 | | | | | |
| 210 | 1786 | 天明6.2.24 | 相模箱根 | 5.5 | 大石落石、人家破損。関所破損。 |
| | 1786 | 天明6.11.7 | 金沢 | ? | 妊婦驚きショック死。 |

| | | | | | |
|---|---|---|---|---|---|
| 211 | 1789 | 寛政1.4.17 | 阿波 | 7 | 軽い損壊。 |
| | 1789 | 寛政1.6.18 | 美濃 | ? | 宮山中で山崩れ。 |
| 212 | 1790 | 寛政2.11.27 | 武蔵川越・蕨 | 6.5 | 川越で喜多院屋根など破損。蕨宿堂塔・土蔵など破損。 |
| | 1791 | 寛政3.4.7 | 琉球沖縄本島 | | 津波で損壊。 |
| | 1791 | 寛政3.6.23 | 信濃松本 | 6.7 | 松本城損壊。在方民家416戸など倒壊。余震連続。 |
| | 1791 | 寛政3.8.16 | 信濃 | ? | 大地震で家屋倒壊。 |
| 213 | 1792 | 寛政4.4.1 | 肥前雲仙岳 | 6.4 | 雲仙普賢岳噴火。地震を伴い島原城損壊。城下家屋損壊、死者出る。津波対岸の肥後天草、佐賀藩領諫早・神代に達す。流出家屋多数。 |
| 214 | 1792 | 寛政4.4.24 | 蝦夷地小樽・積丹半島 | 7.1 | 津波あり。アイヌ船流出。溺死者出る。 |
| | 1792 | 寛政4.6.29 | 江戸・武蔵八王子・甲斐府中 | ? | 富士山震動。岩石飛び死者出る。 |
| 215 | 1792 | 寛政4.12.2 | 長門・周防 | 6.5 | 防府で人家損壊多数。萩でも震動。萩城下でも損壊。 |
| 216 | 1792 | 寛政4.2.28 | 陸奥西津軽 | 7.1 | 鰺ヶ沢・深浦で家屋倒壊・損壊多数。小津波あり。余震多数。 |
| 217 | 1793 | 寛政5.1.7 | 陸奥三陸・磐城沿岸 | 8.4 | 三陸から磐城沿岸で津波。大槌・気仙沼・大船渡で流出家屋・倒壊家屋多数。仙台・花巻・黒沢尻で家屋損壊多数。 |
| | 1793 | 寛政5.4.17 | 陸奥三陸沖 | ? | 笠間の牧野御殿壁崩落。 |
| | 1793 | 寛政5.7. | 陸奥登米 | ? | 倒家多少。 |
| | 1794 | 寛政6.6.3 | 江戸 | ? | 鳥取藩上屋敷土蔵損壊。幕府書物方番所損壊。 |
| | 1975 | 寛政7.9.14 | 陸奥岩泉 | ? | 炭がま崩落。 |
| | 1795 | 寛政7.11.24 | 因幡鳥取 | 6 | 岩美町で土蔵損壊。 |
| 218 | 1799 | 寛政11. | 加賀 | 6 | 金沢被害最大。城郭倒壊多数。城下で損壊・倒壊家屋多数。能美・石川・河北郡で民家損壊2,000戸を越す。松任・石動・津幡・小松でも損壊。余震続く。 |
| 219 | 1801 | 享和1.5.27 | 上総 | 6.5 | 久留里城破損。民家倒壊多し。 |
| | 1801 | 享和1.10.23 | 近江日野・尾張名古屋 | ? | 寺社の回廊などゆがみ、石灯篭など倒壊。 |
| | 1802 | 享和2.10.20 | 近江高島郡 | ? | 海津願慶寺石垣損壊。 |
| 220 | | | | | |
| 221 | 1802 | 享和2.10.3 | 畿内・尾張名古屋 | 7 | 奈良春日社の石灯篭倒壊。名古屋で本庁御門松など損壊。彦根で諸所損壊。京都で尾土蔵損壊。 |
| 222 | 1802 | 享和2.11.15 | 佐渡 | 7 | 小木全戸焼失・全壊をはじめ佐渡全体被害甚大。 |
| 223 | 1804 | 文化1.6.4 | 出羽 | 7 | **象潟地震**。鶴岡城下をはじめ庄内藩領全域で被害甚大。秋田でも町 |

| | | | | | |
|---|---|---|---|---|---|
| | | | | | 屋損壊。家屋の倒壊10,584戸、死者584人。津波で浸水・流失家屋多数。仙台・花巻・黒沢尻で家屋損壊多数。 |
| | 1804 | 文化１．６．14 | 但馬生野銀山 | ? | 山崩れあり。 |
| | 1808 | 文化５．閏６．16 | 陸奥岩泉 | ? | 鉄山炭がま崩落。 |
| 224 | 1810 | 文化７．８．27 | 出羽男鹿半島東側 | 6.5 | 寒風山山崩れ、全壊1,003戸半壊400戸、損壊387戸。秋田・角館 |
| | 1811 | 文化８．１．３～６ | 伊豆三宅島 | ? | 噴火活動による地震。山崩れあり。 |
| 225 | 1812 | 文化９．３．10 | 土佐高知 | 6 | 高知で土蔵損壊。中村でも家屋損壊。 |
| 226 | 1812 | 文化９．11．４ | 江戸・東海道筋 | 6.2 | 江戸城損壊。加賀藩屋敷で小損。川崎・神奈川・保土ヶ谷で家屋潰れ死者あり。 |
| 227 | 1814 | 文化11．10．11 | 土佐高知 | 6 | 石垣少々破損。 |
| 228 | 1814 | 文化11．１．21 | 加賀小松 | 6 | 小松城損壊。 |
| | 1817 | 文化14．11．５ | 相模箱根 | 6 | 箱根で落石。幕府書物蔵破損。 |
| | 1818 | 文政１．４．19 | 播磨宍粟郡 | ? | 障りあり。 |
| | 1818 | 文政１．５．24 | 陸奥川俣 | ? | 屋根石・店の商品落ちる。 |
| | 1818 | 文政１．８．５ | 江戸 | ? | 幕府書物蔵破損。 |
| 229 | 1819 | 文政２．６．12 | 伊勢・美濃・近江 | 7.2 | 近江八幡家屋倒壊甚大。琵琶湖西北意岸町屋損壊。彦根城損壊。木曽川下流香取で家屋全滅。桑名城損壊。犬山城・大垣城小破。 |
| | 1820 | 文政３．８．? | 駿河 | ? | 久能山破壊。 |
| 230 | 1821 | 文政４．８．16 | 陸奥青森・八戸 | ? | 青森・八戸で小損。 |

出典：宇佐美龍夫著『最新版　日本被害地震総覧』（東京大学出会、2011年）より作成。

# 第10章　徳川幕府による書籍の編纂・刊行事業
## ――官立学問所、特に和学講談所の活動を中心として――

瀬戸口　龍一

## はじめに

江戸時代を通して徳川幕府は歴史・地誌・有職故実・教訓・系譜・天文、翻訳書など様々な種類の書籍を数多く編纂・刊行してきた。当時、「官板」とも呼ばれたこれらの書籍群について福井保氏は「江戸幕府刊行物」または「江戸幕府編纂物」と名付け、詳細な研究を行っている。(1) 福井氏は、家康が刊行した「伏見版」や「駿河版」、綱吉や吉宗など将軍の命により刊行された書籍のほか、官立の施設である昌平坂学問所や医学館、蕃書調所が刊行した書籍、さらには天文方が刊行した書籍などの実態を書誌情報とともに明らかにした。

また福井氏は「江戸幕府編纂物」として次の三つの条件を挙げている。①幕府の命令を受けたこと、②大名、幕臣またはこれに準ずる人々が編集したこと、③編集の経費を幕府から支給されたこと、である。そしてこれら幕府の編纂物や刊行物の研究の意義の一つに幕府の文化政策が明らかに出来ることを挙げた。本稿もこの福井氏の視点に学びつつ、幕府が行った編纂・刊行事業の過程や方法を見ていくことで、江戸時代後期に官立学問所が果たした役割を明らかにしたいと考えている。

その方法として和学講談所という機関に注目した。和学講談所は国学者・塙保己一が設立した教育・研究機関である。これまで保己一に関する研究[2]は数多くなされてきた。また和学講談所そのものについても、研究成果は多く、近年では斎藤政雄氏によって和学講談所の研究がなされており、その成果は『『和学講談所御用留』の研究』（国書刊行会、一九九八）として出版されるなど、その実態を含めた活動内容が明らかにされている[3]。

しかし和学講談所が果たした幕府内における政治的・文化的役割にはあまり着目されてこなかった。本稿では和学講談所を塙保己一の機関ではなく、幕府の機関、つまり「官立学問所」[4]として捉え、その活動内容に幕府がどのように関与し、どのような成果を挙げてきたのかを考えることによって、幕府の編纂・刊行事業を問い直したいと考えている。

また和学講談所は寛政五年（一七九三）に誕生するが、この時期以降、幕末に至るまで幕府の文教政策の中心にいたのは代々、幕府に仕えた儒者の家・林家である。そこで和学講談所を含めた官立学問所と林家との関係に注目することによっても、和学講談所がどのように幕府と関わっていたのか、また和学講談所と他の官立学問所はどのような関係にあったのか、などを知ることができるのではないかと考えている。

近世後期における幕府の編纂・刊行事業についても多くの先行研究があり、林家の重要性は指摘されてきたが[5]、林家の支配下に置かれた官立学問所[6]との関連性に対してはあまり言及されていない。幕府による編纂書や刊行書の多くは官立学問所から出されている。そうであるならば、それらはなぜ、どのようにして作られたのかを考える際に、官立学問所の活動内容を問う必要性は十分にあるだろう[7]。

なお、本稿では先に挙げた斎藤氏の著作に収録された「和学講談所御用留」（以下、「御用留」）を主たる史料として使用し、和学講談所が行っていた編纂・刊行事業と幕府の文教政策を司っていた林家との関係について考察する。本稿で取り上げた史料のうち、出典を明記していないものについては、すべて「御用留」に収録されたものであることを最初にお断りしておく。

## 一　和学講談所の設立と職務

### 1　官立学問所と「寛政の改革」

官立学問所の設置は松平定信が行った「寛政の改革」(8)と深い関わりを持つ。

天明七年（一七八七）六月一九日、白河藩主・松平定信は老中に就任した。と同時に先の田沼時代に緩みきった政治や社会を改善するべく改革を行った。これが世にいう「寛政の改革」である。その改革は政治・経済・社会など多方面にわたり、出版や思想統制の強化など文教政策にまで及んだ。その文教政策の中に官立学問所の設立も含まれている。官立学問所というと頭に浮かぶのは幕府の教育施設である昌平坂学問所（正式名称は「学問所」、「昌平黌」ともいう）であるが、そのほかにも多紀氏が統轄した医学館、本稿で取り上げる塙保己一の建議によって設立された和学講談所、また、幕末に設立された蕃書調所（後に開成所と改称）などがあった。

昌平坂学問所の官立化までの流れを簡単に述べると、昌平黌(9)は代々、幕府の儒官を代々務めた林家の私塾として始まった。その前身は林家の初代羅山が幕府に出仕する前の慶長八年（一六〇三）頃、京都において、門人に講義をしていた時期まで遡ることが出来るという(10)。江戸において開かれた林家の私塾が幕府の保護を受け、「半官半私」形態になったのは元禄期に上野忍岡から湯島聖堂に移転した際である。しかし、教育方針や内容にまで幕府が立ち入ったことはなかった。

寛政二年（一七九〇）五月二四日、定信は大学頭・林錦峰信敬に対して以下の達文を出した。

林大学頭江

朱学之儀は慶長以来御代々御信用之御事ニ而、已に其方家代々右学風維持之事被仰付置候儀ニ候得バ、無油断正学相励、門人共取立可申筈ニ候、然ル所近頃世上種々新規之節をなし、異学流行、風俗を破候類有之、全く正学衰微之故ニ候哉、甚不相済事ニ而候、其方門人共之内ニも、右体学術純正ならざるも折節は有之候様にも相聞、如何ニ候、此度聖堂御取締厳重ニ被仰付、柴野彦助・岡田清助も右御用被仰付候事ニ候得バ、能々此旨申談し、急度門人共異学相禁之、猶又不限自門他門に申合、正学講究いたし、人才取立候様相心掛可申候事

寛政二庚戌年五月二十四日[11]。

これがいわゆる、「寛政異学の禁」のもとになった達文であり、その内容は朱子学を正学とし、そのほかの異学を禁じたものである。しかし、この禁令はあくまでも、林家および昌平黌を対象にしている。

当時は「異学流行」とあるように徂徠学派、仁斎学派などの古学派や折衷学派が流行し、朱子学派の影が薄くなっていた。しかしながら、朱子学は家康以来の幕府の官学であり、官学が他の学問に押されるということは、取りも直さず幕府の権威が低下しているという風にも考えることが出来る。そこで、定信は朱子学の権威の復興、すなわち幕府の権威復興のためにこの「寛政異学の禁」を行ったとされている。

このような幕府の文教政策に沿った昌平黌への「寛政三博士（古賀精里・尾藤二洲・柴野栗山）」の登用、前述した「寛政異学の禁」、そして武士に対する試験制度「学問吟味」「芸術見分」の導入によって昌平黌は林家の門弟の教

育機関ではなく、幕臣養成機関としての側面を強く持つこととなった。そして林家には松平定信の意を汲んだ述斎を美濃岩村藩から養子として送り込むことによって、幕府内に深く取り込んでいくのである。

「寛政異学の禁」、そして昌平黌の官立化は和学講談所の設立にもつながっていく。従来、「和学」という科目は昌平黌で教授する学科目に含まれていた。「自分家塾之教方、五科十等を立候而、経学、史学、文章、詩賦、和学、人々之得手に随ひ学ばせ候而、毎科階級を十等に分ち、勉励して進み候様教育仕候」[12]と林家七代目当主・信敬が述べる通りである。しかし「寛政異学の禁」によって昌平黌から「和学」は外されることになった。この問題については当時から、その是非を問う声が挙がっているが、特に冢田大峯は「寛政異学の禁」に反対し、定信に対して古学派のために別に学問所の設立を建議しているほどである[13]。

この時期は和学のみならず、多くの学派、流派の学問が盛んに行われていたし、定信自身も和学への造詣は深かった。なにより定信自身も和学に嫌悪感を持っていたわけではなかった。「寛政異学の禁」の是非や意義について、問うことは本稿の目的ではないので、これ以上は触れないが、「寛政異学の禁」は、朱子学以外の学問を学ぶ人々が何らかの動きを起こすきっかけの一つになったと考えることは出来るだろう。

## 2　和学講談所の設立

では和学講談所はどのように設立されたのであろうか。松平定信の随筆[14]には保己一の人となり、そして和学講談所について触れた次のような記事がある。

塙検校保己一は名高き盲人なりけり。和学をよくし、或令・式・ものかたりなど講釈し、または類聚もの多く板行し、いまは水府へいでゞ日本史の校合にあづかる。寛政五年のころ、朝に願いて和学校所とりたつべき旨にて地所を下し給ひける。その学校の名を予に乞ふことしきりなり。故に温故堂とつけよと、人をもて云やりたり。

塙保己一について簡単に説明すると、生まれは延享三年（一七四六）、没年は文政四年（一八二一）、定信の言葉を借りると、「和学をよく」する「名高き盲人」であった。武蔵国児玉郡保木野村（現・埼玉県本庄市）の農家の家に生まれた保己一は七歳の時に失明、一五歳の時に江戸に出て雨富検校須賀一の門に入ったという。学問を志し、歌学・垂加神道・故事考証を学び、賀茂真淵にも師事している。三八歳で検校となり、その後は『大日本史』の校正、和学講談所と文庫を創設、国書の大叢書である『群書類従』六七〇冊の編纂と刊行などに携わった。定信の言うように当時から著名な人物であった。

その保己一が幕府に設立を願い出て、和学講談所を作ったのは寛政五年（一七九三）のことである。しかしその名称は定信が名付けた「温故堂」ではなかった。ただし、幕臣で松平定信や林述斎とも交遊があった国学者・屋代弘賢の寛政一一年（一七九九）の日記に「温古堂会始」「温古堂出席」と見えることから「温故堂」という名称も使っていたことがわかる。[15]このように定信は和学を専門にした保己一の学問所の設立に当初から関与していたのである。

左に掲げた史料は和学講談所の設立を寺社奉行・脇坂淡路守安董（播磨龍野藩主）に願い出たものであるが、願書では和学の中でも神学や歌学は盛んであるが、「歴史・律令之類」の学問はそうではなく、それを廃れさせないためにもこういった機関は必要であると述べ、さらに購読所や文庫設立のための場所の提供を求めている。

奉願候覚

近来文華歳を追而相ひらけ、殊更御改正以後、諸道繁栄仕候処、和学而已未行れ不申候、尤神学・歌学之儀者、其家々も御座候而、志有之候輩修業相成申候得共、歴史・律令之類者、差当りたより所無御座候、依之会所定置、同志之人々申合相励、書生引立候ハヽ、行々出精之ものも有之、国学永くすたれ間敷と奉存候間、購読所并文庫取立候地所、拝借仕度奉願上候、可相成筋ニも御座候ハヽ、何卒　御憐愍之程奉願上候、以上、

寛政五丑年二月　　塙　検校印

寺社御奉行所

この願いは同年四月に許可され、一一月には普請も終わり、会読も開始され、ここに和学講談所が始まった。しかしこの段階ではまだ、官立学問所とは言えない。幕府から土地と建物を拝領してはいるが、運営費などは保己一が出している半官半私的な私塾であった。

その二年後の寛政七年（一七九五）九月六日、時の寺社奉行である、青山下野守忠裕（丹波篠山藩主）より二通の書付が和学講談所に届けられた。

和学講談所永続為御手当、小伝馬町三町目・馬喰町壱町目・亀井町・橋本町壱町目川通り上納地壱ヶ所被下候、尤地面之儀者、町年寄方ニ而預り罷在、壱ヶ年取立金五十両宛、町奉行より相渡筈候旨、伊豆守殿以御書付被仰渡候間、可得其意候、

塙　検校

和学講談所之儀者、以来林大学頭致支配、和学御用筋も有之節者、大学頭指揮ニ而相弁候様、同人江被仰渡候間、可得其意候、尤身分之儀者、是迄之通ニ候旨、伊豆守殿以御書付被仰渡候間、可得其意候、

塙　検校

二つの書付写によると、小伝馬町三丁目・馬喰町三丁目・亀井町・橋本町一丁目川通り上納地一カ所を下付され、その地代と五〇両を取り立てて、永続手当とすること、また、従来の寺社奉行管轄下から林大学頭の管轄へと移したことが老中松平伊豆守信明より仰せ渡されていることがわかる。幕府による施設および運営費の提供、これにより和学講談所は官立学問所となったと言っても良いだろう。

これに先立つ寛政五年に、定信は老中首座を辞任させられているが、この時期は定信の盟友とも言うべき三河吉田藩主・松平信明が老中首座となり、信明を含めた「寛政の遺老」たちによって「寛政の改革」を踏襲する政策が進められていた。従って、和学講談所の林家支配下への意図は定信の頃からあったと考えられる。保己一が当初の設立目的に挙げた神学や歌学でなく歴史学を学ぶ人々の養成機関、または史料収集・保管機関のような施設は、この時期、定信や述斎が進めていた史書や地誌などの編纂を行うために必要とされたことが、官立化の大きな要因と思われる。

ちなみに述斎が林家当主となったのは寛政五年、林家の私塾であった昌平黌が官立化し、昌平坂学問所となるのは和学講談所設立より、後の寛政九年（一七九七）のことである。

官立化のさらに早い例としては多紀氏の私塾であった躋寿館が医学館となったのが寛政三年（一七九一）のことで、これらは定信の「寛政の改革」の一環として官立化された。和学講談所も医学館も設立主旨は同様に、それぞれの専門のための教育と文庫の設置であった。この段階で主導権を握っていたのは林家ではなく、定信を含めた幕閣であった。のちに昌平坂学問所内部に設置される実紀調所・地誌調所・沿革調所のように幕府編纂事業が林家に統括されていくのは、述斎が林家に入った寛政五年以降のことであった。

このような官立化の利点としては編纂・刊行事業に必要な人的な協力と書籍を所蔵する機関（この場合は、幕府、大名や寺社など）から閲覧および貸借の許可があるが、これは林家の管轄下に置かれたことにより実現した。これについてこれから述べることとするが、「御用留」には和学講談所および昌平黌が官立化後の寛政九年に林家に出した願書が収められている。

群書類従取立候義、数年心労仕候処、近来不存寄御事共ニ而、追々成就も仕、難有仕合奉存候、去辰二月より毎月四冊宛出来候積都合相成候間、格別はかとり大成も不遠儀と奉存候、尚又出精も仕候ハヽ、毎月四冊之所、其余も随分出来可仕候得共、夫ニ而ハ入銀連中差支候仁も有之候哉之様子ニ付、態と毎月四冊宛ニ定置候間、余暇も御座候義ニ御座候、（下略）

巳二月　　塙　一

国書の大叢書である『群書類従』の刊行は天明六年（一七八六）には始まったとされるが、官立化によって滞りがちであったその刊行は毎月四冊という定期的な刊行が可能になり、さらに余裕も出来たということが書かれている。このように『群書類従』を定期的に刊行出来るというのは保己一にとっても大きなメリットであったと思われる。

また、官立化によって和学講談所には新たな職務が加わった。先に挙げた史料のなかに「和学御用筋の有之節者、大学頭指揮ニ而相弁候様、同人江被仰渡候間、可得其意候」とあったように幕府から「和学御用」を申し付けられたのである。官立化当初に加えられた和学講談所のこの機能は、林家の指揮のもとに行われるように通達され、この後、和学講談所の大きな職務となっている。以下、和学講談所の編纂・刊行事業を考察し、合わせて林家との関係を見ていく。

和学講談所の機能を斎藤政雄氏の言葉を借りて簡潔にまとめると次の表のようになる[16]。本稿ではこのうち、編纂・刊行事業について触れていくこととする。

和学講談所の機能
- ①教育機能
- ②編纂・刊行事業
- ③調所的機能
  - ①書籍・資料の提供
  - ②質問に対する回答
  - ③原案の作成
  - ④開板書籍の閲覧

## 二　和学講談所による史料収集と活用

書籍の編纂に欠かせないのが史料であることは言うまでもない。和学講談所本は現在、内閣文庫に所蔵されているが、その数は合計約一八〇〇部、五五〇〇冊であり、その特長は質の高さにあるという[17]。他のどこにも伝存しない古典も見られるというその蔵書はどのようにして収集されたのだろうか。

当時から塙保己一の蔵書の数、質は有名であった。伊勢神宮の権禰宜・足代弘訓が書いた随筆『伊勢の家苞』[18]に「蔵書皇朝の書籍二万巻計あり、尽く好書にて無益の雑書なし」とあるのは、そのことを良く示している。また、和学講談所において幕末に作成された『書籍目録』[19]には以下の蔵書数を見ることが出来る。

| | |
|---|---|
| 国史 | 4,708 |
| 有職 | 935 |
| 漢籍 | 702 |
| 神祇 | 284 |
| 言語 | 239 |
| 雑 | 37 |
| 文学 | 3,056 |
| 仏教 | 892 |
| 地誌 | 330 |
| 総記 | 246 |
| 音楽 | 76 |
| 合計 | 11,505 |

足代の挙げた二万巻には及ばないが、この表から和学講談所の蔵書傾向を知ることが出来るだろう。これらの蔵書

中には『群書類従』をはじめとした和学講談所で編纂・刊行する書籍のために様々な所蔵機関から筆写してきた書籍も多く含まれていると思われる。

## 1　史料の収集方法

編纂・刊行事業を行うため、和学講談所は各方面から史料を収集している。この方法自体はなにも目新しい方法ではなく、幕府が寛文一〇年（一六七〇）に完成させた漢文・編年体の史書『本朝通鑑』編纂の際も同様の手法を取っている。[20] しかし、その違いは『本朝通鑑』編纂当時は見ることが出来なかった公家が所蔵していた書籍の閲覧、写本作成である。和学講談所が閲覧することが出来た文庫を大きく分類すると以下のようになる。

### ①　紅葉山文庫

寛政一〇年、保己一は、紅葉山文庫所蔵「国史・律令」の閲覧を願い出て、林家より許可を受けた。紅葉山文庫は幕府が将軍のために江戸城内に設けた文庫で昌平坂学問所文庫と並び称されるほどの蔵書数を誇っており、その質においては遙かに昌平坂学問所文庫より優れていたという。[21] そのため、和学講談所は閲覧を願い出たのであろう。実際、これにより誤字や脱文の多かった従来の書籍より良いものが出来たと自讃している。

御内々奉願候覚
国史・律令等之儀、数年心懸、追々校合等も仕候処、何卒
公儀御文庫之御本を以、校合仕度心願ニ而御座候処、不存寄内願相叶、御屋敷江罷出、段々校合仕候処、誤字脱字夥敷相直り、既ニ先日校本入御覧候通之事ニ而、誠之善本出来仕、冥加至極難有仕合奉存候、是迄者群書類従出板

之手透有之候節、少々宛も開板可仕と奉存候得共、世上流布之印本誤脱甚敷、取扱候者難儀いたし候事故、少しも早く上木仕、広く世上之益ニも仕度、同志之者も申勧候ニ付、先令義解より開板仕、段々ニ左之通出来候様仕度奉存候、

日本書紀　三十巻
続日本紀　四十巻
続日本後紀　二十巻
文徳実録　十巻
三代実録　五十巻
日本紀畧　八巻
扶桑略記　八巻
百練抄　十四巻
令義解　十巻
類聚三代格　七巻
儀式　十巻
西宮記　廿七巻
江家次第　十九巻

右者二百冊ニも至り不申候事故、入用之手繰さへ宜御座候得者、早速ニも上木出来可仕奉存候、乍去一部宛開板仕、右入用帰り候而、次々へ取掛り候而者、多年相懸り可申之間、可相成筋ニも御座候ハヽ、公儀より御金七八百両も御拝借被成下候様仕度奉願候、国史等之儀者、群書類従抔より者、格別ニ売捌都合も宜有

御座候間、右を以上納仕度奉存候、万一捌方十分ニ無之候ハヽ、和学講談所御手当として、年々被下候町地代金を以、無滞上納可仕と奉存候、是等之儀申上候も恐入奉存候得共、当時文明之御代ニ而、和学興復之節ニも御座候得者、何分前書之通之品々善本出来、世上之益ニも相成り候様仕度、偏ニ奉願候、以上、

（寛政十年）午十月　　塙　一

紅葉山文庫は林家の管轄ではなく、書物奉行の管轄になるが、前述したように和学講談所は官立化した際に、「和学御用」という幕府からの質問に答えるための役目を仰せ付けられている。そのため紅葉山文庫の書物の閲覧・借用も可能であったわけであるが、この史料によると「国史・律令」編纂のためでなく、今後、『日本書紀』をはじめとした六国史編を予定していることがわかる。おそらくこういった今後、開板予定の書籍の校正の際にも紅葉山文庫所蔵書籍を活用したものと思われる。

② 御三家所蔵本

御三家に関しては、「御用留」に収録されている寛政一〇年（一七九八）六月一七日付、早川善阿弥差出の書簡に「然ハ先達而塙検校殿、当屋形（筆者注、尾張徳川家）江御出之儀、御手前様ゟ被仰入候之処、右者御勝手次第御出有之候様、御通辞可被成候」とあるように保己一は出入り勝手次第という許可を得ている。水戸徳川家に関しても保己一は『大日本史』編纂に関わっていたため出入自由の許可を得ていた。『大日本史』編纂の必要性から水戸家の蔵書もかなり質の高いものであったという。さらに尾張藩には、「駿河御譲本」と呼ばれ、尾張藩に譲られた家康の蔵書約三〇〇〇冊をもとに初代藩主・義直が設立した文庫「御文庫」があった。また紀伊藩には、現在、「紀州藩文庫」と称されている紀伊藩校の国史・国語・国文関係の蔵書があった。しかし、御三家所蔵本を何に使ったかは残念ながら「御用

留」から知ることは出来ない。

口上覚

一、近頃紀州様御屋形ニ而、国史類御校正御座候ニ付、講談所蔵書之内、堂上方家記類、其外御見合ニ可相成書籍類差出候様、此方様江も御懸合ニ相成居候趣ヲ以、当月朔日御校正所役人長沢衛門私方へ罷越申、右者先頃御内意も御座候上、昨年已来御出入も仕罷在候事故、御用調差支不相成分者、追々差出可申哉、此段取調方奉伺候、已上、

（天保八年）六月五日　塙　次郎

そのほか、紀伊家との関係を挙げると、天保八年（一八三七）六月に紀州侯より、「国史類」の校正をしたいので、和学講談所蔵書のうちの「堂上方家記類」を借用したいという願いがあり、これについて和学講談所は、昨年以来、「御出入」にしていただき、今後の「御用調」の差し支えになってはいけないので、依頼のあった書籍を紀伊藩に差し出したいと思うという旨を林家に申し出ている。

このように和学講談所は蔵書を介して御三家とも良好な関係を築こうとしていた。

③　公家をはじめとした諸家記録（史料）

『本朝通鑑』編纂の際には協力を得られなかった堂上家記録であるが、ここでは写本および目録作成が行われた。

国史以後之事実相考候書者、諸家記録ニ而御座候処、於其家々被為秘蔵候故、類本少ク、多分亡失仕候、数年心懸残欠取集、猶又門人共両人、此節も京都へ為差登書写為仕候間、別紙書目之内、御文庫ニ無之記も御座候ハヽ、

写差上度奉存候、都而家記類之儀者、他見ヲ禁候品数多有之候得ハ、万一元本紛失仕候而も、御文庫ニ御座候得者、
末代江伝り候に付、此段奉伺候、以上、

（寛政十一年）未十二月　　塙　―

新しく正確な修史事業を行うためには、その家々に秘蔵されていた諸家記録が重要であると考えた保己一は門人を京都に差し向け、写本を作成している。しかも、その理由として保己一は、万一の備えとしている点が、いかにこの時期、こういった史料を重要視していたかを知ることが出来る。この作業は「御用留」を見る限り、天保期まで続けられ、献納された諸家記録は七八九冊にも及んだ。そしてこれらは『史料』や後述する『武家名目抄』に役立てられた。

④　寺社所蔵本

寺社蔵本の写本作成も『本朝通鑑』には見られなかった作業である。伊勢や鹿島、熱海などの古社に所蔵されている古文書や旧記類の写本も『史料』をはじめとした編纂・刊行事業に大きな役割を果たした。

鹿嶋・香取ハ古来之大社ニ而、社司之内、古文書・旧記之類多所持仕、殊ニ鹿嶋者、文庫も有之候様承り申候、定而史料之見合ニ可相成品も可有御座候間、何卒門人差遣シ、為写申度奉存候、一品ニ而も御用ニ相成候得ハ、所持致候家々之規縄ニも有之候間、其節不残差出候様、御達被成下候義ハ相成申間敷哉、幸此節両社大宮司出府致シ罷在候様承申候、此段宜被頼立可被下候、以上、

（文化十二年）十月　　塙　―

良質な書籍や史料を求めるために、このように多くの所蔵機関の協力を得ていることがわかるが、それを可能にしたのは官立という肩書であり、寺社奉行をはじめとした幕閣の協力あってこそと言える。特に和学講談所は林家が管轄する以前は、寺社奉行管轄下に置かれていた。だからこそ寺社所蔵本の閲覧も可能であったのだろう。

さらに各大名たちだけでなく『本朝通鑑』編纂の際には非協力的であった公家たちもこの時期になると幕府の手による編纂物や刊行物に対して協力している姿をこのことから知ることが出来る。その理由として保己一には日野資枝、閑院宮典仁親王、外山光実の門に入り、堂上歌学を学んだことによる公家につながるネットワークがもともとあったこともあるが、「寛政の改革」の一環として定信をはじめ幕府が積極的に朝廷に対して介入していったという当時の朝幕関係の深まりも考えられるだろう。

いずれにしてもこの時期、寺社そして朝廷や公家が所蔵していた史料を閲覧出来るようになったのは大きな意味を持つ。この時期以降の幕府編纂物や刊行物が後に高く評価されるようになるのも、こうした史料収集のあり方がその要因であるからである。

江戸時代後期になるとこうした蔵書を介したネットワークが全国的な規模で顕著に見られるようになる。和学講談所もその点では同様で、それは保己一自身が持っていたネットワークはもちろんであるが、そこには林家につながる大名や文人たちの存在もあったからこそとも言えるだろう。

## 2　官立学問所による史料の共有と活用

前節で見たように和学講談所は全国各地を廻り、公家や寺社など様々な階層から史料を収集した。しかしこれらの史料は和学講談所だけが独占したわけではなく、官立学問所同士で共有・活用されるという協力体制が出来ていた。

本節ではその実態を示していくこととする。

① 昌平坂学問所と和学講談所

「御用留」には書籍の購入の様子はほとんど記されていないが、嘉永三年（一八五〇）に購入した『日本史稿』についてはその入手理由を知ることが出来る。「地誌并後鑑及史料御調等之」校合のためというのがその理由であるが、「地誌」や室町幕府の歴史書である『後鑑』はいずれも昌平坂学問所で編纂されたものであり、和学講談所が書籍購入に際して、他の官立学問所の編纂・刊行事業にも気を使っていることがわかる。

日本史稿
　初集　四拾七帙
　後集　三拾七帙
　通計八拾四帙

右者檜山成徳と申者編集仕候草稿ニ而、体裁者見苦敷候共、事物者上代より寛永後迄、古書古文類抄出、編年ニ取立候書故、全部一覧者不仕候得共、地誌并後鑑及史料御調等之見合ニ者、一かと之御用ニ相立可申と奉存候間、御買上ニ者相成申間敷哉、御内慮奉伺候、抑成徳儀者古筆類之目利相応ニ出来候者ニ而、諸家之珍蔵古文書類多く一覧仕、其折節ニ者書写抄録仕置候類も御座候而、他ニ写し等無之珍重之品共も数多有之候上、諸国々分ニ古文書類を集候分も数冊御座候、右等者格別ニ地誌御調之御用ニ相立可申と奉存候、依之全部之内弐帙奉入御覧候間、宜敷御勘考被成下候様仕度奉存候、自然御買上ニ相成候ハヽ、代料者金弐拾五両も被下候ハヽ、手放可申趣ニ御座候、此段御内慮奉伺候、已上、

（嘉永三年）戌六月

『日本史稿』の編者・檜山成徳は『栄花物語系図』という宇多天皇から堀河天皇までの一五代約二〇〇年間を編年体で記した歴史物語「栄花物語」の注釈書の著者としても有名な人物である。この史料にあるように、古筆類にも詳しいということがわかっていたからこそ二五両という高値にかかわらず、購入しようとしたのだろう。いずれにしても高値の書籍の購入には昌平坂学問所に伺いをたてる必要があった。

② 医学館と和学講談所

多紀氏が統轄していた医学館とも和学講談所はつながりを持っていた。多紀氏が林家へ差し出したこの文章から医学館から林家へ、林家から和学講談所へと林家を通してではあるが、医学館が「和学所参考之一助」のために史料を回している様子を知ることが出来る。

林大学頭殿　　多紀安良

此度医学館江御下ケ相成候医心方之裏書ニ、薬品和名并古文状等認有之、右者和学所参考之一助ニも可相成哉と存候ニ付、同所江相廻り候積、但馬守殿江伺相済候間、明十日四時請取之者医学館江罷出可申旨、其筋江被御申渡候様いたし度、此段及御達候、

（安政二年）九月

（御下ケ札）

御書面之趣致承知候、

九月　　林　大学頭

医学館も和学講談所と同様に「官板」の編纂・刊行事業や昌平坂学問所からの種々の問合せに対応していた。その立場は両機関とも同じで、林家の管轄下にあった。この史料からは医学館と和学講談所のやりとりが林家を通していたこと、そして医学館も和学講談所の事業に対して協力体制にあったことを物語っている。

### ③　開成所と和学講談所

文久二年（一八六二）に作られた官立の洋学研究教育機関である開成所（前身は蕃書調所）も和学講談所と書籍の貸し借りを通じて協力している。ここでは『日本辞書』編集のために『東雅』と『東音譜』の借用を願い出ている史料を挙げた。

この両書は江戸前期から中期にかけて活躍した国学者・新井君美が日本言語の変遷を書き記したものであるが、開国以降、開成所は多くの幕府の御用に応え、活発な活動を行う一方、和学講談所は目立った活動はしていない。しかし和学講談所の蔵書はこのように他の官立学問所も必要とされていたのである。

早速伊丹殿江伺之上取扱、但付札ヲ以及答、

和学所頭取衆

開成所　頭取

日本辞書編輯致候ニ付、別紙銘書之書籍有合有之候ハヽ、当方ニ而拝借致し度存候、御差支之儀も無之候哉、否御挨拶有之候様致度、此段及御掛合候、

（文久四年）子十一月

一、別紙 半紙ニ相認

東雅　　拾巻

東音譜　　一巻

一、下ケ札答

別紙書目を以御掛合之趣承知いたし候、当方差支無之候間、御貸渡可申候、此段及御答候、

尚々御請取方之儀者、出役衆印紙御請取書御持参有之候様致度候、

十一月廿四日

但廿六日者、当方差支候間、左様御承知可被成候、以上、

両名ニ而伊丹殿江伺候御答、

開成所頭取より之書面并書目書付御廻し、右者和学所蔵本有之、貸出シ候而も差支無之、且先年御系図之方江差出候例も有之候ニ付、其振合を以開成所出役罷越、印紙取之相渡可申之旨承知致し候、其通り御取斗ニ而可然候と存候、開成所頭取江之答書者、右之趣御認め、直被遣候様致度云々

そのほか和学講談所と開成所の関係を示す次のような事例がある。安政四年（一八五七）一一月、日本駐在総領事ハリスは下田から江戸に居を移した、この時ハリスの宿舎になったのが蕃書調所である。その期間は五カ月あまりであったが、そのため蕃書調所の稽古場を和学講談所内に移すことになった。

また斎藤氏によると、保己一の跡を継いだ次郎は幕末に日本が五カ国と修好通商条約を結んだ際に、兵庫と新潟の

開港延期を要請する書簡作成にも関わったという[22]。幕末になると、開成所とともに和学講談所も幕府の対外政策の一役を担ったのである。

以上、この節では官立学問所同士がどのような関係にあったのかを述べた。各専門分野に分かれた官立学問所がお互いに協力しながら、幕府の文教政策を補佐する研究・教育機関としての機能を果たしていこうとする姿勢を見ることが出来る。そしてそこに官立学問を統括する林家が深く関わっていた。

ここで示した史料はすべて幕末のもので、この時期、和学講談所を設立した保己一も、寛政期以降、幕府の文教政策の中心的役割を果たした林述斎もすでに亡くなっている。その意味では、保己一や述斎が存命の時代は彼らが個人的に持っていたネットワークによるつながりも考えられるが、幕末にはこのように幕府の機関として組織されていたということが言えるだろう。

## 三　和学講談所における編纂・刊行事業

「御用留」からは和学講談所は数多くの編纂・刊行事業を行っていたことを知ることが出来るが、特に保己一自身が企画した『群書類従』や『続群書類従』は有名で、研究も多い。そのほかの国史や律令に関わる編纂物の多くは現在、『国史大系』に収められている。ここでは林家との関係から『武家名目抄』を取り上げる。

### 1　『武家名目抄』の編纂

『武家名目抄』は保己一自らが企画したものではなく、文化三年（一八〇六）に林述斎の命のもと、和学講談所において編纂された書籍である。その内容は鎌倉期以来の武家の諸制度に関する名称や語彙などを採録し、解説を施したもので、内容から考えると昌平坂学問所、または述斎自身が編纂しても良かったと思われるが、それを行わなかったのはこの時期、『藩翰譜続篇』や『寛政重修諸家譜』の編纂も始まっており、述斎自身多忙であったためであろう。官撰編纂事業は林家の職掌であると共に官立学問所の役目でもあったため和学講談所で実施したと考えられる。

当初、『武家名目抄』は保己一が編纂したが、没後は中山平四郎・飯島平次郎・松岡辰方らが編纂した。『甲子夜話』巻二三には『武家名目抄』に関する記事が掲載されている。それを左に紹介する。

林祭酒曰ふ。世の国学と謂ものは、古言を解し和文和歌を綴る計の料に成行き、事実に至ては茫然として弁るものも罕なり。偶々事実を穿鑿する徒は、皇朝の古昔を探索までにて、武家の旧事を心得る者少し。余多年このことを患ふれども任すべき者亦無し。遂に故塙検校を得て渠に付嘱し、漸々この初念を遂る一路を開き、手附出役の輩をして『武家名目抄』編集の一挙に及べり。近頃は手附の吏等にても大抵は事足るやうに為れりとて、去年塙が在京留守に、監察府へ調出せる草案の点定を請出たる時の一紙を示す。引證明瞭、頗る考据に備ふべければ爰に移写す。(23)(後略)

この記事によると『武家名目抄』は、現在の国学の研究対象に偏りを感じ、述斎が「武家の旧事」が忘れ去られることを憂えて企画されたことがわかる。さらに述斎はこの編纂を、他の国学者ではなく保己一だからこそ任せたことなども読み取ることができる。さらにこの後には「御目付大学修繕殿より公人朝夕と申役儀ニ付御尋」に対する答申書が載せられている。この保己一の答申書に対しても述斎は「引證明瞭、頗る考据に備ふべければ爰に移写す」と述べている。このことからも述斎は『武家名目抄』の編纂を保己一に任せたことを満足していたことがわかるだろう。

林氏の消息に、御徒士、中山氏平四郎、後勘四郎、名信名と云し者、年十八より故塙検校の門に入り、和学に執心なる人あり。林子、史料并『武家名目抄』編集のことを建言して、其事を塙に総轄せしめ、林子が手附出役と称して、御家人数多の人々を、日々和学所に集て書局を開きしが、信名〔勘四郎〕も其中の一人なり(24)。

これも『甲子夜話三篇』巻三四からの引用であるが、和学講談所には林家の門人が出役となって出向していた。また、学問所の門人も和学講談所に集まって教育を受けていた。このことから和学講談所創設によって、学問所の科目から和学が無くなったことにより学問所の門弟も和学を学ぶ際には講談所に入学していたこと、さらに学問所と和学講談所は密接につながっていたことがわかる。

史料中にある中山平四郎は保己一没後の文政二年（一八一九）、『群書類従』の完成を期に保己一の伝記『温故堂塙先生伝』を書いた中山信名のことである。

さらに「御用留」には『武家名目抄』の編纂過程が記されている。それによると和学講談所ではある程度、出来上がるごとに林家にお伺いを立てていた。例えば、文化四年（一八〇七）六月一一日には『史料』を九〇冊、『武家名目抄』を五冊、林家に対して提出して現在の状況を説明している。同じく一一月には

先達而被仰渡候武家名目之儀、少々書集候間、書体奉入御覧候、右部立・認方等奉伺度、校合も差急キ候ニ付不仕候、弥御用ニも相成、猶又得ト取調候ハヽ、余程之巻数ニ可相成と奉存候、已上、

十一月　　　　　　　　　　　　　　　　　　　　塙　一

とあるように、林家に対して章立てや書き方などについて微に入り、細に入りお伺いを立てている。このような姿勢

は何も『武家名目抄』だけではない、「史料」の編纂においても、同じ態度を取っている。このように詳細な約束事を踏まえていた点から考えても和学講談所の編纂書は林家の編纂方針を踏襲して作られたと言える。昌平坂学問所で行われた官撰編纂事業方針は和学講談所でも同様に林家の統制のもとに実施されていたのである。

また、和学講談所が昌平坂学問所から譲り受けた機能は官撰編纂事業だけではない。従来、学問所が受け持っていた開板書籍の検閲の一部も和学講談所に委譲された。和書の検閲は和学講談所で行い、林家へ「開板伺」を添えて提出し、学問所が最終決定を行うという形になった。和学講談所が林家の支配下に移されたことにより、昌平坂学問所の機能の一部も和学講談所に移され、林家の職掌の一部を和学講談所も担うこととなったのだろう。

## 2　和学講談所本の刊行本と民間書肆

和学講談所において編纂・刊行された書籍の一部は民間書肆によっても販売された。吉宗時代の「官板」は幕府が作った板木を民間書肆に与えて販売させるなど、「官板」といえども民間書肆とは深い関わりを持っていた。この方法は後に昌平坂学問所や開成所にも受け継がれている。ここでは和学講談所と民間書肆との関係を『令義解』を例にとってその販売方法と民間書肆への対応を見ていく。

養老令の官撰注釈書である「令義解」は、天長一〇年（八三三）に完成、承和元年（八三四）一二月一八日に施行された。近世期においても荷田春満をはじめとした多くの国学者によって「令義解」の注釈書が作られており、『令義解』自体も刊行されていた(25)。

寛政一一年（一七九九）に和学講談所に出された左の「口上書」を見ると『令義解』は従来、京都の書林、吉田四郎右衛門(26)が元板を所持、販売していたことがわかるが、和学講談所による改訂版の刊行は自らの商売の死活問題になると考え、自分たちの商売が成り立つように何とかして欲しいと願い出ていることがわかる。

口上書

一、此度令義解御校本、御蔵板ニ出来可仕趣、奉承知驚入候、右御校正之上、弥新刻出来仕候而ハ、私方旧来所持仕罷在候元板令義解、必至と売止ミ、難儀至極ニ奉存、誠ニ以渡世之基を失ひ、歎敷奉存候、乍憚此段御賢察被成下、何卒御慈悲を以、元板難儀之筋合相立候様、被仰付被下度奉願上候、右之趣被聞召分、御憐愍之程偏宜敷奉願上候、以上、

寛政十一年未五月　　吉田四郎右衛門

口上書

京都書林吉田四郎右衛門と申者より、別紙之通願出候間、不苦筋ニも御座候ハヽ、願之通申付度奉伺候、以上、

（享和二年）戌五月　　塙　―

吉田四郎右衛門は近世前期から明治まで続いた本屋で、国文学者・宗政五十緒氏によると、「和歌や物語という日本の古典文学を出版して世に知られていた書林」(27)であった。この時期は二条通り麩屋町西へ入町で営業していた。『国書総目録』で確認する限りでは、吉田は遅くとも慶安三年（一六五〇）には『令義解』を刊行している。

そして右の史料から吉田の願いは享和二年（一八〇二）に許可されたが、それを受けて、吉田はさらに次のような願いを和学講談所に提出している。

口上書
一、今般令義解御校正之善本、御蔵板ニ出来仕候ニ付、旧板売止ミ難儀至極ニ奉存候間、何卒御慈悲を以、右令義解御取次被為仰付、奥江私名前御加江被成下、右御取次之証として、右奥書之板御救ひと思召被下置候様奉願候、左様ニ御座候得者、旧板難儀之筋も相立、難有仕合奉存候、右前文之趣、御憐愍之上御聞得被下置候様、偏ニ奉願上候、以上、

享和二年戌五月　吉田四郎右衛門
代長兵衛　印

和学講談所
御役人中様

この史料によると、吉田が求めたのは自らが和学講談所本『令義解』の販売取次所になること、そして奥書に吉田四郎右衛門の名前を書き入れることである。さらにその証として奥書の丁の版木を吉田に渡して欲しいと言っている。

そしてこのような事例は吉田四郎右衛門だけではなかった。吉田に続いて寛政一一年五月に出雲寺が、享和三年（一八〇三）には著屋、大和屋といった京都の書肆たちが同様の願書を提出し、いずれも許可され、『令義解』の取次弘所を務めている。

このように京都の書肆たちは一斉に申し合わせたように和学講談所へ窮状を訴えたのである。京都本屋仲間の記録には、寛政一一年は「令義解校正之本ヲ以、塙検校方ニ蔵板被致候趣ニ付、板元吉田四郎右衛門殿江指出候口上書之事并著屋善助殿申合相背候ニ付、急度申聞、其後一札取之相済シ遣候事[28]」とあり、最初に吉田が願書を提出した際に本屋仲間内での議題にあげられていたことがわかる。

さらに享和元年には「令義解差構ニ付、吉田四郎右衛門殿ゟ願ヒ出候、并口上書写[29]」とあるように、吉田は和学講談

所が刊行する『令義解』に対して、重板・類板に対する異議申し立てである「差構」を行おうとしていた。そして同年の記録に「令義解売止之義大坂行事ゟ承知(30)」とあるように大坂本屋仲間もこの件について承知していたのである。和学講談所の民間書肆への配慮は販売取次の許可や奥書への連名の許可に止まらなかった。許可を与えた同年、さらに御救料までも支払うのである。

吉田四郎右衛門代長兵衛と申者、門人共江内々申聞候ハヽ、令義解御蔵板御出来ニ付、旧板売止ミ難儀仕候間、御取次被仰付、御救料として壱部ニ付三匁宛、被下置候様仕度由申候ニ付、勘弁仕候処、和学講談所ニ而蔵板出来仕、難儀之者有之候而者、不本意之事ニ御座候間、右令壱部之料三拾匁之内、紙摺綴料引候而、余分拾五匁壱分五厘有之候間、救料として三匁三厘、取次料として六匁六厘、都合九匁九厘差遣し、残六匁六厘之処、板料として拝借金上納之手当仕候積り御座候、三匁と申候処、九匁九厘差遣候者、過分之様ニ御座候得共、京都迄取寄候賃銀相懸り、且仲間内江遣し候節ハ、世話料も引候由ニ付、右之通差遣し可申段、門人共より及応対申候、尤此末板元有之候品、開板致し候ハヽ、右之割合を以差遣し可申と懸合置申候、以上、

和学講談所では『令義解』の代金を一部につき三〇匁に定めたが、紙摺代金や綴料など差し引くと、一五匁ほどの利益が出るので、その内から救料として三匁三厘を旧板元へ支払うことを決めた。さらに取次料としては六匁六厘の支払いを決定する。つまり吉田は一冊販売するごとに、九匁九厘が手に入ることになったのである。その理由は「和学講談所ニ而蔵板出来仕、難儀之者有之候而者、不本意之事ニ御座候」としている。

吉田はこの件について本屋仲間に諮っていたため、当然このような和学講談所の決定は他の京都本屋仲間の耳にも届くことになる。そうなると彼らとしても自らが版権を持っている書籍に対しても同様の処置をとって欲しいと願う

のは当然のことと言えるだろう。そのため彼らは和学講談所にではなく、吉田に次のようなお願いをしている。

一、御江戸和学講談所塙検校御方ニ而、令義解御蔵板ニ御改板被遊候ニ付、旧板売止ミ御難儀之趣、先達而彼地江御出府御願被成候処、格別之思召を以、旧板令義解江御助力可被下置旨被仰付候段、御帰京之上具ニ御申聞承知仕候、且亦追々御改板被遊候御目録之内、私共所持之旧板御座候ニ付、是以令義解割合を以、旧板江御助力可被下置旨難有承知仕候、

一、日本書紀　旧板元　出雲寺文次郎
　　　　　　　　　　其外相合
一、続日本紀　同　同人
一、続日本後紀　同　同人
一、文徳実録　同　同人
一、三代実録　同　林権兵衛
一、江家次第　同　勝村次右衛門
　　　　　　　　　吉田四郎右衛門相板
一、水かゝ見　同　風月庄左衛門
一、増かゝ見　同　同人
一、大かゝ見　同　同人
一、東鏡　同　勝村次右衛門
一、延喜式　同　出雲寺文次郎

一、栄花物語　　同　同人

右之通、私共旧板所持罷在候、御憐愍を以令義解割合同様、被仰付被下候様奉願上候、此段宜敷御執成被下、御通達可被下候、右御願申上度、如此御座候、以上

享和二年戌七月

風月庄左衛門　印

勝村次右衛門　印

林権兵衛　印

出雲寺文次郎　印

吉田四郎右衛門殿

これは、風月庄左衛門、勝村次右衛門、林権兵衛、出雲寺文次郎という四人の書肆が、和学講談所がこれから改板して刊行する書籍目録の中に、それぞれが版権を持っている『日本書紀』や『続日本紀』などの六国史や歴史書も含まれているので、『令義解』と同様の割合で救済措置を図って欲しいとお願いしている史料である。

四人は京都の書肆で、京都本屋仲間に加入していた。林権兵衛の屋号は文泉堂、勝村次右衛門の屋号は文徳堂、風月庄左衛門は本名は沢田氏、いずれも歴史書や古典を主に取り扱った老舗の本屋であった。

さらに出雲寺は先ほど名前が出てきたが、江戸時代初期に創業し、明治まで続いた格式ある書肆で、当初は今出川に店を構えていた。二代・時元の時代に江戸に出店し、御書物師を命ぜられ、代々幕府御用を務めた。林鵞峯の『本朝通鑑』や水戸家修史事業にも関わるなど、林家ともつながりを持っていた。

その後、彼らの願いが聞き届けられたかどうかは不明であるが、彼らが直接、和学講談所に願い出ずに吉田に執り成しを頼んだ理由としては、吉田が和学講談所の「御出入」を許可されていたからかと思われる。

では和学講談所刊行本がなぜ民間書肆の経営を圧迫するのだろうか。彼らはこれらの本が刊行されると旧版が売れなくなるという。その理由はもちろん、これまで見てきたように和学講談所が全国から良質の書籍を収集し、丁寧な校正を施し、その内容について正確を期す努力をしてきたからであろう。しかしそのほかの要因として「官板」は彫刻にも気を配っていたということも考えられる。『甲子夜話』巻六九には次のような記載がある。

林氏の物語に、凡そ都下剞劂多しと雖も、その精工は、根岸に住る江川八左衛門と云者に過るはなし。且人と為り質朴正直なる者なり、因て昌平学の官版みな其手に成れり。又林氏私用の雕梓も渠に命ずとぞ。水府にて『日本史』開刻の挙の時、彼の有司より林氏に問合て、是も其者に命ぜらる丶に成りしと。(31)(後略)

この記述によると、昌平坂学問所が刊行した書籍はすべて江川八左衛門という「剞劂」、つまり彫刻師の手によるものであったという。その技術は江戸で一番という評判であった。林述斎は江川の腕を信頼して「官板」のみならず、私家版も彼に頼んでいた。しかも水戸藩が編纂し、保己一も校訂者として深く関わった『大日本史』の版木を彫ったのも江川であった。

『群書類従』の板木は江川そして宮田六左衛門が彫刻したことが判明している。宮田も江川同様、高い技術を持った版木師であった。このことから言えるのは「官板」では彫りにも気を遣い、腕の良い職人を使っていたという事実である。良質な史料を使って、良質な版木を作る。それは民間書肆では費用的な側面から考えて非常に難しく、だからこそ彼らは窮状を訴えたのであろう。

以上のことから、和学講談所は民間書肆にも気を使いつつ刊行事業を実施していたことを見てとることが出来る。また取次の許可を与えるかどうかの判断基準は従来から和学講談所や昌平坂学問所などが編纂・刊行してきた「官板」に関わっていた業者たちであったかどうかという点にあったかと思われる。

そしてその一方で、幕末のことであるが林家は「学問所御改」として和学講談所が提出した書籍の蔵板人の名前・身分の照会を行っている点も大変興味深い(32)。林家は和学講談所を管轄する立場として蔵板人の選定にまで気を配っていたのであった。

## 3　出版費用と販売方法

『群書類従』は当初、予約を受けて摺り始めるという販売方式であった。

> 右之書次第にかゝハらす望の者多く有之候、巻去々月より一二冊ツヽ、開板仕候、いつれの部にても御好に任せ候間、御懇望の方ハ当六月廿五日ゟ十月六日迄ニ土手四番町塙検校宅江可被仰遣候、猥に開板不然ものも御座候ニ付、摺たて弐百部を限り候間、其後ハ御断申候、料は今物語の通の紙仕立にて、紙十枚六分二リン、仕たて四分五リンニ御座候(33)

右に掲げた大田南畝の随筆によると、その販売方法は塙宅にて直接注文、二百部限定、分売可能で紙一〇枚につき六分二厘、仕立代は四分五厘となっている。これは天明六年（一七八六）のことであるから、和学講談所設立以前、つまり官立になる前のことであるが、保己一は『群書類従』刊行当初、このような形で販売していた。では、設立後はどのようにしていたのだろうか。

保己一没後のことであるが、文政九年（一八二六）二月の覚書には次のようにある。

覚

群書類従彫刻料之義、壱枚ニ付銀六匁五分より拾弐三匁迄、稀ニハ拾六七匁成も御座候、外ニ中書・板下等之雑費ヲ相加候而、平均拾匁程ニ相成可申候、左候得者全部者六百六拾五冊、三万三千七百拾九枚ニ而、銀三百三拾七貫百九拾匁、此金五千六百拾九両三歩ニ御座候、定価之義者、紙料・摺代・板賃共大概拾枚ニ付、真名銀八分六厘、仮名六分八厘、表紙・袖紙・綴手間等壱冊ニ付、五分宛之積ニ而、全部之合金四拾八両程ニ御座候、

右全部之仕込入用紙料拾四両程、摺手間弐両壱分程、表紙・袖紙・綴手間等、実ハ壱冊ニ付四分位ニ而出来申候間、合四両弐分程、外ニも聊之雑費ハ御座候而、弐拾弐両程相懸り申候、

左候得者、弐百弐拾部ニ而凡金壱万五百六拾両程相集り候内、仕込入用ヲ都合四千八百四拾両差引、五千七百廿両相残り候間、彫料出申候、配達先之義、江戸ニ弐百五拾ヶ所程、遠国ニ五拾ヶ所程御座候内、追々二百ヶ所程ハ全部皆納ニ相成申候、残弐百ヶ所程も過半相済居申候、

右弐百ヶ所程過半相済居候冊数ヲ取集見候者、百弐三拾部程ニ相当可仕候、左候得ハ都合弐百弐三拾部者摺候積ニ御座候、

料金者或滞、或預り候ヲ平均ニ見候而、彫刻料相返候迄ニ而、利分ハ有之間敷哉と奉存候間、乍然右上木仕候、四拾ヶ年程融通之一助ニ相成候事と相見申候、以上、

（文政九年）二月　　塙次郎

これによると彫刻料は一枚平均一〇匁、そのほか紙代や摺代・板木代金などを換算すると定価は一部四八両になるという。一部は六六五冊、その枚数は三万三七一九枚にも及んだ。そして天明六年（一七八六）に見本版である『今物語』を刊行してから文政二年（一八一九）に完成するまでの約四〇年間の総売り上げは二二〇部で計一万五六〇両

あったが、配送料そのほかこれまでの経費を考えると利益は出なかったとある。その莫大な費用は、先に述べたように和学講談所が官立化したことによって幕府から拝借金が出たが、それだけではとうてい賄うことが出来ず、上方の商人からも借り入れを行っていた。

松浦静山の『甲子夜話』巻二には次のような記述がある。

今大坂に鴻池伊助と云る富商あり。学文はなかりしが、天稟の善人なり。（中略）此人塙検校と懇交にて、塙多くの書を買、種種の書を彫刻する費など、常に助力せり。前後の金数少からざることなれども、聊厭ふ色なし。塙没後に、其家内困難なるべしとて、又助力せりと也。[34]（後略）

この史料によると鴻池伊助は保己一と交遊があり、保己一が購入した書籍の費用のほか、その和学講談所が刊行した書籍の彫刻料などについても援助したとある。さらに保己一没後の困窮した塙家に対しても援助するほど、保己一および塙家と深い関わりを持つ人物であった。

さらに「御用留」を見ると、和学講談所は文化七年（一八一〇）一一月に建物の普請および『群書類従』の出版費用として大坂の両替商である草間直方から九〇〇両もの金額を借り入れていることがわかる。この草間とは実は鴻池家の番頭を長く務めていた人物で、通称・鴻池屋伊助と呼ばれていたという。[35]つまり静山がいう鴻池伊助とは草間のことであり、このようにして『群書類従』の出版費用の一部は集められていたのである。

では、『群書類従』はどのように販売されていたのであろうか。「御用留」に収められている販売方法を示す、幾つかの史料を見てみよう。

御内々申上候口上覚

私開板物之儀、諸家様御留主居之内、懇意之者四五人申聞候者、万石以上之御方、御三家様御附まて、御連入之儀申入見候方可然候、万石以上者御小家と申候而も、江戸御在所を合候而者、余程之御人ゆへ、一通り御収蔵被成、御家来之内望之者へ者、御借被遣候ハヽ、日本之事弁へ候者も、追々出来可申候間、類役出会之節、咄し合御世話可致と申ニまかせ、近比申入候処、弐百軒余ニ相成、其内百四拾軒斗、御連入相済申候、兼而申上候通、於講談所和書類開板有之候趣、此節御沙汰被成下候様ニ者相成申間敷哉、左候ハヽ、早速諸家様相済可申と奉存候、以上、

（享和二年）九月　　塙　一

和学講談所刊行本の宣伝は保己一自らも行ったが幕府にも宣伝をしてもらうように願い出ている。右の史料によると保己一は知り合いの大名留守居役に刊行本の宣伝を行ったところ、大名や御三家などは江戸に在府の者も含めて相当の人数になるので、講談所刊行本を購入して、家来など読みたい人間に蔵書を貸せば、「日本之事弁へ候者」が出てくるだろうという意見が出されたという。だから幕府の方からぜひ諸家に対して宣伝して欲しいと依頼している。

保己一がこれほどまでに宣伝に力を入れようとしたのはなぜだろうか。寛政一〇年（一七九八）二月一七日に、本居宣長が石川正明（元は宣長門下で、この当時は保己一門下）に宛てて出した書簡には次のような記載がある。

（前略）群書類聚追々出板可致と奉察候、此義、毎度此方ニ而も申候儀ニ御座候、迚も板本ニ成程ナレハ、世上へ広ク行渡り候様ニ致度物ニ御座候、然ル処、是迄塙氏出板の書トテ売物ニ書林へ出候物、一向見当り不申致、ケ様ニ而ハ折角上木之かひなき事ニ而御座候間、何とそ広ク世上へ出候様に御すすめ可被成候、書ハトカク成へきたけ多く世上へ出し候が宜御座候[36]（後略）

この書簡によると、『群書類従』が順次出版されているが、こういった書籍は印刷物なので、広く世間に行き渡らせることが必要である。しかしこれまで塙保己一が刊行した書籍を書店で見かけたことがない。せっかく刊行したのであるのならもっと宣伝する必要があるのではないかと宣長は言っているのである。寛政一〇年の時点では『群書類従』を一般の人々が購入しようとしても、書店で売っていないので、手に入れることが出来なかったという状況であった。

こういった状況のなか、享和三年（一八〇三）閏正月に江戸の町年寄役所から江戸の町人に対して『六国史』と『群書類従』刊行を知らせる町触が出された(37)。

六国史并群書類集、塙検校和学講談所ニ而板行ニ致候、望之ものハ検校江申談相調候様、町中不残可触知者也、

（享和三）亥閏正月

右之通従町御奉行被仰渡候間、此旨町中不洩様入念可相触候、以上

閏正月十三日　　　　町年寄役所

その内容は、『六国史』と『群書類従』という書籍が刊行されたので、購入希望者は保己一まで申し出ることとある。保己一の依頼を受けて、幕府の許可のもとこういった宣伝が江戸の町になされたと考えてよいだろう。しかし「御用留」には同様の町触が収録されているが、その文面の後に「右之儀万石以上并御直参之面々等江触之義者、例も無之候間、右之向々ハ、検校手寄次第申談、望之方江者相弘め候様可致事」とあるように、幕府は大名や旗本に対する宣伝は先例がないと言うことでこちらの方には御沙汰は出さないが、口答で宣伝するように申し伝えている。

このことから和学講談所刊行本は大名・旗本には口コミで宣伝、町人には町触を使って宣伝したということがわか

る。このように和学講談所刊行本は「官板」として、販売についても幕府が深く関与していたのである。また保己一は購買層として大名や旗本を主体として考えていたからこそ、このような願いを幕府に出したと考えられる。

このような宣伝を行った結果、和学講談所刊行本はどのような人々が購入したのだろうか。先に挙げた享和二年（一八〇二）九月の「口上覚」にはこの時点で二〇〇件ほどの購入希望があり、そのうち一四〇件は正式な注文があったとある。さらに天保六年（一八三五）八月一二日条には「群書類従注文覚」が収録されている。それに表にする。

| | | | |
|---|---|---|---|
| 林崎御文庫 | 200冊 | 成島邦之丞殿 | 160冊 |
| 豊宮崎御文庫 | 20冊 | 狩野晴川院殿 | 100冊 |
| 水野越前守殿 | 40冊 | 戸田能登守殿 | 10冊 |
| 秋元但馬守殿 | 30冊 | 小川藤三郎殿 | 60冊 |
| 水野壱岐守殿 | 30冊 | 無量寿院 | 30冊 |
| 高木主水正殿 | 20冊 | 陣梁院 | 30冊 |
| 一柳但馬守殿 | 20冊 | 岡本縫殿助 | 20冊 |
| 松平河内守殿 | 20冊 | 小貫弥太郎 | 10冊 |
| 鍋嶋摂津守殿 | 40冊 | 足代権太夫 | 200冊 |
| 大岡主膳正殿 | 170冊 | 川喜田久太夫 | 200冊 |
| 新見伊賀守殿 | 100冊 | 朝川鼎 | 20冊 |
| 牧備後守殿 | 60冊 | 亀田円二兵衛 | 20冊 |
| 成瀬因幡守殿 | 20冊 | 村山弥市 | 20冊 |
| 平岡丹波守殿 | 10冊 | 前田健助 | 20冊 |
| 土岐摂津守殿 | 10冊 | 鴻池吉九郎 | 100冊 |
| 本多内蔵頭殿 | 100冊 | 書肆其外10冊以下口々之分 | 150余冊 |

右之外、日本後紀・令義解・符宣抄・百練抄等も、臨時望之者も御座候ニ付、是又摺立置申度、右之分凡五百冊程、都合弐千五百冊余ニも相成可申、右料紙美濃紙凡三千帖余摺立手間・表紙・綴其外合式入用大凡積ニ兼而申上候程之見込ニ御座候、弥拝借出来候上者、早々取調摺立取懸申度、仍右注文之趣、貴所様御含迄ニ申上置候、已上

（天保六年）八月十二日

右の表にあるように注文主の多くは宣伝の通り、ほとんどは大名、旗本であった。それ以外の購入者も著名な文人

たちである。また伊勢神宮にあった「林崎御文庫」および「豊宮崎御文庫」、さらに「無量寿院」「陣梁院」は和学講談所が写本作成のために人を遣わせた寺社であり、こうした史料提供機関も購入していることがわかる。

さらに大名家では当時の老中・水野越前守忠邦、奏者番・牧野備後守忠雅のほか、寺社奉行も務めた戸田能登守光年など幕府の重職を務めた人々の名前が購入リストに名を連ねている。一二代将軍・家慶および一三代将軍・家定の御側御用取次を務め、後に大名となった平岡丹波守道弘のような旗本も購入している。

そのほかに大名や旗本以外には儒学者・朝川鼎（善庵）や伊勢外宮の権禰宜で有職故実に詳しい足代権太夫（弘訓）、後に一五代将軍・慶喜を指導した国学者・前田健助（夏蔭）など当時の著名な学者たち、そして商人としては鴻池や伊勢の豪商・川喜田家の名前を見ることができる。

この表からはもう一点、伊勢方面の人々が多く購入していたことがわかる。「林崎御文庫」や「豊宮崎御文庫」「足代」「川喜田久太夫」などがそうである。先に宣長の書簡を挙げたが、そこには宣長も『群書類従』は広く販売されることを願っていたことから、当時、国学に携わっていた人々は『群書類聚』が国学の普及につながると考えていたのだろう。

先の表、そして史料を見ると、天保六年時点で、和学講談所では『群書類聚』のほか『日本後紀』『令義解』を含めた書籍の購入希望者に対して都合二五〇〇冊余りを印刷しようと考えているが、これはほぼ予想通りの数字であるので、拝借金を都合して欲しいと林家に対して述べている。このことからも少なくとも和学講談所にとってこの時期までの販売冊数は順調であったと思われる。

しかし開国後の安政二年（一八五五）八月条には外国船渡来の影響のため、売れ行きが伸び悩み、寄付金が集まらない状況を嘆いている記事が見られる。左がその史料である。

御内々奉願候覚

御屋形様（筆者注、紀州侯）ニ而御取扱ニ相成候熊野三山御寄附金先年より拝借仕、御蔭ヲ以兼々心願之続群書類従、其外之書物開板ニ取懸り、校合見合ニ仕候元書之類も多分取入ニ相成、難有仕合奉存候、然ル処一昨年中より者異国船渡来等ニ而、売捌方も十分ニ無御座、存外寄金も薄く御座候処、先頃中文学之儀厚く御世話も御座候而、被仰出候筋も御座候故ニ哉、此程遠藤但馬守殿御書付を以、続群書類従其外国史類上木仕候様被仰渡之旨、林大学頭申渡ニ而難有奉存候、然ル故ニ哉不斗諸家より注文も有之、殊ニ
尾州様・水戸様・田安様よりも開板書物類御取入被下候趣御通達有之、是又難有奉存候間、早速次々之巻開板仕度種々勘考之処、もとより不如意之経済向ニ而、俄ニ取懸りも仕兼候得共、被仰渡も御座候処ニ而、遅怠仕候様ニ而者、跡々迄も不弁ニ可有御座と奉存候ニ付、強而当八月廿五日再度開板之手初仕候而、兼々御証文江調印仕罷在候板木職六左衛門を始、其外板木職共江も彫刻申付候得共、只今之見積差向彫刻仕候分丈ケニ而、入金凡金弐百五拾両者相懸り可申と奉存候得共、右手当方行届兼候儀と心配仕候、然而者是迄拝借金百八拾両、既ニ当九月上納之振ニ相成居候へ共、此節右金子之上江御貸増被成下候而、最初拝借仕候御金高之通、全く金三百両高ニ拝借増仕度奉願候、左候得者惣入用凡之高も御座候へ共、（下略）

嘉永年間後期頃から和学講談所は資金繰りに非常に苦労しており、幕府からの拝借金の返納願いを提出したり、鴻池に対して借金を申し込んだり、さらにこの史料にあるように、紀伊藩からも熊野三山への寄付金の一部を借用しようとしていた。しかし異国船到来以降、売れ行きも芳しくなく、寄付金も集まらないと嘆いている。そのため若年寄・遠藤但馬守胤統の名前で『続群書類従』ほか国史刊行の旨を記した書き付けを林家に申し渡していただき、刊行物の宣伝をしてもらった結果、尾張・水戸・田安家が購入してくれた旨が書かれている。この史料自体は印刷のために紀

伊藩に借金を申し込む内容であるが、和学講談所刊行本の販売には幕府や林家が深く関わり、大名等が購入協力していることがよくわかるだろう。

## おわりに

和学講談所は塙保己一よって設立され、その事業は保己一が中心となって行われたことは言うまでもない。また保己一没後は四男・次郎が跡を継ぎ、その事業を継続した。しかし和学講談所の活動は林家を中心とした幕府との深い関係を抜きにして語ることはできない。そのことを本稿では述べてきた。さらに次郎の名前である忠宝の名前も林述斎が命名しているほど、保己一および次郎は述斎と強い結びつきがあった。

本稿はそういった視点から和学講談所の活動を見ることによって近世後期の幕府による編纂・刊行事業の実態を明らかにしてきたが、最後にそれらをまとめたうえで、今後の課題を述べることとする。

寛政五年（一七九三）、保己一よって設立された和学講談所はその二年後、幕府の文教政策の一環として官立学問所となる。そして幕府御用機関として、和学の教育・研究を行う一方、多くの編纂・刊行事業に携わってきた。この時期、幕府が多くの編纂書を刊行していくその目的としては幕府権力や権威の復興のためであった。そのため幕府の正統性や徳川家の偉大さを表すための歴史書や系図、地域把握の手段や地方統治の象徴となる地誌、さらに武家権威の復興を目的とした有職故実（武家故実）などに関する編纂物が数多く作られた。これは定信の「寛政の改革」における文教政策やイデオロギー政策の一環とも言える。

このような編纂物刊行事業において官立学問所は大きな役割を果たした。なかでも昌平坂学問所と和学講談所において数多くの書籍が編纂・刊行されたが、その史料収集方法はこれまで述べてきた通り、幕府や御三家、さらに同じ官立学問所が所蔵していた史料を借用し、写本するというものであった。さらに大きな特徴として挙げられるのが、全国の寺社や公家が所蔵している史料を調査していることである。編纂・刊行物の校合・校正のために各方面から史料を募り、門人を全国各地に派遣し、写本・目録の作成を行ったのである。まさに官立でなければ出来なかった方法である。

そのようにして収集した史料は、和学講談所のみが所有するのではなく、幕府や林家、他の官立学問所のみならず御三家までもが利用した。「編纂書の時代」と呼ばれるほど、多種多様の編纂物が誕生した背景には、和学講談所をはじめとした官立学問所が林家の主導のもと協力し合い、より良質の史料を求めて収集・保管していたからとも言える。

しかし、一方で刊行された書籍がどこまで普及したかは定かでない。幕府がこういった編纂物を通して、徳川幕府や徳川家、また武家の権威の復興を目指したとするならば、多くの人々に官撰編纂物を見てもらう必要がある。今回、和学講談所刊行本をどのような人々が購買したのか、その一端を明らかにしたが、そのほとんどが大名や旗本であった点を考えると、これらの書籍や知識の広がりはある程度、限定的な上層社会のみにおいて行われたとも考えられる。少なくとも和学講談所刊行本は宣伝には幕府が協力しながらも、その販売は注文方式で捌かれ、民間書肆で売られた分はほとんどなかったと思われる。

今後の課題としては今回、見てきた和学講談所以外の官立学問所の動向や購入者である各大名や旗本、さらには文人達がこれらの書籍をどのように活用したのかを考えていく必要がある。また本稿では『令義解』販売について民間書肆が関わっていたことを指摘したが、このような官立学問所と民間書肆の関係を追及していくことも大切である。つまりこれらの編纂物がどのように享受されたのかという問題である。

さらに、和学講談所は幕末になると、先にも述べたが外交問題にも関わっていくことになる。条約文の作成などに官立学問所はどのような役割を果たしたのだろうか。安政元年（一八五四）に締結された日米和親条約の日本語条文（日本文・漢文・英文の三種類を作成）の署名者は林復斎が筆頭となっている。このように林家が外交政策にも深く関与していたことは知られているが、この際に林家が統括した官立学問所が備えていた史料や人という「知」が何らかの役割を果たしたであろうことは想像に難くない。

こうした問題を含めて、本稿ではいくつかの課題を残したが、近世後期の幕府による編纂・刊行事業といった文教政策の一端を少しは明らかに出来たのではないかと考えている。しかしもっとも大きな課題としては、林家を中心とした幕府の編纂・刊行事業は、そのほかの文教政策・イデオロギー政策とどのように関わっているのか、という問題が残っており、それについても今後の宿題としたい。

（1）福井保氏による幕府の編纂物および刊行物の研究は『江戸幕府編纂物　解説編』（雄松堂出版、一九八三）、『江戸幕府編纂物　図録編』（雄松堂、一九八七）、『江戸幕府刊行物』（雄松堂出版、一九八五）に詳しい。また、「江戸幕府編纂物」の条件については、「江戸幕府編纂物総説」（『江戸幕府編纂物　解説編』所収）に拠った。

（2）塙保己一個人や和学講談所には多くの先行研究があり、それらはほぼ、『群書類従』の板木を保存する温故学会の会誌『温故叢誌』や論文集である『塙保己一記念論文集』（一九七一）および『塙保己一研究』（一九八一）などの刊行物に収録されている。これらの研究は保己一および彼の編纂事業を高く評価するものであるとともに、その時々の事績を明らかにしている。そのほか『群書類従』については熊田淳美『三大編纂物　群書類従・古事類苑・国書総目録の出版文化史』（勉誠出版、二〇〇九）がある。

（3）山下武「和学講談所の実態」（『日本の教育史学』4、一九六一）、坂本太郎「和学講談所における編集出版事業」（『日本歴史』194、一九六四）など。

（4）「官立学問所」と言う呼称は史料上に出てくる用語ではない。近世における学問所を分類した際の呼称として、近世教育史研究者・石川謙氏が用いた造語であり、石川氏は学問所を官立、藩立（藩校）、そして、私立（私塾）に分類している。

そのほか石川氏は『学校の発達』（岩崎書店、一九五三）の中では官立学問所を「直轄学校」とも呼んでいる。

（5） 近年、行われている後期林家の研究、つまり述斎を中心とした林家の幕府内や対朝廷政策、さらに学問・思想統制における役割や動向についての研究のほとんどは藤田覚氏が『天保の改革』（吉川弘文館、一九八九）に記した林家、特に林述斎に関する示唆に基づいてなされている。藤田氏は「天保の改革」における思想や出版統制において林家、特に林述斎が果たした役割を挙げ、幕府の教学政策のみならずイデオロギー統制に至るまで、林家が大きな役割を果たしたと述べ、この時期の林述斎及び林家の役割を改めて検討し直すべきであると述べている。幕府による編纂物の研究としては高橋章則「近世後期の歴史学と林述斎」（『東北大学日本思想史研究』21、一九八九）、白井哲哉「地誌調所編纂事業に関する基礎的研究」（『関東近世史研究』27、一九九〇）、同「江戸幕府の書物編纂と寛政改革」（『日本歴史』563、一九九五）、拙稿「『甲子夜話』にみる松平定信文人サロンの動向」（『専修史学』33、二〇〇二）などがあり、林家、特に林述斎の幕政における文教政策や思想統制、そして官撰編纂事業に占める多くの役割が研究されている。

（6） 林家の支配下に置かれた官立学問所としては昌平坂学問所や和学講談所、医学館、さらに幕領に置かれた甲府学問所のような学校が挙げられる。

（7） 白井氏も前掲論文（「江戸幕府の書物編纂と寛政改革」）に「和学講談所や蕃書和解御用の活動も考慮に入れる必要がある」と述べている。

（8） 寛政の改革の内容や意義については、これまでに数多くの研究蓄積がある。紙幅の関係上、詳しく論じることはしないが、研究史とその課題については高澤憲治『松平定信政権と寛政改革』（清文堂出版、二〇〇八）に詳しい。

（9） 「聖堂学問所」「聖堂」などその名称は一様ではない。

（10） 石川謙『前掲書』によると、近世において官立や藩立の学問所が普及するのは中期、つまり宝暦・天明期以降である。それ以前に幕府も、藩も学者や僧侶は抱えていたが、官立や藩立の学問所を作るまでには至っていない。学者や僧侶を召し抱えることと旗本・御家人や藩士を教育することとは同義ではない。近世初期においては学者や僧侶を召し抱えることは、まだ、中世以来の御伽衆としての役割が大きかったという。

（11） 中村幸彦・岡田武彦校注『日本思想大系47　近世後期儒家集』（岩波書店、一九七二）。

（12） 大学頭信敬申上書（高瀬代次郎『冢田大峰』光風館、一九一九）所収。

(13)　高瀬代次郎『前掲書』。
(14)　「退閑雑記」(『続日本随筆大成6』吉川弘文館、一九八〇)二八頁。
(15)　山下武「前掲論文」。
(16)　斎藤政雄『『和学講談所御用留』の研究』(国書刊行会、一九九八)。
(17)　福井保「和学講談所と内閣文庫」(『温故叢誌』32、一九七八)。
(18)　『伊勢の家苞一巻』(『日本藝林叢書5』鳳出版、一九七二)二頁。
江戸にて、第一書物の多きは聖堂也、次浅草蔵前守村次郎兵衛也、和漢の蔵書十万巻あり、号を十万巻楼といふ、次阿州侯也、和漢の御蔵書六七万巻ありといふ、次塙也、蔵書皇朝の書物二万巻計あり、尽く好書にて無益の雑書なし、次朽木兵庫、御蔵本三万余巻あり、次古賀侗庵先生、蔵本一万余巻あり、号を万巻楼といふ、此外小山田将曹も夥しき蔵書家也、狩谷棭斎は蔵本に富たるうへ、珍書を蓄へたる事他に比類なしといへり、
(19)　小川武彦・金井康編『徳川幕府蔵書目』9、10(ゆまに書房、一九八五)。
(20)　藤實久美子「『本朝通鑑』編修と史料収集――対朝廷・武家の場合」(『史料館研究紀要』33、一九九九、後『近世書籍文化論』(吉川弘文館、二〇〇六)に所収)。
(21)　福井保『紅葉山文庫』(東京郷学文庫、一九八〇)。
(22)　斎藤政雄『前掲書』所収「四、『御用留』にみる幕府の対外政策」。
(23)　松浦静山『甲子夜話2』(平凡社、一九七七)七七頁。
(24)　松浦静山『甲子夜話三篇3』(平凡社、一九八三)一二五頁。
(25)　国文学研究資料館の「国書基本データベース」で「令義解」を検索すると多くの注釈書を見ることが出来る。
(26)　宗政五十緒『近世京都出版文化の研究』(同朋舎、一九八二)によると吉田四郎右衛門は近世前期から明治まで続いて書肆であり、当主は代々、四郎右衛門を襲名している。主に歌書、物語書や有職故実書を刊行していた。元禄九年版『書籍目録大全』には吉田四郎右衛門から『令義解』を一五匁で刊行している旨が書かれている。
(27)　宗政五十緒『前掲書』。
(28)　宗政五十緒・朝倉治彦編『書誌書目シリーズ⑤　京都書林行事上家済帳標目』(ゆまに書房、一九七七)三五五頁。

(29) 宗政五十緒・朝倉治彦編『前掲書』三六一頁。
(30) 宗政五十緒・朝倉治彦編『前掲書』三六二頁。
(31) 松浦静山『甲子夜話5』(平凡社、一九七八)九九頁。
(32) 「御用留」嘉永六年四月一一日条には「先日学問所御改として御差出御座候唐六如詩集、蔵板人名前而已ニ而、身分之処相分り兼候間、御差出之御別紙御廻し申候間、茂十郎殿御身分御書加江御廻し可被下候、此段可得貴意旨被申付、如此御座候、」とある。
(33) 大田南畝「一話一言」1(『日本随筆大成』別巻、一九七八)一〇五頁。また斎藤政雄「「群書類従」板木と刷立出版事業」(『塙保己一記念論文集』所収)によると南畝は早くから『群書類聚』の宣伝に協力しており、特に九州方面で熱心に宣伝活動を行っていた。
(34) 松浦静山『甲子夜話1』(平凡社、一九七七)三九頁。
(35) 太田善麿「塙検校の借財について」(『塙保己一記念論文集』所収)。
(36) 『本居宣長全集　第十七巻　書簡集』(筑摩書房、一九八七)四〇九頁。
(37) 『江戸町触集成　第十一巻』(塙書房、一九九九)六八頁。

# 第11章　明治初期の小学校における授業方法に関する若干の考察
## ――栃木県下飯田小学校「下等小学授業方法録」の紹介を中心に――

土門洋介

## はじめに(1)

幕末の動乱期を経て切り開かれた「明治」という新たな時代のはじまりは、日本がいまだかつて体験したことのないほどの大きな変化のはじまりでもあった。この新たな時代の舵取りを担うことになった明治政府にとって、日本の近代化を迅速に推し進めることは急務の課題であり、その課題を解決するための手段として、明治政府は欧米諸国を模範とした「学制」などの様々な政策を実施することになる。「学制」は、結果的には失敗に終わるものの、近代的な国家を担うことができる国民の育成という使命を有していたがゆえに、きわめて重要な位置づけがなされていた政策であったといえよう。

ところで、筆者は、「学制」を論ずる上で明治初期の小学校において実際にどのような授業が行われていたのか、これを検討することは非常に有意義なことであると考えている。なぜならば、その授業は、明治政府が「学制」を実施することにより実現しようとしていた近代的な教育の理念が具体化したものであるといえるからである。そこで、本稿ではこれを主題とし、その追究に努めていくこととしたい。

「小学教則」は、「学制」第二七章の規定にもとづいて定められたものである。この「小学教則」には、小学校における カリキュラム・各教科で使用する教科書の基準・各教科における教授方法などが定められており、文部省が目指していた教育、すなわち、小学校において「文明開化の教育内容」を授けようとしていたことを窺うことができる。この「小学教則」は、文部省および師範学校がそれぞれに作成していたものであったが、文部省が作成した「小学教則」は実際の運用には不適当な点があったことなどの理由により、あまり普及することはなく、その代わりとして師範学校が作成した「小学教則」が普及していった。こうした背景により、各小学校では、この師範学校が作成した「小学教則」にもとづいた授業を行うことになった。

本稿では、栃木県佐野市立界小学校の前身でもあった飯田小学校において使用されていた新資料である「下等小学授業方法録」の紹介をとおして、明治初期の小学校において実際にどのような授業が行われていたのか、その実態を明らかにしていきたい。(2) この飯田小学校は、筆者が拙稿のなかで紹介したこともある非常に思い入れのある小学校である。この飯田小学校についても新資料である「明治九年分学事惣計表」を見出すことができたので、本稿において紹介するとともに、(3) その後の調査によって明らかになったことについても触れていくこととしたい。また、詳細は後に述べることになるが、飯田小学校では「下等小学授業方法録」にもとづいた緻密な授業が行われていた。この「下等小学授業方法録」は、飯田小学校の教師が同小学校の生徒たちの実情を踏まえた上で師範学校が作成した「小学教則」を「適宜」修正し、具体化したものであると推察される。この「下等小学授業方法録」を作成するにあたっては、『小学教師必携』『小学教師必携補遺』『師範学校小学教授法』などの当時における最先端の教授書が参照されていた形跡もみられ、非常に興味深い。これは飯田小学校の教師がきわめて勤勉であり、日頃の授業をとおして授業方法についての研究を重ねていた成果であると見受けられる(4)。

本稿の意義は、次の二点に集約することができると思われる。第一は、「下等小学授業方法録」の紹介をとおして、明治初期の小学校において実際に行われていた授業についての具体的な事例を分析し、その実態を明らかにすることができたという点である。いままでに明治初期の小学校における「教授法」についての研究は数多く存在しているが、本稿のように、教師が実際にどのような授業を行っていたのか、ここまで踏み込んだ研究はほとんどみられない。この理由としては、「下等小学授業方法録」のような資料があまり残存していないことによるものと思われるが、本稿では幸運にもこれを紹介することができた。

そして、第二は、「下等小学授業方法録」および「明治九年分学事物計表」という新資料を使用しているという点である。歴史研究を行う上で資料の重要性は論を待たない。この資料の存在により、いままで明らかにされてこなかった事実が明らかになる、これが歴史研究の醍醐味でもある(5)。本稿では、ささやかではあるが飯田小学校の設立日・所在地など、いままで明らかにされてこなかった事実を明らかにすることができた。

本稿は、読者諸賢からみれば筆者の誤解や思い違いなどの至らない点や不十分な点などが数多くあると思う。御教示いただければ幸甚である。

## 一　「小学教則」の概要

「学制」は、日本における最初の近代的な教育制度の基本を定めたものである。この「学制」の起草には、学制取調掛の存在を欠くことができない。この学制取調掛として任命されたのは、箕作麟祥・岩佐純・内田正雄・長炗・瓜生寅・木村正辞・杉山孝敏・辻新次・長谷川泰・西潟訥・織田尚種・河津祐之の一二名である。学制取調掛は、それぞれの立場を代表して「学制」の起草に関与しており、その大半が当時の著名な洋学者であったことなどから、欧米の教育制度を参照して「学制」を制定しようとする意図は明らかであった。

この学制取調掛による「学制」の立案は急速に進められ、明治五年（一八七二）八月二日に太政官より「学事奨励に関する被仰書」（太政官第二一四号布告）が出され、教育目標および国民皆学が示された。翌八月三日には、「学制」が文部省第一三号布達をもって公布された。この「学制」により、全国に小学校をはじめとする諸学校が設立され、日本に近代的な学校が成立したのである。「学制」は、学区・学校・教員・生徒・試業・海外留学生規則・学費などの諸事項を総括的に規定したものであり、公布された当初は一〇九章から成っていたものの、明治六年三月一八日、四月一七日および四月二八日の三度にわたって追加がなされ、最終的には二一三章にもおよぶ大部なものとなった。「学制」は、全国を八大学区に分けて各大学区に一大学校を置き、一大学区を三二中学区に分けて各中学区に一中学校を置き、一中学区を二一〇小学区に分けて各小学区に一小学校を設置している。つまり、全国に大学校八校・中学校二五六校・小学校五三七六〇校が設置されることになった。

この学区制にもとづいて全国に学校を設置し、すべての国民を対象とした教育を実施しようとする「近代学校制度の雄大な構想」は、「学制」がもつ重大な意義であった。「学制」は、単に学校の設置を奨励し、国民を教育しようとしたわけではない。全国を大・中・小学区に区分し、全国津々浦々、山間僻地の村々にも小学校を設置することに加え、四民平等かつ男女の区別なく、国民を就学させた。このような学校制度は、学区制によってはじめてその目的を達成することができ、「近代学校制度が学区制を基本とする理由」がそこに認められる。したがって、「学制」が学区制を採用したことは、重大な意義をもっていた。しかし、「学制」に示された学区制は、当時の日本の社会における実態を考慮して定められたものではなく、欧米の先進諸国を模倣し、一部の関係者の構想にもとづいて定められた机上案であったという点に問題があった。

この「全国を網羅細分して教育行政単位とする学区の組織化」と後述する「文部卿を頂点として構成される督学・学区取締の教育行政機関の系列化」とには、「学制」における統制方式が顕著にあらわれている。学区は、学校を設置する単位であり、教育行政単位である。大学区は、地方行政単位である府県をブロック的に統合し、大学本部の督学が大学区内の教育行政を管理担当する最高の教育行政機関であった。地方官は、督学局と協議して管内の教育事務を管掌し、学区の設定・学区取締の任命・学校の保護などの権限を持っていた。督学局は、地方官との協議が原則ではあるが、「直ニ学区取締ヲ呼出シ本局ノ意向ヲ諭示スル」権限を持ち、「地方官を経由しない単独行動権」が与えられていた。その一方で、地方官は「総テ督学局ニ協議スヘシ」と規定されており、教育行政における単独行為は認められていなかった。「学制」の原案によれば、督学局は「文部省ノ出張所」であるとされ、督学局が「文部省の出張所的な性格をもつ地方の教育行政機関たる構想」を示している。督学は、地方官よりも優位にあり、地方官に管内の教育行政権をゆだねながら数府県をブロックとして督学局のもとに包括する点に、集権的な教育行政の特質があった。また、中学区では、学区取締が小学区二〇ないし三〇を分割して担当し、学事の監督にあたっていた。「就学および未就学の学区取締にたいする届出制」により、学区取締の教育行政権のもとに、小学区の一般人民が直接包合されるようになった。このようにして「教育の開放と強制」とが制度的に強化され、「国民教育の管理方式」として具体化されていった。文部卿—督学—地方官—学区取締といった「系列的な教育行政機関」と大学区—中学区—小学区といった「重層的な教育行政単位」とは相互に密着して組織され、末端の教育行政単位である小学区に組み込まれる一般人民は、重層する上級機関をとおして、文部省の集権的な教育行政傘下に包摂された。このようにして、文部省は、「国民教育の統制的な掌握支配方式」を確立した。その一方では、国民に教育の機会が平等に与えられ、統制的な教育体制のなかに吸収されることになったのである。(6)

ところで、「学制」を実施することにより、近代的な教育制度の確立を目指した明治政府にとって、寺子屋などに代表される近世の教育機関から近代的な教育を行うことができる教育機関、すなわち、「小学校」へと進化させるためには、その外形だけではなく、そこで行われるべき教育の内容も進化させる必要があった。

「学制」第二七章には、下等小学校および上等小学校におけるカリキュラムの概要が規定されている。本稿は、その調査対象を下等小学校に限定しているため、これに関係する部分のみを以下に掲げる。

第二十七章　尋常小学ヲ分テ上下二等トス、此二等ハ男女共必ス卒業スヘキモノトス（教則別冊アリ）

下等小学教科

一、綴字　読並盤上習字　　二、習子　字形ヲ主トス
三、単語　読　　四、会話　読
五、読本　解意　　六、修身　解意
七、書牘　解意並盤上習字　　八、文法　解意
九、算術　九々数位加減乗除但洋法ヲ用フ　　十、養生法講義
十一、地学大意　　十二、理学大意
十三、体術　　十四、唱歌　当分之ヲ欠ク

〔中略〕

下等小学ハ六歳ヨリ九歳マテ、上等小学ハ十歳ヨリ十三歳マテニ卒業セシムルヲ法則トス、但、事情ニヨリ一概ニ行ハレサル時ハ斟酌スルモ妨ケナシトス

右に掲げたように、「学制」第二七章の規定には、下等小学校において教授されるべき教科として綴字・習子・単

語・会話・読本・修身・書牘・文法・算術・養生法・地学大意・理学大意・体術・唱歌の一四教科が示されている。

この「学制」第二七章の規定の特徴について、水原は、第一に国語科の内容が綴字・習字・単語・会話・読本・書牘・文法の七科に「著しく分化」(7)し、いかにも「外国の模倣」が感じられる構成であること、(8)第二に当時の国民の生活とあまりに「掛け離れた」内容であること、第三に小学校が中学校に連結するための「学問の初歩を教育する学校」として位置づけられ、諸学の入門的な内容が設定されていること、第四に教科という概念が採用されているが、その実際は教科というよりも「諸学問の概論が並列されている」ということ、そして、第五に今日的な観点でみると、教科の全体的なバランスが「著しく近代自然科学に傾斜」し、社会科学的・人文科学的な教育の内容が少ないことを指摘する（水原 一九九七年：二一〇頁）。

また、この「学制」第二七章の規定だけでは各教科の授業内容・授業時間数などは明確ではないが、「学制」第二七章の規定のなかに「教則別冊アリ」とあるように、現在の学習指導要領に該当する「小学教則」が別に定められた。この「小学教則」は、明治五年九月八日に文部省布達番外として「中学教則略」とともに公布されている。その「小学教則」のうち、凡例に該当する第一章および小学校におけるカリキュラムなどが示された第二章を以下に掲げる。なお、第二章については、最も詳細に内容が記述されている第八級に該当する部分までを掲げるにとどめた。

第一章

小学ヲ分テ上下二等トス、下等ハ六歳ヨリ九歳ニ止リ、上等ハ十歳ヨリ十三歳ニ終リ、上下合セテ在学八年トス

第二章

下等小学ノ課程ヲ分テ八級トス、毎級六ケ月ノ習業ト定メ、始テ学ニ入ル者ヲ第八級トシ、次第ニ進テ第一級ニ至ル、今其毎級課業授ケ方ノ一例ヲ挙テ左ニ示ス、尤一般必行ノモノニハ非スト雖トモ、各其地其境ニ随ヒ能ク

之ヲ斟酌シテ活用ノ方ヲ求ムヘシ

○第八級　六ヶ月 一日五字一週三十字ノ課程 日曜日ヲ除ク以下之ニ傚ヘ

綴字《カナツカヒ》　一週六字即一日一字

生徒残ラス順列ニ並ハセ、智恵ノ糸口うひまなび絵入智恵ノ環一ノ巻等ヲ以テ教師盤上ニ書シテ之ヲ授ク、前日授ケシ分ハ、一人ノ生徒ヲシテ他生ノ見エサルヤウ盤上ニ記サシメ、他生ハ各石板ニ記シ、記シ畢テ盤上ト照シ盤上誤謬アラハ他生ノ内ヲシテ正サシム

習字《テナラヒ》　一週六字即一日一字

手習草紙習字本習字初歩等ヲ以テ平仮名片仮名ヲ教フ、但、数字西洋数字ヲモ加ヘ教フヘシ、尤字形運筆ノミヲ主トシテ訓読ヲ授クルヲ要セス、教師ハ順廻シテ之ヲ親示ス

単語読方《コトバノヨミカタ》　一週六字即一日一字

童蒙必読単語篇等ヲ授ケ、兼テ其語ヲ盤上ニ記シ訓読ヲ高唱シ、生徒一同之ニ準誦セシメ而シテ後其意義ヲ授ク、但、日々前日ノ分ヲ諳誦シ来ラシム

洋法算術《サンヨウ》　一週六字即一日一字

筆算訓蒙洋算早学等ヲ以テ西洋数字数位ヨリ加減算九々ノ声ニ至ル迄ヲ一々盤上ニ記シテ之ヲ授ケ、生徒ヲシテ紙上ニ写シ取ラシム、但、加減ノ算法ニ於テハ、先ツ其法ヲ授ケ而シテ只其題ノミヲ盤上ニ出シ、筆算ト暗算トヲ隔日練習セシム、暗算トハ胸算用ニテ紙筆ヲ用ヒス生徒一人ツヽヲシテ盤上ノ題ニ答ヘシムルナリ、前日ノ分ハ、総テ盤上ニ記シテ生徒ヲシテ一同誦セシム

修身口授《ギョウギノサトシ》　一週二字 即二日置キニ一字

民家童蒙解童蒙教草等ヲ以テ教師口ツカラ縷々之ヲ説諭ス

単語諳誦《コトバノソラヨミ》　一週四字

一人ツヽ直立シ、前日ヨリ学フ処ヲ諳誦セシメ、或ハ之ヲ盤上ニ記サシム

〔中略〕

右畢テ大試業ノ上、上等小学ニ入ラシム

落第ノ生徒ハ猶六ケ月第一級ニ置ク

〔後略〕

右に掲げたように、「小学教則」は、小学校におけるカリキュラム・各教科で使用する教科書の基準・各教科の教授方法などについて規定されている。この「小学教則」に示されているカリキュラムは、欧米のカリキュラムを模範として作成されたものであり、その編成はいままでの教育機関であった寺子屋などの編成とも異なっている。各教科で使用する教科書は、明治維新の後に出版された「欧米近代文化を紹介した啓蒙書や翻訳書の類」が中心となっており、文部省が「学制」の実施により開設される小学校に対して「どのような教育を期待していたか」、すなわち、小学校において「文明開化の教育内容」を授けようとしていたことは明らかである。しかし、このような教育は、「寺子屋から改造されたばかりの当時の小学校」では到底実施することができなかった（文部省　一九七二年［記述編］：一七八〜一八三頁）。

また、「小学教則」の規定とすでに掲げた「学制」第二七章の規定とでは、そこに示された教科の名称が異なっていることが分かる。これについて、水原は、「学制」第二七章に規定された「教科」が教科であって、「小学教則に規定された教科的名称は、教育課題を示したもの」と解すべきであると指摘する（水原　一九九七年：二八頁）(9)。

詳細は割愛せざるを得ないが、この「小学教則」の公布の後、明治五年一一月一〇日に文部省布達番外として「小

学教則概表」が、翌明治六年五月一九日に文部省第七六号布達として「小学教則改正」およびその概表が公布されている。すなわち、これをもって「小学校の教育内容に関する文部省としての準備は、いちおう整った」ことになる。しかし、これは「米国教師の助言を受け、学制取調掛と文部省中小学掛の人々が、机上で設計したもの」であり（倉沢　一九六三年：六九一頁）、「あまりに理想論に走り形式的にすぎて」いたため、実際の運用には不適当な点があった（栃木県教育史編纂会　一九五七年：六七頁）。こうした事情を背景に、文部省が作成した「小学教則」はあまり普及することはなく、その代わりとして普及したのが明治五年五月に設立された東京師範学校および明治六年以降に設立された各大学区師範学校が作成した「小学教則」であった。東京師範学校では、明治五年九月から教員の養成およびカリキュラムの開発が開始され、大学南校において教師を務めていたスコットがその教師として就任し、「米国の教授法と教科書・教具とを伝習」している[10]。その結果として、明治六年二月には「下等小学教則」が作成され（水原　一九九七年：三八〜三九頁）[11]、同年五月にはこれが改正されている。文部省にあっても、この師範学校が「実地の経験」により編成した「小学教則」をその基準として認め、これを普及させる方針をとった。東京師範学校で教育を受けた教師が、各府県の師範学校などにおいて、この「小学教則」に従って新しい教授方法の伝習にあたったため、「まもなくこの教則は全国の先進的な小学校に採用され普及する」ことになった（文部省　一九七二年［記述編］：一七九〜一八二頁）。

さて、このように小学校におけるカリキュラムが決まり、それに伴う教科書もできてきた[12]。しかし、これをどのように生徒たちに教えるべきであるか、その授業方法は「教師にとって大きな当惑であった」に違いない（栃木県教育史編纂会　一九五七年：七八頁）。そこで、次項以降では、栃木県下の飯田小学校で使用されていた「下等小学授業方法録」の紹介をとおし、明治初期の小学校において実際にどのような授業が行われていたのか、その実態を明らかにしていきたい。

「学制」は、あまりに壮大な計画であったがために、その実施は非常に困難であった。しかし、そのような状況下にあっても学区取締をはじめとする教育関係者の尽力により、少しずつではあるが着実に「学制」が浸透していくことになる。[13]また、すでに述べたように「学制」を実施することに伴い定められた「小学教則」については、これをどのように生徒たちに教えるべきであるかがきわめて重要な課題であった。

ところで、「学制」を論ずる上で明治初期の小学校において実際にどのような授業が行われていたのか、これを検討することは非常に有意義なことである。しかし、現状は、諸先学による具体的な事例についての研究は多いとは言えず、不十分な感は否めない。そこで、本稿では、栃木県下の飯田小学校において使用されていた新資料である「下等小学授業方法録」の紹介をとおして、明治初期の小学校において実際にどのような授業が行われていたのか、その実態を明らかにしていきたい。

さて、「下等小学授業方法録」の内容などの詳細については次項に譲ることにして、はじめに飯田小学校について述べることとしたい。筆者は、すでに拙稿において飯田小学校について紹介したことがあるので、その詳細については拙稿を参照していただくことにするが、本項においては飯田小学校の概要について改めて述べるとともに、その後の調査により確認することができた事実について紹介していくこととしたい。

## 二　飯田小学校の概要

飯田小学校は、同小学校において使用されていた文書またはその控えの文書である「回達留」の内容から、明治七年（一八七四）には開校していなかったものの「内開校」していたこと、および翌明治八年には正式に開校していたであろうことが分かっていた。筆者は、その後の調査により「明治九年分学事惣計表」および『明治十年栃木県小学

一覧概表』の存在を知ることとなった。(14)

「明治九年分学事物計表」は、飯田小学校から同小学校が存在した学区を担当していた学区取締に提出された文書またはその控えの文書であると思われる。(15) このなかには、その名称が示すとおり、飯田小学校の明治九年における給料・出納などの学事について記述されている。以下にその全文を掲げる。

明治九年分学事物計表

安蘇郡

第六十七番小学

飯田学校

明治九年学事総計調書

第二分区

安蘇郡飯田村

第六拾七番小学

無量院借寺

飯田学校

明治八年三月廿五日設立

一、結社惣人員　七百九拾三人　内　男〔記載なし〕

女〔記載なし〕

一、学齢　百拾人　内　男　六拾壱名
　　　　　　　　　　女　三　名
一、就学生徒　五拾六名　内　男　五十三名
　　　　　　　　　　　　　　女　三　名
一、六年未満就学生徒　弐人　内　男　二　名
一、十四年以上就学生徒　拾人　内　男　拾　人
一、□（虫・日々カ）□出席生徒平均　三拾名

群馬県管下
上野国邑楽郡館林町
出生
訓導　大澤　鎮
栃木県管下
下野国安蘇郡馬門村
出生
訓導雇　髙橋雅晴
校掌　小林清八

明治九年分出納収納
納之部
一、集金　四十七円九銭六厘

一、生徒受〔ママ〕業料　金九円四拾七銭四厘
一、寄附金　六百八拾五円六拾三銭　人員百四十弐戸　但、村中(16)
一、寄附金利子　金六拾九円拾壱銭壱厘壱毛
合　金百廿五円六拾八銭壱厘壱毛

出之部
一、教員給料　金七拾九円也
一、諸給料　金廿六円廿五銭
一、営繕費　金弐円三拾弐銭五厘
一、書籍器械費　金六円八厘五毛
一、薪炭油費　金三円四拾八銭
一、諸雑費　金廿円四拾五銭九厘五毛
合計　金百三拾七円五拾九銭九厘五毛

明治九年分学事惣計表
取調候処、書面之通リ相違無御座候、以上

右校掌
小林清八㊞
学事分任正訓

明治十年
丑ノ三月
須永周造㊞

第二分区
学区取締
御中

右に掲げたように、飯田小学校は、明治八年三月二五日に設立されていたことおよびその所在地が「無量院」であったことが明らかとなった(17)。また、「明治九年分学事惣計表」における「出之部」に示されているとおり、教員などへの給料、すなわち、人件費に対する支出がきわめて高く、収入の約八割を占めていたことが確認された(18)。『明治十年栃木県小学一覧概表』は、明治一〇年一二月に実施された調査にもとづいて作成されたものであり、このなかには栃木県における各小学校の情報が詳細に記載されている。ここに飯田小学校についての記述がみられたので、これを抜き出し、以下に掲げる。なお、理解の便宜をはかるため、引用した資料の体裁は適宜改めた。

一、小学区番号　第四十二番(19)
二、校名　飯田学校
三、位置　飯田村
四、開業　同〔明治〕八年三月

五、学区内人員　七百八十人　男　三百六十八人
　　　　　　　　　　　　　女　四百十二　人
六、同学令人員　百三十一人　男　六十八　人
　　　　　　　　　　　　　女　六十三　人
七、同就学人員　五十七　人　男　四十八　人
　　　　　　　　　　　　　女　九　　　人
八、同不就学人員　七十四　人　男　二十一　人
　　　　　　　　　　　　　女　五十三　人
九、生徒階級　下等小学　八級　二十七人
　　　　　　　　　　　七級　七　人
　　　　　　　　　　　六級　五　人
　　　　　　　　　　　五級　七　人
　　　　　　　　　　　四級　七　人
　　　　　　　　　　　三級　三　人
　　　　　　　　　　　二級　一　人
　　　　　　　　　　　一級　〔記載なし〕
　　　　　　上等同　〔記載なし〕
一〇、学資金　寄附金　六百八十五円六十三銭(20)
　　　　　　積金　十一円三十五銭五厘

一一、歳出入　　　　入　百九十四円五十六銭六毛
　　　　　　　　　出　百九十四円五十六銭六毛
一二、教員　　　　柴山正路
一三、校掌　　　　小林清八
一四、学区内町村　飯田村

右に掲げたように、明治一〇年一二月の時点における飯田小学校の状況について詳細に記載されている。もちろん、これは飯田小学校に限られたものではなく、すべての小学校について同様の情報が記載されている。この『明治十年栃木県小学一覧概表』の存在は、栃木県が同県下の小学校を中央集権的に管理していたことを示すものであろう。[21]また、飯田小学校は、「小学校結社定約書」および「追加学校結社定約書」の記述によると「資本欠乏ニ苦ミ、教育ノ道完全ヲ得サル」という事情により、明治一一年五月四日に飯田小学校の近隣の村々に存在していた馬門小学校・越名小学校・高山小学校と、つづいて、同月中に高萩小学校と統合し、教育を行うことになった。[22]この統合に際して、統合後の小学校は馬門村に存在した長法寺に位置することになり、「有隣館」（現・栃木県佐野市立界小学校）として改めて開校している。この長法寺には、従前、馬門小学校が存在しており、同小学校は正式には「育英館」と称していた。

その後の調査により、「有隣館」は平屋の校舎を増築するなど、「其の当時の学校としては、諸器械諸器具等完備して近郷になき学校」になっていたことからも、小学校を統合したことによる効果が確認された。また、「飯田分離」という記述があることから（田代　一九七二年：五一九頁）、明治一二年には飯田小学校が「有隣館」から分離していたものと思われ、残された本体の「有隣館」が馬門尋常小学校と改称していたことが明らかとなった。その「分離」

した後の飯田小学校がどうなったのかについては追究することができず、後考を待ちたい。

さて、本項では飯田小学校について述べてきたが、次項では、同小学校において使用されていた「下等小学授業方法録」について紹介することにより、明治初期の小学校において実際にどのような授業が行われていたのか、その実態に迫っていくこととしたい。

## 三 「下等小学授業方法録」の紹介

「学制」を論ずる上で明治初期の小学校において実際にどのような授業が行われていたのか、これを検討することの重要性は論を待たない。しかし、現実に目を向ければ、当時の小学校の授業において行うべきであるとされた近代的な教授法について言及している研究は数多くあるが、それが実際に小学校の授業においてどのように行われていたのか、その実態に踏み込んで論じている研究はほとんどみられない。これは、その実態を明らかにするために必要な資料があまり残存していないということが主な要因であると考えられる。本稿において新資料である「下等小学授業方法録」の紹介をとおして、その実態を明らかにすることにより、その責を果たしたい。

はじめに、本稿の調査対象である栃木県における授業方法についてみていくこととしたい。栃木県教育史編纂会は、『小学教師必携』をさらに具体的に説明している『小学教師必携補遺』を数頁にわたり引用し[23]、「まことに懇切ていねいな記述である。この書物を読んで勉強した地方の教師たちは、つとめてこの通りの順序方法でその生徒たちに教えたことであろう。今日からみれば噴飯にあたいするほどの形式的、画一的な教え方であるが、寺子屋から小学校に代った教師たちはこれをもっとも進歩した教授の方法であると確信し、この通りに専念実践したにちがいない」と述べている。また、このほかに『師範学校小学教授法』を紹介し[24]、これについては「多く読まれた教授書で、地方の教師にとってはありがたい参考書であった」と述べている（栃木県教育史編纂会　一九五七年：七八〜八五）。つまり、栃木県下の小学校においては、『小学教師必携』『小学教師必携補遺』『師範学校小学教授法』などの教授書を中心に授業が行われていたものと思われる。

次に、「下等小学授業方法録」についてみていくこととしたい。「下等小学授業方法録」は、すでに紹介した栃木県下の飯田小学校において使用されていたものである。この「下等小学授業方法録」のなかには、日付についての記述はみられない。しかし、これが使用された期間は、飯田小学校が「内開校」していた明治七年（一八七四）から飯田小学校が馬門小学校・越名小学校・高山小学校・高萩小学校と統合した明治一一年五月までの間の期間であることは明らかである。また、「下等小学授業方法録」の内容は、下等小学校における第八級から第五級までおよび第三級の授業方法について記述されている。(25)第八級は復読・読物・書取・問答・算術・習字について、第七級および第六級は復読・読物・書取・問答・算術について、第五級は復読・読物・作文・問答・算術について、第三級は読物・作文についての授業方法が詳細に記述されており、非常に興味深い。

ところで、「下等小学授業方法録」に記述されている授業方法には、「読物」および「問答」という教科が設けられている。(26)この「読物」および「問答」という教科は、東京師範学校が明治六年二月に作成した「下等小学教則」においてはじめて導入された教科である。(27)つまり、飯田小学校において、広くは栃木県下の小学校においては、文部省が作成した「小学教則」ではなく、東京師範学校が作成した「下等小学教則」にもとづいた授業を行っていたものと思われる。(28)

本稿においては、紙幅の都合により、最も詳細に記述されている「下等小学授業方法録」の第八級の内容についてのみを以下に掲げることとした。(29)(30)

# 飯田学校

飯田学校(31)
備用(32)

〔第八級〕

一、復読　五十音図、前日授ケシ行ヲ首席ヨリ逐次ニ復サセ、周席ノ後同声ニ読シメ、尚未熟ナレハ数回ニ及フ、随テ図ヲ除シ塗板ニ一字ヲ札記シ、都テ版面ニ記スルハ、努メテ一行順序ノ文字ヲ変換スルヲ要ス　両三名ヲ乱指シ読マセ、随テ又一字ヲ記ス前ノ如シ、凡版面ニ掲示スルニ当テハ、教師己ノ躯斜側ニ避ケ、生徒ヲシテ見認ムコトヲ得セシム可シ、以下咸傚之　畢テ覚得ル者ニハ右手ヲ揚シメ、未タ熟セサル者アルトキハ懇ニ教ユルノミ、仍テ同声ニ読シム、但シ、母音ハ初メ「ア」ヨリ一字毎ニ各声ニ読マセ後同声ニ復スルニハ一行ツ、ナル可シ、次ニ開合図ニ及フ、各声同声

草体図並濁音図ヲ復スル上ニ同シ、此マテハ母子別ナク均シク、一行ツ、読マシメ可ナリ　既ニ両該図学ヒ了ル者ハ「ア」行ヨリ各声ニテ一行ツ、復サセ後同声、余ハ上ニ同シ、只版面ニテ時々「イ・𛄠・ヰ」、「ウ・于」、〔「脱〕エ・イ・ヱ」、「オ・ヲ」或ハ「ジ・ヂ」、「ズ・ヅ」等ノ呼法ヲ復習セシム可シ

単語図、各声同声、数回ニ及ヒ、后版面ニ行字ヲ乱次シテ一字ヲ記スル毎ニ乱指シ読マセ、畢テ覚得ルヤ否ヲ問ヒ右手ヲ表セシム

連語図、一・二句ツ、各声ニ復サセ、又同誦而シテ版面ニ書札シ一名ニ読マセ、次席ノ者ニ其義ヲ解サシム、誤答ハ他ノ揚手中ニ推問スベシ、一図ヲ終フル者ニハ一、図ツ、復サセテ可ナリ　既ニ全図、第八マテ、ヲ学ビ畢ル後ハ、図ニ就テ会話セシメ、且、其義ヲ問フ、例ハ何ニ迄ハ問ヒノ辞カ答ヘノ辞カヲ質スノ類

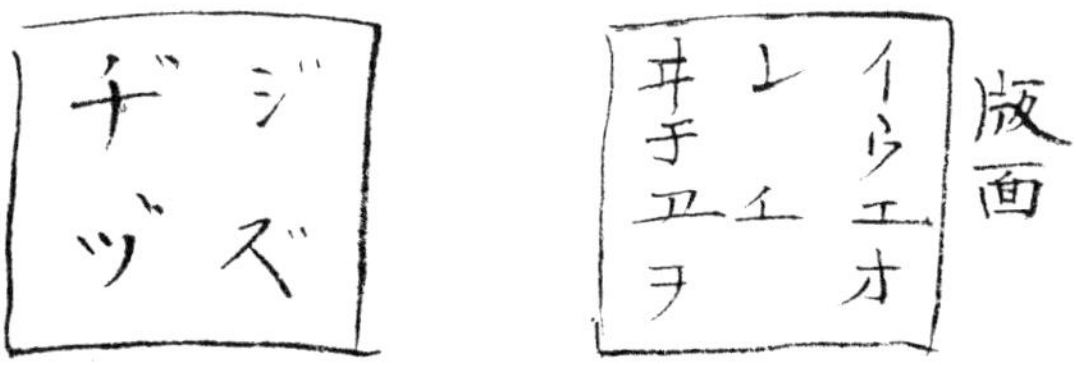


一、読物　第一五十音図・第二単語図・第三連語図

五十音図、先ツ「ア」ノ一字ヲ首席ヨリ末席マテ銘々ニ之ヲ授ケ、次ニ「イ」ノ字ニ及フモ亦然リ、五・六名マテハ授読シ、余ハ次ノ令ニテ自誦セシム、或発音不正ナル者アレハ即他ノ正音ノ者ヲ指シ再発音セシメ、之ヲ擬似セシムベシ　斯ク如ク漸進一行ヲ終フレバ、同声ニテ授読スル数回仍テ一行ヲ復習セシメ、各声同声ノ二次ニ　乃チ図ヲ除ケ、直ニ開合図ヲ画キ示シ、開合半開等ノ発音ノ区別並ニ母音ノ概略ヲ口授シ後各声ト同声トニ読シメ、子音ヲ授クルモ母音ト略々相同シ、啼々最初ハ、カ行ヲ授ク、トキヲ云フ　子音タル義ヲ説明シ、直ニ一行ツ、授ケ、且、毎行授クルゴトニ唇舌ノ中、何ノ音タルヲ詳細ニ教ユルノミ、余ハ母音ヲ授クルト殊ナラズ、該図ヲ全ク授ケ了ルノチ、猶ホ母子開合唇舌牙歯喉行列等ノ音ヲ反復審弁シテ、問答ノ階梯タラシムベシ、殊ニイ・ウ・エ・オノ別ヲ、「イ・ヰ」「オ・ヲ」ノ類　版面ニ掲示シ詳ニ教エテ之ヲ読マシム、各声ト同声ニ

草体図ヲ授クルハ、既ニ楷体図ニ於テ発音ノ呼法等略々熟スルヲ以テ、母音モ、ア行　直ニ一行ツ、授クルコト子音ノ如クシ、変体ヲ具フル音ハ正変ノ別ヲ克ク記得セシム

濁音図、一二次清音ト云フ　先ツ清濁ノ区別ヲ説キ后之ヲ授クルコト清音ニ於ケルガ如シ、全図終レハ、ジ・ヂ・ズ・ヅノ別ヲ版面ニ掲示シ読マシム、猶清音ニ於テ「イ・ウ・エ・オ・ヲ」ノ差ヲ示スカ如クス

単語図、第一・第二ノ両図ハ、音ノ区別ヲ教ユルヲ主トスルユヘ、糸・井・犬・豕等ノ列ヲ逐テ教ヘ、努メテ呼音ノ混淆セサルヲ要ス、甲ニ糸・井、乙ニ犬・豕ト次第ニ四種乃至六種位ヲ反復シテ末席迄逐次ニ授ケ、五・六名迄ハ読ヲ授ケ、其余ハ次ノ令ニテ自読セシム　尚、同声ニ授クル後チ、首席ヨリ前授ケシ如ク一字ツ、次ノ令ニテ読シメ、又同声ニ復習セシム、而シテ図ヲ除ケ版面ニ今教ヘシ所ノ字位ヲ乱シ、前後錯雑スルヲ云フ　一字札記スル毎ニ両三名ヲ乱指シ読マセ、終テ記得セシ乎否ヲ問ヒ手ヲ

表セシメ、又同誦最モ後ニ其解ヲ教ユ、第三図以下ハ行次ヲ逐テ授クルモノトス
連語図ノ首席ヨリ一・二句ツ、授ケ、（一日二行或ハ二、三行半ヲ度トス）周席ノ後、尚ホ、同声ニ授クル数回而シテ一名毎ニ一・二句ツ、次ノ令ヲ以テ読マセ、又同声ニ読マシム、（第二図位迄ハ版面ニ書抜キ一字句コトニ二・三名、ニ読マセ、且、同声ニ復サセ習熟スルヲ期トス）既ニ句読シ得ハ、其意義ヲ略解シ、（覚得ルヤ否ヲ問ヒ、右手ヲ表セシム）象生了解シタル後、版面ニ札記シ一生ニ読マセ、次席ニ其義ヲ解サシム、（誤答ハ復読課ニ同シ）

一、書取　五十音図・単語図共楷草両仮名

石板ヲ出シテ、（出納トモ四挙動）石板拭テ直ニ教師ハ塗板ニ就テ上ノ図ノ如ク罫ヲ画シ、石筆取テ罫ヲ引テト令シ、各生ヲシテ版面ニ倣フテ罫ヲ引カセ、（定木ヲ用ヰ石板ノ左側ヨリ引セ、而シテ定木ハ石板ノ左傍、石筆ハ右傍ニ置カシム）石筆ヲ取テ書取ラシムベキ仮名ヲ朗呼スル二回、（衆生ノ咸ク書取リタル字上ヲ定木ニテ□ヒ了ルヲ見テ）即チ此方ヲ見テ版面方形画中ニ前ニ呼称セシ字ヲ掲ケ、石板開ラヒテ一齊ニ開カセ、此ノ通リノ者ハ版面ト照会セシメ、合ヘル者ニハ右手ヲ挙ゲシム、宜シ、（必ス手ヲ下ゲシム）合ハヌ者ハ又齟齬スル者ニ表手セシメ、（誤字或ハ失画ヲハ版面罫外ニ其侭写シ出シ、其誤ヲ詳説シ消符ヲ／〔斜線ノ意カ〕ヲ加ヘ、其文字ヲ書改メサセ、兼テ他生ニモ注意セシムベシ）漸次此ノ如クニ書取ラシム、即チ左ノ序ヲ逐フベシ

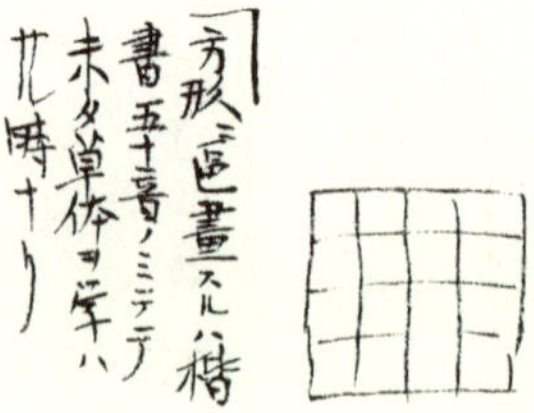

「〔ママ〕方形ニ区画スルハ楷書五十音ノミ〔ニ〕テテ、未タ草体ヲ学ハサル時ナリ

草体五十音ハ、石板ニ縦罫ヲ引キ、其中径ニ横界シ、図ノ如ク楷草トモ一時ニ書取ラシム
単語図モ亦上ニ同シ、但シ、草変両体ヲ用ユルトキハ、罫画ノ差アルノミ、該時間ノ末ニ十五乃至二十分間ニ迫リテ翌日問答スベキ箇條ヲ教へ、五十音ハ読物課ニテ授ケタル母子音開合唇舌ノ五音行列等、単語ハ性質用方等ナリ

一、問答　五十音両体図・単語図

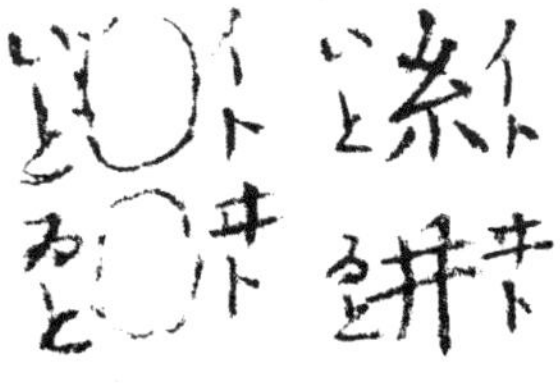

都テ該課ニ限リ答ル者起立スルヲ法トス、先ツ一生ヲ指シ起立セシメ、図ニ就テ問フ、若シ遺忘或ハ誤答アレハシツテヰルモノハト令シ乃チ、揚手中一名ヲ揚ケ答ヘシム後宜シト令シテ、前ノ生徒ヲ□ニ就カシメ、更ニ他ニ及ホス、席次ヲ逐フ可ラス、或ハ倦怠シテ欠伸シ、或ハ回謄〔ママ〕私話スル等不注意ナル者ヲ乱指シ、答者タラシムルヲ肝要トス 五十音図、最初ハ図ヲ用ウ、稍熟スルニ随テ版上ニ札記シテ問フベシ、草体ハ版面ニテ正変体ヲ能ク別タシム、濁音ハ特ニ正濁ノ区別ヲナサシムルヲ要ス、即版面ニ゛濁点・チ清・ヂ濁、或ハハ・バ・パ等ヲ示シ斯ノ如キハ何又斯ノ如クスレバ何ト審カニ問フベシ

単語図体用ヲ問答ス、物ニ由テハ一種ヲ二・三名ニ及ホス、該時間末ニ翌日ノ書取ヲ授ク、五十音ハ一・二行ヲ版上ニ正記シ、一生ヲ指シ読マセ一齊ニ石板ニ記載セシム、但シ、楷草両体ナレハ、各二一・二行ナルベシ

単語図ハ版面ニ糸井《イトヰト》《いとゐと》等ノ如ク写シ、一名ニ読マシメ後、○○《イトヰト》《いとゐと》ノ如ク真字ノミ拭消シ、各自ノ手簿ニ登録セシム

一、算術　数字図・算用数字図・加算九々図

復読　先ツ数字用方ヲ問答シ後復読ス、都テ図ハ初メハ之ヲ掛ケ、各声ト同声ニ復サセ、次ニ図ヲ除ケ版面ニ札記スル毎ニ読マセ、三・四名ニ止マリ、且、記得セシヤヲ問ヒ後同声ニ読マシム、最後ハ図ヲ置キ字指ヲ用ヰスシテ逐次ニ読マセ、且、策ヲ振リ衆生声ヲ調ヘ同声ニ読マシム、右了テ図ヲ除ケ銘々ニ諳誦サセ、尚、同声ニ諳誦十一以上ノ数ハ直ニ諳誦

数字図、二・三字宛授ケ方読物課ニ於ル如シ、但、授ケ了ル後或ハ、前ニ数字ノ用法ヲ教ユ 算用数字図、復読授ケ方前ノ如ク最後両数字ヲ板面ニ対書シ、一・二・三・四・五 1・2・3・4・5、彼此ヲ示シ兼テ算用数字ノ草体ヲ教ヘ、一名ニ読マセ、石板ニ登録シメ後日ノ忘ニ備ヘシム、次ニ両数字ニテ十迄ノ書取ヲ為サシム可シ、

号令並ニ挙措等ハ同、級書取課ニ詳カナリ十一以上ノ数ハ版面ニ、十一・十二・十三・十四、11、12、13、14如ク記シ日ニ授ケ、而シテ尚授ケシ所ヲ一字ツ、札記シ、一名ニ読マシムル毎ニ其上下左右ニ零或ハ一字ヲ添加シ、個様ナレハ何此様ナレバ何々ト問答シ、位取ヲ記得セシムルヲ要ス且ツ、諳誦セシム、昨日授ケシ処書取ハ図ノ如ク罫画セシムヘシ、余ハ書取課ニ異ナラズ

加算九々図、授ケ方ニ三区別アリ、其一ハ図ヲ用ヰ授読ス、其二ハ図ヲ用ヰルモ字指セス自誦セシム、其三ハ図ヲ用ヰス諳誦セシム、既ニ全図ヲ授ケ了ル後ハ、段ノ次序ヲ前後シ銘々ニ何ノ段ト令シ誦セシム、以上三件何レモ同声各声加法九々諳算ハ、加算九々習熟セシ後為サシム可シ、諳算ノトキハ両手指ヲ交組シ胸ニ充ツ例ハ七ニ八足スト呼ヒ三・四名ヲ乱指シ答ヘシム、皆正答ナレハ直ニ同声ト令ス、若誤答混スルアレバ正答ノ数ヲ呼ヒ何個宜シ同声ニト令ス、加算シ得難キモノニハ暗算器ヲ以テ審示ス

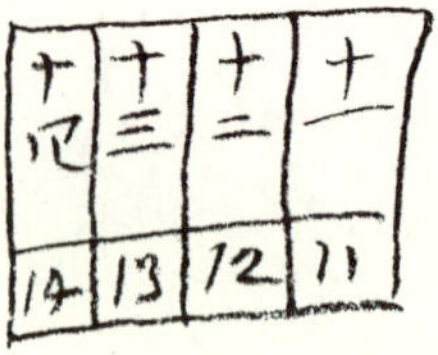


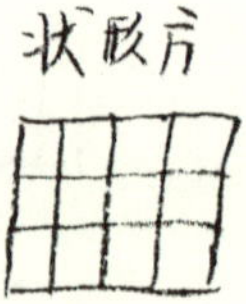


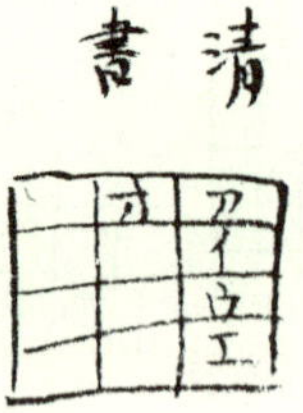


一、習字

両体五十音及ヒ変体ハ、石板ニテ一行ツ、習字セシメ、罫画ハ図ノ如クシ、其区画内ニ習フベキ字ヲ記シ、更ニ罫外ニ就テ運筆ヲ教ウ逐次筆硯ヲ与ヘ真字ノ楷体ヲ教ユ、清書ハ石板習字中ハ隔日位ニ該時間ノ首ニ於テ為サシムヘシ、但、字画ヲ覚イシムルヲ適度此際ニ限リ一字毎ニ石筆置テノ令ヲ下シ、机間ヲ巡視検察シ、誤字アラハ直ニ改シム

右に掲げたように、「下等小学授業方法録」には、それぞれの教科についての授業方法がきわめて懇切・丁寧に記述されている[33][34][35]。これは、『小学教師必携』『小学教師必携補遺』『師範学校小学教授法』などの当時の最先端の教授書と比較しても遜色がないどころか、教科によってはこれらの教授書よりも詳細に記述されているものさえある。おそら

く、飯田小学校の教師にとっても、「下等小学授業方法録」は授業を行う上で非常に役に立っていたものと推察される。

この「下等小学授業方法録」の記述には、飯田小学校の教師の授業方法への工夫もみられる。たとえば、「復読」にみられる「前日授ケシ行ヲ首席ヨリ逐次ニ復サセ、周席ノ後同声ニ読シメ、尚未熟ナレハ数回ニ及フ」との記述からは、その授業のはじめに前日の復習を行っていたことが明らかである。おそらく、授業のはじめに前日の復習を行うことにより、生徒たちの知識の定着を図っていたものと思われる。このような授業方法は、現在においても授業の「導入」として用いられることもあり、当時から高度な授業方法が用いられていたことになる。「問答」にみられる「倦怠シテ欠伸シ、或ハ回膽（ママ）私話スル等不注意ナル者ヲ乱指シ、答者タラシム」との記述からは、教師が授業に集中していない生徒を指名することにより、その生徒に緊張感を持たせ、授業に集中させるように仕向けていたという工夫がみられる。また、「算術」にみられる「加算九々図授ケ方ニ三区別アリ、其一ハ図ヲ用ヰ授読ス、其二ハ図ヲ用ヰルモ字指セス自誦セシム、其三ハ図ヲ用ヰス諳誦セシム、既ニ全図ヲ授ケ了ル後ハ、段ノ次序ヲ前後シ銘々ニ何ノ段ト令シ誦セシム、以上三件何レモ同声各声」との記述からは、その授業方法に選択肢があったことが伺える。こうした選択肢があったことは、『小学教師必携』『小学教師必携補遺』『師範学校小学教授法』などの教授書の記述にはみられない。これは、生徒たちの学力に応じてその授業方法を変えていたことを示唆しているものと思われる。そのほかにも、教科によっては板書例が示されている。これも『小学教師必携』『小学教師必携補遺』『師範学校小学教授法』などの教授書にはまったく記述されておらず、当時の小学校の授業においてどのような板書が行われていたのかを明らかにするものである。このように、飯田小学校では、この「下等小学授業方法録」に記述された授業方法にもとづき、東京師範学校が作成した「下等小学教則」を具体化した緻密な授業を行っていたものと思われる。

さらに、この「下等小学授業方法録」を分析していくと『小学教師必携』『小学教師必携補遺』『師範学校小学教授法』などの教授書、特に『小学教師必携補遺』を参照して作成された形跡がみられる。たとえば、「書取」にみられる「書取ラシムベキ仮名ヲ朗呼スル二回、〔中略〕、即チ此方ヲ見テ版面方形画中ニ前ニ呼称セシ字ヲ掲ケ、石板開ラヒテ一齊ニ開カセ、此ノ通リノ者ハ版面ト照会セシメ、合ヘル者ニハ右手ヲ挙ゲシム、宜シ、必ス手ヲ下ゲシム、合ハヌ者ハ又齟齬スル者ニ表手セシメ、誤字或ハ失画ヲハ版面罫外ニ其侭写シ出シ、其誤ヲ詳説シ消符ヲ＼〔斜線ノ意カ〕ヲ加ヘ、其文字ヲ書改メサセ、兼テ他生ニモ注意セシムベシ」との記述からは、「合ハヌ者ハ又齟齬スル者」に手を挙げさせていたことは明らかであり、こうした記述が『小学教師必携補遺』のなかにもみられる。この『小学教師必携補遺』によれば、こうした措置は「憤発心ヲ促ス」ためのものであったとされる。同じく「書取」にみられる「石板ヲ出シテ、出納トモ四挙動、石板拭テ」との記述からも『小学教師必携補遺』の影響をみることができる。ここにみられる「四挙動」とは、『小学教師必携補遺』のなかにみられる動作で、生徒が机のなかから物を取り出す際の手順のことを示しているものと思われる。(36) また、「石板拭テ」という動作についての記述も『小学教師必携補遺』にしかみられないものである。このように、「下等小学授業方法録」には『小学教師必携補遺』の影響がみられるが、これは『小学教師必携』をより具体化したものであるため、当然のごとく「下等小学授業方法録」の随所には『小学教師必携』の面影が残っている。これに加えて、五十音図・草体図・濁音図・単語図・連語図・加算九々図などの「下等小学授業方法録」にみられる数多くの図は、『師範学校小学教授法』に記述されているものであり、その影響があったことに疑いの余地はない。おそらく、より詳細に検討を重ねれば、そのほかの教授書の影響もみられるであろう。

これまでに述べてきたように、飯田小学校では、『小学教師必携補遺』を中心とした当時の様々な教授書にもとづいて作成された「下等小学授業方法録」を用いて緻密な授業を行っていたことが明らかとなった。また、師範学校の作成した「下等小学教則」の内容と「下等小学授業方法録」の内容とが必ずしも一致していないのは、飯田小学校の教師が同小学校の生徒たちの実情を踏まえた上で授業を行っていたためではないかと思われる。おそらく、こうした実態は飯田小学校に限られたものではなく、そのほかの小学校についても同様であったと推察されるが、そこまでは追究することができず、後考を待ちたい。

## おわりに

混沌とした「明治」という新たな時代を担うことになった明治政府にとって、将来の日本という国のあり方を考えていく上で「教育」は最優先されるべき課題の一つであったに違いない。明治政府は、近代的な国家を担うことができる国民の育成を目指して「学制」を実施したものの、「学制」があまりに壮大な計画であったがために、国民からの理解は得ることができなかった。その結果として「学制」は失敗に終わることになるものの、「学制」を実施することによって日本における近代的な教育の第一歩を踏み出したという点に意義があった。

しかし、このようなきわめて困難な状況下にあっても「学制」第二七章の規定にもとづいて「小学教則」が定められるなど、着実に教育制度は整っていった。すでに述べたように、「小学教則」には小学校におけるカリキュラム・各教科で使用する教科書の基準・各教科における教授方法などが定められており、文部省が目指していた教育、すなわち、小学校において「文明開化の教育内容」を授けようとしていたことを窺うことができる。また、この文部省が作成した「小学教則」は、実際の運用には不適当な点があったことなどの理由により、あまり普及することはなかった。その代わりとして師範学校が作成した「小学教則」が普及していき、各小学校では、これにもとづいた授業が行われていた。

はじめに述べたように、明治初期の小学校において実際にどのような授業が行われていたのか、これを検討することを本稿の主題とし、その追究に努めてきた。本稿では、その具体的な事例として栃木県下の飯田小学校において使用されていた「下等小学授業方法録」を取り上げ、その紹介をとおし、明治初期の小学校において実際にどのような授業が行われていたのか、その実態を明らかにしてきた。飯田小学校では、「下等小学授業方法録」を使用した緻密な授業が行われていた。この「下等小学授業方法録」の内容が必ずしも師範学校の作成した「下等小学教則」と一致していないのは、飯田小学校の教師が同小学校の生徒の実情にあわせて作成したものであるからであろう。また、この「下等小学授業方法録」の作成にあたっては、当時の最先端の教授書とされた『小学教師必携』『小学教師必携補遺』『師範学校小学教授法』などの教授書が参照されていた形跡もみられ、非常に興味深い。

本稿では、飯田小学校の事例については紹介することができたが、同小学校とそのほかの小学校とを比較し、これに検討を加えることができなかった。これからの課題としていきたい。

平成二四年三月三一日をもって、高木侃専修大学法学部教授が退職されることになった。筆者は、学部生の頃から現在に至るまでの間、公私にわたり多大な御指導および御配慮を賜った。この場をお借りして厚く御礼申し上げたい。いま振り返ってみれば、さまざまな思い出が脳裏をよぎるが、特に大学院の修士課程に在籍していた際に修士論文の御指導をいただいていた時期のことが鮮明に思い出される。最後は高木教授の自宅に押しかけて御指導をいただき、御迷惑をお掛けしたこともあった。その後、なんとか高木教授から御許可をいただき、稚拙な内容ではあったが、拙稿を『専修法研論集』に掲載させていただくこともできた。

本稿は、飯田小学校において使用されていた「下等小学授業方法録」および「明治九年分学事物計表」というきわめて貴重な資料を使用したものではあったが、これに十分な比較・検討を加えることができず大変申し訳なく思う。とはいえ、本稿を名立たる諸先学も執筆された本書に掲載させていただけたことをいまは喜びたい(37)。

最後に、本稿は高木教授に捧げるものであることをお断りするとともに、本稿が高木教授から受けた学恩に少しでも報いることができるものであることを切に願いながら筆を置く次第である。

（1）本稿において取り上げる飯田小学校は、正式には「飯田学校」という名称であるが、ここでは資料を引用する場合を除き、便宜上、「飯田小学校」と表記することとし、そのほかの小学校についてもこれに準じた。
また、現在、「生徒」という語句は、中学生・高校生のことを指すものであるが、「学制」の規定や当時の教授書のなかで小学生のことを「生徒」と表記していることから、本稿においてもこれに倣うこととした。

（2）「下等小学授業方法録」は、高木教授に御恵与いただいた資料である。この「下等小学授業方法録」の資料情報を簡単に紹介すると、縦二三・五センチメートル、横一六・五センチメートル、一九丁からなる資料である。

（3）「明治九年分学事物計表」は、前掲の「下等小学授業方法録」と同じく高木教授に御恵与いただいた資料である。この「明治九年分学事物計表」の資料情報を簡単に紹介すると、縦二三・五センチメートル、横一六・五センチメートル、六丁からなる資料である。

（4）飯田小学校の事例と比較することができるほかの小学校の事例の調査に努めたが、本稿ではこれを見出すことができず、「下等小学授業方法録」の紹介に力点を置かざるを得なかった。了とされたい。

（5）本稿における資料の引用については、次のとおりとした。
一、本稿で引用した資料は、原則として常用漢字に改めた。なお、合字は一般的な字体に改めた。
二、闕字は、原文どおりとした。
三、判読することができなかった文字は、虫損のときは〔虫〕と傍注し、そのほかは□とした。
四、本稿で引用した資料のなかで筆者がほどこした注は、〔　〕とした。また、筆者が、適宜、並列点・読点をほどこした。

（6）本来であれば引用した文献を明示すべきであるが、本項の前半部分については筆者の修士論文「明治初期「学制」実施過程に関する若干の考察—栃木県下飯田小学校「回達留」を素材として—」を活字にしたもの（土門　二〇〇九年。本稿において「拙稿」という。）を要約し、若干の修正をほどこしたものであるため、これを省略させていただいた。より詳細なものについては拙稿を参照されたい。
また、拙稿を要約したことにより、その内容が「学区制」に偏ってしまった感がある。御容赦願いたい。

(7) 倉沢は、国語科としてまとめることができるものを「ことさらに綴字・単語・会話・文法など、外国語入門風の科目をたくさん盛り込んだ」と指摘する(倉沢　一九六三年：六五一頁)。

(8) 倉沢は、当時のアメリカにおいて、これらの小科目が存在していたものをそのまま取り入れていたことを指摘する。これらの小科目は、フランス・オランダの教科目においても存在せず、アメリカの教科目のみに存在するものであった(倉沢　一九六三年：六六〇頁)。

(9) 水原は、その具体例として、単語読方・単語暗誦・単語書取・博物・化学・生理などを挙げ、「小学教則」は「言わば教育課題と時間数とを配列したもの」とみなすべきであると指摘する(水原　一九九七年：二八頁)。

また、倉沢は、「学制」第二七章の規定には「単語　読」とあったものが、「小学教則」の規定では「単語読方」「単語暗誦」「単語書取」というように分かれ、「いっそう複雑な構成になっている」と指摘する(倉沢　一九六三年：六六九頁)。

(10) スコットは、明治四年に来日し、大学南校において英語および普通学の教師となった。その前歴から唯一の外国人教師として東京師範学校に就任し、近代的な初等教育の教授法・教則・教科書編集・教員養成などの基礎づくりに貢献した(篠田・手塚　一九七九年：一七頁)。

(11) 倉沢は、この「下等小学教則」について、「日本における小学校の歴史に画期的な意義をもっている」と評している(倉沢　一九六三年：六九六頁)。

(12) 教科書については、倉沢がきわめて詳細に論じている(倉沢　一九六三年：七七一～八九三頁)。必要に応じて参照されたい。

(13) 筆者は、拙稿において学区取締の役割について述べたことがある。必要に応じて参照されたい。

(14) 塚田泰三郎氏所蔵『明治十年栃木県小学一覧概表』(栃木県立文書館マイクロフィルム資料)。

(15) 「明治九年分学事惣計表」が学区取締に提出されていることからも、明治初期の小学校における学区取締の役割の大きさを窺うことができる。

(16) 「明治九年分学事惣計表」の「納之部」おける「寄附金」の行末に「但、村中」とあることから、飯田小学校では村の外の者に対しても寄附金を集めにまわっていたことが推察される。

(17) 筆者は、以前、京谷博次氏から飯田小学校の所在地は「無量院」ではないかとの御示唆をいただいたことがあった。この場をお借りして感謝申し上げるとともに、京谷氏の慧眼に感服する。

(18) 海原は、明治初期の教員の待遇について、「草創期の教育制度の特殊性をそのまま反映して、各地方ごとにかなり異なった様相を呈している」としながらも、概すれば「このころの教員の待遇はかなりよかった」と指摘する（海原　一九七三年：三〇頁）。

(19) 「明治九年分学事物計表」と『明治十年栃木県小学一覧概表』とでは、飯田小学校に割り振られた小学区番号が異なることが分かる。この理由としては、飯田小学校が馬門小学校・越名小学校・高山小学校・高萩小学校と統合したように、ほかの小学校においても統合が行われていたためではないかと推測するが、確証は得られなかった。

(20) 「明治九年分学事物計表」および『明治十年栃木県小学一覧概表』における「寄附金」の金額が同額であることが分かる。おそらく、この「寄附金」は、現在の資本金に該当するものであったのではないかと思われる。

(21) 『明治十年栃木県小学一覧概表』とその前後の「栃木県小学一覧概表」とを比較し、その推移を検討することを試みたが、その資料を見出すことができなかった。

(22) 『明治十年栃木県小学一覧概表』にみられる馬門小学校・越名小学校・高山小学校・高萩小学校についての記載にもとづき作成した表を次頁に掲げる。

ここに掲げたように、高萩小学校は、明治一〇年一二月の時点においては高萩村に単独で存在していたわけではなく、複数の村々を学区内にもつ推明舎として存在していた。しかし、翌明治一一年五月に作成された「追加学校結社定約書」からは、高萩小学校が単独で存在しているように読み取ることができる。この理由としては、明治一〇年一二月から明治一一年五月までの間に高萩小学校が推明舎から「離脱」していた可能性が考えられる。もちろん、高萩村に未発見の小学校が存在していた可能性や推明舎のこと高萩小学校と呼んでいた可能性がないわけではないが、現在までにこれらの可能性を見出す根拠となり得る資料を確認することができなかった。特に後者については、「小学校結社定約書」の最終丁の裏の上部に貼付された紙片における高萩村の「寄附金」が「金弐百六拾七円」であったことの記載および「追加学校結社定約書」における高萩小学校の一年間の「学校維持金」が「金四拾弐円」（一カ月の「学校維持金」は、「金三円五拾銭」）であることの記載と右に掲げた寄附金および歳出についての記載とを比較するとその金額が大きく異なることが分かり、その可能性はきわめて低いものと思われる。

| 項目 | 馬門小学校 | 越名小学校 | 高山小学校 | 高萩小学校 |
|---|---|---|---|---|
| 小学区番号 | 第四十一番 | 第三十九番 | 第四十番 | 第三十八番 |
| 校名 | 育英館 | 越名学校 | 高山学舎 | 推明舎 |
| 位置 | 馬門村 | 越名村 | 高山村 | 鐙塚村 |
| 開業 | 〔明治〕<br>同　六年九月 | 〔明治〕<br>同　七年一月 | 〔明治〕<br>同　八年三月 | 〔明治〕<br>同　六年十二月 |
| 学区内人員<br>男<br>女 | 八百五十二人<br>四百五十人<br>四百三　人 | 八百二十七人<br>四百七　人<br>四百二十人 | 六百七十二　人<br>三百二十　人<br>三百五十二人 | 千四百十四　人<br>七百十六　人<br>六百九十八人 |
| 同学令人員<br>男<br>女 | 百二　　人<br>五十八　人<br>四十四　人 | 百十　　人<br>六十五　人<br>四十五　人 | 百二十六　人<br>五十五　人<br>七十一　人 | 二百十三　人<br>百二十六　人<br>八十七　人 |
| 同就学人員<br>男<br>女 | 五十三　人<br>三十五　人<br>十八　人 | 七十二　人<br>六十三　人<br>九　　人 | 六十八　人<br>四十六　人<br>二十二　人 | 百三　　人<br>八十九　人<br>十四　　人 |
| 同不就学人員<br>男<br>女 | 四十九　人<br>二十三　人<br>二十六　人 | 三十八　人<br>二　　人<br>三十六　人 | 五十八　人<br>九　　人<br>四十九　人 | 百十　　人<br>三十七　人<br>七十三　人 |
| 生徒階級<br>下等小学 | | | | |
| 八級 | 十一人 | 三十七人 | 二十四人 | 三十九人 |
| 七級 | 十七人 | 十六　人 | 十五　人 | 十三　人 |
| 六級 | 七　人 | 六　　人 | 十七　人 | 十四　人 |
| 五級 | 八　人 | 六　　人 | 五　　人 | 二十　人 |
| 四級 | 五　人 | 二　　人 | 六　　人 | 十　　人 |
| 三級 | 四　人 | 二　　人 | 〔記載なし〕 | 七　　人 |
| 二級 | 一　人 | 二　　人 | 〔記載なし〕 | 〔記載なし〕 |
| 一級 | 〔記載なし〕 | 一　　人 | 一　　人 | 〔記載なし〕 |
| 〔小学〕<br>上等　同 | 〔記載なし〕 | 〔記載なし〕 | 〔記載なし〕 | 〔記載なし〕 |
| 学資金<br>寄附金<br>積金 | <br>六百九十六円<br>五十七円四十八銭四厘 | <br>五百十円<br>九円五十七銭三厘 | <br>四百三十七円<br>十円八厘 | <br>千二百四十七円<br>十四円 |
| 歳出入<br>入<br>出 | <br>百九十二円九十八銭三厘四毛<br>百九十二円九十八銭三厘四毛 | <br>百四十四円十九銭二厘九毛<br>百三十四円八十四銭三厘八毛 | <br>百七十円六十二銭二厘五毛<br>百七十円六十二銭二厘五毛 | <br>二百三十一円十二銭九厘三毛<br>二百三十一円十二銭九厘三毛 |
| 教員 | 〔記載なし〕 | 山口隆弥 | 飯塚学平 | 吉田廉 |
| 校掌 | 田沼音松 | 須藤彦衛 | 茂呂平吉 | 小林嘉蔵 |
| 学区内町村 | 馬門村 | 越名村 | 高山村 | 高萩村・西浦村・黒袴村・鐙塚村 |

(23) 諸葛信澄『小学教師必携』（東京大学総合図書館田中芳男文庫）。林多一郎『小学教師必携補遺』については、その原本を確認することができなかったため、唐澤が編集した『明治初期教育稀覯書集成』に収められている『小学教師必携補遺』を参照することとした（唐澤・一九八一年）。

(24) 土方幸勝・田中義廉・諸葛信澄『師範学校小学教授法』（栃木県立文書館石原好子家文書一二一七‐一）。『師範学校小学教授法』については、その出典に「小学教授法」とあったが、その内容からこれは『師範学校小学教授法』であると判断し、本文中のものに改めた。

(25) 第八級については、資料のなかにその記述があるわけではない。しかし、その後の内容に第七級から第五級までおよび第三級の授業方法についての記述があることから、その前に記述されている内容が第八級の内容であると判断した。これは、当時の下等小学校は第八級からはじまるため、はじめに第八級と記述されていなくても当然に第八級の内容であることが明らかであったためであると思われる。

また、第四級・第二級・第一級の授業方法が記述されていない理由としては、これに該当する級に在籍する生徒が存在しなかったためであると考えられるが、その詳細は追究することができなかった。

(26) 水原は「読物」および「問答」という科目は「総合科目で、地理・理科・歴史などの内容が含まれており、その分だけ関係教科数を減らすことが可能になった」と指摘し（水原　一九九七年：三九頁）、倉沢は「地理や理科や養生は主として「問答」のなかで授け、一部は「読物」のなかで教える仕組」であったと指摘している（倉沢　一九六三年：六九七頁）。

しかし、本稿では割愛した部分を含めた「下等小学授業方法録」における「読物」および「問答」という教科には、「地理初歩」「日本地誌略」などの地理に関連する教科書は数多くみられたが、理科に関連する教科書はほとんどみられなかった。したがって、筆者としては両者の指摘に全面的には賛同することができない。

(27) 倉沢は、「問答」という教科を導入したことについて、「なにらの解説もないのは遺憾である」と指摘する（倉沢　一九六三年：六九二頁）。

(28) 栃木県教育史編纂会は、「下等小学教則」について、「東京師範学校で教育を受けた林多一郎などが栃木師範学校に帰ってその学生および一般教員に伝習した」ことにより、「下等小学教則」が「各地の小学校でおいおい行われることになった」と指摘する（栃木県教育史編纂会　一九五七年：六七頁）。

また、麻生は、栃木県下において学区取締を努めていた木村半兵衛が記した日誌の分析をとおし、明治六年当初は類似師範学校および同県下の各小学校において文部省が制定した「小学教則」に準拠した授業が実施されていたが、翌明治七年一月からは「東京師範学校の「小学教則」に準拠した授業」が実施されるようになったと指摘する（麻生　二〇一一年：五三頁）。

(29) 東京師範学校が作成した「下等小学教則」は、すでに述べたように明治六年五月に改正されている。この改正後の「下等小学教則」の第八級の内容を以下に掲げる（栃木県教育史編纂会　一九五七年：六八～六九頁）。なお、「下等小学教則」を紹介する順序については、「下等小学授業方法録」にある順序によることとし、これに記述のない教科については割愛した。

「下等小学教則」

第八級

一、復読　〔記載なし〕

一、読物　五十音図ト濁音図ニテ仮名ノ音及ヒ呼法ヲ教へ、単語図第一ヨリ第八マテト連語図第一ヨリ第八迄ヲ教へ、兼ネテ小学読本巻ノ一ノ一二回ヲ授ク

一、書取　五十音並単語ノ文字ヲ仮名ニテ綴ラシム

一、問答　単語図ヲ用キテ諸物ノ性質及ヒ用ヒ方等ヲ問答ス

一、算術　数字図ト算用数字ヲ以テ数字ノ読方ト一ヨリ百迄ノ書方並位取算盤ニテ物数ノ数へ方ヲ教へ、加算九々ヲ暗誦セシム

一、習字　石盤ニテ片仮名ノ字形ヲ教へ、次ニ習字本ニテ仮名ヲ教へ、筆ノ持方等ヲ教フ

(30) 「下等小学授業方法録」の内容のうち本稿において紹介することができなかったものについては、不日、『専修法研論集』に「資料」として掲載する予定である。必要に応じて参照されたい。

(31) 「下等小学授業方法録」の第一丁および第二丁の表には、以下に掲げた「飯田学校」という朱印が押されている。これから推察するに、飯田小学校は、「下等小学授業方法録」が使用されていた時点において、小学校としてかなり整備されていたものと思われる。

(32)「備用」の語句が示すように、飯田小学校の授業において日常的に使用されていた「下等小学授業方法録」が存在していたことは明らかであるが、その所在は追求することができなかった。

(33)「下等小学教則」には、「体操」について第八級にその教授内容が規定されており、その最後には「以下之ニ倣フ」とある。したがって、第七級から第一級までには、その教科の名称が規定されているのみである。また、「下等小学授業方法録」には、この「体操」についての記述はみられない。これは「下等小学教則」の規定に「体操図ニ依リテ授ク」とあることから推察するに、「下等小学授業方法録」に記述する必要性がなかったことによるものと思われる。

(34)「下等小学教則」には、「暗誦」について第八級から第二級までにその教科の名称だけが規定されており、その教授内容については特に規定されていない。また、「下等小学授業方法録」にあっては、その教科の名称すら記述されていない。しかし、これまでに紹介してきたように、「下等小学授業方法録」のなかには「諳誦」という語句が散見される。このことからも、飯田小学校においては、各教科のなかに「暗誦」という教科を取り込んで授業を行っていたものと思われる。

(35)今野は、復読・暗誦・体操などの教科について、「おそらく、これらの教科は、当時はまだほとんど教授されていなかったものと推察される」と述べている（今野　一九七〇年：六七頁）。しかし、『小学教師必携補遺』のなかには「復読」についての記述があり、かつ、飯田小学校のような事例もあることから、筆者としてはこれに賛同することができない。

(36)斎藤は、「四挙動」について、「この形式的、素朴的な固苦しい児童管理を重ずる教授方法は、当時の教師にとって、最も良い方法とされ、真剣に実践された」と指摘する（斎藤　一九六四年：一四〇頁）。

(37)本稿を本書に掲載する機会を与えてくださった編者の青木美智男専修大学史編集主幹・森謙二茨城キリスト教大学文学部教授に心から感謝申し上げる。

**参考文献**

麻生千明「木村半兵衛の学区取締日誌にみる明治初期の足利地方の教育状況——その二・教員の派出・異動・免職、および学校

開校の状況——」(『東洋文化』[足利工業大学東洋文化研究会] 第二九号、二〇一〇年)
麻生千明「学区取締木村半兵衛の日誌にみる明治初期の足利地方における進級試験の実施状況——その一・明治六年と七年の日誌を資料に——」(『東洋文化』[足利工業大学東洋文化研究会] 第三〇号、二〇一一年)
入江宏『栃木県の教育史』(思文閣出版、一九八六年)
海原徹『明治教員史の研究』(ミネルヴァ書房、一九七三年)
上沼八郎監修『明治大正「教師論」文献集成』第一巻 小学教師心得・小学教師必携・小学教師心得入門・女教諭鎂種(ゆまに書房、一九九〇年)
唐澤富太郎編集『明治初期教育稀覯書集成』二 師範学校小学教授法(雄松堂書店、一九八〇年)
唐澤富太郎編集『明治初期教育稀覯書集成』第二期 四 小学教師必携(雄松堂書店、一九八一年)
唐澤富太郎編集『明治初期教育稀覯書集成』第二期 七 小学教師必携補遺(雄松堂書店、一九八一年)
倉沢剛『学制の研究』(講談社、一九七三年)
倉沢剛『小学校の歴史』一(ジャパンライブラリービューロー、一九六三年)
今野三郎「学制期近代教授法に関する一考察」(『研究紀要』[日本大学人文科学研究所] 第一二号、一九七〇年)
斎藤勝雄「明治時代における栃木県の教育について——学制発布後の小学校の学科(教科目)、学科(教科)課程を主として——」(『研究論集』[宇都宮大学学芸学部] 第一二号、一九六三年)
斎藤勝雄「明治時代における栃木県の教育について——学制発布後の小学校の学科(教科目)、学科(教科)課程を主として(前号の続き)——」(『研究論集』[宇都宮大学学芸学部] 第一三号、一九六四年)
篠田弘・手塚武彦編集『学校の歴史』第五巻 教員養成の歴史(第一法規出版、一九七九年)
田代善吉『栃木縣史』第六巻 教育編(臨川書店、一九七二年)
栃木県史編さん委員会編集『栃木県史』史料編 近現代八(栃木県、一九七九年)
栃木県教育史編纂会編集『栃木県教育史』第三巻(栃木県連合教育会、一九五七年)
土門洋介「明治初期「学制」実施過程に関する若干の考察——栃木県下飯田小学校「回達留」を素材として——」(『専修法研論集』[専修大学大学院神田学友会] 第四五号、二〇〇九年)

仲新・伊藤敏行・江上芳郎編集『学校の歴史』第二巻　小学校の歴史（第一法規出版、一九七九年）
仲新・稲垣忠彦・佐藤秀夫編集『近代日本教科書教授法資料集成』第一巻　教授法一（東京書籍、一九八二年）
水原克敏『近代日本カリキュラム政策史研究』（風間書房、一九九七年）
文部省『学制百年史』記述編（帝国地方行政学会、一九七二年）
文部省『学制百年史』資料編（帝国地方行政学会、一九七二年）

## 追記

本稿の脱稿後も判読することができなかった文字の解読に努めていたところ、いくつかの文字を解読することができた。その結果、新たに「下等小学授業方法録」のなかに当時の教授書の影響がみられたので簡単に紹介しておく。

「下等小学授業方法録」の「算術」にみられる「諳算ノトキハ両手指ヲ交組シ胸ニ充ツ」という動作についての記述は、『小学教師必携補遺』のなかにみられる「諳算ノ時ハ各生徒ヲシテ両手ヲ組ミ自己ノ胸ニ当テ使ルヲ法トス、以下之ニ倣ヘ」との記述に酷似しており、明らかにその影響を受けていたものと思われる。すでに本文中にも述べているとおり、当時の教授書のなかでも『小学教師必携補遺』の影響は大きいものであったことが再確認された。

# あとがき

森　謙二

私にとっては不覚とも言うべき三週間の入院生活が終わった昨年一一月の末、青木美智男先生から突然お電話をいただいた。お話は「森君は入院していたのだろう。もう元気になっているだろうから、その快気祝いと一緒に高木さんが来年で定年だから古希記念も兼ねてお祝いの論文集を出版したいので相談をしよう」というものであった。私の入院をなぜ青木先生が知っているのだろうと思いながら、高木先生のお祝いのお話に異論があるはずもなく、とんとん拍子にことが進んでいった。ただ、二〇一二年三月二〇日まで刊行するというのであるから、残された時間は四カ月もなかった。この無謀とも思える企画を物ともせず実現するのが青木先生である。

何もしていない私を編者に加えていただくことは心苦しい限りであるが、公私につけての私の兄貴分である高木先生のお祝いに参加させていただくことは光栄の至りである。高木先生の学問・業績については私などが述べるまでもないことだが、江戸時代の離婚法・離縁状について研究では先生の右に出る者はなく、これからもしばらくは出てこないように思う。それだけ先生の研究は完成度が高いものだと私は思っている。ただ、先生の魅力はそのような学問的な業績に限られたものではない。私は、ここでは先生の学問業績よりもその為人（ひととなり）を紹介させていただこう。

高木先生とはじめて交誼を得るのは、比較家族史学会の場であった。いつであったか、学会の懇親会の席上先生が謡曲を披露された。丁度この時、能に関心を持ち始めた時期であったので、法制史家のなかにはこんな〈粋〉な人がいるのだと思いながら、感嘆をしてその謡を聞いた。後でわかったことだが、先生はときおり学生を寄席に連れて行くのだという。能ではなく、なぜ落語なのかと思うかも知れないが、江戸時代の法を学ぶためには江戸の文化を学ぶ必要があると先生は語られていた。私も先生の寄席に連れて行ってもらったことがある。ときおり演目の中でかける間の手を聞きながら、先生は江戸文化に精通した粋人なのだと思った。

先生は、美食家でもある。先生と神田の蕎麦屋にご一緒し、またなんども笹巻けぬき鮨をご馳走になった。京都に出かけたときも、うどんすきで有名な神泉苑平八に連れて行ってもらった。この店も今では私のお気に入りになっている。また、数日前も鎌倉に行ったとき、東慶寺近くの精進料理「鉢の木」に立ち寄った。そのお店でも髙木先生のお名前が出てきた。謡曲の「鉢木」にお店の名前は由来するのであろうが、それが東慶寺近くとなれば先生は見逃すはずもない。学会などで先生とご一緒に旅行するとき、その土地で何を食べるかは楽しみの一つである。

また、髙木先生は知る人ぞ知るお洒落な人でもある。仕事着として背広を着る人は一般にはあまりお洒落とは見なされないことが多い。しかし、先生の着ている背広と外套を見てほしい。その生地だけではなく、仕立てそのものが素晴らしいのである。粋で人情味あふれ、面倒見の良い親分肌、というのが先生のもう一つの為人なのである。

先生は、二〇一一年四月に比較家族史学会九代目の会長に就任した。学会は今困難に直面している。この困難さは、家族のあり方の困難さとともに学会という組織のあり方の困難さとも連動しておこっているものである。かつて、先生は二〇〇二年四月から三年間にわたって比較家族史学会の事務局長を務められ、財政危機の中にあった学会を立て直し、遺憾なくその手腕を発揮された。今回もまた「粋で人情味あふれ、面倒見の良い親分肌」という為人が学会に新しいエネルギーを吹き込んでくれるものと確信している。先生がはや古希を迎えたとはいえ、まだ学会の中でも先生の役割は終わっていない。

# 周縁の方々のことども――本書執筆者への謝辞――

高木　侃

本書は昨一二月、私の退職と古希を記念する論文集を刊行することを青木・森両先生からうかがい、内心忸怩たるものを感じながらも、青木先生の熱意に押し切られてこのような運びとなった。もとより浅学菲才の私はただひたすら一つのこと、三くだり半と縁切寺、江戸の離婚研究一筋に過ごしてきた。このような記念論文集のような機会は二度と訪れることのないことと、深謝している。まさにいずちむきてか謝さんと惑うばかりである。

これまで研究者としての私は、多くの方々の直接・間接の学恩や指導のよろしきを得て今日までやってきた。ご寄稿いただいた方々は、そのなかの主な方であるが、私との縁を述べさせていただいて、謝辞としたい。

第1章の鎌田浩先生は、専修大学法学部での「日本法制史」担当の前任者で、その前が文化勲章受章者・石井良助教授であった。鎌田先生は石井先生から学位を授与され、私も最晩年の石井先生の門下生で、学位論文を強く勧めれ『縁切寺満徳寺の研究』をまとめたが、都合で先生には提出できなかった。ところで、江戸の庶民離婚を「夫専権離婚」とする石井説に対して、最初に本格的に反論を加えたのが、鎌田先生の論文「江戸時代離婚法の再検討――いわゆる夫専権離婚制への疑問」（一九八〇年）である。法制史学会からこの書評を依頼されたが、私の述べたいことをほとんど指摘されており、書評は思うに任せず、思い切って熊本まで出向いて自分の見解を吐露し、また先生の異見を伺ったりして、ようやく紹介を兼ねた書評を書いた。これが本格的にご厚誼を願った最初である。夫専権離婚説に対しては私も疑問を提起していた。一九七〇年の論文「離縁状に関する若干の考察」で、その後、鎌田先生が論及されなかった離縁状そのものとその授受をめぐって詳述し、あらためて江戸時代の庶民離婚法に再検討を加え、それが現実に「生ける法」として機能した実態に即しつつ、夫専権離婚説に反論し、これがむしろ実質的には協議離婚であり、「熟談離婚」とでも称すべきであったことに論及したのが一九八七年の拙著『三くだり半』である。そして、反石井説というときは、かならず「鎌田・高木」説と並び称されるのを誇りに思っている。専修大学は江戸の離婚研究のメッカといえ、石井・鎌田両先生との縁に運命的なものを感じている。なお、鎌田先生は比較家族史学会第六代会長であった。私は学問的にも学会活動でも先生の驥尾に付して歩んできたといえる。

さて、鎌田先生は定年退職後も第二次藩法研究会会長として、科研費の助成を受け、各地に残る藩法のうち、とくに刑法判例の収集・解読・翻刻をなし、これを学界の共通財産にすることにつとめてきた。盛岡藩を終え、史料集を刊行し、現在は対馬藩に取り掛かって、写真資料の解読・照合作業に没頭されている。ここでの論考はその成果の一部ということになろう。

第2章の高塩博先生は、律令の研究から出発され、近時はその律令が江戸時代にどのような形に変容し、かつ幕府や各藩の刑罰規定やその執行にいかに活用されたのか、また幕府の刑法典「公事方御定書」等々の研究に進まれている。ところで、先生とはもっぱら法制史学会でのお付き合いであるが、学会は日本のみならず、西洋・東洋・ローマ法などの分野もあり、学会当日とくに関心の薄いテーマの時には、会場を飛び出して、現地見学に出かける親しい仲間である。これに現・熊本大学副学長山中至教授（鎌田先生の愛弟子で、私は熊大に集中講義に出かける仲であり、寄稿を願ったが、職務多忙でいただけなかった）が加われることもしばしばであった。日ごろ先生の学問と研究姿勢に敬意を表しており、来る四月より願って専修大学法科大学院の日本法制史講座に非常勤でご出講いただくことになっている。

第4章の坂詰智美さんは、鎌田浩先生の専修大学大学院での愛弟子で、論文「江戸城下町における『水』支配」で博士の学位を授与された。未開拓の「環境法制史」の魁というべきものであり、「水」は環境や法など、さまざまな問題をはらんだ今日的なテーマである。坂詰さんは地方へ調査にでかけると、その地元からの依頼原稿を引き受けてしまう。ストイックにと忠告したのは、私に限っていえば、そもそも浅学で一つことをコツコツやる以外に方法がなかったからである。断る勇気と、面白い資料が散見されても箱に入れて一〇年間は開けずに我慢することをお勧めしたい。私は私立大学での教育には、一定数の卒業生が教員として後輩の指導に当たることが必要だと考えている。坂詰さんに私の後任を託した所以である。

第5章の小口恵巳子さんは、いつの間にか研究室に訪ねてくるようになっていた。指導教授であった戒能民江先生から比較家族史学会懇親会の席で、法制史の勉強を指導していただけまいかと依頼されてのことであったろうか。その縁で、博士論文「明治民法編纂過程における親の懲戒権の研究」の副査を担当することになった。無事、審査を通り、出版することになり、私が仲介して、それを日本経済評論社社長・栗原哲也君（私と本庄高校同級生）に頼むこととなった。出版後、㈱日本加除出版の家族法分野の著名な業績に与えられる尾中郁夫・家族法学術奨励賞を二〇一〇年度に授与された。いまは比較家族史学会庶務の仕事を無理やりお願いしている。

第6章の森謙二先生は、法社会学・民俗学が専門で、現在、比較家族史学会副会長をお願いしているが、その本来の姿は日本における墓と葬送に関する代表的研究者である。もともと江守五夫先生の愛弟子であるが、江守先生の奥様と群馬の地元での謡曲稽古仲間の奥様の実家が和歌山で本陣と脇本陣との御関係とかで、親しく声をお掛けいただいたことも森先生との距離を近くしたように思う。江守先生は祝賀会や学会懇親会では「高木、一節やれ」といわれ、小謡を謡うのを常としていた。研究に関連しては、私が講談社現代新書を出版後、そのPR雑誌『本』に紹介し、そこで森先生の書かれたものが注目され、ＮＨＫに出演されたり、現代新書『墓と葬送の社会史』の出版につながった。私は「優れた人は世に出るべき」との持論で、私より優秀な人に世に出ていただくことを自分のことのように思っており、その第一号が森先生であった。その後厚生省委員就任やマスコミの取り扱い振りで明らかである。個人的には、学会の都度、ホテルや航空券手配等に精通している先生にお願いして御一緒させていただき、交誼を深めてきたわけである。

第7章の八木透先生にも、現在、比較家族史学会副会長をお願いしている。民俗学を専攻され、著述も多く、机上の学問のみならず、調査・フィールドワークをなされる故か、地元行事に積極的に関わり、とくに京都の祇園祭りにはゼミ生たちと参加され、祭りの最中はその学識を請われてテレビに出ずっぱりの状況を拝見している。比較家族史学会初の海外での韓国研究大会での抜群な企画・調整能力には敬服したものである。

第8章の牧田勲先生は、神戸大学・大竹秀男先生のもとで研究に専念され、私とは法制史学会でのお付き合いが専らであった。大竹先生は私の『三くだり半』の書評を『法制史研究』に掲載され、学会の懇親会で「髙木君の書評を書いてから透析することになった」と冗談めかして言われた。私は恐縮するばかりであったが、それだけ力を入れたものだったのであろうと頭が下がる思いであった。その先生が比較家族史学会会長のとき、牧田先生は事務局長として支えられた。大竹先生のお弟子ということで、自ずと親しくわがままに付き合っていただいてきた。

第9章の青木美智男先生は、本書の生みの親で、栗原君の明治大学木村礎ゼミでの先輩である。青木先生は、鎌田先生に「面白いのを後任にとりましたね」といわれたそうで、入試に関連する会議等でお会いし話すうちに、奇妙な縁に結ばれていることがわかった。それは私が専門の法制史を講じたくて創価大学の非常勤講師になったとき、法制史の専任は奥野彦六教授（東京弁護士会の会長も歴任）であった。最後の著書『徳川幕府と中国法』の整理・校正をしたのは私であった。同じく青木先生はそれ以前のほとんどの著書の校正等にあたられた由。そもそも青木先生が研究者になるきっかけは福島県棚倉町に疎開していた奥野一家のご次男と同級生で、その書斎は和本であふれていたそうで、それを見たことが記憶にあってのことだそうである。自宅に伺うと校正の打ち合わせそっちのけで、奥様の手料理とお酒である。私は八王子の帰途、夕方からだが、青木先生は朝からお酒だったそうで、明治人を彷彿させる奥野先生繋がりの上に、栗原君との関係が加味され、ご交誼をいただくことになった。栗原君が『評論』で、青木先生のことを「口も早いが、手も早い」と評しているが、「口も手も」の早業で本書の刊行に至った次第である。

第10章の瀬戸口龍一さんは専修大学大学院博士後期課程で青木先生の指導を受け、単位取得退学されたが、その専門は「日本近世文化史」である。青木先生を編集主幹（中心）として、創立一三〇年を記念して、平凡社から『専修大学の歴史』を二〇〇九年に出版したが、専修大学大学史資料課勤務の瀬戸口さんも私も執筆者の一員に加わった。引き続き資料集の編纂を継続する予定があるが、目下のところ、法学部出身で古文書を系統的に学んでこなかった私にとっては、瀬戸口さんは古文書の先生である。

第11章の土門洋介君は、私が学部ゼミから大学院修士課程まで指導した唯一の者である。私の研究室にあった栃木県の古文書（古物屋が持ち込んで購入したもの）を一括持って行った。それが修士論文「明治初期『学制』実施過程に関する若干の考察――栃木県下飯田小学校『回達留』を素材として」となった。本稿はその関連史料を用いた続編である。まだ未刊史料があるので、さらなる研究を期待している。なお、父親が小学校の教員で、その背中をみて育ったせいか、教員志望であった。教員にはならなかったが、教育に携わる仕事を希望し、現在は専修大学文書課に勤務している。

思いつくままにゆかりの人について語ったが、このように短い期間に上梓できたことは、青木・森両先生をはじめ、執筆者の方々、栗原社長、とりわけ編集の谷口京延氏のおかげである。特記して感謝の意を表したい。

「大学と学生の街――東京・千代田区神田神保町」(『大学時報』301号、平成17年３月)
「地域史随想 縁切り一筋四十年」(『群馬文化』第289号、平成19年１月)
「高かった江戸時代の離婚率」(『週刊　藤沢周平の世界』平成19年２月４日号)
「歴史随想　願入寺は縁切寺だった⁉――男僧寺院における縁切寺的機能一斑」(『茨城県史研究』95号、平成23年３月)

9　対談・座談

「ふたつの縁切寺」(井上禅定師と対談、『有鄰』第313号、平成５年12月10日号)
「男の鉢巻・女の腰巻」(杉浦日向子氏等と座談、日本文化デザインフォーラム編『やりすぎの存在』平成７年９月、団談文庫14)
「武士の家計簿と幕末女性の生活」(磯田道史氏と対談、『歴史読本』平成16年10月号)

10　その他(ラジオ・テレビ)

平成元年11月14日、NHK 教育 TV・ETV8『永井路子、静と政子を語る』に出演、永井氏と対談
平成９年１月14日、NHK 総合 TV の堂々日本史『大江戸八百八町の花嫁たち』に VTR 出演
平成11年２月２日、NHK 総合 TV の堂々日本史『時代を変えた女たち』に VTR 出演
平成11年12月21日、テレビ朝日たけしの万物創世紀『それでも結婚したいスペシャル』監修、かつ VTR 出演
平成14年９月19日、NHK ラジオ深夜便(川野一宇アナ担当)に出演、後に「老後に備えて子と契約」(『ラジオ深夜便　歴史に親しむ【特選集】』NHK サービスセンター、平成23年１月)として出版される。
平成22年８月10日、NHK 教育 TV の『歴史は眠らない――婚活白書(倉田真由美)』に VTR 出演
平成22年９月２日、TBS ラジオ「山中秀樹の時泥棒」に出演

### 7　百科事典・辞典等

『大百科事典』（平凡社）アジール【日本】ほか３項目、『日本史大事典』（平凡社）縁切寺ほか７項目、『国史大辞典』（吉川弘文館）離別状ほか３項目、『歴史学事典【第２巻】』（弘文堂）離婚ほか２項目、『事典 家族』離縁状ほか16項目

### 8　新聞・雑誌の論文・随筆・署名記事

「明治初年の縁切寺東慶寺」（『郷土神奈川』第３号、昭和49年８月）

「縁切寺――アジールの一斑」（『月刊百科』199号〈平凡社〉、昭和54年４月）

「女房がかけこんだところ」（『群馬歴史散歩』第42号、昭和55年９月）

「ミニ伝記　江戸時代から女は強かった」（『新潮45』昭和62年５月号）

「離婚・いまむかし――江戸時代も実態は多種多様」（毎日新聞昭和62年９月16日夕刊）

「家族の絆――離縁状と親子契約にみる」（『日本の歴史別冊歴史の読み方６　文献資料を読む・近世』朝日新聞社、平成元年９月）

「江戸の離婚におもうこと」（『民事研修』438号、93年10月）

「三くだり半の真相」（『別冊宝島126　江戸の真実』平成３年２月）後に『江戸の真実』宝島社文庫、平成12年２月として刊行される。

「上州無宿人与三郎の数奇な生涯」（『別冊宝島126　江戸の真実』平成３年２月）

「私の〈三くだり半〉」（『本』講談社、平成３年８月）

「江戸時代　女はもっと強かった？」（『婦人公論』平成３年12月号）

「縁切り寺満徳寺とかかあ天下」（『上州路』212号、平成３年12月）

「再婚も宿縁？――群馬・満徳寺と離縁を研究、資料館長に」（日本経済新聞平成６年５月27日文化欄）

「駆込女「てる」一件」（『有鄰』第330号、平成７年５月10日）

「三くだり半――私のコレクション」（『青淵』第556号、平成７年７月）

「江戸の親子契約――老親扶養をめぐって」（『月刊百科』406号、平成８年８月）

「アジールとしての縁切寺――『縁切寺東慶寺史料』によせて」（毎日新聞平成９年３月12日夕刊）

「「家族経営協定」推進にむけての意識改革のために――江戸時代の家族協定に学ぶ」（『農政調査時報』第517号、平成11年10月）

「縁切寺満徳寺資料館物語――研究小史をかねて」（『専修大学今村法律研究室報』第38号、平成14年12月）

「女房をゆずった亭主――私の三くだり半コレクション（二）」（『青淵』第655号、平成15年10月）

「明日はどっちだ！　隠居契約」（『アエラ』平成17年２月号）

法学論集』第98号、平成18年12月）
「徳川時代後期家族法関係史料（六）——永青文庫所蔵『離婚并義絶帳』（三）」（『専修法学論集』第99号、平成19年３月）
「徳川時代後期家族法関係史料（七）——永青文庫所蔵『離婚并義絶帳』（四・完）」（『専修法学論集』第101号、平成19年12月）
「徳川時代後期家族法関係史料（八）——石井良助文庫所蔵離縁状・離婚関係文書ならびに高木所蔵離縁状」（『専修法学論集』第102号、平成20年３月）
「徳川時代後期家族法関係史料（九）——桃李舎文庫旧蔵武州足立郡清右衛門新田繁右衛門文書」（『専修法学論集』第103号、平成20年７月）
「徳川時代後期家族法関係史料（十）——縁切寺満徳寺資料館および高木侃所蔵・松本藩「和順願」（『専修法学論集』第107号、2009年12月）
「徳川時代後期家族法関係史料（十一）——明和八年上野国吾妻郡内百姓女房男僧寺院縁切り駈け込み一件文書」（『専修法学論集』第111号、平成23年３月）
「徳川時代後期家族法関係史料（十二）——離縁状返り一札補遺」（『専修法学論集』第112号、平成23年７月）

## 5　書評

鎌田浩「江戸時代離婚法の再検討——いわゆる夫専権離婚制への疑問」（『法制史研究』31号、昭和57年３月）
林由紀子「尾張藩士の婚姻と家格」・「尾張藩神官の服忌令研究」ほか（『法制史研究』33号、昭和59年３月）
茎田佳寿子「武士の離婚と駆込」（『法制史研究』34号、昭和60年３月）

## 6　学会報告

昭和51年11月「満徳寺離縁状について」（日本古文書学会）
昭和54年４月「徳川満徳寺の縁切寺法——東慶寺との比較を通して」（法制史学会）
昭和58年４月「近世庶民離婚法について——離縁状の授受をめぐって」（法制史学会）
昭和58年６月「用文章にあらわれた離縁状の書式」（日本古文書学会）
昭和60年11月「近世庶民の女性と家——離婚を中心として」（比較家族史学会）
昭和61年４月「縁切り駈込みについて」（法制史学会）
昭和62年６月「江戸時代における女性と財産——離婚を中心として」（比較家族史学会）
平成７年10月「江戸時代の親子契約——地方（村方）文書を通して」（法制史学会）

学紀要』第24集、昭和54年３月）
「東慶寺所蔵『松ケ岡日記』——解題と翻刻」（『関東短期大学紀要』第25集、昭和55年３月）
「明治前期長崎県身分関係伺指令——執務手控『戸籍適要』の未完史料」（『法学新報』第89巻第７・８号、昭和58年１月）
「縁切寺満徳寺史料補遺」（『法学新報』第90巻第７・８号、昭和59年２月）
「東慶寺所蔵『松ケ岡日記』——解題と翻刻（二・完）」（『関東短期大学紀要』第28集、昭和59年３月）
「名主横尾家文書にみる『縁切り駈込み』史料——夫の縁切り駈込み事例を中心に」（『関東短期大学紀要』第31集、昭和62年３月）
「縁切寺満徳寺史料補遺（二）」（『法学新報』第92巻第５・６号、昭和61年２月）
「史料瞥見 母を実家にかえすこと」（『比較家族史研究』第５号、平成２年12月）
「縁切寺満徳寺史料拾遺——寺院修復関係史料」（『関東学園松平記念経済・文化研究所編『利根川水系地域の社会と労働』平成３年３月）
「漱石と縁切寺東慶寺」（『関東短期大学　国語国文』第３号、平成６年３月）
「武家屋敷への『縁切り駈込み』史料——岩松（新田）満次郎家の事例」（『関東短期大学紀要』第39集、平成６年12月）
「三くだり半——俳山亭文庫旧蔵・高木所蔵未刊史料」（『関東短期大学紀要』第39集、平成６年12月）
「漱石と縁切寺東慶寺（続）」（『関東短期大学 国語国文』第４号、平成７年３月）
「『三右衛門日記』の離縁状関連資料」（『関東短期大学紀要』第45集、平成13年３月）
「隠居・聟養子関係証文——石井良助文庫および髙木所蔵文書」（『専修法学論集』第87号、平成15年３月）
「縁切寺東慶寺史料補遺——東慶寺旧蔵および武州入間郡善能寺村「つる」内済離縁一件文書を中心に」（『専修法学論集』第90号、平成16年２月2004年３月）
「徳川時代後期家族法関係史料（一）——縁切寺満徳寺資料館所蔵離縁状・離縁関係文書」（『専修法学論集』第93号、平成17年２月年３月）
「徳川時代後期家族法関係史料（二）——縁切寺満徳寺資料館保管上田四郎コレクション）（『専修法学論集』第94号、平成17年７月）
「徳川時代後期家族法関係史料（三）——武州日光道中大沢町飯売下女年季奉公人関係文書」（『専修法学論集』第95号、平成17年12月）
「徳川時代後期家族法関係史料（四）——永青文庫所蔵『離婚并義絶帳』（一）」（『専修法学論集』第97号、平成18年７月）
「徳川時代後期家族法関係史料（五）——永青文庫所蔵『離婚并義絶帳』（二）」（『専修

「居住空間にみる隠居の処遇——下野国住居絵図帳の事例紹介」（『関東短期大学紀要』第46集、平成14年３月）
「妻方からの離縁状——庶民離婚法上の意義」（『専修法学論集』第87号、平成15年３月）
「Marriage and Divorce in the Edo Period」（『JAPAN ECHO』30巻５号、平成15年10月）
「Matrimonio y divocio en la era Edo」（『Cuadernos de Japon』16巻４号、平成15年11月）
「縁切寺満徳寺の内済離縁事例——武蔵国大里郡平塚新田村「かね」駆け込み一件」（『専修法学論集』第100号、平成19年７月）
「明治初期氏名法制の一斑——旧官名通称使用禁止令をめぐる宇和島県の史料紹介」（『専修大学　現文研』第84号、平成20年３月）
「20歳成人について——18歳成年論議の前提として」（『法学セミナー』平成20年７月号）
「契約書式の戯文——徳川時代庶民契約意識の一斑」（『専修法学論集』第105号、平成21年７月）
「縁切寺東慶寺の寺法離縁——上総国山辺郡関下村「とよ」駆け込み一件」（『龍谷法学』第42巻第４号、平成23年３月）

### 3　研究ノート

「満徳寺の離婚史料について——『とう』一件にみる満徳寺文書と地方文書の性格を中心に」（『群馬文化』第141号、昭和48年５月）
「江戸時代の親子契約」（『群馬文化』第215号、昭和63年７月）
「飯盛女の離縁状」（『専修法学論集』第96号、平成18年３月）
「縁切寺満徳寺の内済離縁（二）——新史料の紹介をかねて」（『専修法学論集』第109号、平成22年７月）

### 4　資料

「東慶寺関係文書——小丸文書——近世離婚法制資料集録（一）」（『関東短期大学紀要』第19集、昭和48年７月）
「東慶寺関係文書（二）——公文録——近世離婚法制資料集録（二）」（『関東短期大学紀要』第20集、昭和50年３月）
「東慶寺関係文書（三）——松平藩日誌——近世離婚法制資料集録（三）」（『関東短期大学紀要』第21集、昭和51年３月）
「東慶寺関係文書（四）——撰要類集——近世離婚法制資料集録（四）」（『関東短期大学紀要』第22集、昭和52年３月）
「満徳寺離婚史料補遺」（『群馬文化』199号、昭和53年12月）
「東慶寺関係文書（五）——仙台屋文書——近世離婚法制資料集録（五）」（『関東短期大

「縁切寺川柳考——附索引」(『関東短期大学紀要』第17集、昭和46年12月)
「縁切寺東慶寺助命駈入文書考」(『法学新報』第79巻第7号、昭和47年7月)
「満徳寺離婚文書考——駈入女の扶持料をめぐって」(『関東短期大学紀要』第18集、昭和47年12月)
「近世末離婚関係文書考」(『関東学園開学50周年記念論文集』〈関東短期大学発行〉、昭和49年3月)
「徳川満徳寺の縁切寺法」(『法学新報』第83巻第7・8・9号、昭和52年5月)
「民法第3条につて——その成立経過」(『関東短期大学紀要』第23集、昭和53年3月)
「火事と火元入寺」(『群馬県史研究』第13号、昭和56年2月)
「明治民法施行前における襲名」(『関東短期大学紀要』第26集、昭和56年3月)
「二通の離縁状——離婚法上の意義」(『関東短期大学紀要』第27集、昭和57年3月)
「帰縁証文考」「『松平正敏先生喜寿記念論文集』〈関東学園・関東短期大学発行〉昭和57年12月)
「明治初年地方庁の戸籍執務の一斑」(『私学研修』92号、昭和58年3月)
「用文章にあらわれた離縁状の書式」(『古文書研究』第23号、昭和59年12月)
「明治時代婚姻法五題」(『関東短期大学紀要』第29集、昭和60年3月)
「離縁状返り一札考」(『関東短期大学紀要』第30集、昭和61年3)
「『三行り半』成立考」(『法学新報』第92巻第7・8・9号、昭和61年6月)
「陣屋日記にみる『縁切り駈込み』について——信濃国田野口藩の場合」(『関東短期大学紀要』第32集、昭和63年3月)
「満徳寺離縁状と書式の流布」(『群馬県史研究』第29号、平成元年3月)
「三くだり半と駆込み寺東慶寺——大和市の事例」(『大和市史研究』第15号、平成元年3月)
「江戸時代庶民離婚における夫婦財産」(『創価法学』19巻3・4合併号、平成2年3月)、後に義江明子編『日本家族史論集8　婚姻と家族・親族』(吉川弘文館、平成14年12月)に採録される。
「武士の離縁状」(『(愛知学院大学)法学研究』第37巻第1・2号、平成7年2月)
「聟養子縁組証文考」(『ぐんま史料研究』第5号、平成7年11月)
「江戸時代の家族協定——「家族経営協定」推進にむけての意識改革のために」(『関東短期大学紀要』第43集、平成10年12月)」
「民法典は教科書にあらず——第3条の制定過程と編纂方針の一斑」(『関東短期大学紀要』第44集 平成11年12月)
「Retirement and Self-reliance in Tokugawa Japan」(『関東短期大学紀要』第44集 平成11年12月)

『泣いて笑って三くだり半——女と男の縁切り作法』教育出版、平成13年４月
『三くだり半からはじめる古文書入門』柏書房、平成23年４月
『徳川満徳寺——世界に二つの縁切寺』みやま文庫、平成24年１月
（単編著）
『縁切寺満徳寺史料集』成文堂、昭和51年７月
『縁切寺東慶寺史料』平凡社、平成９年２月
（共著）
「近世庶民の女性と家」石川栄吉他編『家と女性　役割』三省堂、平成元年１月
「詫状・離縁状」日本歴史学会編『概説　古文書学　近世編』吉川弘文館、平成元年６月
「家族のこめごと・江戸の知恵」文藝春秋編『江戸こぼれ話』文春文庫、平成８年９月
「縁切寺満徳寺の内済離縁——新史料の紹介をかねて」愛知大学記念会編『見城幸雄教授頌寿記念　法制と文化』平成11年３月
「近世の名前——上野国の事例」森謙二他編『名前と社会——名づけの社会史』早稲田大学出版、平成11年６月
「高齢者の自助努力——親子契約文書をめぐって」落合美恵子編『徳川時代のライフコース——歴史人口学との対話』ミネルヴァ書房、平成18年３月
「結婚・離婚」高階・田中編『江戸への新視点』新書館、平成18年12月
「持ち込まれた法——間部家の転封と「火元入寺」制の移入をめぐって」（『大名権力の法と裁判』創文社、平成19年２月）
専修大学の歴史編集委員会編『専修大学の歴史』平凡社、平成21年９月
（共編著）
堀内節他編『明治前期身分法大全Ⅰ——婚姻編Ⅰ』中央大学出版部、昭和48年３月
堀内節他編『明治前期身分法大全Ⅱ——婚姻編Ⅱ』中央大学出版部、昭和49年３月
堀内節他編『明治前期身分法大全Ⅲ——親子編』中央大学出版部、昭和52年３月
堀内節他編『明治前期身分法大全Ⅳ——親族総編』中央大学出版部、昭和56年３月
高木侃編『老いの相生』専修大学出版、平成18年５月（「高齢者の自助精神——老後を子に依存しなかった江戸」執筆）

２　論説

「縁切寺満徳寺——縁切寺法手続きを中心に」（『関東短期大学紀要』第15集、昭和44年12月）
「離縁状に関する若干の考察——縁切寺における離婚に関連して」（『関東短期大学紀要』第16集、昭和45年12月）、後に総合女性史研究会編『日本女性史論集４　婚姻と女性』（吉川弘文館、平成10年１月）に採録される。

**専　攻**

日本法制史・家族史

**所属学会（現在）**

法制史学会、比較家族史学会、地域文化学会

**資　格**

平成10年２月　学芸員資格

**社会活動**

昭和49年11月～平成４年３月　群馬県史編纂調査委員兼執筆委員
昭和61年６月～平成17年３月　東毛歴史資料館運営委員
平成４年４月～平成24年３月　縁切寺満徳寺資料館館長（平成17年４月より太田市立）
平成11年４月～平成23年３月　大泉町情報公開不服審査委員会委員長
平成11年６月　群馬県立文書館運営協議会委員
平成15年10月～平成18年10月　日本学術会議基礎法学研究委員会委員
平成16年４月　群馬県博物館運営協議会理事
平成17年４月～平成19年３月　女性農業経営者の位置づけ諸問題検討会検討委員

**文部省（現文部科学省）科学研究費研究歴：（　）内は課題番号**

昭和60年度　一般研究（C）「離縁状に関する実証的研究」（60510169）
昭和63・平成元年度　一般研究（C）「近世の駈込みに関する研究」（63510190）
平成６・７年度　一般研究（C）「近世の親子契約に関する実証的研究」（6620011）
平成９年２月　科学研究費公開促進費助成により『縁切寺東慶寺史料』（平凡社）を出版
平成９～11年度　基盤研究（C）「『家族経営協定と農家相続』に関する実証的研究」（096220043）
平成12～14年度　基盤研究（C）「近世の隠居に関する総合的研究」（12620016）

## 〔業績〕

### １　著書

（単著）

『縁切寺満徳寺考』私家版（Ｂ５版タイプ印刷）、昭和44年２月
『三くだり半――江戸の離婚と女性の地位』平凡社選書、昭和62年３月、後に『増補　三くだり半――江戸の離婚と女性の地位』平凡社ライブラリー、平成11年７月
『縁切寺満徳寺の研究』成文堂、平成２年12月
『三くだり半と縁切寺――江戸の離婚を読みなおす』講談社現代新書、平成４年３月

# 高木侃略歴・業績

## 〔略歴〕

**学歴・学位・職歴**

昭和17年１月　韓国慶尚北道に生まれる

昭和35年３月　埼玉県立本庄高等学校卒業

昭和41年３月　中央大学法学部法律学科卒業（法学士）

昭和44年３月　中央大学大学院法学研究科修士課程修了（法学修士）

昭和44年４月　関東短期大学専任講師

昭和49年12月　関東短期大学助教授

昭和51年４月～平成５年３月　創価大学法学部非常勤講師

昭和54年４月～昭和55年３月　内地留学（創価大学教授・石井良助研究室）

昭和61年４月　比較家族史学会理事

平成２年４月　関東短期大学教授

平成３年４月～平成５年３月　明治大学法学部非常勤講師

平成６年３月　中央大学より学位授与〔博士（法学)〕

平成７年４月～平成８年３月　熊本大学法学部非常勤講師

平成10年４月～平成11年３月　愛知大学法学部非常勤講師

平成11年４月～平成12年３月　熊本大学法学部非常勤講師

平成11年４月～平成12年３月　青山学院大学法学部非常勤講師

平成14年４月　専修大学法学部教授

平成13年４月～平成14年３月　国際日本文化研究センター研究員

平成14年４月～平成17年３月　国際日本文化研究センター客員教授

平成17年４月～平成21年３月　専修大学大学院法学研究科長（二期）

平成21年４月～平成22年３月　群馬県立県民健康科学大学非常勤講師

平成21年４月～平成21年９月　山形大学人文学部非常勤講師

平成21年４月～平成21年９月　大阪市立大学大学院法学研究科非常勤講師

平成21年10月～平成22年３月　専修大学中期国内研究員

平成23年４月～平成23年９月　山形大学人文学部非常勤講師

平成23年４月　比較家族史学会会長

平成24年３月　専修大学退職

**【執筆者紹介】**（執筆順）

**鎌田　浩**（かまた・ひろし）
熊本大学名誉教授・専修大学名誉教授

**高塩　博**（たかしお・ひろし）
國學院大学教授

**髙木　侃**（たかぎ・ただし）
350～358頁参照

**坂詰智美**（さかづめ・さとみ）
専修大学専任講師

**小口恵巳子**（こぐち・えみこ）
東京経済大学講師

**八木　透**（やぎ・とおる）
佛教大学教授

**牧田　勲**（まきた・みのる）
摂南大学教授

**瀬戸口龍一**（せとぐち・りゅういち）
専修大学大学史資料課

**土門洋介**（どもん・ようすけ）
専修大学文書課

【編者紹介】

青木美智男（あおき・みちお）

1936年　福島・棚倉町生まれ
1962年　明治大学史学地理学科卒業
1965年　東北大学大学院国史学専攻修士課程修了
1977年　日本福祉大学助教授
1997年　専修大学文学部史学コース教授
［主著］『天保騒動記』（三省堂、1979年）、『一茶の時代』（校倉書房、1988年）、『近世非領国地域の民衆運動と郡中評定』（ゆまに書房、2004年）、『善光寺大地震を生き抜く――現代語訳『弘化四年・善光寺地震大変録』――』（編著、日本経済評論社、2011年）ほか多数

森　謙二（もり・けんじ）

1947年　徳島県生まれ
1970年　明治大学法学部卒業
1975年　明治大学大学院博士課程修了
1978年　茨城キリスト教短期大学助教授
1983年　茨城キリスト教短期大学教授
1998年　茨城キリスト教大学文学部文化交流学科教授
［主著］『出作りの里』（新葉社、1989年）、『墓と葬送の社会史』（講談社新書、1993年）、『墓と葬送の現在』（東京堂出版、2000年）、『家族革命』（共著、弘文堂、2004年）、『今、この日本の家族――絆のゆくえ』（共著、弘文堂、2010年）など
比較家族史学会副会長

三くだり半の世界とその周縁

2012年３月20日　第１刷発行　　定価（本体6500円＋税）
2012年９月20日　第２刷発行

編者　青木美智男
　　　森　謙二
発行者　栗原哲也

発行所　株式会社　日本経済評論社
〒101-0051　東京都千代田区神田神保町3-2
電話　03-3230-1661　FAX　03-3265-2993
info8188@nikkeihyo.co.jp
URL：http://www.nikkeihyo.co.jp

装幀＊渡辺美知子　　印刷＊文昇堂・製本＊高地製本所

乱丁・落丁本はお取替えいたします。　Printed in Japan
© Aoki Michio & Mori Kenji et al. 2012
ISBN978-4-8188-2211-5

・本書の複製権・翻訳権・上映権・譲渡権・公衆送信権（送信可能化権を含む）は、㈱日本経済評論社が保有します。

・JCOPY〈㈳出版者著作権管理機構　委託出版物〉
本書の無断複写は著作権法上での例外を除き禁じられています。複写される場合は、そのつど事前に、㈳出版者著作権管理機構（電話03-3513-6969、FAX03-3513-6979、e-mail: info@jcopy.or.jp）の許諾を得てください。